# 원각경 강해

부록: 고린도서 주해

김홍호 전집

# 원각경 강해

지은이 : 김홍호
초판 발행일 : 2003년 11월 15일
초판 4쇄 발행일 : 2015년 4월 17일
발행처 : 사색출판사
발행인 : 최정식
편집인 : 변정자
인쇄처 : (주)약업신문

주소 : 서울 중앙우체국 사서함 206호
전화 : 070-8265-9873
팩스 : 02)6442-9873
홈페이지 : www.hyunjae.org
이메일 : hyunjae2008@hotmail.com
등록 : 2002. 12. 30. wp16-2904호
ISBN : 89-90519-00-4(세트)
　　　　89-90519-04-7　04080

값 12,000원

※ 잘못된 책은 바꿔드립니다.
　저자와의 협의하에 인지는 생략합니다.

# 원각경 강해

김흥호

사색

## - 원각경 -

저자서문 ·················································· 8
일러두기 ·················································· 10
원각경에 대하여 ·········································· 11
원각경 서문(1) ············································ 21
원각경 서문(2) ············································ 37

제 1장  문수文殊 ·········································· 51
제 2장  보현普賢 ·········································· 67
제 3장  보안普眼 ·········································· 85
제 4장  금강장金剛藏 ······································ 101
제 5장  미륵彌勒 ·········································· 117
제 6장  청정혜淸淨慧 ······································ 135
제 7장  위덕威德 ·········································· 155
제 8장  변음辯音 ·········································· 171
제 9장  정제업淨諸業 ······································ 197
제10장  보각普覺 ·········································· 215
제11장  원각圓覺 ·········································· 237
제12장  현선수賢善首 ······································ 251

원각경  소疏 ············································· 275

## －고린도서 －

1. 불을 끄고 빛이 되라: 원각 ········· 295
   고린도 전서 1장-4장
2. 예정설: 본각과 시각 ············· 300
   고린도 전서 5장-6장
3. 평범한 진리: 평상심시도 ·········· 304
   고린도 전서 7장-8장
4. 십자가와 부활: 인지법행 ·········· 308
   고린도 전서 9장
5. 성만찬과 세례: 일식 일좌 ········· 313
   고린도 전서 10장-11장
6. 한 몸: 법계 ···················· 323
   고린도 전서 12장
7. 사랑-중도 ····················· 326
   고린도 전서 13장
8. 철학과 도덕 ···················· 334
   고린도 전서 14장
9. 새로운 피조물-성불 ············· 338
   고린도 전서 15장
10. 부활, 십자가, 성육신 ············ 347
    고린도 전서 15장
11. 마라나타-일즉일체 ············· 351
    고린도 전서 16장
12. 바울은 어떤 사람인가? ·········· 360
    고린도 후서 11장-12장
13. 정직과 진실-선서 여래 ········· 364
    고린도 후서 1장-3장
14. 알, 일, 얼-제행무상 ············ 373
    고린도 후서 3:18-4:18
15. 새 시대를 여는 새 인간 ········· 380
    고린도 후서 5장-7장
16. 빛, 힘, 열 ···················· 389
    고린도 후서 7:1-13:13

### - 원각경 -　　　- 고린도서 - (참고용)

|  |  |  |
|---|---|---|
| 1. 원각경에 대하여 | 불을 끄고 빛이 되라: 원각 | 99. 9. 5. |
| 2. 원각경　서문(1) | 예정설: 본각과 시각 | 99. 9. 12. |
| 3. 원각경　서문(2) | 평범한 진리: 평상심시도 | 99. 9. 19. |
| 4. 제 1장　문수文殊 | 십자가와 부활: 인지법행 | 99. 9. 26. |
| 5. 제 2장　보현普賢 | 성만찬과 세례: 일식 일좌 | 99. 10. 3. |
| 6. 제 3장　보안普眼 | 한 몸: 법계 | 99. 10. 10. |
| 7. 제 4장　금강장金剛藏 | 사랑 — 중도 | 99. 10. 17. |
| 8. 제 5장　미륵彌勒 | 철학과 도덕 | 99. 10. 24. |
| 9. 제 6장　청정혜淸淨慧 | 새로운 피조물 — 성불 | 99. 10. 31. |
| 10. 제 7장　위덕威德 | 부활, 십자가, 성육신 | 99. 11. 7. |
| 11. 제 8장　변음辯音 | 마라나타 — 일즉일체 | 99. 11. 14. |
| 12. 제 9장　정업淨業 | 바울은 어떤 사람인가? | 99. 11. 21. |
| 13. 제10장　보각普覺 | 직과 진실 — 선서여래 | 99. 11. 28. |
| 14. 제11장　원각圓覺 | 알, 일, 얼 — 제행무상 | 99. 12. 5. |
| 15. 제12장　현선수賢善首 | 새 시대를 여는 새 인간 | 99. 12. 12. |
| 16. 원각경　소疏 | 빛, 힘, 열 | 99. 12. 19. |

# 저자서문

원각경은 중국 사람들이 제일 좋아하는 불경이라고 한다. 우리가 화엄경을 좋아하고 일본 사람들이 법화경을 좋아하는 것이나 마찬가지이다. 중국 사람들은 하늘과 땅과 사람이라는 생각을 가지고 주역을 만들었다. 주역이나 원각이나 같은 말이다. 주(周)이고 원(圓)이고 역(易)은 각(覺)이다.

하늘은 머리처럼 둥글고 땅은 발처럼 평평하고 사람은 나무처럼 서있다. 머리와 하늘은 둥글고 몸과 사람은 나무처럼 곧장 서있고 발과 땅은 평평하여 두발로 땅위를 걸어간다.

둥근 머리와 곧은 몸과 움직이는 발, 곧 0 1 2(1/0=∞)를 태극기에서는 무극(○), 태극(•), 음양(∞) 으로 그려 놓았다. 무극이 머리이고 태극은 몸이고 음양은 두발이다.

태극기는 사람의 그림이요, 주역이나 원각경은 나 자신을 알고 싶어 하는 인간의 오랜 숙원을 밝힌 것이다. 나를 알기위해서 머리를 확대해보면 하늘이고 발을 확대하면 땅이고 몸을 확대해보면 나무다. 사람은 하늘에서 통일하는 빛을 보고 땅에서 자유 하는 힘을 보고 나무에서 독립하는 생명, 곧 숨을 본다. 빛과 힘과 숨, 이것을 원각경에서는 삼마디, 삼마파티, 디야나라고 설명한다. 정신의 통일과 정신의 독립과 정신의 자유를 부족함 없이 원만하게 깊이 자각할 수 있도록 상세하게 가르쳐 주는 것이 원각경이다.

정신과 의사이신 정기일 선생은 현대적인 정신과학을 가지고 고대적인 정신철학을 조명하는데 깊은 관심을 가지고 나의 부족한 원각경 강해를 완벽하게 정리해 주셨다. 한 시간 강의를 정리 하는데 열 시간이 소요되는 이 어려운을 일을 구인救仁의 다망한 틈 사이에서 온전하게 이루어 주신데 대해 한없는 감사를 드린다. 나를 알고 싶어 하는 인류의 오랜 열정이 원각경이란 화산이 되어 터져 나온 것이다. 하늘을 찌르고 올라가는 석가모니의 인간자각은 그 장엄하기가 설산 화엄을 능가 할는지도 모른다. 화엄에 통하고 선을 꿰뚫은 종밀의 원각경 주석은 우리를 나 자신에게로 접근시키는데 많은 도움을 주었다. 인간의 영원한 소원은 자기 자신을 아는 일이요, 자기 자신을 깨닫는 일이요, 자기 자신을 이기는 일이다.

인간은 자기를 이길 때에 세상을 이길 수 있고 죽음까지도 이길 수 있다. 죽음까지도 이긴 인생이 영원한 생명이다. 원圓은 영원하고 무한하고 신비한 인간자신의 상징이 아닐까. 내가 나 자신에 접근해 가는 그일 만큼 인간이 할 수 있는 가장 큰일이 어디에 있을까. 내가 나와 하나가 될 때 원각경은 그 소임을 다하고 인간은 신통묘용神通妙用의 큰 기쁨을 느낄 수 있을 것이다. 신통묘용이란, 그림이라면 내가 아무렇게나 그려도 다 멋있다는 말이 된다. 그런 삶이야말로 진짜로 자유자재 하는 삶이요, 멋진 삶에 틀림이 없을 것이다. 공자는 70에 이런 삶을 불유구不踰矩라 하였다. 원각이 된 것이다.

2003년 가을
김흥호

# 일러두기

1. 이 책은 현재鉉齋 김흥호金興浩 선생님께서 1999년 9월부터 12월까지 한 학기 동안 매주 일요일 오전 9시부터 2시간씩 이화여자대학교 대학교회 연경반에서 강의한 내용을 녹취하여 편집한 것이다.

2. 강의교재는 김흥호 선생님께서 원각경 원문을 손수 발췌 요약해 주신 내용과, 또한 보충설명을 위해 선생님께서 종밀의 주석이나 기타 다른 불경 가운데서 인용해 주신 글들을 첨가하여 만든 연경반 교재를 사용하였다

3. 연경반 강의는 첫 교시에 원각경, 둘째 교시에는 고린도서의 순서로 진행 되었으며, 독자들의 편의를 위해 강의 일자를 각 단원의 마지막에 표기 하였다. 또한 날짜별로 원각경과 고린도서의 목차를 병기한 참고용 목차를 만들어 같은 날에 이루어진 원각경과 고린도서 강의가 무엇인지 한눈에 알아볼 수 있도록 하였다.

4. 원각경 본문 요약과 게송은 해서/태명조체로 처리하여 구별하였으며, 한자앞에 한글음을 명기하여 한자에 익숙치 않은 독자들이 읽기에 부담이 없도록 편집하였다.

5. 책명에 대한 기호는 『 』, 편명에 대한 기호는 「 」을 사용하였고, 고린도서의 성경구절의 인용은 " "를 사용하였다.

6. 원각경 강해는 정기일, 차인섭 선생께서 녹취하고, 각 단원 첫 장의 게송 부분은 정기일 선생이 번역하였으며, 차현실 선생과 이경희 선생께서 인쇄 교정을 도왔다.

## 원각경에 대하여

『원각경圓覺經』의 원래 이름은 "대방광원각수다라요의경大方廣圓覺修多羅了義經"이다. '수다라修多羅'는 경經을 뜻하는 인도말 수트라Sutra를 소리나는 대로 적은 것이다. 그리고 철학에서 아주 어려운 사상을 잘 이해했을 때 요해了解라고 한다. '요了'란 깊이 확실하게 이해하였다는 뜻이다. '의義'란 뜻을 말하며 결국 '요의了義'란 사상의 깊은 뜻을 철저하게 이해하였다는 의미이다. 『원각경』전문은 『대장경大藏經』 842번에 들어있다. 12장 각 장마다 마지막에 그 장을 요약한 게偈[詩句]를 200자씩 달아 놓았다. 물론 나는 원문을 다 읽고 와서 설명하겠지만 강의는 시간관계상 게를 중심으로 할 것이다.

한국에서는 잘 알려지지 않았지만 중국에서는 『원각경』이 가장 유명한 경전이다. 한국에서는 『화엄경』이 제일 잘 알려졌다. 구례 화엄사, 합천 해인사 등 화엄 10찰 또는 화엄 9찰이 유명하다. 한국에서 화엄종華嚴宗이 잘 알려진 이유는 의상에서 유래한다. 원효元曉(617-686)와 의상義湘(625-702)이 화엄을 공부하러 당나라로 가던 중에 원효는 그 유명한 해골에 담긴 물을 마시는 사건으로 깨달은 바가 있어 "나는 이제 다 알았으니까 더 갈 생각 없다."하고 다시 돌아오고 의상만이 유학을 하였다. 그 일화를 미루어 볼 때 원효는 선종禪宗에 해당한다고 볼 수 있다. 선종이란 "책 다 읽을 필요 없다. 나는 이거면 다다."하는 것이니까, 원효가 교종에 관해서 많은 일을 한 것은 아니다. 원효는 『금강삼매경론金剛三昧經論』, 『대승기신론소大乘起信論疏』, 『화엄경』의 서문 등도 썼지만 원효 자체를 보면 선종으로 생각할 수도 있다는 말이다. 의상은 그대로 당나라에 가서 십

년 동안 공부했다. 『화엄경』은 방대해서 마지막에 선재동자善財童子 얘기만 해도 40권이다. 보통 간단하게 쓴 것은 60권이고 세밀하게 쓴 것은 80권이다. 의상이 가서 60권으로 된 것을 공부했는지 80권으로 된 것을 공부했는지는 잘 모르지만, 옛날에 공부하는 법은 80권 짜리라고 하면 그 80권을 전부 붓글씨로 베끼는 것이다. 한 줄 베끼고는 해석해보고 그것이 무슨 뜻인지 자꾸자꾸 생각해서 또 선생님께 질문하고 해서 알아지면 다음으로 넘어가고 또 넘어가고 하는 식으로 했다. 옛날 불교공부는 다 그렇게 했다. 불경을 한 절씩 한 절씩 베끼고 해설해가다 보면 "번역은 이런데 원문은 무엇일까?" 하게 되어 자연 인도말이 필요하게 된다.

일본에서 이런 식으로 『성경』을 공부하는 사람들이 바로 무교회주의자들로 내촌감삼內村鑑三, 총본塚本 등이 있는데 나는 총본한테서 배운 적이 있다. 함석헌咸錫憲, 김교신金敎臣은 내촌감삼에게서 배웠다. 총본은 『성경』을 베껴서 그것을 희랍 원어와 일일이 대조하여 자기에게 가장 적합한 번역을 해서 일요일에 강의를 한다. 희랍어를 가지고 강의를 하니까 주로 대학생이나 교수 등 인텔리 계층이 200여 명 모였다. 이들의 공부 방법이 옛날 불교 스님들이 공부하던 방법이었다.

의상은 십 년만에 지엄智儼(602-668)의 수제자가 되어, 화엄종의 1조祖 두순杜順, 2조 지엄을 이어 3조가 된다. 의상의 졸업논문은 『화엄경』 80권을 210자로 간추린 『화엄일승법계도華嚴一乘法界圖』이다. 『화엄일승법계도』는 이기영李箕永 선생이 번역한 것이 있으며 미국의 스티브 오딘(Steve Odin)도 연구해서 영문으로 책을 내었다. 의상은 『화엄경』을 통달한 사람이다. 신라의 선덕여왕이 의상을 불러서 귀국하여 한국 화엄의 개조가 된다. 의상 때문에 한국에서는 화엄이 가장 유명해졌다. 한국의 화엄종이 일본으로 건너가서 나라

奈良에 동대사東大寺를 세웠는데 이는 일본의 최고의 국보로 남아있다. 일본에서는 일연日蓮(Nichiren, 1222-1282)이 나와서 『법화경』을 통달하게 되자 법화종이 제일 잘 알려져 있다. 『화엄경』은 석가가 부처가 되어서 맨 처음 說한 경전經典이고 『법화경』은 석가가 죽기 전에 마지막으로 說한 경전經典이다.

중국에서는 『원각경』이 제일 유명하다. 중국에서 『원각경』이 유명한 이유는 종밀宗密(780-841) 때문이다. 종밀은 화엄종의 두순杜順, 지엄智儼, 법장法藏, 징관澄觀에 이어 제5조이다. 선종에서는 달마達磨로부터 시작하여 6조 혜능慧能, 신회神會에 이어 도원道圓의 제자가 종밀이다. 종밀은 달마로부터 11대 손이고 두순으로부터 제5조로 선의 대가이자 화엄의 대가이다. 화엄은 인도종교로서 팔만대장경을 대표한다. 선종은 중국불교로서 인도불교를 중국인들이 완전히 소화해서 토착화한 것이다. 선종은 이제 세계적으로 불교를 대표하는 종교가 되었다.

선종의 대가 중에 혜능이 있다. 달마는 인도 사람이고 혜능은 중국 사람이다. 경經이란 공자나 석가의 말에만 붙이는 것인데, 혜능의 말에도 경을 붙여서 『육조단경六祖壇經』이라고 한다. 중국인들은 혜능을 석가와 같은 사람으로 본 것이다.

종밀은 화엄종과 선종을 모두 거쳐 나왔다. 종밀은 서기 841년 62세에 세상을 떠났다. 종밀이 선종의 도원을 만난 것은 학설이 많아 확실치 않지만 27세 때이었다. 화엄종의 징관(738-839)을 만난 것은 32세 때이었다. 그 때 징관은 74세이었다. 종밀은 25세 이전까지는 유교도이었다가 25세 때 어떤 관리의 집에 갔다가 『원각경』[대당계빈삼장불타다라역大唐罽賓三藏佛陀多羅譯]을 발견했는데 그것은 당唐나라의 계빈국罽賓國(천산산맥 밑이자 인도북부, 즉 서역으로 지금의 중앙아시아 지역)의 삼장三藏이 번역한 것이었다. 삼장이란 유명한 중이라는 것으로 불경佛經, 계율戒律, 논문論文에 능통한 사람을 말한다. 우리가 잘 아는 현장법사玄奬法師도 인도에 가서 17년 동안 공부한 후 불경 570권을 중국에 가져와서 번역했다. 여기서 말하는 삼장은 서역 사람인데 중국에 와서 중국어를 배워서 불경을 중국어로 번역한 것이다. 그 번역한 때가 대개 측천무후則天武后 시대인 서기 693년 또는 당나라 현종 때인 718년이라는 학설이 있는데 693년이라고 해둔다. 그 번역한 사람의 법명이 불타다라佛陀多羅인데, '불타'란 각자覺者라는 뜻이며 '다라'는 '구원한다'는 뜻이다. 기독교로는 "진리가 너희를 자유롭게 한다."는 뜻이다. 하여튼 종밀은 화엄종과 선종에 통한 사람인데 그 계보를 정리하면 다음과 같다.

화엄종華嚴宗: 두순杜順―지엄智儼―법장法藏―징관澄觀―종밀宗密
선종禪宗:　　달마達磨―혜능慧能―신회神會―도원道圓―종밀宗密

'대방광大方廣'이라는 말을 제일 많이 쓰는데 왜 그런가 하면, 불교의 핵심이 불법승佛法僧 삼보三寶이다. 언제나 부처를 생각한다고 할 때는 염불念佛이고, 언제나 법을 생각한다고 할 때는 염법念法이고, 언제나 승을 생각한다고 할 때는 염승念僧이다. 불교에서 제일 중요한 것이 삼보이다. 불佛의 말은 경經이고, 법法의 핵심은 율법律法이고, 승僧의 글이 논문論文이다. 경經, 율律, 논論도 다 여기서 나온 것이다. 요새말로 불은 선생님이고, 법은 교과서, 교재로 우리가 『원각경』을 배운다 하면 『원각경』이 법이다. 승은 이 『원각경』을 공부하는 여러분들이다. 이 승은 중이라는 뜻이 아니고 인도말로서 승가僧伽라고 하는데, 승가는 요새말로 클래스, 학교, 교실, 공부하는 반, 세미나 그리고 같이 공부하고 연구한다는 뜻이다. 학교에서 제일 중요한 것이 선생님이다. 원효의 "대승기신론大乘起信論"에서 대승

大乘은 예수, 석가, 공자 같은 분들이며 기신起信이란 대승이 나와야 믿음이 생긴다는 말이다. 대승이 안나오면 믿음이 안 생긴다. 기독교에서 믿음으로 구원을 얻는다 할 때, 왜 믿음이 생기나 하면 예수님이 대승이기 때문이다. 인류의 선생이고 우주의 선생이다. 그런 것을 불교에서는 대승이라고 한다. 그런 대승이 나와야 믿고 쫓아가게 되지 그런 대승이 안 나오면 안 된다. 과학적으로는 아인슈타인이 대승이다. 아인슈타인을 믿지 않는 사람은 없다. 공자도 대승이다. 제일 중요한 것이 대승이다. 선의 『벽암록碧巖錄』에 "종교가 없는 것이 아니라 선생이 없다."는 말이 가끔 나온다. 우리 기독교의 문제도 종교가 없는 것이 아니라 선생이 없는 것이다. 우리나라로 말하면 헌법이 없는 게 아니라 대통령이 없다. 김대중이 잘 할 것으로 기대를 했는데 한나라당과 계속 싸우는 것을 보면 그것도 꼬마다. 싸움이 없어야 대승이지 밤낮 싸우고서는 대승이 아니다. 이제라도 김대중이 김대중이 되려면 전체를 포섭할 수 있는 큰 도량이 있어야 한다. 제일 중요한 것은 선생이, 대통령이 큰 사람이 되어야 한다. 예수같이 큰 사람이 되어야 만왕의 왕이다.

　큰 사람이란 모든 사람을 다 포섭해주는 사람이다. 노자老子로 말하면 사람을 일체 버리지 않는 것이다. 누구나 다 거두어 쓰지 누구는 쓰고 누구는 버리고 하는 것이 없다. 언제나 대大가 붙는 것은 불佛 때문에 대가 붙는다. 큰 선생이 되어야 한다는 것이다. '대방광大方廣'에서 대大는 대불大佛로 큰 스승이다. 법은 언제나 모[方]가 져야지 있어도 되고 없어도 되는 법은 법이 아니다. 법은 온 백성이 누구나 꼭 지켜야 하는 것으로 정방법正方法이다. 승가는 땅 끝까지 멀리, 넓게 복음을 전해야 하므로 광승廣僧이라고 한다.

　우리 나라에서는 종로의 파고다 공원이 원각사圓覺寺가 있던 곳으로 지금은 13층 대리석 탑이 남아있다. 원각사는 세조가 지었으며 그는 말년에 지독한 피부병에 시달리면서 단종을 죽인 자기의 죄를 깊이 뉘우치고 참회懺悔의 눈물을 흘렸다. 진정으로 참회하면 구원받는다는 내용이 『원각경』11장에 나온다. 그래서 세조는 『원각경』이 제일 소중한 경이라고 생각하였다. 세조는 자기의 죄를 참회하는 마음으로 원각사를 지은 후 개원식에서 그 당시 생육신生六臣의 대표격인 김시습金時習에게 『원각경』 강의를 부탁하고자 하였으나 끝내 뜻을 이루지 못하였다. 또한 세조 때에 『원각경』이 한글로 번역되었는데 첫 장에 다음과 같은 불교, 유교, 도교의 내용들이 나온다.

"원형이정元亨利貞 건지덕야乾之德也 시어일기始於一氣. 상락아정常樂我淨 불지덕야佛之德也 본호일심本乎一心. 전일기이치유專一氣而致柔 수일심이성도修一心而成道. 심야자심야자心也者 충허묘수병환영명沖虛妙粹炳煥靈明."

"원형이정元亨利貞 건지덕야乾之德也"는 『주역』에 나오는 것이다. "시어일기始於一氣"는 노자에 나오는 기氣철학이다. "상락아정常樂我淨"은 『열반경涅槃經』에 나오는 유명한 말로 불교의 핵심이다. "상락아정"은 "원형이정"과 맞먹는 중요한 말이다. "본호일심本乎一心"은 불교다. "전일기이치유專一氣而致柔"는 노자이다. "수일심이성도修一心而成道"는 불교이다. "심야자심야자心也者 충허묘수병환영명沖虛妙粹炳煥靈明"은 유교이다.

25세 이전까지는 유교도이었던 종밀이 25세 때 『원각경』을 보다가 한 번 다 읽기도 전에 진리를 깨달아 [豁然大悟], 27세 때에는 선의 대가 도원을 만나서 수 년간 배운 끝에 도원의 후계자가 된다. 32세 때에는 징관을 만나서 『화엄경』을 십 년간 배운 뒤 다시 징관의 후계자가 된다. 그 후 일생 동안 연구한 것이 『원각경』이며 그 결과 40여 권의 『원각경』 연구논문을 내놓았다. 종밀이 자기의 불교 속에 유교와 도교의 내용을 전부 수용受容함으로써 당나라가 불교 일색이 되고 만다. 서양에서 어거스틴이 플라톤을, 토마스 아퀴나스가 아리스토텔레스를 수용함으로써 기독교 일색이 되고 만 것처럼 말이다. 그럼으로써 플라톤이나 아리스토텔레스가 공격할 수 없는 강한 기독교가 되고 만다. 수용해야 살지 그렇지 못하면 죽고 만다. 종밀이 선과 화엄의 대가가 되어 유교와 도교를 다시 연구하고 재해석하여 불교 속에 유교와 도교를 다 수용함으로써 결국 당나라를 불교 일색으로 만든다. 그것이 중요하다. 한 사람 한 사람을 불교로 전도하기보다는 종밀 한 사람이 공자를 수용함으로써 유교도가 불교도 앞에서 꼼짝 못하게 된다. 도교도 수용되어서 맥을 못추고 불교 일색이 되고 만다.

성리학性理學의 주자朱子가 일생 노력한 것은 불교에 수용된 유교를 끄집어내려고 한 것이다. 그래서 불교 속에 수용된 유교의 성性을 끄집어내게 된다. 그는 『화엄경』의 이사설理事說을 이기설理氣說로 바꾸어서 끄집어내었다. 철학의 핵심은 성性과 심心인데, 왕양명王陽明은 불교에서 심心을 끄집어내어서 심즉리心卽理설을 주장하였다. 결국 왕양명에 이르러서야 불교에 수용되었던 유교를 다시 완전히 끄집어내었다. 르네상스 시대에 루터가 아리스토텔레스와 플라톤에 수용되었던 기독교를 다시 끄집어낸 것처럼 말이다. 이렇게 유교가 다시 정립되어서 송宋나라에서는 유교가 점차 발달하게 되면서 명明나라 시대에는 유교 일색이 되고 마는 것이다. 이런 것이 중요한 것이다. 이처럼 개인 전도보다는 타종교나 다른 사상을 수용하는 것이 정말 중요한 일이다.

기독교도 타종교와 대립하여 맞서서 싸우기보다는 타종교를 수용해야 한다. 수용한다는 것이 참 중요하다. 감리교 신학대학의 변선환

邊鮮煥 박사가 기독교인으로서는 불교를 가장 많이 수용한 사람이다. 그런데 한 번 절에 갔다고 해서 감신대학에서 내쫓겼다. 그렇게 되면 안 된다. 정말 기독교를 가장 많이 전도한 사람이 변선환이다. 일본의 유명한 선불교 철학자 마사오 아베Masao Abe의 저서를 번역할 정도로 변 박사는 불교를 깊이 이해하였다. 번역을 했다는 자체가 벌써 그만큼 불교를 이해했다는 것이다. 이해를 못하면 번역을 못하는 것이다. 아베 또한 변선환을 굉장히 존경했다. 일본의 최고 불교 지도자가 변선환을 그렇게 존경했으면 변선환이 어떤 사람인지 알아줘야 하는데 몰라주고 내쫓는다는 것은 말이 안 된다. 왕양명王陽明은 불교는 물론 도교까지 수용하였다. 『전습록傳習錄』을 보면 그렇다. 그래서 왕양명이 대승이 된 것이다. 종밀은 도교와 유교를 수용하였으며 왕양명은 불교와 도교를 수용하였다. 왕양명이 되어야 유교 일색이 되지 그렇지 않으면 안 된다. 언제나 수용한다는 것이 상당히 중요하다. 불교를 이해한다고 할 때 불교를 수용한다는 의미는 불교도가 불교를 이해한 것보다 우리가 불교를 더 깊이 이해한다는 것이다.

엊그제 감신대학에서 어떤 사람이 『벽암록碧巖錄』에 관심이 있어서 번역본을 수십 권 구입해 봤는데 내가 번역한 것이 제일이라고 하길래 『전습록』에 이어 『주역周易』도 나올테니까 다른 책들과 비교해 달라고 부탁하였다.

한 번은 또 이런 일이 있었다. 일본의 세계적인 선불교 학자 한 사람이 우리 나라를 돌아보고 가서 한국에서 불교를 가장 깊이 이해한 사람은 이화대학의 김흥호金興浩밖에는 없다는 내용을 일본신문에 기고하였다. 이 신문으로 인해 한국불교계에 난리가 났다. 그러자 불교계의 대표가 날 만나러 와서 "무無를 보았느냐?"고 물었다. 내가 "보았다."고 했더니 "누가 인가했는가?"하고 다시 물었다. 그래서 내가 "석가가 무를 보았을 때(진리를 깨달았을 때) 누가 인가했는가?" 하고 되물었더니 그 사람은 아무 소리 안하고 그냥 가버리고 말았다. 나중에 그 대표가 불교잡지에 나와 만난 사실을 발표했는데 "만나보니까 가짜더라."하는 내용이었다.

불교를 수용한다는 것은 불교를 보다 깊이 이해한다는 것이다. 뭐든지 깊이 이해하는 것이 상당히 중요하다. 우리도 『원각경』을 한 번 깊이 이해해 보자.

1999. 9. 5.

# 원각경 서문(1)

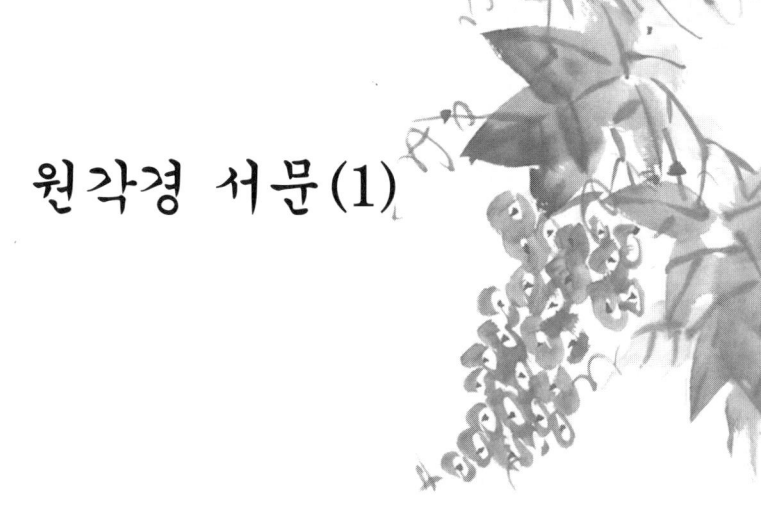

## 본문요약

　여시아문如是我聞 일시바가받一時婆伽婆 입어신통入於神通 대광명장大光明藏 삼매정수三昧正受 일체여래一切如來 광엄주지光嚴住持 시제중생是諸衆生 청정각지淸淨覺地 신심적멸身心寂滅 평등본제平等本際 원만시방圓滿十方 불이수순不二隨順 어불이경於不二境 현제정토現諸淨土 여대보살마하살등십만인구與大菩薩摩詞薩等十萬人俱 기명왈문수사리보살其名曰文殊師利菩薩 위상수爲上首 여제권속與諸眷屬 개입삼매皆入三昧 동주여래평등법회同住如來平等法會

# 강 해

　불교의 핵심은 불佛·법法·승僧이라는 삼보三寶이다. 불을 생각하면 염불念佛이요, 법을 생각하면 염법念法이요, 승을 생각하면 염승念僧이다. 불은 선생님이라는 말이고 법은 교과서, 교재를 말하고 승은 클래스라는 것이다. 선생님이 어떤 선생님인가 할 때는 불이라 한다. 그리고 선생님이 살아가는 법이 어떤 것인가, 또는 선생님이 읽는 책은 어떤 책인가 하는 것이 법이다. 그리고 선생님에게 배우는 사람들, 그러니까 북한산 비봉 밑에는 승가사가 있는데 승가僧伽, 또는 교단이라는 것을 말할 때 승이라 한다. 승이라 하는 것은 인도말이지 뜻글자가 아니다. 붓다[佛], 달마[法], 승가[僧] 등은 모두 인도말, 산스크리트, 또는 범어를 소리나는 대로 한문으로 적은 것으로 범음梵音이다. 그런데 그 말을 번역하자면 불佛의 뜻은 각자覺者, 깨달은 사람을 의미한다. 그리고 법法은 여러 가지 의미로 쓰이는데 우주에 있는 모든 만물도 법이요, 기독교에서 말하는 진리 혹은 말씀도 법이다. 말씀으로 창조되었다고 할 때 말씀이 법이므로 그 말씀으로 창조된 이 우주도 그대로 법이라는 것이다.『성경』그러면, 우리가『성경』책을 볼 때『성경』이 법인데 이 우주라 할 때 이것도 하나님의『성경』이라고 보는 것이다.『성경』책을 보는 것도 중요하지만 대우주 자체가 하나님의 뜻이 들어있는 작품이라고 보는 것이다. 그래서 법은 만물이라는 뜻도 있지만 또 진리라는 뜻도 있다. 승가는 하나의 교실, 교단을 의미한다.
　불을 설명하는 것이『화엄경』이요, 법을 설명하는 것이『법화경』이며, 클래스라는 승을 설명하는 것이『원각경』이다.『원각경』의 내용을 기독교로 말하면『사도행전』2장 같은 것이다. 복음서에는 교회라는 것이 나오지 않는데 『사도행전』 2장이 되면 성령이 강림해서 비로소 교회가 서게 되는 것을 말한다. 『원각경』은 기독교로 말하면 교회의 시작 또는 전도하는 얘기라고 보면 되겠다.

『원각경』의 서문은 아무 전제가 없는 석가의 이야기이다. 그런데 그 다음 제1장부터는 제자들이 질문하면 석가가 대답하는 형식으로 되어 있다. 여기에 12제자가 나온다. 제자는 대개 12제자가 일반적이다. 군대에서도 일분대가 12명이다. 한 사람이 제대로 거느릴 수 있는 최대 인원이 12명인가 보다. 12명이 넘으면 다루기가 어려운 것 같다. 군대의 일분대도 12명이고, 기독교에도 12제자고, 석가도 12제자고, 공자도 모두 12제자를 두었다.

서문을 읽어본다.

**여시아문如是我聞  일시바가밭一時婆伽婆  입어신통대광명장入於神通大光明藏  삼매정수三昧正受**

"여시아문如是我聞", 이와 같이 내가 들었다. 이 말은 불경마다 꼭 같이 매번 나온다. 『화엄경』 같은 경전들은 석가가 죽은 지 500여 년 후에 나온 것들이므로 석가가 썼다고 할 수는 없다. 처음에 석가를 제일 많이 따라다닌 사람이 석가의 사촌동생 아난阿難이었다. 아난이 가장 젊고 기억력이 좋았다. 마호메트의 경우도 그를 제일 많이 따라다닌 사람이 역시 그의 조카였듯이, 아난이 25년 동안 석가를 쫓아다녔다. 그래서 나중에 경전을 만들 때는 모두 아난이 말하는 것을 적었다고 한다. 이것은 불교에서 하나의 전설이다. 제 2대 제자 가섭迦葉도 많이 들었으니까 가섭이 말하는 것을 적었다고도 한다. 아난 또는 가섭이 석가의 말씀을 이와 같이 들었다는 의미이다. 다른 사람이 들었다면 그것은 믿을 수 없지만 아난이나 가섭이 이렇게 들었다 하면 그것은 믿을 수 있다는 것이다. 그래서 "여시아문"이라는 것에 대해서 믿을 신信이라는 글자를 쓴다. 기독교에서 베드로와 요한이 예수님을 직접 만나보고 만져보고 다 함께 변화산에서 변화하는 것을 보고서 말하는 것은 진짜로 믿을 수 있다는 것이다. 「누가복음」 맨 처음에 나오는 것처럼 "나는 지금 눈으로 보고 만져본 것을 들은 대로 적는다."는 것이 나오는데 그런 것을 보통 '여시如是'라 한다. '여시'란 '이와 같이'라는 뜻인데 그것은 '진짜다', '믿을 만하다' 할 때 쓰는 말이다. 그래서 믿을 신信이라는 글자를 쓴다. 그리고 '아문我聞'은 들었다는 말로 제자들이 아니면 들을 수가 없다는 것이다. 물론 『성경』에는 이상한 말들도 있다. 예를 들면 겟세마네 동산에 세 명의 제자들이 따라갔는데, 예수님 혼자서 저쪽에서 피땀을 흘리시면서 기도를 한 후 돌아와 보니 세 제자들은 다 자고 있었다고 하였다. 그러면 아무도 들은 것이 없어야 되는데 『요한복음』 17장 전체에 그것들을 어떻게 그렇게 다 듣고 썼는지 정말 알 수가 없다. 그런데 석가의 말씀을 직접 적은 것은 초대 불경이다. 그러나 대개의 불경들은 석가 사후 400년 내지 500여 년만에 나왔다. 석가의 사상을 받아서 그 당시 글 잘 쓰는 사람들, 사상가들이 그것을 문학적으로 하나의 작품을 만든 것이다. 공자의 『논어論語』는 불경과 아주 다르다. 『논어』는 제자들과 선생이 질의응답을 한 것이다. 그런데 불경은 석가가 죽은지 500년 후에 어떤 사상가가, 예를 들면 나가르쥬나Nagarjuna(龍樹) 같은 큰 철학자가 그 사상을 아주 문학적으로 만들어낸 것이다. 그러니까 불경은 하나의 작품이지 석가의 말씀을 그대로 옮겨놓은 것은 아니다. 그래서 경전이 그렇게 많은 것이지 그렇지 않으면 어떻게 그렇게 많을 수 있겠는가. 하여튼 "여시아문"을 줄이면 신信, 문聞이다.

그리고 '일시一時'라는 것, 팔만대장경에 일시라는 말이 수없이 나온다. 불교계통에서는 구체적인 년월일시가 있는 것이 아니라 모두 일시라는 것이다. 그래서 불교계통에서는 역사를 기록하기가 어렵다. 일시를 번역하자면 '어떤 날'이라는 뜻인데 왜 일시라고 하는가 하면 이것은 '줄탁일시啐啄一時'라는 것이다. '줄啐'이란 계란 속의 병아리가 쪼는 것이고, '탁啄'이란 어미닭이 쪼는 것으로 서로 쪼아서 한 번 '탁!' 깨어나는 순간이 있다[啐啄一時]. 그렇게 스승과 제자가 묻고 답하는 것을 줄탁啐啄이라 한다. 사제지간에 묻고 대답해서 나온 것이 경經이다. 이렇게 묻고 답함으로써 스승에게도 깨달음이 있고 제자들에게도 깨달음이 있어서 서로 깨달은 그 순간이 일시라는 것이다. 그래서 일시라는 말이 불교에서는 매우 중요한 말이다. 언제나 누구 한 사람이라도 깨달았으면 일시다. 깨달음이 없으면 그것은 무시無時이다.

신信, 문聞, 시時, 그 다음은 주主라는 것이다. 불경들을 보면 석가의 이름이 대개 열 개 정도가 나오는데 그 중 하나가 '바가받婆伽婆'이다. 바가받을 우리말로 번역할 때 보통 세존世尊이라 한다. "바가받기타Bhagavad-gita"에서 바가받은 신神을 뜻한다. "바가받기타"는 신의 노래 또는 신을 찬양하는 노래라는 의미이다. 원래 인도철학에서는 바가받이 신이라는 뜻인데 이것이 불교에 들어오면서 신이라는 사상이 없어지고 부처라는 뜻으로 바뀐다. 바가받을 번역할 때는 '자재自在', 스스로 있는 자이다. 기독교에서 보면 "나는 있고 있는 자이다"라는 사상과 같은 것이다. 바가받의 제일 중요한 뜻은 '중덕성취衆德成就', 모든 덕을 완성했다는 것이다. 알기 쉽게 말해서 완전히 사명을 완수한 사람을 바가받이라 한다.

"입어신통대광명장入於神通大光明藏", 신에 통해서 빛 덩어리에 들어갔다. 쉽게 말하면 진리를 깨달았다는 말이다. 기독교식으로 번역을 하면, '바가받'은 예수님이 십자가를 지고 자기의 사명을 완성하고 '신통', 부활해서 '대광명장', 하늘나라에 올라갔다는 것이다. 자기 할 일을 다하고 부활해서 하늘나라까지 올라가서 하나님 우편에 앉게 된 것이다. 만일 이것을 유교식으로 번역한다면 종밀 같은 사람은 원각圓覺을 대학大學이라고 번역한다. 종밀에 따르면 원圓은 대大와 같으며 각覺은 학學이나 같다는 것이다. '대광명장大光明藏'은 명명덕明明德이요, 그 다음은 친민親民, 더 나아가면 지어지선止於至善이다. 또 원각을 중용中庸이라 번역하면 원圓을 중中으로 각覺을 용庸이라고 보는 것이다. 그렇게 되면 "바가받婆伽婆 입어신통入於神通 대광명장大光明藏"은 "천명지위성天命之謂性 솔성지위도率性之謂道 수도지위교修道之謂教"라고 번역할 수도 있다. 갖다가 대입시키기 나름이다. 혹은 "중야자中也者는 천하지대본天下之大本, 화야자和也者는 천하지달도天下之達道"라고 할 수도 있다. 이처럼 하나를 알면 내가 아는 것과 비교해야 알기 쉽다. 유교도들이 원각을 대학, 중용으로 해석을 하는 것이다. 도교 사람들은 원각을 원은 도道, 각은 덕德으로 도덕道德이라고 해석했다. 그래서 도교로 『원각경』의 첫 장을 해석하면

"도가도비상도道可道非常道 명가명비상명名可名非常名 무명천지지시無名天地之始 유명만물지모有名萬物之母 고상무욕이관기묘故常無欲以觀其妙 상유욕이관기요常有欲以觀其徼 차양자동출이이명此兩者同出而異名 동위지현同謂之玄 현지우현玄之又玄 중묘지문衆妙之門"

이라는 『노자老子』 1장과 똑같다는 것이다. 다 보기 나름이다. 그래서 나중에는 어떤 말이 생겼는가 하면 이 글이 인도에서 나온 글이 아니라 중국인이 쓴 글이 아닌가 하게 된다. 그런 것들은 다 학자

들의 논란인데 하여튼 그만큼 우리가 어떤 하나를 알면 다른 것도 다 짐작이 간다는 것이다. '일즉일체一卽一切'라는 것이다. 철학이나 종교는 다 알고 아는 것이지 모르고서는 알 수가 없다. 어학도 우리 말을 알고 있으니까 다른 말을 우리말로 번역해서 알 수가 있는 것이다. 언제나 모국어는 있으면서 다른 말을 번역해야 한다. 기독교만 알면 불교도 어느 정도 짐작할 수 있다. 『원각경』을 읽기 전에 벌써 『원각경』을 다 아는 것이다. 이렇게 되면 불립문자不立文字가 되는 것이다. 글자를 하나도 안 읽고도 다 안다. 전번 시간에 말했던 어떤 선불교의 중이 나한테 와서 "무無를 보았느냐?"는 질문도 원각을 말한 것이다. 그 때는 원圓을 '무無'라는 것으로 각覺이라는 것은 '보았느냐'로 해석한 것이다. 내가 "무를 보았다."고 대답한 말은 "원각을 다 안다"는 소리다. 책을 읽지 않고도 우리가 다 아는데 우리가 지금 책을 읽고 있는 것이다. 기독교를 우리가 다 알고 있으나 그래도 우리는 늘 『성경』을 공부하고 있는 것이다.

우선 『원각경』의 핵심은 삼마디, 삼마파티, 디야나라는 것이다.

| 삼마디 Samadhi | 삼마파티 Samapatti | 디야나 Dhyana |
|---|---|---|
| 등지等持(止) | 등지정수等持正受(至) | 등혜等慧 |
| 정지靜止 | 정혜靜慧 | 정려靜慮 |
| 적정寂靜 | 적조寂照 | 적멸寂滅 |
| 사마타奢摩他 | 삼마발저三摩鉢底 | 선나禪那 |

인도어와 희랍어는 같은 계통의 언어이다. 'Summa bonum'은 '최고선最高善'이란 뜻이다. 마찬가지로 'Sama'도 최고라는 의미이다. 뭐든지 최고가 되면 형이상이 되므로 알기가 어려워서 번역할 수 없

으므로 그냥 둘 수밖에 없다. 그리스도도 번역할 수가 없다. 삼마디는 최고의, 지선至善의 세계로 뜻은 '지止'로 나타낸다. '지止'는 대학에 나오는 "명명덕明明德 친민親民 지어지선止於至善"으로 최고의 경지에 머물러 있다는 의미이다. 결국 하나님 나라이다. 예수님도 늘 하나님 나라를 말했지만 하나님 나라가 어떠하다고 한마디도 말한 적이 없다. 왜냐하면 말할 수 없는 세계이기 때문이다. 말할 수 있는 세계가 아니다. 물론 『묵시록』에서 얘기하고 있기는 하지만 그것은 모두 문학이지 사실은 아니다. 말못할 세계이므로 그냥 그대로 쓰는데 이것을 범음梵音이라고 한다.

디야나(dhyana, jhana, jhan)에서 'yana'는 뗏목, 배라는 뜻이다. 마하야나Mahayana는 큰 배로 대승大乘이며, 히나야나Hinayana는 작은 배로 소승小乘이다. '디dh(de, dis)'는 '떨어져 나간다', '제거한다'는 뜻이다. 디야나를 한문으로는 타연나馱演那라고 쓴다. 디야나가 지야나jhana가 되고, 지야나가 쟌jhan이 되고, 쟌이 선禪으로 변해 왔다. 일본인들은 선을 젠Zen이라 한다. '디dh'가 강하게 나올 땐 한문으로는 등등으로 쓰다가 'sam(a)'이 강하게 나올 땐 정정靜, 적寂으로 썼는데, 등등, 정靜, 적寂, 선禪 등은 모두 뜻과는 관계없이 인도말을 소리나는 대로 한문으로 표시한 것뿐이다. 예를 들면 『원각경』의 핵심이 참회懺悔인데, 참회에서 '참懺'은 sam이란 말로 뜻이 있는 것이 아니고, 그 뜻은 '회悔'로서 참회라고 쓰는데 그것을 범음한의梵音漢義라고 한다. 선정禪定, 원각圓覺, 능멸能滅, 정수正受, 정정淨定도 모두 참회의 예와 같이 선禪, 원圓, 능能, 정正, 정淨은 범음梵音이고 정定, 각覺, 멸滅, 수受, 정定은 한의漢義이다. 이런 모든 것이 '그리스도 예수'하는 식이다. 그리스도는 희랍말이고 예수는 고유명사로 글자가 두 겹으로 되어 나가는 것이다. 그것이 오늘의 핵심이다. "입어신통대광명장入於神通大廣明藏"이란 삼마디이다. 그 다음의 "삼매정수三昧正受"란 삼마파티이다.

일체여래一切如來 광엄주지光嚴住持 시제중생是諸衆生 청정각지淸淨覺地 신심적멸身心寂滅

주지住持란 절의 주인으로서 빚을 맡아서 그 빚을 잘 써나가는 사람이다. 여기 여래如來와 중생衆生 두 사람이 나온다. 기독교로 말하면 『사도행전』 2장의 사도들은 여래에 해당하고, 신도들은 중생에 해당한다. 사도들의 머리 위에 불 같은 혀가 달려 붙는 것이 "광엄주지光嚴住持"이다. 신도들 마음속에 성령이 바람처럼 불어오는 것이 "청정각지淸淨覺地"이다. 『중용中庸』으로 말하면, "중야자中也者 천하지대본天下之大本"은 여래이고, "화야자和也者 천하지달도天下之達道"는 중생이다. "신심적멸身心寂滅"은 디야나의 세계이다.
"바가받婆伽婆 입어신통대광명장入於神通大廣明藏"은 삼마디이고, "삼매정수三昧正受"는 삼마파티이고, "신심적멸身心寂滅"은 디야나이다. 이 세 가지가 다 나온다. 이것이 가장 핵심이다.
앞으로 열두 장에서 삼마디, 삼마파티, 디야나의 세 가지가 계속 반복해서 나온다. 그러므로 서문만 제대로 알면 나머지는 읽지 않아도 다 아는 것이다. 『대학』이나 『중용』도 1장만 알면 나머지는 다 아는 것처럼 말이다.

평등본제平等本際 원만시방圓滿十方 불이수순不二隨順 어불이경於不二境 현제정토現諸淨土

"불이수순不二隨順"이란 사도와 신도가 다 같이 성령에 수순한다, 성령을 받았다는 말이다. "어불이경於不二境 현제정토現諸淨土", 사도와 신도 모두가 정토, 깨끗한 세계, 하나님의 나라를 이루어 가는 것이다. 기독교로는 "뜻이 하늘에서 이룬 것처럼 땅에서도 이루어지이다."와 같은 말이다. 이것을 『대학大學』으로는 '지어지선止於至善'이라고 할 수 있다. 여래와 중생은 '친민親民'이다. 대광명장은 '명명덕明明德'이다. 대학이란 '명명덕'하고 '친민'해서 '지어지선'하자는 것이다. 이것을 불교식으로 말하자면, '명명덕'하는 것이 삼마디고, '친민'하는 것이 삼마파티고, '지어지선'하는 것이 디야나이다. 우리가 그렇게 알면 된다. 그런데 그렇게 설명한 책은 하나도 없다. 보면 볼수록 알 수가 없는 책들이 대부분이다.

  기독교나 불교는 언제나 그 근본을 꽉 잡아야지 근본을 못 잡고 지엽말단으로 갈리기 시작하면 나중에는 별 허망한 것이 되고 말아서 집을 나가는 사람도 생겨나는 것이다. 언제나 그 핵심이 뭔지를 알아야 한다. 『대학』 그러면 "명명덕明明德 친민親民 지어지선止於至善"이고, 『중용』 그러면 "중야자中也者 천하지대본야天下之大本也 화야자和也者 천하지달도야天下之達道也 치중화致中和 천지위언天地位焉 만물육언萬物育焉"이다. "천지위언天地位焉 만물육언萬物育焉" 하는 것이 디야나이다. 언제나 그 핵심이 뭔지 그것만 붙잡으면 아무런 문제가 없다.

  오늘 제일 중요한 것은 『원각경』의 핵심으로 삼정관三淨觀, 즉 삼마디, 삼마파티, 디야나이다. 여기서의 '정淨'도 깨끗하다는 뜻이 아니라 범어의 음音을 따라 쓴 것이다. 삼마디, 삼마파티, 디야나 이 세 가지를 알면 다 된다. 그런데 언제나 이 세 가지는 아는 세계가 아니고 깨닫는 세계로 원각이 되어야지 지知로는 되지 않는다. 핵심을 한 번 깨달아야지 그냥 알려고 하면 머리만 아프다. 혜능慧能은 낫 놓고 기역자도 모르는 무식한 사람인데 한 번 깨닫고 나니까 선불교의 제일 훌륭한 사람이 되고 만다. 불교나 기독교는 깨닫는 세계이지 아는 세계가 아니다. 믿음은 불교식으로 말하면 깨닫는 세계지 아는 세계가 아니다. 몇 가지를 깨달으면 되나? 세 가지만 깨달으면 된다. "명명덕明明德 친민親民 지어지선止於至善" 세 가지이다. '명명덕'하는 것이 예수 그리스도이고, '친민'하는 것이 복음서이고, '지어지선'하는 것이 『사도행전』 2장이다. 기독교로 말하면 제일 중요한 것은 예수님이 세례요한에게 세례를 받고 하늘 문이 열려서 하나님께서 말씀하시기를 "이는 내 사랑하는 아들이요 내 기뻐하는 자이다."인데 이것이 각覺이요 근본경험이다. 사도 바울이 다메섹 도상에서 그리스도를 만난 것이 삼마디요 순수경험이다. 유교로 말하면 체득體得이 되어야지 생각한다거나 하는 것이 아니다. '명명덕'도 체득이 되어야 하고, '친민'도 체득이 되어야 하고, '지어지선'도 체득이 되어야 한다. 그것이 맨 처음부터 갑자기 체득이 되는 것은 아니다. 맨 처음에야 알려고 애를 쓰는 것인데 애를 쓰다가 어떻게 되는 것이다.

여래如來란 말은 '온 것 같다'는 뜻이다. 소크라테스가 강의 중에 저 위에서 깨진 유리창 구멍으로 새가 한 마리 들어왔다. 이것을 보통, 불교에서는 진여眞如라고 한다. 진여의 세계에서 온 것이다. 이것을 나중에 플라톤은 이데아Idea라고 한다. 이데아의 세계에서 왔다. 새는 사람들을 보고 무서워서 여기저기 부딪치다가 떨어져서 불안, 공포, 절망에 휩싸인다. 그 때 한 학생이 새를 잡아서 소크라테스에게 주었더니 그는 자기 손 위에 새를 놓고서 가만히 보고 있었다. 새가 할딱거리며 무서움에 질려있는 모습이 몹시 불쌍해 보였다. 그러자 소크라테스가 "네 팔자가 내 팔자로구나." 하였다. 인생이 다 이런 것이 아닌가! 우리가 오긴 왔는데 돌아가는 길을 모르고 있다. 우리가 오기는 마음대로 들어왔는데 가는 곳을 잊어버렸다. 이것을 플라톤은 애냄니시스Anamnesis(recollection, 回想)라고 하였다. 애냄니시스Anamnesis는 생각이 안 난다는 뜻이다. 어디로 들어 왔는지 생각이 안 난다. 이것을 소위 아레테이아Aletheia라고 한다. 아레테이아Aletheia(진리)의 '아A'는 부정사고 '레테lethe'는 '잊어버린다', '숨겨져 있다[隱匿]'는 뜻이다. 단테의 『신곡』에 나오는 것으로, 우리가 죽어서 레테lethe의 강을 건너가면 이 세상 일을 다 잊어버리고 만다고 한다. 그 새는 한참 뒤에 진정이 되자 차차 정신이 들었다. 여기저기 둘러보다가 유리창 구멍을 찾자마자 쏜살같이 날아가 버렸다. 이것을 기독교에서는 "진리가 자유롭게 하리라."하는 것이다. 각覺은 아는 세계가 아니다. 이것은 내가 정신이 들어서 이제 불안, 공포, 절망이 없어지고 보이는 것이다. 이것을 소위 견성見性이라고 한다. 공부해서 보이는 것이 아니라 내 마음이 가라앉아서 보이는 것이다. 내 마음이 가라앉지 않으면 절대 보이지 않는다. '청심견성淸心見性'이다.

기독교에서는 "마음이 깨끗한 자는 하나님을 볼 것이라."고 한다. 불교에서는 마음을 가라앉히는 방법으로 가만히 앉아 있다. 이것이 선불교이다. 얼마나 오래 앉아 있나? 한 20년 앉아보고 그래도 안 되면 또 20년 더 앉아본다. 인생의 목적은 결국 온 데를 찾아서 가는 것이다. 그것을 위해서 한 40년 소모했으면 그것도 괜찮지 않는가. 70년, 80년 하고도 안 되는 사람도 많지 않는가. 해보다 가는 사람이 태반이 아닌가. 40년이라도 그렇게 해서 온 구멍을 발견해서 그 구멍으로 나갈 수만 있다면 그 이상 더 좋은 것이 없다. 이것이 '지어지선止於至善', 적멸寂滅의 세계로 마음의 모든 번뇌, 불안, 공포, 절망이 다 없어지는 것이다. 열반적멸涅槃寂滅이다. 마음이 다 가라앉으니까 보이는 것이다. 마치 물이 바람이 자서 물결이 없어지면 물 위에 구름이 비치듯이 마음이 탁 가라앉으면 다 보인다는 말이다. 2장, 3장에서는 삼마디를 거울로 비교한다. 거울처럼 되어야,

마음이 가라앉아야 안심입명安心立命이다. '안심', 마음이 편안해져야 '입명', 활짝 날아갈 수가 있다.

안심의 방법은 종교마다 다르나 기독교에서는 기도를 통해서 안심을 이룬다. 기도에는 간구懇求(invocation), 명상瞑想(meditation), 관상觀相(contemplation), 합일合一(union)의 네 단계가 있다. 처음에는 하나님께 간구 하다가 그 다음에는 하나님의 뜻이 어디 있는 지를 깊이 생각해야 한다. 이것을 명상이라고 한다. 그러다가 마음이 다 가라앉으면 하나님의 모습이 비치기 시작한다. 이것을 관상이라고 한다. 결국 하나님과 내가 하나가 되는 합일의 세계에 이르게 된다. 삼마디는 하나님을 보는 세계(contemplation, 觀相)이고, 삼마파티는 하나님과 내가 하나가 되는 합일(union)의 세계이다. 신교에서는 이렇게 잘 안 하지만, 구교의 수도원에서는 지금도 이런 식의 기도를 통해서 수도한다. 불교는 불교대로, 모든 종교가 다 하는데 결국은 어떻게 하면 안심입명이 되는가 하는 것이다. 어떻게 하면 마음을 가라앉혀서 거기서 하나님을 볼 수 있게 되나. 그것을 우리가 해 가는 것이다. 어떻게 하면 가라앉히나?

"황중삼매黃中三昧 통달通達 실상지리實相之理"[『주역』의 곤괘坤卦 5번 효爻], 어느 것 한 가지에 열중 몰두하여 그 세계에 통달이 되면 나중에 '실상지리', 하나님의 모습이 보인다. 왕양명의 '유정유일惟精惟一'도 무엇 하나에 몰입하여 열중하면 마음이 가라앉아서 그 때 '실상지리', 보이는 것이 나타난다. 마음을 가라앉히는 방법이 삼매三昧이다. 삼매란 열중, 몰입, 몰두라는 뜻이다. 몰두하면 나중에 마음이 가라앉아서 '탁!' 그런데 무엇이 보이게 된다. '황중삼매黃中三昧', 땅 속으로 깊이 들어가면 나중에 거기서 '통달通達', 싹이 터 나오기 시작한다. 싹이 터 나오면 '실상지리實相之理', 열매를 맺을 수가 있다. 믿음이란 "황중삼매 통달 실상지리"이다. '실상지리'는 바라는 것의 실상이고 '황중삼매'는 보지 못하는 것의 증거이다. 믿음이란 보지 못하는 것의 증거를 통해서 바라는 것의 실상을 보는 것이다. 제일 중요한 것은 몰두하는 것이다.

나는 처음에는 부흥사들을 정신없이 따라다니면서 산기도도 많이 했다. 그러다가 일본에 가서는 무교회無敎會의 내촌감삼內村鑑三, 총본塚本 등을 쫓아다녔다. 그러다가 한국에서 유영모柳永模 선생님을 만나서 유영모 선생님에게 몰입했다. 그 몰입하였다는 증거가 무엇인가 하면, 유 선생님이 죽는다고 날짜를 정했을 때 나는 유 선생님이 돌아가신 줄 알아서 그 날 장사 지내러 올라갔다. 그런데 함석헌咸錫憲 선생은 자기는 유 선생님이 죽지 않을 줄 알았다고 하였다. 함 선생은 몰두하지 못 한 것이다. 나는 몰두했다. 그 때 내가 유영모 선생님을 만나서 느낀 것이 "결국은 유영모가 죽은 것이 아니고 내가 죽었구나!"하는 것이었다. 한 번 죽는 경험을 해보는 것이다. "대사일번大死一番 절후재소絶後再蘇"이다. 누구나 한 번 죽는 경험을 해야 한다. 내가 죽었다고 하는 것은 하나의 체험이지 안 것[知]은 아니다. 그 후 나는 선생님께서 반대하시는 결혼을 하고자 선생님과 헤어졌다. 그런데 결혼 후에도 생각이 끊어지지 않았다. 그래서 계속 생각하면서 『주역周易』을 하루에 한 괘씩 몰두해서 보았다. 하루종일 『주역』한 괘를 놓고서 생각하는 것이다. 몰두하는 것이다. 그러다가 35세 되던 해 3월 17일 오전 9시 5분에 컨템플래이션contemplation이 되었다. 그때에 "통달通達 실상지리實相之理"가 되고 말았다. 하나의 체험이다. 그것은 내가 하려고 하거나 기대한 것도 아니었다. 그때 삼마디를 체험하는 것이다. 그때 그 체험을 통해서 무엇이 달라지나? 내가 없어지고 만다. 그것이다. 삼마디, 삼마파티, 디야나의 세 가지를 통해서 바로 '나'라는 것이 없어진다. 이것이 '제법무아諸法無我'이다. 그래서 내가 없이 사는 것이 각覺의 세계이다.

나라는 것이 있으면 각이 아니다. 예를 들면 어디서 무슨 말을 해달라고 하면 나는 지금까지 거절한 적이 없다. 다 "네"하고 간다. "아니오" 하면 내가 있게 되는 것이다. 그것이 "불이수순不二隨順"이라는 것이다. "네"하고 그냥 쫓아가는 것이지 "아니오"가 없다. 바울은 자기가 걸레조각처럼 됐다고 하였다. 바울은 자기가 없는 것이다. 그냥 때리면 맞고 죽이면 죽고 그러고 다니는 것이지 자기가 없다. 바울의 특징이 그것이다. 바울 속에는 자기는 없고 그리스도만 있다. 그런 세계를 삼마디, 삼마파티라고 한다. '황중삼매', 그리고 '통달실상지리'이다. 내가 『주역』에 몰두하다 보니까 그 밑이 깨져서 그 밑을 통하여 하나님을 보는 것이다. 이것이 『중용』의 '천명지위성天命之謂性'이다. '천명지위성'이 삼마디이다. 삼마디는 번역할 수가 없다. 왜냐하면 그것은 지식의 세계가 아니라 내가 경험해 보아야 알 수 있는 세계이기 때문이다. 남의 말을 들어서 알 수 있는 세계가 아니다. 내가 이렇게 여러분에게 참고되라고 자꾸 말해도 여러분이 앞으로 직접 경험해 보아야 그 세계를 알지 그 전에는 절대 모르는 세계다. 이것은 이심전심以心傳心, 직지인심直指人心이 되어야 된다. 내가 경험한 것을 여러분이 또 경험할 때 그때 알게 되는 것이지 그 경험을 못하면 영원히 모르는 것이다.

1999. 9. 12

# 원각경 서문(2)

# 보충자료

원각경 서문에 대한 규봉종밀圭峰宗密의 주註

설처의진說處依眞
    칭진현토稱眞現土 : 어불이경於不二境 현제정토現諸淨土
    섭상귀진攝相歸眞 :
    총창칭체원편總彰稱體圓遍 : 신심적멸身心寂滅. 평등본제平等
                        本際 원만시방圓滿十方 불이수순
                        不二隨順
    명여범성동체明與凡聖同體 : 명성동체明聖同體 일체여래一切
                          如來 광엄주지光嚴住持
                          명범동체明凡同體 시제중생是諸
                          衆生 청정각지淸淨覺地
    표입지용지원標入智用之源 : 입어신통대광명장入於神通大廣明
                          藏 삼매정수三昧正受

# 강 해

『원각경』에서는 서문이 제일 중요하다.『대학』과『중용』에서도 각각 제1장이 중요하다. 이것은 동양 경전의 패턴으로 가장 중요한 말을 먼저 한 다음에 천천히 그것을 풀어 간다.『원각경』서문은 한자가 4자씩 끊어진다. 불경은 특히 4자씩 끊어지는 글이 많다. 한문은 주어, 술어, 목적어, 보어의 순서로 되어 있으므로 4자가 한문 문형의 원형이다. 보어가 좀 길어지면 5자 내지 7자가 되기도 한다. 한시 漢詩는 대개 5언 또는 7언으로 되어 있다.

위에 있는 종밀이 해석한 종밀 주 宗密 註를 보자. 종밀은『원각경』의 내용을 의진依眞, 칭진稱眞, 귀진歸眞으로 요약하였다. 진眞이란 기독교로 말하면 진리를 말한다. '귀진歸眞'이란 죽음을 말하며 진리의 세계로 돌아갔다는 의미이다. 사람은 여래如來, 진리의 세계에서 왔다가 선서善逝, 진리의 세계로 돌아간다. 이것이 불교의 핵심으로 희랍의 플라톤 사상과 같다. 희랍인과 인도인은 같은 아리안 Aryan 족이므로 소크라테스와 석가도 생각하는 내용이 거의 비슷하다. 소크라테스가 "너 자신을 알라"고 했는데 석가의 설법도 같은 내용이라고 할 수 있다. 그러므로 희랍사상과 불교사상이 상당히 근접해 있다. 그래서 불교를 통해서 철학으로 들어가기가 쉽다. 예를 들어 니체는 하나의 불교도라 말하는데, 니체의 사상은 불교사상을 자기 식으로 풀어 낸 것이라 할 수 있다. 진리의 세계에서 왔다가 진리의 세계로 돌아가므로 죽는다는 것을 해탈解脫이라고 한다. 이 세상을 벗어나서 자유의 세계로 들어가는 것이다. 이런 사상은『성경』중에 희랍사상의 영향을 제일 많이 받은「요한복음」에 나온다. 즉, 예수께서 십자가를 지기 전에 "나는 하나님께로부터 왔으니 다시 하나님께로 돌아간다."고 하였다. 귀진이란 기독교로는 하나님께로 돌아가는 것이다. '칭진稱眞'이란 진리를 찬양한다는 말이다.

『원각경』은 불佛이나 법法이 아니라 승僧에 대하여 말하는 것이다. 승은 교단, 교회라고 할 수 있다. 기독교로 말하면 그리스도나 『성경』에 대한 것이 아니라 교회에 대하여 말하는 것이다. 교회는 '설처說處', 진리를 설하는 곳이다. '의진依眞'이란 교회는 반드시 진리, 쉽게 말하면 하나님과 그리스도에 의지하여 서야 한다는 말이다. 이해타산으로 모이는 곳은 교회가 아니다. 세상에 많은 모임이 있지만 교회만은 이해타산과 상관이 없다. 기독교로 말하면 진리의 성령이 물밀 듯 내려와서 선 것이다. 교회는 하나님의 교회지 사람의 교회는 아니다. '의진', 우리가 교회에 오는 이유는 '섭상攝相', 여러 가지 모습의 사람들을 다 통틀어서 '귀진', 하나님 나라, 하나님, 진리로 돌아가서 결국은 '칭진', 진리를 찬양하는 세상을 만들기 위해서다. 『대학』으로 말하면 의진은 '명명덕明明德'이요, 귀진은 '친민親民'이며, 칭진은 '지어지선止於至善'으로 같은 사상이다. 종밀이 이렇게 교회의 목적과 내용을 설명했다.

"황중삼매黃中三昧 통달通達 실상지리實相之理"에서 '황중삼매'를 '수중몰두水中沒頭'로 바꾸어 보면, '황중'을 '수중', 물 속에 들어가서, '삼매'는 '몰두', 머리를 물 속에 집어넣었더니 '통달'은 '부浮', 몸이 붕 떠서 '실상지리', 이젠 아무리 물에 빠져 죽으려 해도 죽지 않는 이치를 알게 된다.

나는 전에 제주도에서 수영을 배운 적이 있다. 처음엔 물 속에 들어가기만 하면 물 속으로 빠져 들어가다가 우연히 누워서 하는 배영背泳을 하게 되었는데, 이 때 머리를 물 속에 집어넣으니까 몸이 '붕-'떠올랐다. 나는 그 때 처음으로 사람이 물보다 가볍다는 사실을 알게 되었다. 나무가 물보다 가벼운 것처럼 사람도 물보다 가볍다.

이것을 아는 것이 불교를 포함한 모든 종교의 핵심이다. 사람이 물보다 가볍다는 것을 모르는 것을 무명無明 또는 죄악罪惡이라 한다. 무명이란 모른다는 것으로 모르는 것이 모든 불행의 근원이다. 머리를 물 속에 집어넣으니까[水中沒頭] 몸의 일부가 물 위로 통해서 나와 '붕―'떠서[通達] 손발을 움직여서 앞뒤로 갈 수 있고, 그 다음엔 머리를 올려서 찰나에 숨을 쉬고 재빨리 다시 머리를 물 속에 넣는 동작을 반복하는 것이 수영의 기초이다. 사람이 물보다 얼마나 가벼운가 하면, 사람의 폐 속에 들어간 공기만큼 가볍다. 큰 손바닥만큼 가볍다. 사람도 하나의 공기가 들어간 튜브이다. 머리를 물 속에 집어넣으면 얼굴 전체가 물 위로 나와서[實相之理], 눈으로 볼 수 있고 코로 숨을 쉴 수 있으며 입으로 말도 할 수 있다. 얼마든지 살 수 있다. 그것이다. 그것을 모르면 머리 전체를 물 위에 내놓으려고 하니까 물에 빠지게 되는 것이다. 얼굴만큼 뜨는 것이지 머리 전체를 뜨게 할 힘은 없다. 우선 떠야한다. 뜨면 자신이 생긴다. "아, 사람은 물보다 가볍구나, 사람은 나무이구나!"하는 기독교로 말하면 믿음이 생긴다. 그것이 믿음이다.

나무란 불교로는 믿음이란 말이다. "나무아미타불南無阿彌陀佛"이란 아미타불을 믿는다는 뜻이다. 믿음이란 나무[我無]로 나가 없는 것이다. 믿음은 나가 없어지고 그리스도만 있는 것이다. 사람은 나무이다. 나무이니까 뜬다. 이것은 과학적으로 뜨는 것을 말한 것이다. 숨쉬는 동물들, 사람, 코끼리, 말, 돼지 등은 모두 뜬다. "시제중생是諸衆生", 모든 만물이 다 뜨는 것이지 사람만 뜨는 것이 아니다. 사람만 이것을 모르고 있다. 세상에 물에 빠져 죽는 동물은 사람뿐이다. 사람이 나무처럼 물보다 가볍다는 것을 모르는 것 또한 사람뿐이다. 나무가 물보다 가볍듯이 사람이 물보다 가볍다는 것을 알아차린 것을 불교에서는 깨달았다고 한다. 이것을 석가가 깨닫고 보니까 산천초목 가운데 그것을 못 깨달은 자는 하나도 없다[釋迦成佛 山川草木 同時成佛]. 모든 중생은 기성불旣成佛인데 석가 자신만이 미성불未成佛이었다는 것이다. 기독교로 말하면 죄인은 사람뿐이지 강아지나 코끼리가 죄짓는 것은 없다. 『원각경』이란 사람은 물에 빠져 죽을 정도로 바보라는 얘기이다. 사람은 자기만 물에 빠져 죽는 것이 아니라 남을 또 죽이기도 한다. 그런데 만물 중에서 사람이 제일 바보라는 것을 깨달은 것이 성불成佛이고 부처다.

  결국 사람이 물보다 가볍다는 것을 알고 '황중삼매黃中三昧', 머리를 물 속에 집어넣으니까[水中沒頭] 몸이 '붕―' 떴다[浮]. 뜰 '부浮'에서 알을 깔 '부孚'는 계란이 까 나온다는 뜻으로 결국 '부浮'는 '각覺'자와 같은 의미로 '통달通達'이다. 이렇게 깨어 나오면 코로 숨쉬고 눈으로 보고 입으로 말함으로써 실지로 코, 눈, 입이 다 살아나서 얼마든지 살 수 있다[實相之理].

입어신통대광명장入於神通大光明藏 삼매정수三昧正受 일체여래一切如來 광엄주지光嚴住持 시제중생是諸衆生 청정각지淸淨覺地 신심적멸身心寂滅 평등본제平等本際 원만시방圓滿十方 불이수순不二隨順 어불이경於不二境 현제정토現諸淨土

**입어신통대광명장入於神通大光明藏**

물에 떠서 살게 되었다는 것이다. 그것이 삼매, 삼마디이다.

**삼매정수三昧正受** 일체여래**一切如來** 광엄주지**光嚴住持** 시제중생**是諸衆生** 청정각지**淸淨覺地**

그런데 석가만 물에 뜬 것이 아니라 석가의 모든 제자들, 친구들, 석가를 따르는 사람들 그리고 모든 중생들이 다 물 위로 떠올라와서 가만히 있는 것이 아니라 가고 싶은 곳으로 가는 것이다. "삼매정수三昧正受"에서 '삼매三昧'는 삼마디이고 '정수正受'는 삼마파티이다. 여기서 제2단계를 생각하는 것이다.

**신심적멸身心寂滅** 평등본제**平等本際** 원만시방**圓滿十方** 불이수순**不二隨順**

"신심적멸身心寂滅"에서 '적멸'이란 디야나, 선禪이다. 강을 건너기 위해서는 뗏목을 타지 않으면 안 되는데 뗏목을 타는 것이 삼마디[神通]이다. 뗏목을 타면 가지 않으면 안 된다. 가는 것이 삼마파티[正受]이다. 가서는 뗏목에서 또 내리지 않으면 안 된다. 내려야 올라갈 수 있다. 내리는 것이 디야나[寂滅]이다. '야나'는 배고 '디'는 떠나는 것으로 배를 떠나야 한다. 그래서 우리가 적멸을 하나 더 생각해본다. 삼마디, 삼마파티, 디야나이다. "신심적멸", 물에 뜨고 보니까 몸이 물에 잠기지 않고 마음에 불안, 절망, 공포도 없어졌다. 신심이 다 적멸로 아무 문제가 없다.

"평등본제平等本際", 물에 뜨는 것이 우리의 자연이다. "원만시방圓滿十方", 어디나 갈 수 있는 것이 우리의 현실이며 자유이다. "불이수순不二隨順", 물과 내가 원수가 아니라 사실은 친구이다. 물에 빠져들어 갈 때는 물이 원수였다. 정신이 있을 때까지는 계속 물 속으로 잠겨 들어간다. 왜냐하면 물에 빠져 죽을까봐 자꾸 물을 손발로 밀어내기 때문이다. 이렇게 물을 밀어내면 옆에 있던 물이 들어와서 그 물의 압력으로 더 끌려들어 가게 된다. 우리는 이것을 귀신이 끌어당긴다고 하는데 귀신이 아니라 자기의 공포심이 자기를 물 속으로 집어넣는다. 그래서 물 속에서 나오려고 할수록 그만큼 더 가라앉게 된다. 정신이 나가면 손바닥만큼 물 위로 떠서 그 속에 코 와 눈과 입이 들어있게 된다. 그렇게 되면 실상지리實相之理이다. 사람들은 물을 무서워해서 적으로 생각한다.『주역周易』에도 물 '수水' 자는 언제나 위험하다고 하여 악마의 상징으로 생각했다. 중국 사람들은 물을 제일 싫어한다. "불이수순", 물은 적이 아니라 우리를 받쳐주고 사랑하는 어머니이다. 부력浮力은 우리를 살려주는 힘이다. 자꾸 떠 받쳐준다. 물이 우리를 받쳐주면 물과 내가 하나가 되어서 서로 도와가며 잘 살 수 있다. 자연은 우리를 도와주는 한없는 힘을 가지고 있다. 우리를 죽이려 하는 자연이 아니다. 우리는 자연과 하나가 되어야 한다. 이것을 인도 사람으로 말하면 범아일여梵我一如이다. 자연과 하나가 되는 것이다. 그래서 결국은 떠서 어디를 가는가? 떠서 육지로 올라가는 것이다.

**어불이경於不二境 현제정토現諸淨土**

육지와 내가 둘이 아니다. 나를 살려주는 세계이고 하나님 나라이다. 천국을 건설하는 것이다. 정토淨土는 기독교식으로 말하면 천국이다.

결국『원각경』은 그 내용이『반야심경般若心經』과 같다. 여기서부터 바다를 건너서 하늘나라까지 가야 한다. 바다까지 가려면 우선 떠야 한다. 뜨는 것이 삼마디고 가는 것이 삼마파티이다. 저 세상까지 가야 한다는 것이 디야나이다. 이런 3단계를 거쳐서 "아제아제 바라아제 바라승아제"로 가는 것이다. 인생살이나 예수 믿는 것도 모두 바다를 건너서 하늘나라로 가는 것이다. 바다를 건너기 전에

탈 배가 있어야 한다. "대승기신大乘起信", 우리가 그리스도를 붙잡고서 바다를 건너서 가는 것이다. 그리스도만이 떠올라온 사람이 아니다. 우리도 그리스도를 붙잡고서 다 떠올라왔다. 모든 만물이 다 떠올라왔다. 일체가 살게 되는 것이다.

종밀宗密의 설명을 보면, "표입지용지원標入智用之源", 요새로 말하면 그리스도를 붙잡는 것이다. "명여범성동체明與凡聖同體", 사람뿐만이 아니라 모든 만물이 다 구원을 받게 되는 것이다. 그래서 모든 만물이 다 물 위로 뜨는 것이 본능이다. "총창칭체원편總彰稱體圓遍", 그 본능대로 어디나 자유자재로 갈 수 있다. 그것을 드러내는 것이다. 그렇게 해서 정토, 천국까지 가는 것이다. 요는 "명명덕明明德, 친민親民, 지어지선止於至善", "삼마디, 삼마파티, 디야나"이다. 기독교에서 제일 중요한 것은 믿음이다. 믿음이란 황중삼매黃中三昧로 그리스도에게 몰두하는 것 곧 그리스도에게 나 자신을 바치는 것이다[로마 12:1]. 『로마서』12장 2절도 이 내용이다. 1절은 삼마디, 2절은 삼마파티, 디야나로 볼 수 있다. 배를 타고, 가서, 배를 내려야 한다. 타는 것이 "지용지원智用之源"이다. 그 다음에 "명여범성동체明與凡聖同體", 모든 사람이 다 탄다. 다 타고 "칭체원편稱體圓遍", 가는 것이다. 원편圓遍이란 태평양을 건너가는 것이다. 가서 "불이경현제정토不二境現諸淨土", L.A.에 도달하는 것이다. 순서는 세 단계로 뗏목을 타고, 가고, 내리는 것이다. 교회란 무엇인가 하면 우리에게 뗏목을 태워주고, 뗏목을 타고 같이 가고, 다 같이 하늘나라에 가서 내리는 것이 교회다. 이런 것을 보면 불교에서 교회를 어떻게 생각하는지 종밀을 통해서 알 수 있다.

제일 나쁜 것이 무명無明, 모르는 것이다. 물이 사람보다 무겁다는 것을 모르는 것이다. 아마 거의 다 모를 것이다. 그것을 알면 되는 것이다. 무명無明이 명명으로 바뀌는 것을 각覺이라 한다. 영생은 무엇인가? "하나님을 알고 그리스도를 아는 것이 영생이다"[요한 17: 3]라고 「요한복음」에 아는 것을 강조하는 것이 나온다. 불교나 플라톤은 아는 것을 강조한다. 안다는 것이 진리이다. 진리를 가장 중요하게 생각한다. 진선미眞善美중에서 진이 가장 먼저 중요하다. 진만 되면, 뜨기만 하면 선은 저절로 된다. 선만 되면 미는 저절로 된다. 소크라테스도 "너 자신을 알라"고 했다. 아는 것이 제일 중요하다.

불교에서는 각이 제일 중요하다. 각만 되면 행行은 저절로 나온다. 행만 되면 정토는 저절로 나온다. 제일 중요한 것이 각인데 어떻게 하면 각을 얻을까? 요전에 소크라테스의 새 한 마리가 날아가는 얘기를 했는데, 구멍으로 들어왔다가 구멍으로 날아가는 것 그 방법이 무엇인가? 가만히 앉아서 자기의 마음을 고르는 수밖에 없다. '존심存心', 가만히 앉아서 '양성養性', 정신을 다시 차리는 것이다. 언제나 존심양성存心養性이 가장 중요하다. 무엇을 하는 것이 아니라 안 하는 것이다. 무념무상無念無想이다. 가만히 앉아서 마음을 가라앉히면 [存心養性] 정신이 다시 살아나서 구멍을 찾아서 밖으로 날라 갈 수가 있다. 종교의 핵심이 참선, 기도, 존심양성으로서 마음을 가라앉히는 것이다. 불교에서는 참선을, 기독교에서는 기도를, 그리고 유교에서는 존심양성을 통해서 마음을 가라앉힌다. 『성경』에서는 "마음이 가난한 자는 천국이 저희 것이다."[마태 5:3]라고 했다. 마음을 가라앉힐 것을 산상수훈에서 첫 번째로 말하고 있다. 그리고 "마음이 깨끗한 자는 하나님을 볼 것이다."[마태 5:8]라고 하였다. 어떻게 마음을 가라앉힐 것인가? 어떻게 정신을 깨어나게 할 것인가? 8복음 중에서 이 두 가지가 제일 중요하다. 그것을 우리가 보통 기도, 참선, 존심양성이라고 한다. 마음을 가라앉히기 위해서 제일 중요한 것은 황중삼매黃中三昧이다. 황중삼매란 대승기신大乘起信이다. 선생님을 붙잡아야 한다. 선생님을 붙잡아야 마음이 가라앉지 선생님을 붙잡지 못하면 마음이 가라앉지 않는다. 선생님도 큰 선생님을 붙잡아야 한다. 기독교로 말하면 큰 선생님이신 예수 그리스도를 붙잡아야 한다. 그런데 예수 그리스도를 붙잡기 전에 예수 그리스도에게 가게 하는 선생님이 필요하다.

내가 늘 말하는데 나는 그래도 운이 좋아서 유영모柳永模 선생님을 붙잡았다. 유영모 선생님을 붙잡으니까 마음이 놓였다. 왜 마음이 놓이나? 유영모 선생님은 38년만에 믿음에 들어갔다. 세상에서 믿음에 들어간 사람을 찾기는 정말 어렵다. 그래서 "아, 이 사람은 믿음에 들어갔으니까 이 사람이면 되겠다. 이 사람은 붕 뜬 사람이다. 이 사람만 붙잡고 가면 될 것 같다." 그래서 황중삼매, 나는 6년 동안 유영모 선생님의 말씀 속으로 들어가서 선생님의 말씀을 통해서 『성경』 말씀을 알고자 한 것이다. 유영모 선생님은 동양인이 제일 알기 쉬운 복음은 「요한복음」으로 제일 중요하다고 하셨다. 동양종교들 유교, 불교, 도교가 모두 지적인 종교이므로 우리가 「요한복음」을 알면 기독교는 저절로 이해가 된다. 내가 유영모 선생님한테 제일 많이 배운 것이 「요한복음」이다. 유 선생님은 「요한복음」에서 한 절만 알아도 구원받을 수 있다고 하였다. 실제로 나는 6년만에 「요한복음」 한 절을 알게 되어서 35세 되던 해 3월 17일 오전 9시 5분에 '붕—' 뜨는 경험을 했다. 떴으니까 이제 다시는 물에 빠질 걱정이 없다. "평등본제平等本際", 이 뜨는 것이 인간의 본질이다. '붕—' 뜨는 것, 기독교로 말하면 구원받는 것이 우리 인간의 본질이다. 다 구원받기로 되어 있다. 우리 가슴 속에는 본래 다 바람이 들어가 있다. 본래 하나님의 형상대로 만들어져 있는 것이다. 다시는 이제 물에 빠져 죽을 걱정이 없다. 그것이 평등본제이다. '붕—' 떠있는 것, 우리가 다 하나님 나라의 백성이라는 것, 하나님의 아들딸이라는 것, 그것이 우리의 본제本際, 본체이다. 죄짓는 것이 우리의 본체가 아니다. 본래 하나님의 아들처럼 사는 것이 우리의 본체이다. 그것이 평등본제이고 그 다음에는 "원만시방圓滿十方", 어디나 갈 수 있다. 자유이다. 진리란 나무가 물보다 가볍다는 것이다. 이것이 평등본제이다. 그러니까 언제나 떠있다. 우리는 본래가 하나님의 형상이지 죄인이 아니다. 본래가 그리스도이다. 예수를 믿어서 그리스도가 되는 것이 아니다. 본래가 그리스도인 것을 요전에는 본각本覺이라고 했다. 우리가 그것을 모르고 있다가 깨닫고서 "이젠 내가 예수 그리스도를 모셔야 되겠다."하는 것이 시각始覺이다. 그래서 내가 예수 그리스도와 하나가 되어서 "이제 내가 사는 것이 아니라 그리스도가 내 안에서 산다."[갈 2:20] 하는 것이 정각正覺이다. "그리스도가 내 안에서 산다."하는 것은 "이젠 물에 빠져 죽을래야 죽을 수가 없다."하는 것이다.

결국 우리에게 제일 중요한 것은 '황중삼매黃中三昧'다. 물 속에 머리를 집어넣는 것이 아니라, 하나님의 말씀 속에 우리의 마음을 집어넣어서 그 말씀 속에서 우리가 붕 뜨는 날이 있어야 한다. "붕 뜨는 날이 있어야 한다."는 것은 어느 말씀이 내 말씀인지 그것을 찾아내야 한다. 나는 구약·신약을 한약·양약과 같다고 말하는데, 약방에 가서 거기에 있는 약을 다 먹으면 안 된다. 그러면 죽는다. 그 속에서 내 약이 어느 것인지 그것을 찾아내야 한다. 체했으면 훼스탈을 찾아야지 다른 약을 먹으면 안 된다. 감기에는 아스피린을 찾아야지 다른 약을 먹으면 안 된다. 내 몸에 맞는 약을 찾아내야 한다. 유영모 선생님이 언제나 "말씀을 고르라." 하듯이 '고른다'는 말을 쓴다. 자기 말을 하나 골라내야 한다. 구약·신약이 다 하나님 말씀이 아니다. 내가 골라낸 말씀만이 하나님의 말씀이다. 왜 그런가 하면, 그 말씀으로 내가 살게 되기 때문이다. 그것이 '통달通達'이다. 그렇게 되면 '실상지리實相之理', 영원한 생명을 우리가 누릴 수 있고 영원한 생명에 들어갈 수가 있다. 여러분도 이 수영하는 물 얘기를 가만히 생각해봐야 한다. 나는 지금 어디 있는가. 내가 지금 황중삼매에 들어가 있는가. 그것을 늘 생각해야 한다. 나는 언제 붕 뜨는가. 나는 언제 실상지리에 들어가는가. 이런 말들을 다른 말로 바꾸면 '신통대광명장神通大光明藏'이 된다. 실상지리 대신에 대광명장이다. 말이 다른 것뿐이지 내용은 다 같은 것이다. 지금까지의 서문만 알면 그 다음 12장은 안 해도, 몰라도 되는 것들이다.

1999. 9. 19.

# 제1장

# 문수文殊

게송偈頌

문수여당지文殊汝當知 일체제여래一切諸如來
종어본인지從於本因地 개이지혜각皆以智慧覺
요달어무명了達於無明 지피여공화知彼如空華
즉능면유전卽能免流轉 우여몽중인又如夢中人
성시불가득醒時不可得 각자여허공覺者如虛空
평등부동전平等不動轉 각편시방계覺遍十方界
즉득성불도卽得成佛道 중환멸무처衆幻滅無處
성도역무득成道亦無得 본성원만고本性圓滿故
보살어차중菩薩於此中 능발보리심能發菩提心
말세제중생末世諸衆生 수차면사견修此免邪見

문수여, 그대는 확실히 알아라.
일체의 모든 여래는 본래의 근원으로부터
모두 다 깨달음의 지혜로 무명을 확실히 깨쳤다.
그것이 허공의 꽃인 줄 알면 곧 능히
생사의 유전을 벗어나니 이는 마치 꿈꾸는 사람이
잠을 깨면 아무것도 얻을 것 없음과 같다.
깨달음은 허공과 같아 평등하여 요동함이 없으니
깨달음이 시방에 두루하면 즉시 불도를 성취하리라.
뭇 환幻이 멸하면 자취가 없듯이
도를 이루면 또한 얻음이나 얻을 것도 없으니
그 본성이 원만하기 때문이다.
보살은 이 가운데서 능히 보리심을 일으키니
말세의 모든 중생들도 이렇게 수도하면 사견을 벗어나게 되리라.

## 본문요약

　여래본기청정인지법행如來本起淸淨因地法行 보살발심리병菩薩發心離病 중생불타사견衆生不墮邪見 무상법왕유대다라니문無上法王有大陀羅尼門 명위원각名爲圓覺 일체여래본기인지一切如來本起因地 개의원조청정각상皆依圓照淸淨覺相 영단무명방성불도永斷無明方成佛道 사대위자신상四大爲自身相 육진연영위자심상六塵緣影爲自心相 병자망집치자무공화病者妄執治者無空花 몽자망상각자무몽화夢者妄想覺者無夢話 무명자무실체無明者無實體. 다라니문유출일체陀羅尼門流出一切 청정진여淸淨眞如 보리열반菩提涅槃 파라밀波羅密

# 강 해

지난 시간에 했던 서문의 핵심은 『원각경』의 핵심으로서 삼마디 Samadhi, 삼마파티Samapatti, 디야나Dhyana이다. 보통 삼마디는 삼매三昧로 디야나는 선정禪定으로 번역한다. 삼마파티는 앞으로 여러 가지 번역이 나오는데 적절한 번역이 없다. 우리의 선불교라는 것이 이 디야나를 말한다.

1장은 문수文殊라는 석가의 제자가 석가에게 질문하는 내용이다. 석가를 우리말로 번역하면 능인能仁이다. 능能은 영어로 말하면 캔can인데 캔이 중동으로 가면 '징기스칸'할 때의 칸이 된다. 우리 나라로 오면 캔이 한韓이 되어 한국의 한이라는 것도 결국 캔이라는 것이다. 나중에는 능이란 제일 힘이 센 사람으로 왕王으로 번역한다. 인왕산仁王山이 그 예이다. 인왕산은 사실 석가산이란 뜻이다. 인왕산의 오른편에는 보현봉이 있으며 왼편에는 문수봉이 있다. 절에 가 보아도 부처상 옆에는 항상 두 제자가 앉아있다. 보현과 문수는 기독교로는 베드로와 요한이고, 사랑과 지혜를 나타낸다. 기독교에서는 지혜보다 사랑이 더 높으니까 베드로가 더 높고, 불교에서는 사랑보다 지혜가 더 높아 오늘 제1장에 문수의 얘기가 맨 처음 나온다. 그리고 제2장에 가면 보현 얘기가 나온다. 문수는 지혜를 뜻하며 '묘길상妙吉祥'으로 번역한다. '묘妙'란 최고를, '길상吉祥'이란 요새말로 행복을 의미하여 "최고의 행복은 어디에 있는가?"하는 말이다. 불교로 말하면 진리에 최고의 행복이 있다고 보는 것이다. 문수는 진리를 깨치고 설법하는 사람이다. 쉽게 말하면 법열法悅이다. 진리에는 언제나 기쁨이 따르는 것이지 진리밖에는 기쁨이라고 할 것이 아무것도 없다.

이 세상에 물에 빠져 죽는 동물은 하나도 없는데 제일 똑똑하다는 사람만이 물에 빠져 죽는다. 어떻게 보면 사람이 가장 막혔다. 그런데 사람이 왜 빠져 죽나 하면, 자기 자신을 몰라서 그렇다. 자기 자신을 알면 절대 빠져 죽을 일이 없다. 자기 자신을 모른다고 하는 것을 무명無明이라 한다. 불교에서는 모든 악의 근원을 무명이라 한다. 자기 자신을 알면 빠져 죽거나 악을 행할 이치가 없는데 자기 자신을 몰라서 빠져 죽기도 하고 악을 행하기도 한다.

오늘 문제의 핵심은 무명으로 "왜 빠지나?"하는 것이다. 그것은 두 가지를 모르기 때문이다. 첫째, 자기의 몸이 무엇인지 모르고 둘째, 자기의 마음이 무엇인지를 모르기 때문이다. 사람의 몸은 물보다 가벼운 나무 같은 것인데 사람은 자기 몸이 물보다 무거운 줄 알고 물에 들어가면 빠져 죽는 줄 안다. 동물들은 빠져 죽지 않는데 사람은 빠져 죽는다. 왜 그런가 하면, 동물들은 무식해서 본능대로 살아가는데 사람은 유식해서 뭘 안다고 하는 것이 그만 잘못 안 것이다. 알기는 알았는데 잘못 알았다. 잘못 아니까 무식한 것만도 못하게 되었다. 자기 몸은 나무같이 물보다 가벼운 것인데 쇳덩어리로 알고 착각하여 망집妄執, 망령되이 집착한다. 그렇게 알기 때문에 모든 잘못이 나온다. 그 가운데 제일 큰 잘못이 병에 빠지는 것이다.

그리고 또 하나는 물은 부력浮力으로 사람을 뜨게 해주고 사람을 살려주는 것인데 사람은 그것을 모르고 물을, 사람을 빠뜨려 물 속으로 끌어들여서 죽이는 악마로 생각한다. 다시 말해서 물은 모든 생명을 살리는 사랑인데 이 사랑을 미움으로 착각한다[妄想]. 물은 사랑이고 사람은 지혜다. 사람은 지혜이고 우주는 사랑이라는 것이 불교의 기본관념이다. 사람은 넉넉히 자기 자신을 알 수 있는 혹은 자기 자신을 구원할 수 있는 지혜이고, 또 우주는 모든 만물을 살리고 특별히 사람을 살려주려고 하는 사랑이다. 인생과 우주는 한마디로 지혜와 사랑이다. 그런데 사람은 지혜를 상실하여 어리석게 되었고 별, 태양 등 우주 일체가 사랑인 것을 모르고 우주를 악마의 집으로 생각하고 말았다. 그래서 이 우주에 대해서 공포, 불신, 절망을 가지게 되어 우주와 격리되고 말았다.

무엇을 알아도, 과학 같은 것은 대상을 죽이고 찢어서 그 속을 들여다보려고 한다. 칸트Immanuel Kant(1724-1804)는 "인간은 만물을 고문해서 그 속에 있는 속성을 토하게 하여 그것을 가지고 우주의 법칙을 알려고 한다"고 하였다. 과학은 본래가 우주를 원수로 대한다. 과학에서의 '지知'는 화살 '시矢'와 방패인 입 '구口'가 합쳐진 글자로서 화살로 남을 죽이고 방패[口]로 자기는 살고자 하는 것이 과학의 근본성격이라고 하이데거Martin Heidegger(1889-1976)는 말했다. 과학이 성하는 동안은 인류가 살아남을 수가 없다. 하이데거는 제2차 세계대전에서 2천 여만 명이 죽었는데 인류가 왜 이렇게 서로 죽이게 되었나를 깊이 생각한 결과 과학 때문이라고 결론을 내렸다. 과학은 분별지分別智로서 주관과 객관을 분리해서, 객관이 되면 그것은 내가 아니고, 내가 아니면 그것은 원수니까 죽여도 된다고 생각한다. 남은 내가 아니므로 죽여도 된다고 생각하니까 살인강도 행위가 나타난다.

마틴 부버Martin Buber(1878-1965)는 나 아닌 것은 전부 다 'It'라고 하였다. 예를 들면 군부대의 어느 고지에서 만 명이 죽었다고 해서 축배를 들었다면 그 만 명은 어느 누구의 아들이나 형제도 아니고 It에 불과하다. It가 없어졌다고 해서 문제될 것이 아무것도 없다. 김정일도 남한 사람이 다 죽었다고 해도 아무렇지도 않게 축배를 들 것이다. 이것이 소위 공산주의라는 과학적인 유물변증법唯物辨證法이다. 그 지知 때문에 이렇게 되는 것이다.

지금 여기에 나오는 사상은 이 지가 아니다. 나는 지혜이고 상대는 사랑이고, 이 둘을 합한 것이 인생과 우주이다. 이것을 모르는 것이 무명無明이다. 내가 지혜인 것도 모르고 상대가 사랑인 것도 모르는 것이다. 그것을 언제 아는가 하면, 내가 물에서 떠보면 그제서야 내가 쇳덩어리가 아니고 나무라는 것을 알게 된다. 물에서 떠보아야 물이 나를 받치고 있다는 것을 알게 된다. 떠보아야 알지 뜨기 전에는 모른다. 불교식으로 말하면 깨달아야 자기가 지혜라는 것을 알고 일체가 사랑이라는 것을 알지 깨닫기 전에는 그것을 모른다. 깨달았다는 것은 무엇인가 하면, 나는 지혜이고 남은 사랑이라는 것을 알면 깨달은 것이다. 깨달았다는 것은 간단하다. 나는 물에 뜨고 물은 나를 뜨게 해 주는 것을 알면 깨달은 것이다. 물에 뜬다는 얘기 하나만 알면 불교는 다 아는 것이지 더 알 것이 없다.

게송偈頌을 읽어본다.

**문수여당지文殊汝當知 일체제여래一切諸如來**

문수 너는 확실히 알아라. 모든 부처님은 일체가 다 여래이다. 요전에도 말했듯이 사람만 빠져 죽지 코끼리도 사슴도 뱀도 안 빠져 죽는다. 일체가 기성불旣成佛이다. 다 그분들이 부처인데 사람만이 미성불未成佛이다. "일체제여래一切諸如來" 가운데는 코끼리, 사슴, 뱀 등이 다 들어가야 한다.

**종어본인지從於本因地 개이지혜각皆以智慧覺**

모든 동물들은 "인지법행因地法行", 본능적으로 물 속에 들어가면 '붕—' 뜨게 되어 있다. 그렇기 때문에 지혜를 가지고 깨달을 수가 있다. 부처는 본능적으로[生而知之] 사람의 몸이 물보다 가볍다는 것을 알고 있어서, 물 속에 들어가면 물 속에 머리를 집어넣으니까 몸이 '붕—' 뜬다. "개이지혜각皆以智慧覺"은 '붕—' 뜬다는 소리다.

요달어무명**了達於無明** 지피여공화**知彼如空華**

그런데 모든 동물이 다 그렇게 '붕—' 떠서 사는데 "요달어무명了達於無明", 사람만이 그것을 모른다. '요달了達'이란 그것을 알면 산다는 것이다. 자기가 바보라는 것을 알고 자기가 어리석은 것을 알면 산다. 무엇을 아는가 하면, "지피여공화知彼如空華", 물에 빠져 죽는다는 것은 사실 빈 꽃 즉 허깨비[空華]인 것을 아는 것이다.

즉능면유전**卽能免流轉** 우여몽중인**又如夢中人** 성시불가득**醒時不可得**

그렇게 알면, "즉능면유전卽能免流轉"이다. '유전流轉'은 육도 윤회 六道輪廻인데 육도 윤회에 빠지는 것이다. "우여몽중인又如夢中人 성시불가득醒時不可得", 또 꿈속에 있는 사람이 꿈을 꾸는데 깨어나면 꿈 내용은 아무것도 없다. '무공화無空華'요, '무몽화無夢話'이다.

각자여허공**覺者如虛空**

깨달은 사람은 언제나 마음이 허공처럼 가볍고 넓다.

평등부동전**平等不動轉** 각편시방계**覺遍十方界**

모든 사람, 모든 만물을 다 평등하게 대한다. 그래서 흔들릴 것이

제1장 문수文殊　57

없다. "각편시방계覺遍十方界", 이것은 물로 말하면 떠올라온 것이다. 떠올라오면 그냥 하늘이다. 물에 둥둥 뜨면 빠질래야 빠질 수가 없다. 그리고 어디나 갈 수 있다.

### 즉득성불도卽得成佛道 중환멸무처衆幻滅無處

"즉득성불도卽得成佛道", 그리고 나중에 결국 육지에까지 도달할 수 있다. 육지에 올라가려면 디야나Dhyana가 된다. 디야나는 배를 떠난다는 것이다. 언제나 우리는 물을 건너가기 위해서는 배를 타야 하고, 육지에 도달하면 배에서 내려야 한다. "중환멸무처衆幻滅無處", 모든 꿈 속, 병病 속에 있던 도깨비들은 간 곳이 없다. 왜 그런가? 무실체無實體, 실체가 없으니까.

### 성도역무득成道亦無得 본성원만고本性圓滿故

"성도역무득成道亦無得", 우리가 진리를 깨달았다 그러면 무엇을 얻는 것이 있나 하면 얻는 것이 아무것도 없다. 그저 자기가 자기가 된 것뿐이다. 얻는 것이 아니다. 무소득無所得이다. "본성원만고本性圓滿故", 그런데 우리는 우리 속에 있는 본성을 가지고 넉넉히 살 수가 있다. 기독교로 말하면 하나님의 은혜 안에서는 넉넉히 살 수가 있고 다른 것은 없어도 괜찮다는 것이다.

### 보살어차중菩薩於此中 능발보리심能發菩提心

보살은 여기서 부처가 되겠다는 마음을 일으켜야 된다. 그렇게 돼야 병에서 떠날 수가 있다.

말세제중생末世諸衆生 수차면사견修此免邪見

말세의 모든 중생들은 언제나 열심히 노력해서 진리의 길을 가야 된다. 그래야 어리석은 생각을 버리고 올바른 생각으로 가게 된다.

오늘은 문수가 세 가지 질문을 한다.
첫째, "인지법행因地法行"이 무엇인가?
둘째, "발심이병發心離病"이 무엇인가?
셋째, "불타사견不墮邪見"이 무엇인가?
보살菩薩은 보리살타菩提薩陀로서 제자를 말하며 보리菩提는 진리이고 살타薩陀는 사람이라는 뜻인데 진리를 찾아가는 사람, 깨달으려고 애쓰는 사람이다. 불타佛陀[如來]는 선생이며 진리를 찾은 사람, 이미 깨달은 사람이다. 중생은 아직 깨달으려고 하지도 못하고 헤매는 사람이다. 여래如來는 본각本覺과 시각始覺이 합쳐져서 정각正覺을 이룬 사람으로 각자覺者, 불타를 말한다. 보살은 깨달으려고 애쓰는 사람인데 깨달으려고 애쓰는 것을 발심發心이라 한다. 유교로는 입지立志이다. 무엇이 되려고 뜻을 세운다. '초발심初發心', 처음에 발심을 하면 벌써 정각을 했다는 말이 나오는데 발심을 하면 절반은 깨달은 셈이다. 시작이 절반이다. 문수는 여기에서 세 가지 질문을 한다.

여래본기청정如來本起淸淨 인지법행因地法行 보살발심리병菩薩發心離病 중생불타사견衆生不墮邪見

부처님은 어떻게 깨달았는가? 보살들은 어떻게 하면 열심을 내서 병을 떠날 수 있나? 그리고 모든 중생들은 어떻게 하면 음란한 생각에서 벗어날 수가 있는가? 중국인들은 깨달았다는 것을 청정각淸淨覺이라고 한다. 청정각이란 기독교로는 "마음이 깨끗한 자는 하나님을 볼 것이다."이다. '청정淸淨'은 마음이 깨끗하다는 것이고, '각覺'이란 하나님을 보았다는 것이다. "인지법행因地法行"이란 "부처가 깨달은 방법은 무엇인가?"이다. 보살들은 어떻게 하면 '발심發心', 요새로 말하면 열심을 내서, 기독교에서는 죄를 떠난다 하는데 불교에서는 병을 떠날 수 있나? 그리고 모든 중생들은 어떻게 하면 '사견邪見', 사견의 핵심적인 것이 음란인데 음란한 생각에서 벗어날 수 있는가 하는 것이 그 세 가지 질문이다. "중생불타사견衆生不墮邪見"은 『주역』에서 보면 중생은 어떻게 하면 건강한 정신[正見]을 가질 수 있나, 보살은 어떻게 하면 건강한 육체를 가질 수 있나 하는 것이다. 부처는 건강한 정신과 건강한 육체를 가진 사람이다. 『주역』의 "건강健剛, 중정中正, 순수純粹, 정일精一"은 성인聖人이요 부처이다. 건강健剛, 몸이 튼튼한 것을 '건健'이라 하고 정신이 튼튼한 것을 '강剛'이라 한다. 중정中正, 마음이 항상 통하고[中] 몸은 언제나 바르다[正]는 것이다. 순수純粹, 싹이 터 나오는 것이 '순純'이고 열매가 맺히는 것을 '수粹'라 한다. 시작부터 끝까지 언제나 한결같다. 왔다 갔다 하는 것이 없다. 정일精一, 언제나 정신은 하나로 통일되어 있다. 이렇게 되면 부처, 성인이 되는 것이다. 그러니까 대표적으로는 건강이다. 중생은 어떻게 하면 정신이 바로 잡히고, 보살은 어떻게 하면 몸이 튼튼해지나 하는 얘기이다. 그래서 오늘 문제는 세 가지이다.

**무상법왕無上法王 유대다라니문有大陀羅尼門**

석가는 최고의 진리를 깨달은 왕이다. 석가에게는 대다라니문大陀

羅尼門이 있다. 다라니陀羅尼란 비결, 노하우know—how, 진언眞言, 주문呪文, 총지摠持의 뜻이다. 총지란 전체적으로 파악되었다는 것이다. 또한 총지는 능지能持, 능히 할 수도 있으며 능차能遮, 나쁜 것은 능히 막을 수도 있다. 능히 할 수 있는 힘도 있고 능히 막을 수 있는 힘도 있고 그리고 그 지혜는 전체를 다 파악하고 있다. 그래서 총지, 능지, 능차라고 번역을 하는데, 보통 진언이라고도 한다. 노하우라는 것이 진언이다. 절에서 "나무아미타불, 나무아미타불……"하고 계속 부르는데 그것은 그것이 가장 핵심적인 것으로 그것만 알면 되는데 모르니까 자꾸자꾸 외는 동안에 마음이 가라앉아서 마음이 깨끗해지면 그때 빛이 들어와서 '탁!' 깨닫게 된다. 그래서 염불정념佛定이 생기게 된다. 염불을 자꾸 외는 동안에 사람의 마음이 가라앉고 깨닫게 될 수 있지 않느냐 하는 것이다. 그럴 때는 그것을 주문이라고 한다. 주문의 내용은 가장 중요한 것으로 한두 마디로 된 것도 있고 200여 자로 된 『마하반야바라밀다심경摩訶般若波羅密多心經』이 있어서 스님들은 밤낮 이것을 왼다.

오늘 말하는 것도 다 『반야심경般若心經』이나 같은 내용이다. 반야심경에 "조견오온개공照見五蘊皆空"이라고 나오는데 여기 본문에 나오는 "원조청정각상圓照淸淨覺相"이라는 말이나 다 같은 말이다. 진언, 주문이다. 『주역』으로는 태극太極이다. 태극(☯)은 무無(○), 일一(•), 이二(∞)이다. 기독교로 말하면 무(○)는 성령이고, 하나(•)는 하나님이고, 둘(∞)은 예수 그리스도가 된다. 기독교로는 삼위일체三位一體이다. 유교로는 무극이태극無極而太極이다. 그리고 불교로는 법륜法輪이 된다.

유교, 불교, 기독교의 핵심 다라니는 0, 1, 2로서 유교의 심볼은 ☯, 불교의 심볼은 卍, 기독교의 심볼은 십자가十이다. 0, 1, 2를 요새 철학적으로 말하면 근원어根源語라고 한다. 근원어란 철학적으로는 아리스토텔레스의 존재存在, 나가르쥬나의 무無, 칸트의 실천이성을 말하며 기독교로는 성부, 성자, 성령이다. 근원어는 다라니Dharani 또는 진언이라고 한다. 진언은 깨닫는 것이지 거저 아는 것이 아니다. 우리가 알기 위해서 애쓰는 핵심이 기독교로는 성부, 성자, 성령이고, 유교로는 무극과 태극과 음양이며, 칸트에 의하면 영생과 신과 자유이다. 이 세 가지는 온 인류가 누구나 찾고 있는 이상이다. 우리가 찾는 대상이 다라니로 모든 사상의 핵심이며 깨달아야 할 대상이다. 그것을 알면 다 아는 것이고 깨달았다는 것은 그것을 깨달은 것이지 다른 것이 없다. 삼마디, 삼마파티, 디야나도 다라니이다. 그 다라니를 우리가 알게 되면 『원각경』은 거저 아는 것이다.

**명위원각名爲圓覺** 일체여래본기인지**一切如來本起因地** 개의원조청정각상**皆依圓照淸淨覺相**

"일체여래본기인지법행一切如來本起因地法行", 일체여래는 인지법행으로 "원조청정각상圓照淸淨覺相", 여기의 원圓과 각覺 두 자를 떼어서 『원각경』이 나온다. 『원각경』의 의미는 빛이 들어오면[圓照] 일체의 어둠과 더러움이 다 없어진다[覺]는 것이다. '원圓'은 빛이 들어오는 것이고 '각覺'은 어둠이 없어지는 것이다. 이는 플라톤의 이데아Idea 사상과 같다. '원각圓覺'이란 빛만 들어오면 어둠은 다 없어진다는 것이다.

**영단무명永斷無明** 방성불도**方成佛道**

석가는 무엇을 한 사람인가 하면 "단무명斷無明", 무명을 끊은 사람이다. 무명을 끊었으니까 "방성불도方成佛道", 물 위에 '붕一' 뜬 사람이다.

**사대위자신상四大爲自身相 육진연영위자심상六塵緣影爲自心相**

그런데 이 사대四大를 자기 것이라고 생각하고 있다. 육진六塵은 색色, 성聲, 향香, 미味, 촉觸, 법法으로 아름다운 것, 좋은 노래, 향기, 맛있는 음식, 부드러운 촉감, 자기 뜻에 맞는 것이다. 그것도 하나의 먼지인데 먼지인 줄 모르고 진짜 있는 것처럼 자꾸 생각한다. 그것을 근거로 해서 나오는 그림자인 모든 예술, 문학 등을 자기의 마음으로 삼는다.

중국의 승조僧肇가 30세에 불교를 믿는다고 사형을 받게 되었는데 감옥 안에서 책 4권을 쓰고 형장에 나가서 칼에 목이 베이려고 할 때 칼을 잠깐 멈추게 하고 떠오른 시상詩想을 적어 다음과 같은 글이 전해지고 있다.

사대원무주四大元無主 오온본시공五蘊本是空
이수임백인以首臨白刃 유여참춘풍猶如斬春風

사대원무주四大元無主

자연이라고 하는 것은 내 것이 아니다. 그냥 자연이다. 사대四大는 지地, 수水, 화火, 풍風으로 자연이라는 말이다. 사람의 몸은 지수화풍이다. 지수화풍은 자연이지 내 것이 아니다. 내 속의 36도 5부, 이것은 자연이지 내 것이 아니다. 내가 오늘 물을 마셨으면 그 물은 자연이지 내 것이 아니다. "바닷물이 다 내 것이다."하는 것은 정신이 나간 것이다. 사대는 주인이 없는 것이다. 다시 말하면 이 우주는 하나님의 것이지 내 것이 아니다. 꼭 같은 생각으로 내 몸이라는 것도 하나님의 것이지 내 것이 아니다. 하나님이 오라고 하면 빨리 내놓고 가야지 안 가려고 하면 매맞는다.

오온본시공五蘊本是空

오온은 전체의 것이지 내 것이 아니다. 우리가 생각하고 있는 모든 문화현상도 내 것이 아니다. 그것은 다 전체의 것이다. 인류의 문화요 한국의 문화지 내 것이 아니다. 한국말 그러면 그것은 우리 한국민족 전체가 쓰는 말로 전체의 것이지 내 말이 아니다. 그럴 때 그것을 "오온본시공"이라 한다. 오온五蘊이란 전체의 것이라는 것이고 다르게 말하면 내 것이 아니라는 말이다. 오온은 색色, 수受, 상想, 행行, 식識으로 객관, 감각, 철학, 도덕, 주관인데 인의예지가 이 속에 다 들어간다.

이수임백인以首臨白刃 유여참춘풍 猶如斬春風

몸도 내것이 아니고 정신도 내것이 아닌데 지금 내 목을 자른다고 하니 그것은 마치 봄바람을 자르는것과 무엇이 다르겠는가라는 말이다.

병자망집病者妄執 치자무공화治者無空花 몽자망상夢者妄想 각자무몽화覺者無夢話

병자病者, 몽자夢者는 망집妄執 망상妄想이고, 치자治者는 무공화無空花고 각자覺者는 무몽화無夢話이다. 허깨비는 없는 것인데 병이

나으면 그것이 없지만 병이 있을 때는 자꾸 허깨비가 나온다. 허깨비는 '무실체無實體'로 실체가 없는데 자꾸 있는 것으로 생각한다. 실제로 아무것도 아닌데 그것을 자꾸 대단한 것으로 본다. 재물도 자기에게 필요한 것 이상은 허깨비이다. '탁!' 깨달아보면 아무것도 아닌데 병이 들면 한없이 집착한다. 그런 것을 소위 '망집妄執'이라 한다. 정신이 나가서 자꾸 집착한다. 눈병이 나서 두 겹으로 보이는 것, 그 공화空花가 진짜가 아니라는 것을 알아야 한다.

'한단지몽邯鄲之夢'이라는 이야기가 있다. 옛날에 한 젊은이가 과거를 보러 한양으로 가다가 한단이라는 마을에서 잠시 쉬게 되었는데, 어느 노인이 "자네 무엇 하는 사람인가?" 하고 물었더니 "과거 보러 갑니다." 하였다. 그 노인이 자기는 피곤하여 잠시 쉬겠다면서 "자네도 좀 쉬게나." 하고 목침을 건네주었다. 밖에서는 점심을 안쳐 놓았다. 밥이 될 때까지만 잠시 눈을 좀 붙이자 그 젊은이는 곧 깊은 잠에 빠져들었다. 잠든 순간에 그 젊은이는 꿈 속에서 자기가 과거에 급제하여 대신이 되는 등 인생만사가 다 벌어졌다가 꿈에서 깨보니까 아직도 점심밥이 채 되질 않았다는 내용으로 인생은 꿈이라는 얘기이다. 70년 살아보았자 그것이 꿈이지 별 게 있느냐는 것이다. 인생은 허무한 것이지 '무실체無實體', 실체가 아니다. 꿈을 꾸고 야단치는 것이다.

### 무명자무실체無明者無實體

이 무명無明은 사실 밝음이 없으니까 어둠인데, 어둠은 실체가 없는 것이다. 빛이 들어오면 어둠은 사라진다. 어둠은 하나의 그림자지 실제로 있는 것이 아니다. 죄는 무명으로 그리스도의 빛만 들어오면 죄는 거저 다 없어지고 만다는 것이 어거스틴Augustine의 철학이다.

어거스틴의 사상, 플라톤의 사상, 석가의 사상이 다 같은 사상이다. 빛이 실체요 어둠은 실체가 아니다. 그런데 우리는 실체가 아닌 어둠을 두려워한다. 아무것도 아니고, 없는 것인데 그것을 자꾸 무서워한다.

1999. 9. 26.

## 제 2 장

# 보현普賢

### 게송偈頌

보현여당지普賢汝當知　일체제중생一切諸衆生
무시환무명無始幻無明　개종제여래皆從諸如來
원각심건립圓覺心建立　유여허공화猶如虛空華
의공이유상依空而有相　공화약복멸空華若復滅
허공본부동虛空本不動　환종제각생幻從諸覺生
환멸각원만幻滅覺圓滿　각심부동고覺心不動故
약피제보살若彼諸菩薩　급말세중생及末世衆生
상응원리환常應遠離幻　제환실개리諸幻悉皆離
여목중생화如木中生火　목진화환멸木盡火還滅
각즉무점차覺則無漸次　방편역여시方便亦如是

보현이여, 그대는 확실히 알아라.
일체 중생들이 한없이 오랜 환幻의 무명에 있으니
모두 여래를 좇아감은 원각으로 정신을 일깨움때문이라.
무명은 마치 허공의 꽃이 생기는 것과 같아
허공의 꽃이 다시 사라진다고 해도
허공은 본디 변함이 없다네.
이처럼 환이 사라지면 각覺이 원만하게 되나니
각의 세계도 언제나 변함이 없기 때문이라네.
보살들과 말세의 중생들은 항상 환으로부터 멀리 떠나야 하리
환으로부터 떠나게 됨은 마치 나무에서 불이 나
나무가 다 탄 후에 불까지 꺼지는 것과 같지.
그래서 깨달은 즉 번뇌가 없게 되는데 방편 또한 이와 같은 것.

## 본문요약

　환화수멸幻花雖滅 공성불괴空性不壞 제환진멸諸幻盡滅 각심부동覺心不動
　원리환화遠離幻花 허망경계虛妄境界 원리심환遠離心幻 원리위환遠離爲幻
　이원이환離遠離幻 역복이환亦復離幻 찬화양목鑽火兩木 상인화출相因火出
　목진회비木盡灰飛 연멸이환煙滅離幻 의차수행依此修行 영리제환永離諸幻

# 강해

불교의 발전 과정이 신해행증信解行證이다. 맨 처음 신信에 해당하는 사람이 성문聲聞이다. 언제나 말씀을 듣는 사람으로 귀[耳]에 속한다. 그 다음은 말씀을 깨닫는 사람으로 눈[目]에 속하고 연각緣覺이라 한다. 그 다음은 행하는 사람으로 코[鼻]에 속하고 보살菩薩이라 한다. 말씀을 증거하는 사람을 불타佛陀라고 한다. 일반 대중 가운데 믿는 신도들은 귀로 하나님의 말씀을 많이 들은 사람으로 성문이다. 그 다음에 알게 되면 차차 자기가 『성경』을 보고 자기가 깨닫게 되는 것을 연각이라 한다. 어떤 인연에 의지해서 깨닫는 것이다. 깨달은 다음에는 행하는 실천의 세계로 보살이라 한다.

자기가 행해 보고 좋다고 생각해서 다른 사람들에게 자기의 경험담을 나눠주는 것을 증證이라 한다. 이를 기독교로 말하자면 간증이요 설교說敎인데, 이렇게 설교하는 사람, 실천하는 사람, 깨닫는 사람, 믿는 사람이라 할 수 있다.

맨 처음에 서론은 믿음에 대한 얘기다. 누구를 믿나 하면 바가받을 믿는 것이다. 세존世尊, 석가, 기독교로 말하면 하나님을 믿는 것이다. 바가받이란 본래 하나님이라는 말이다. 하나님을 믿는 세계이다.

제1장에 나오는 문수文殊란 제일 잘 아는 사람을 말한다. 진리를 아는 사람, 깨달은 사람이 문수다. 문수는 언제나 진리를 아는 사람으로 기독교로 말하면 요한에 해당한다. 그 다음에 실천하는데 최고인 사람이 보현普賢으로 행의 세계를 나타낸다. 보현은 '금강진여金剛眞如'라는 뜻이고 보통 보현을 금강진여라고 한다. '금강金剛'이라는 것은 금강석처럼 한없이 의지가 강하다는 것이다. 실천하려니

까 그렇다. '진眞'은 진실이라는 것으로 한없이 진실하다는 것이다. '여如'라는 것은 상여常如다. 보통 여상如常이라고 하는데 이는 변함이 없는 것이다. 언제나 자기의 일을 행하는데 변함이 없다. 그래서 보현을 금강진여라 한다. 한없이 의지가 강하고 진실하고 불변하며 영원하다.

누구나 처음에는 예수를 믿는 것[信]으로 시작하다가 나중에는 하나님의 말씀을 조금씩 조금씩 알게 된다. 그래서 결국 깨닫는 세계로 가는 것이다. 그것을 해解라고 한다. 문수는 해解에 속한다. 오늘의 보현은 실천하는 행행에 속한다. 이 보살의 세계가 끝나면 진리를 증거하는 세계인 불타이다.

『원각경』의 제일 핵심되는 것은 삼마디Samadhi이다. 삼마디를 한문으로 번역할 때 여러 가지로 쓰는데 사치할 '사奢'자를 쓰기도 하고 석 '삼三'자도 쓴다. '디dhi'를 번역할 때 지知, 지止, 지地 또는 타他, 탕이라고도 한다. '지地'자가 '타他'로 변했다. 본래는 삼마디이다. '디dhi'의 뜻은 '지止'자를 쓰는 것이 제일 좋다. '지止'는 명경지수明鏡止水이다. 밝은 거울로 가만히 멎어있는 물이다. 가만히 멎어있는 물은 호수로 거울처럼 모든 만물이 다 비치는 세계이다. 결국 비쳐서 아는 것으로 지知의 세계다. 진짜로 번역을 하려면 '지知'가 제일 좋다. 그런데 『원각경』을 해설하는데 아무도 '지知'라고 쓰는 사람이 없다. 제일 많이 쓰이는 자가 '지止'이다. '지止'의 본래 의미는 지知이다.

다음 삼마파티Samapatti도 번역한 것이 많지 않다. 삼마발저三摩鉢底, 혹은 삼마발제三摩鉢提라고도 하는데 11장에 보면 삼마파티는 삼마정三摩正이라고 번역하는데 그것이 제일 좋다. '정正'이라는 것은 정행正行으로 올바로 가라는 뜻이다.

삼마디는 지知의 세계고 삼마파티는 선善의 세계다. 『원각경』 11

장에 보면 '정正'자가 나오는데 구분이 분명하지 않기 때문에 우리는 여기서 삼마파티, 삼마발제를 삼마행으로 쓰는 것이 좋겠다. 마지막에 선나禪那는 디야나Dhyana라 해서 '등等'자를 쓴다. 선나라 할 때 제일 많이 쓰는 글자가 적멸寂滅이다. 선나는 사실 적멸이다. 삼마디는 적정寂靜으로 제일 많이 쓴다. 적정寂靜, 적지寂止, 적멸寂滅처럼 '정정靜', '지止', '멸滅' 석 자에 '적寂'자를 붙인다. '정정靜'은 물이 고요하다는 말인데 정지靜止나 거의 같은 뜻으로 쓴다. '지止'는 아까도 지선止善인데 그래서 '지止'자를 쓴다. 적멸의 '멸滅'은 자기가 없다는 말이다. 불교에서는 열반涅槃인 니르바나nirvana를 적멸이라고 번역을 한다. 불교의 삼법인三法印에서 제행무상諸行無常, 제법무아諸法無我, 열반적정涅槃寂靜으로 열반적정을 쓰기도 하는데 더 좋게 말하면 적멸이다. 자기가 완전히 없어진 세계로 무아無我의 세계다. 삼마를 '적寂'이나 '등等'으로 표시해서, 등지等持, 등인等引, 등멸等滅 등 여러 가지로 쓰는데 선나는 사랑이니까 어질 인仁을 쓰는 것이 좋겠다. 기독교에서는 바울이 믿음, 소망, 사랑을 기독교의 카테고리로 확실히 정해놓았다. 우리가 더 쉽게 말하면 지知, 행行, 사랑의 세계다. 사랑을 인仁으로 해서 지, 행, 인이다.

오늘의 제목은 삼마파티, 행의 세계다. 수행修行이 오늘의 주제다. 보현이 석가에게 세 가지 질문을 했다.
첫째, "원각경계圓覺境界 운하수행云何修行", 그 세계는 어떻게 닦아 가는 것이 좋은가?
둘째, "심신역환心身亦幻 수위수행誰爲修行", 일체가 다 무지개라면 도대체 누가 이것을 닦아 가는가?
정부도 백성도 다 썩었으면 누가 닦아 가는가 하는 것이다. '환幻'은 요새말로 마술이다. 인도 사람은 마술을 환술幻術이라 한다.

마술은 아무것도 없다가 꽃도 '탁!' 내놓고 하는 것으로 현상이고 보는 사람을 속이는 속임수다. 이 현상세계는 가짜, 속임수, 무지개라는 것이다. 무지개는 떴다가는 없어지고 만다. 그래서 이것은 요새말로 현상세계, 가짜세계, 무지개라고 볼 수 있다.

셋째, "환화부지幻化不知 운하해탈云何解脫", 사람들이 자기가 썩어도 썩은 줄도 모르고 타락하고도 타락한 줄도 모르고 죄에 빠져 있으면서도 자기가 죄 있는지도 모르는데 어떻게 해탈하는가? 어떻게 죄에서 벗어나는가 하는 것이다.

다음은 보현의 세 가지 질문에 대한 석가의 대답이다.

### 환화수멸幻花雖滅 공성불괴空性不壞

물론 현상세계는 없어지지만 실재세계는 없어지지 않는다. 파괴되는 것이 없다. 우리가 추수하면 곡식도 없어지고 다 없어지지만 땅은 없어지지 않고 그대로 있다. 실재는 그대로 있다. 공성空性은 불괴不壞다. 공空은 요새말로 실재라는 것이다. 실재는 없어지지 않는다.

### 제환진멸諸幻盡滅 각심부동覺心不動

모든 현상세계는 다 없어져도 각심부동覺心不動이다. 밖으로 말하면 공[諸幻]이지만 사람의 속[心]으로 말하면 각覺이다. 우리 속에 있는 각심覺心이고 기독교로 말하면 그리스도는 불변이다. 불교식으로 말하면 영혼은 불멸이다. 불교는 영혼을 믿는 사람들로 플라톤과 마찬가지니까 모든 것은 다 변해도 이데아Idea는 없어지지 않고, 진리는 불멸 불변이라 생각한다. 이렇게 변과 불변을 대조시켜 놓은 것이다. 변하는 것은 다 환이고 꽃이다. 꽃은 져도 태양은 그대로 있다.

### 원리환화遠離幻花 허망경계虛妄境界

언제나 우리는 환화를 멀리 떠나야 한다. 왜 그런가 하면 그것은 허망경계로 실재가 아니고 없어지는 무지개이기 때문이다. 환화幻花는 자연으로 말하면 오염되는 것, 사람으로 말하면 자꾸 거짓말 하는 것, 진실이 없어지는 것이다. 그것은 허망경계로 실재가 아니다.

### 원리심환遠離心幻 원리위환遠離爲幻

만일 사람의 마음이 오염되었으면 사람의 마음도 멀리 떠나야 한다. 그리고 사람의 행동이 오염되었으면 그것도 멀리 떠나야 한다. 이 경계도 땅이 오염되었으면 땅을 깨끗이 해야 한다.

### 이원이환離遠離幻 역복이환亦復離幻

자꾸자꾸 떠난다, 떠난다 하는 것마저 오염되었으면 그때는 진짜로 멀리 떠나야 한다.

인도 사람의 특징은 이와 같이 무슨 말을 한마디하면 하고 또 하고 계속 반복하는 습성이 있다. 그래서 한마디하면 반복이 심해서 삼천 마디가 되고 만다. 이것이 인도 사람들의 사변思辨이라는 것이다. "마하바라타"는 인도의 유명한 시詩인데 내용은 "나는 너를 사랑한다."는 것이다. 이 한마디를 말하기 위해서 십만 절을 써놓았다.

십만 절 다 해야 "나는 너를 사랑한다."는 말이다. 인도 사람들은 자꾸 부풀리는 성질이 있다. 인도의 불경이 중국에 들어왔을 때 중국 사람들이 제일 싫어하는 것이 같은 소리 반복하는 것이다. 그래서 중국 사람들의 불립문자不立文字가 나온다. 같은 소리 불경 다 집어치우고 한마디로 견성성불見性成佛, 깨달아서 부처가 되면 되지 않느냐 하는 것이다. 이렇게 해서 나오는 것이 선불교禪佛敎. 그래서 지知·행行·인仁, 삼마디·삼마파티·디야나, 이 셋을 합해서 한마디로 선정禪定으로 쓴다. 인도 사람처럼 꿈속에 꿈이 나오고 또 그 꿈속에 꿈이 나오듯 하면 십만 자도 더 쓸 수가 있다.

찬화양목**鑽火兩木** 상인화출**相因火出**

옛날에 사람들이 불을 내기 위해서 나무 두 개를 서로 비벼 불을 일으켰다. 그래서 그 둘이 인연이 되어 거기서 불이 나온다.

목진회비**木盡灰飛** 연멸이환**煙滅離幻**

나무가 다 타버리면 불도 꺼지고 재도 날아가고 연기도 없어진다. 이것은 근본만 없이 하면 지엽말단은 저절로 다 없어진다는 것이다. 오늘 여기서 우리가 해야 될 것은 이 사람들의 수행이라는 것이 무엇을 어떻게 하는 것인가를 아는 것이다.

의차수행**依此修行** 영리제환**永離諸幻**

이렇게 수행하면 모든 환幻이 없어진다. 요는 오염을 깨끗이 하는 것으로 자연을 깨끗이 하고 사람을 깨끗이 하는 것 두 가지이다. 심심도 깨끗해져야 하고 신身도 깨끗해져서 심신이 다 깨끗해져야 한다. 심신이 다 더러워지면 어떻게 할 길이 없다. 어떻게 하면 심을 깨끗하게 하고 어떻게 하면 신을 깨끗하게 하나 하는 것이 핵심이다.

언제나 신의 문제는 병病이고 심의 문제는 근심걱정의 환患이다. 신병身病과 심환心患을 없이 하면 해결이 되는데 이것이 수행이다. 어떻게 하면 몸에 병이 없어질까? 어떻게 하면 마음에 걱정이 없어질까? 신병과 심환이다. 요전에는 꿈꿀 '몽夢'자를 썼는데 오늘 아침에는 '환患'자를 '비悲'자로 고칠까 생각했다. '비悲'는 아닐 '비非' 마음 '심心'자로 '자기 마음이 아니다'라는 것이다. 언제나 기분 나쁘고 슬프고 좋지 않은 것이다. 글자 한 자를 고르기가 참으로 어렵다. 딱 들어맞아야 하는데. 오늘은 '환患'자로 써둔다. 이것이 이 사람들의 행의 세계다.

행行은 간다는 말이 절대 아니고 어떻게 하면 중도中道에 도달하느냐 하는 것이다. 어떻게 하면 지도무난至道無難, 도에 도달해서 모든 어려움과 고苦에서부터 벗어나게 되느냐 하는 것이다. 인생은 일체개고一切皆苦이다. 『반야심경般若心經』에서도 어떻게 하면 고苦에서 벗어나는가, 어떻게 하면 난難에서부터 벗어나는가 하는데 그것이 지도至道라는 것이다. 그 방법은 언제나 중도中道다. 그래서 불교에서는 중도라는 말을 많이 쓴다. 중도, 도가 무엇인가 하면 이 사람들이 말하는 수도修道, 수행修行이다. 수도는 수행이나 같은 말이다. 행이라고 해서 무슨 특별히 일한다 하는 것이 절대 아니고 수도한다는 것이다. 기독교로 말하면 기도라는 것이다. 어떻게 하면 기도하나? 그것은 어떻게 하면 심心과 신身을 하나로 즉 일여一如로 만드느냐 하는 것이다. 불교와 유교가 이 점에 있어서는 꼭 같다. 유교에서 "인심유위人心惟危 도심유미道心惟微 유정유일惟精惟一 윤집궐중允執厥中", 중中을 만드는 것이다. 이것이 중도中道다. 내가 늘 말하듯이 사람의 욕심은 크고 사람의 도심道心은 아주 작다. 어떻게 하면 도심을 자꾸자꾸 늘이고 사람의 욕심을 자꾸자꾸 줄여서 도심과 인심人心을 언제나 꼭 같이 만드는가. 그것이 심신일여心身一如다. 인심을 신身으로 도심을 심心으로 고친 것이다. 어떻게 해서 심신을 꼭 같이 만드는가 하는 것이다. 신身은 커져서 오염됐고 심心은 작아져서 또 오염됐다. 이것을 어떻게 해서 심을 크게 만들고 신을 작게 만드나 하는 것이다.

 기독교 같으면 간단하다. 금식으로 밥을 안 먹으면 몸은 자꾸 작아지고 마음은 기도인데 기도의 내용은 명상으로 깊이 생각하는 것이다. 자꾸 생각해서 마음은 늘이고 자꾸 금식해서 몸은 줄이는 두 가지이다. 그것을 인도 사람의 말로는 금식이 일식一食이 되고 명상과 생각을 하나로 해서 일좌一坐라 한다. 선禪에서는 이 일좌 하는 것을 선정禪定, 참선이라고 한다. 우리 나라 불교에서는 일식이 빠지고 참선만 주장하고 말았다. 기독교에서도 기도만 자꾸 하라고 하지 금식하라는 말은 안 한다. 다 마찬가지로 욕심은 그대로 두고 어떻게 도심만 늘여보면 안 되나 한다. 성경공부를 하라고 하고 교회에 오라고 하는 것이 도심만 늘여보자는 것이다. 기독교도 인심을 줄이는 것은 없어지고 말았다. 불교도 마찬가지로 인심을 줄이는 것은 없어지고 밤낮 참선만 하고 있다. 생각은 하는데 육체적인 금욕은 빠져나가고 말았다. 그러니까 백년을 해도 되지를 않는 것이다. 인심은 줄이고 도심은 늘여야 되는데 인심은 그대로 두고 도심을 늘이려고 아무리 애써봤자 일여一如가 되지를 않는다.

 석가는 6년 고행과 수행을 했는데 그것은 석가가 6년 동안 일식一食을 했다는 것이고 그리고 49일 일좌一坐했다. 보통 불교에서는 석가가 6년 일식, 49일 일좌를 했다고 말한다. 만일 나보고 말하라면 6년 동안 일식이고 6년 동안 일좌라고 본다. 일식은 무엇인가 하면 병을 떼어버리는 방법이다. 일식은 석가가 발견한 것이 아니고 석가 이전에 우파니샤드Upanishad, 더 올라가서 베다Veda 시대로 거슬러 올라가 오 천 년, 육 천 년 전부터 병을 떼어버리는 방법으로 실천되면서 내려온 것이다. 석가는 다만 실천했을 뿐이지 발견한 것은 아니다. 나중에는 석가도 45년 일식이라고 보통 그런다. 힌두교에도 있다. 일식하면 병이 없어진다는 것을 그 사람들이 어떻게 발견했는지는 알 수 없다.

나도 12년 동안 작정하고 일식을 해보니 정말 병이 없어졌다. 이화대학에 30년, 감리교신학대학에서 15년 모두 45년 동안 결석한 적이 없다. 왜 그런지는 모르는데 일식하면 병이 없어진다는 것만은 확실하다. 왜 확실한가 하면, 유영모 선생님은 30세를 넘기지 못할 것이라고 했다. 그래서 왜 나는 사람으로 태어나서 30년도 못사나 해서 철학을 시작했다. 나중에 선생님이 일식을 해보니 병이 없어졌다. 그래서 나도 선생님한테 일식을 배워서 일식을 해보니 병이 없어지는 것이 사실이다. 무병無病이다.

그 다음은 일좌다. 내게 일좌는 무엇인가 하면 또 12년을 정해서 불교, 도교, 유교, 기독교를 각각 3년씩 경전을 공부하고 깊이 생각을 하는 것이다. 그렇게 12년 동안 해보니까 정말 걱정근심이 없어지고 말았다. 그리고 그 다음에는 말씀 속에서 살게 된다. 말씀 속에서 살게 된다는 말이 곧 걱정근심이 없어진다는 것이다. 그때 불경도 읽고 『노자』, 『장자』도 읽고 「사서삼경」과 『성경』도 읽었다. 다 읽어보니까 그 모든 경전의 핵심은 무엇인가 하면 기쁨이라는 것이다. 경전을 한마디로 하면 법法인데 그 법의 핵심이 법열法悅이다. 진리에서부터 기쁨이 나오는 것이다. 그래서 아까 '환患'을 '비悲' 자로 고칠까 했었는데 왜냐하면 '비悲'는 기쁨인 '열悅'의 반대이기 때문이다. 불교에서 말하는 '나'라고 하는 것이 무엇인가 하면 상락아정常樂我淨이다. '상락常樂'은 일좌一坐요 '상常'은 영원이다. 만일 영원한 것을 진리라고 한다면 법이라고 해도 된다. '락樂' 대신에 '열悅'자를 써도 마찬가지다. "마음은 기쁨이다"라는 것이다. 기쁨이라는 말은 슬픔의 반대다. 그래서 걱정근심이 다 없어지고 마는 것이다. 그래서 상락이다. '아정我淨'은 '아我'는 자유자재自由自在이고 '정淨'은 '깨끗하다'는 뜻도 있지만 우리말로 하면 '건강하다'는 것이다. 상락아정은 건강한 정신에 건강한 육체라는 것이다.

나란 무엇인가? 건강한 정신과 건강한 육체 그것이 나이다. 건강한 육체를 없이 하는 것이 '병病'이고 건강한 정신을 없이 하는 것이 '환患'이다. 병과 환은 실체가 없는 것이다. 병과 걱정근심은 없어지면 그냥 없어지는 것이다. 기쁨은 영원한 것이다. '정淨'은 몸이 건강하다는 것인데 문안인사 할 때 "깨끗하시지요?"하고 묻는 것은 "건강하시지요?"라는 말이다. 세상에 제일 나쁜 것이 병이다. 그 다음에 제일 나쁜 것이 걱정이다. 걱정과 근심이 끊어지는 것을 불교에서는 단번뇌斷煩惱라 하는데, 적멸寂滅을 사전에 찾아보면 단번뇌라 되어 있다. 적멸은 크게 말할 때는 자기가 없는 것이고 작게 말할 때는 단번뇌다. 걱정과 병이 끊어지면 그것이 사는 것이다. 내 속에서 병을 없이하고 걱정을 없이하는 것이다. 걱정을 없이하는 것을 일좌라 하고 병을 없이하는 것을 일식이라 한다. 일좌는 건강한 정신이라는 것이고 일식은 건강한 육체다. 결국은 한마디로 하면 건강이다.

『주역周易』건괘乾卦에서는 정신이 강한 것을 강剛, 중中, 순純, 정精이라 하고 육체가 강한 것을 건健, 정正, 수粹, 일一이라 한다. "강건剛健, 중정中正, 순수純粹, 정일精一" 이것을 기도라고 한다. 기독교의 기도가 잘못된 것은 건강한 육신에 대해서 별로 법이 없다는 것이다. 건강한 정신만 어떻게 해보려고 하는데 그러면 안 된다.

왜 그런가 하면 하나(욕심)는 줄이고 하나(도심)는 늘여야 된다. 하나를 줄이는 것을 십자가라 하고 하나를 늘이는 것을 부활이라고 한다. "대사일번大死一番 절후재소絶後再蘇", 하나 죽는 데가 있어야 하나 사는 데가 있다. 이것을 생사일여生死一如라 한다. 하나는 죽어야 하나는 살지, 하나는 죽이지 않고 그냥 자꾸 살리려고 하면 안 된다. 겨울이 지나가야 봄이 오지 겨울 없이 어떻게 봄이 올 것인가? 그래서 『주역』에서는 "사생지설死生之說"이라 한다. 『주역』「계사전繫辭傳」 4장에 나오는 말이다. 그래서 오늘 보현장의 행행은 무엇인가 하면 "어떻게 하면 건강한 육체와 정신을 만드는가?"하는 것이다. 기독교로 말하면 금식기도고 여기서 말할 때는 일식 일좌이고 그것이 소위 이 사람들이 말하는 수행이다. 수행을 한마디로 말하면 수도이다.

게송偈頌을 읽어본다.

**무시환무명無始幻無明** 개종제여래**皆從諸如來**

언제부터인지는 모르지만 그만 정신이 나가게 됐고 눈이 멀었다. 기독교로 말하면 죄인이고, 아담이 에덴동산에서 추방돼서 그렇다는 것이다. 그래서 이것을 어떻게 구원할까. 여래如來는 본각本覺과 시각始覺이 일치된 사람으로 부처이다.

**원각심건립圓覺心建立** 유여허공화**猶如虛空華**

부처님이 진리를 깨닫고 정신을 일으켜 세우게 됐다. 병이라는 것은 허공화로 실체가 없다. 건강한 정신과 건강한 육체를 가져야 병들고 슬퍼하는 사람을 도와줄 수 있다.

### 의공이유상**依空而有相** 공화약복멸**空華若復滅**

실체가 없는데 그것이 마치 하늘에 무지개 같아서 무지개처럼 나타난다. 그런데 무지개는 종당 없어져 버리고 마는 것이다.

### 허공본부동**虛空本不動** 환종제각생**幻從諸覺生**

그러나 하늘은 절대 없어지지 않는다. 사람은 죽어도 하나님은 영원히 살아 계신다. 환이 제각생諸覺生을 좇아서 나오는데, 즉 병은 건강한 몸이 병에 걸리는 것이지 본래부터 건강하지 않은 몸이 병에 걸리는 것이 아니다.

### 환멸각원만**幻滅覺圓滿** 각심부동고**覺心不動故**

병이 없어지면 또 건강한 육체가 된다. 건강은 부동이다. 건健은 하늘 건자 강康은 땅 강자이다. 천지天地를 건강이라고 한다. 하늘과 땅은 부동不動이다. 결국은 이 두 가지, 밖으로 말하면 공空이고 안으로 말하면 각覺이다. 나중에는 법각法覺이라는 말 대신에 법신法身이라는 말이 나온다. 진리의 몸은 불변이다. 우리가 나 자신을 찾는다 할 때 나 자신이 무엇인가 하면 각심覺心을 찾는 것이다. 건강한 정신과 건강한 육신이다. 다음 장에 "죽으면 어떻게 되나?"하는 것이 나오는데, 그러면 죽지 않는 나를 찾아야 한다. 죽지 않는 나가 무엇인가? 그것이 법신이다. 진리의 몸이다. 기독교로 말하면 부활한 몸이다.

약피제보살若彼諸菩薩 급말세중생及末世衆生

상응원리환常應遠離幻 제환실개리諸幻悉皆離

환은 병과 걱정이다. 환을 없이하면 병과 걱정이 떠나간다.

여목중생화如木中生火 목진화환멸木盡火還滅

나무에서 불이 나왔다가 불도 또 꺼진다. 나무에서 불이 나오는 것처럼 병과 걱정을 빼버리면 그 밖의 모든 문제는 해결되고 만다.

각즉무점차覺則無漸次 방편역여시方便亦如是

다시 건강을 회복하면 아무 문제가 없다. 건강을 회복하는 방법은 일좌일식一坐一食이다. 일좌일식이 소위 방편이다. 옛날 석가 이전부터 계속 실천되고 내려온 것이다. 나도 맨 처음에 일식을 시작해서 8일을 하니까 하늘이 다 노래지고 땅이 뱅뱅 돌아갔다. 그래서 처음에는 실패했다. 그런데 삼마파티로 가려면 반드시 삼마디가 있어야 한다. 빛의 세계인 삼마디[知]가 있어야 삼마파티[行]가 나온다. 삼마디 없이 삼마파티로 간다는 것은 되지를 않는다. 반드시 삼마디, 지가 먼저 나와야 그 다음에 행이 되지 그렇지 않으면 행이 되지 않는다.

요전에 말한 인지법행因地法行이다. 인지법행이란 삼마디이다. 물 속에 머리를 집어넣어야 붕 뜨지 물 속에 머리를 집어넣지 않으면 '붕―' 뜨지 않는다. 요전에도 말했지만 물 속에 머리를 집어넣는다는 것이 무엇인가 하면, 나는 유영모柳永模 선생님을 만나서 유 선생님의 말씀 속에 내 머리를 집어넣었다. 몰두한 것이다. 그리고 6년을 몰두했다. 그때 유영모 선생님이 제일 많이 강의한 것이「요한복음」이었는데 6년 동안「요한복음」을 수없이 들었다. 그러다가「요한복음」속의 한 절을 내가 깨닫게 되었다. 한 절을 내가 얻어 알게 되었다. 그 한 절을 알게 되니까 그 다음에는 '붕—' 뜨게 되었다. 다시는『성경』속에서 모를 것이 없어졌다. 내가 늘 이야기하는 35세 되는 해 3월 17일 오전 9시 5분에 '붕—' 뜨게 되었다. 행이 나오기 전에 반드시 연각이 나와야 된다.

우리가 보통 교회에 다닌다고 하는 것은 다 성문이다. 성문만 그냥 하다가 마는 사람이 많다. 그다음에는 연각이 나와야 한다. 그래서 귀로 듣는 것만이 아니라 눈을 뜨게 되어야 한다. 이것을 개안開眼이라고 한다. 눈을 뜨게 되어야 그 다음에 행의 세계가 나오지 눈을 뜨게 되지 못하면 행의 세계가 나오질 않는다. 모든 것이 다 단계가 있다. 소리만 듣다가 눈도 못 뜨고 행으로 가려고 할때도 있었다. 일식을 하는데 8일을 하니까 노래져서 더 이상 하기가 힘들었다. 이때에 빛을 얻으면 힘이 생긴다. 힘이 생겨서 능히 할 수 있는 능력이 나온다. 이것이 소위 오늘의 수행이다. 수행은 힘으로 하는 것이지 다른 것을 가지고 하는 것이 아니다. 이 도道의 세계라는 것은 도력道力이지 무슨 지知를 가지고 하는 것이 아니다. 언제나 힘을 나오게 하기 위해서는 반드시 빛이 있어야 된다. 연각 이후에 보살이지 연각 없이 보살이 안 된다. 또 연각이 되려면 성문이 있어야 된다. 반드시 귀, 눈, 코, 입의 순서로 하늘과 땅과 사람이 터지는 것이다. 그래서 천天이 삼마디고 지地가 삼마파티고 다음 장에 나오는 인人이 디야나이다. 결국은『원각경』이라는 것이 이 세 가지이다.『주역』으로 말하면 천지인天地人 삼재三才이다. 철학적으로 말하면 우주관, 세계관, 인생관이다. 기독교에서 바울로 말하면 믿음, 소망, 사랑이다. 어떻게 표현하든 요는 그 석 점이다. 내가 그 석 점을 얻으면 빛과 힘과 삶이되고, 진리와 도와 생명이 된다. 이 석 점이 기독교의 핵심이다. 여기서는 삼마디, 삼마파티, 디야나 세 가지이다. 그래서 삼마디, 삼마파티, 디야나 이렇게 생각하지 말고, 삼마디는 빛, 삼마파티는 힘, 디야나는 숨이라고 생각하면 앞으로 우리가 죽 읽어도 다 그 소리지 다른 소리 없다.

1999. 10. 3.

# 제3장

# 보안保眼

게송偈頌

| | |
|---|---|
| 보안여당지普眼汝當知 | 일체제중생一切諸衆生 |
| 신심개여환身心皆如幻 | 신상속사대身相屬四大 |
| 심성귀육진心性歸六塵 | 사대체각리四大體各離 |
| 수위화합자誰爲和合者 | 여시점수행如是漸修行 |
| 일체실청정一切悉淸淨 | 부동편법계不動遍法界 |
| 무작지임멸無作止任滅 | 역무능증자亦無能證者 |
| 일체불세계一切佛世界 | 유여허공화猶如虛空華 |
| 삼세실평등三世悉平等 | 필경무래거畢竟無來去 |
| 초발심보살初發心菩薩 | 급말세중생及末世衆生 |
| 욕구입불도欲求人佛道 | 응여시수습應如是修習 |

보안이여, 그대는 확실히 알아라.
일체 모든 중생들의 몸과 마음은 전부 환幻과 같아
몸은 사대에 속하고 마음은 육진으로 돌아간다.
사대의 체體가 제각기 흩어지면 누가 화합할 것인가.
이처럼 점차 수행하면 일체가 모두 청정해져서
움직임이 없어져 법계에 두루하니
작지임멸도 없고 능히 증득할 이도 없어
일체의 불佛세계는 마치 허공의 꽃과 같으니
삼세가 모두 평등하여 마침내 오고 감이 없으리라
처음 발심한 보살과 말세의 중생들이
불도에 들기를 구하고자 하면 응당 이와 같이 닦아 익혀라.

# 본문요약

보살수행菩薩修行 운하사유云何思惟 운하주지云何住持 작하방편作何方便 지계持戒 연좌宴坐 작념作念. 환신멸고환심멸환진멸幻身滅故幻心滅幻塵滅 환진멸고환멸역멸幻塵滅故幻滅亦滅 환멸멸고비환불멸幻滅滅故非幻不滅. 각심명고원명청정覺心明故圓明淸淨 각성부동편만법계覺性不動遍滿法界 묘각편만무괴무잡妙覺遍滿無壞無雜.

규봉종밀圭峰宗密:
    진공절상관眞空絶相觀 이사무애관理事無碍觀 주편함용관周遍含容觀

고운원수古雲元粹:
    진제眞諦(공空) 속제俗諦(가假) 중제中諦(중中)

## 강 해

먼저 게송을 읽어본다.

**보안여당지普眼汝當知** 일체제중생一切諸衆生 신심개여환**身心皆如幻**

보안, 너는 이것을 알아야 된다. 모든 사람들과 만물들이 몸과 마음은 모두 실체가 없는 무지개 같은 것인데, 실체가 있는 것처럼 착각하여 자기 몸과 자기 마음이라고 생각한다. 보안普眼은 지혜가 많고 사랑이 많은 것[大慈大悲]이 특징이다. '보普'는 사랑을, '안眼'은 지혜를 의미한다.

자기 몸과 자기 마음이라고 이렇게 착각하는 것을 불교에서는 무명無明이라 하고, 기독교에서는 죄악罪惡이라 한다. 무명은 없을 무無 밝을 명明으로 명이 없는 것이다. 기독교에서는 모든 잘못이 죄악에서 나왔다고 하고 불교에서는 무명에서 나왔다고 한다. 무명이 암흑이고 그래서 소위 아비규환阿鼻叫喚, 지옥이 나타난다고 본다. 세상의 모든 잘못이 무명과 죄악에서 나온다. "신심개여환身心皆如幻", 몸과 마음이 다 허깨비인데 그것을 모르고 진짜인 줄 알아서 몸과 마음에 애착을 갖게 되는 것에서부터 모든 죄악이 나온다.

**신상속사대身相屬四大** 심성귀육진**心性歸六塵**

몸은 언제나 지地, 수水, 화火, 풍風 자연으로 되었다. 그리고 마음은 자연이 아니라 하나님에게 속한 것이다. 뼈는 지地고, 피는 수水고, 36도 5부는 화火고, 숨쉬는 것은 풍風이다. 요새로 말하면 수많은 원소가 합해져서 몸이 된 것이지만 옛날 사람들은 지수화풍地水火風 사대四大로 말했다. 요전에 "사대원무주四大元無主" 하듯이 이 사대는 내 것이 될 수가 없는데 자꾸 그것을 내 것으로 생각한다. 그것이 무명이다. 사대가 흩어지면 죽는 것인데 죽은 다음에는 내 것이라고 할 수가 없다. 내 것이라고 할 수 없는 것을 죽은 다음에 "아, 그것은 내 것이 아니었구나" 하지 말고, 미리 내 것이 아닌 줄 알아야 된다. 그것이 소위 깨닫는다는 각覺이다. 내 것이 아니고 자연이다.

자연에 속한 것은 역시 자연의 법칙에 의지해서 따라가야지 자연의 법칙을 어기면 병이 난다. 자연 속에는 병이 없다는 것이 이 사람들의 생각이다. 태양, 지구, 산, 물, 동물, 식물 등이 병났다는 것은 없다. 순수하게 자연을 사는 모든 동물들은 병이 없다. 물개, 코끼리, 다 병이 없다. 자연을 떠남으로써 병이 생긴다. 사람은 너무 많이 자연을 떠나서 자꾸 병이 생긴다. 자연을 떠나는 것이 병이다. 어떻게 자연을 회복하는가? 이 사람들은 자연을 회복하는 방법이 공간과 시간을 곱하여 4차원으로 만드는 것이라 한다. 4차원의 세계가 자연이다. 태양, 지구, 별, 이 모든 만물이 전부 4차원의 세계라고 본다. 4차원의 세계로 돌아가면 자연이 되는 것이다. 결국 요새말로 하면 시간성時間性이다. 우리는 공간 속에서만 사는데 이 공간에다가 시간을 곱해줘야 이것이 자연이 된다.

달마達磨가 죽을 때 제자들이 몹시 울었다. 달마가 한 제자더러 "너는 내가 얼마나 더 살면 울지 않겠냐?" 하였더니 그 제자는 "한 80년 더 사시면 좋겠습니다." 하였다. 그 다음 제자는 "일 년만 더 사시면 좋겠습니다." 하였고, 그 다음은 "하루만 더 사시면……" 하였다. 마지막으로 혜가慧可에게 물었을 때 "찰나만 더 사시면 좋겠습니다." 하였다. 달마는 80년을 말한 제자에게는 "너는 내 껍데기를 붙잡았다." 하였고, 일 년을 얘기한 제자에게는 "너는 내 살을 붙잡았다." 하였으며, 하루를 말한 제자에게는 "너는 내 피를 붙잡았다." 한 후, 마지막으로 찰나를 얘기한 혜가에게는 "너는 내 골수를 붙잡았다." 하였다. 유명한 얘기다.

　이것이 다 시간성을 말하고 있다. 80년도 시간이고 일 년, 하루, 찰나도 다 시간으로 전부 시간성의 문제이다. 요전에 말했듯이 일식 一食을 하면 병이 안 난다는 것은 시간성의 문제이다. 24시간에 한 번 먹는 시간성의 문제이다. 일일일식一日一食이란 공간에 시간을 곱하는 것이다. 그래서 4차원을 이루게 되면 병이 없어진다. 옛날부터 일식은 하나의 시간성이라고 하는데 이것을 보통 점심點心이라고 한다. 점심(○ 가운데·)이란 24시간 동안에 한 번이라는 것으로 불교에서 쓰는 말이다. 무극이태극無極而太極이라는 말이나 같은 말이다.

　한 때 『금강경』金剛經에 통달한 덕산德山이 길을 가다가 떡 장사를 만나서 "떡 좀 삽시다." 하니, "당신 짊어지고 있는 것이 무엇인가?" 하고 물어왔다. 덕산이 『금강경』 주석 책이라고 하니까, "그럼 좀 물어봅시다. 『금강경』에 '과거심過去心도 불가득不可得, 현재심現在心도 불가득不可得, 미래심未來心도 불가득不可得'이라는 말이 나오는데 당신은 지금 떡을 먹어 점심을 하려는데 과거심, 현재심, 미래심 중에서 어느 마음에 점을 찍을 것인가?" 하고 물었다. "과거심이냐, 현재심이냐, 미래심이냐?" 하는 것은 다른 말로 말하면 시간 문제이다. 거기에 대해 덕산은 대답을 못한 채, 결국 『금강경』 주석 책을 다 불살라버리고 난 후 산에 가서 용담을 만나게 된다. 덕산이 용담과 얘기를 끝내고 어두운 밤에 밖으로 나가려다가 밖이 너무 어두워서 용담으로부터 촛불을 얻어서 내려가려 할 때 용담이 촛불을 '탁!' 꺼버렸다는 일화가 있다. 그래서 촛불은 꺼지고 별빛으로 길을

갔다고 한다. 덕산은 촛불이 꺼진 그 순간에 시간성을 깨달았다. 이제까지는 시간으로 살았는데 그 순간부터는 시간성으로 살게 되었다.

각성覺性도 시간성과 마찬가지이다. 요새 하이데거의 시간성[時熟]은 덕산의 각성과 같은 얘기이다. 이제는 과거와 미래와 현재에서 사는 것이 아니고 장래將來와 기재旣在와 현존現存 속에서 사는 것이다. 흘러가는 과학적 시간에서 사는 것이 아니라 흘러가지 않는 근원적 시간 속에서 사는 것이다. 그것이 영생이다. 이런 것이 상당히 중요한 것이다. 일식이란 무엇인가 하면 하나의 시간성이다. 점심이다. 과거에 점을 치는 것도 아니고, 미래에 점을 치는 것도 아니고, 현재에 점을 치는 것도 아니고 아무것도 아니다. 장래와 기재와 현존에 점을 치는 것이다. 그것을 우리가 시간성이라고 한다. 근원적 시간 혹은 근원적 경험이라고도 한다. 화이트헤드Alfred North Whitehead로 말하면 사건, 순수경험이다. 그런 것을 여기서 지금 말하고 있다. 사대인 몸은 자연이니까 일식을 통해서 자연을 회복하는 것이다.

"심성귀육진心性歸六塵", 마음은 자연이 아니라 하나님에게 속한 것이다. 이것은 주자朱子나 양명陽明이나 마찬가지다. 마음은 하나님에게 속한 것으로 조화적정령造化的精靈이요 허령지각虛靈知覺이다. 다 하나님에게 속한 것이지 내 것이 아니다. 마음은 하나님께 돌려야 되고 몸은 자연으로 돌려야 한다. 그런데 몸과 마음을 다 내 것이라고 생각하니까 몸은 몸대로 병이 들고 마음은 마음대로 썩어 가는 세계가 되고 말았다. 그것이 불교에서 말하는 무명, 번뇌이다.

요전에 마음은 일좌一坐라 했다. 일좌를 다르게 말하면 시간성이다. 일좌란 마음을 하나님께로 돌리는 것이고 일식이란 몸을 자연으로 돌리는 것이다. 다 돌릴 데로 돌려서 하나님의 뜻대로 살고 자연의 법칙대로 살면 아무 문제가 없다. 이것을 어기면 몸은 아프고 마음은 괴롭게 된다. "심성귀육진心性歸六塵," 육진六塵은 객관이고 육근六根은 사람의 이목구비耳目口鼻이며 육식六識은 주관이다. 객관과 주관 사이에 오온五蘊[色受想行識]—감각적인 것, 생각하는 것, 행동하는 것 등이 있다. 생각에서 철학이 나오고, 실천에서 도덕이 나오고, 감각에서 예술이 나오고, 이것들이 다 성性의 세계이다. 이성理性, 오성悟性, 감성感性, 영성靈性이다.

전체로 말하면 하나의 문화이다. 문화란 기독교로 말하면 말씀이다. 과학, 철학, 도덕, 종교, 예술이 모두 말씀인데 말씀이 곧 하나님이다. 하나님에서부터 말씀이 흘러 내려온다. 말씀은 찾아 올라가면 다 하나님의 것이지 내 말이라는 것은 없다. 한국말, 영어라 해도 그것은 내 말이 아니다. 모든 철학, 종교, 사상을 찾아가면 이데아이고, 더 찾아가면 하나님이다. 그러니까 다 하나님의 것이지 내 것이 아니다.

사대四大의 세계는 자연에 속해 있고 오온五蘊의 세계는 하나님에게 속해 있다. 그러니까 우리가 자연을 회복하고 하나님을 회복하면 아무 문제가 없다. 예수님처럼 "내 뜻대로 마옵시고 아버지 뜻대로 하옵소서." 하면 아무런 번뇌 고민이 없다. 내 뜻대로 하려니까 문제지 아버지 뜻대로 하면 아무 문제가 없다. 마음은 하나님께로 돌리고 몸은 자연에게로 돌려야 한다. "사대원무주四大元無主 오온본시공五蘊本是空"에서 색수상행식色受想行識의 오온에 처음으로 나오는 것이 색色인데 '오온본시공'은 다른 말로 하면 '색즉시공色卽是空'이다. 이 색色을 공空으로 돌리면 아무 문제가 없다. 기독교로 말하면 하나님께 돌리는 것인데 불교에서는 공이라 한다. "심성귀육진心性歸六塵", 심성心性은 하나님께로 돌려야 한다. 몸에 대한 애착과 마음에 대한 무지 때문에 인생의 모든 어려운 문제와 괴로움이 나오게 된다.

**사대체각리四大體各離 수위화합자誰爲和合者 여시점수행如是漸修行**

사람이 죽어서 사대, 즉 지수화풍이 다 흩어지고 말면 누가 그것을 맞추어서 내 것이라고 할 사람이 어디 있는가? 우리가 이런 착각을 벗어나기 위해서 수행하는 것이 아닌가? 내 것이랄 것이 하나도 없다. 이것은 우리가 빌려쓰는 셋집이지 내 집이 아니다. 주인이 달라고 하면 그냥 돌려줘야 한다. 그것을 알아야지 그것을 모르면 무명無明이다. 그것을 알라는 것이다. 그것을 알아서 어떻게 하면 자연은 자연에 돌리고 시간성을 회복하는가 하는 것이다. 그 방법으로 일식 일좌가 나오는 것이다.

**일체실청정一切悉淸淨 부동편법계不動遍法界 무작지임멸無作止任滅
역무능증자亦無能證者 일체불세계一切佛世界 유여허공화猶如虛空華**

오늘 본문에서 각심覺心, 각성覺性, 묘각妙覺 세 가지를 말할 것인데, 종밀은 각심을 진공절상眞空絶相이라 했고 각성은 이사무애理事無碍라 했고 묘각은 주편함용周遍含用이라 했다.

"일체실청정一切悉淸淨 부동편법계不動遍法界"는 부잡不雜, 아무것도 섞이지 않은 순수한 것으로 첫 번째 각심覺心에 해당하고 왕양명의 심즉리와 같다. 그리고 "무작지임멸無作止任滅 역무능증자亦無能證者, 일체불세계一切佛世界 유여허공화猶如虛空華"는 4장에 보이는 "생사여열반生死與涅槃 범부급제불凡夫及諸佛 동위공화상同爲空華相"과 같은 말로써 둘째의 각성覺性에 해당된다. 생사지生死知 열반행涅槃行은 왕양명의 지행합일知行合一의 세계로 각성覺性이다.

우선 "작지임멸作止任滅"을 생사生死라 하고 "능증能證"을 열반涅

槃이라 생각해 두자. 그리고 "일체一切"는 중생衆生이고 "불세계佛世界"는 성불成佛이라 생각하고 "유여허공화猶如虛空華"는 그런 말들이 다 꿈 같은 이야기라는 것이다.

**삼세실평등三世悉平等 필경무래거畢竟無來去**

삼세, 즉 과거, 현재, 미래는 꼭 같은데 필경 과거도 미래도 없는 것이다. 이런 세계가 결국 묘각妙覺의 세계라는 것이다. 그러니까 이 말 한마디가 묘각을 설명하는 말로 왕양명의 치양지라는 것이다. 즉 각심覺心은 심즉리心卽理, 각성覺性 지행합일知行合一, 묘각妙覺은 치양지致良知라 할 수 있다.

**초발심보살初發心菩薩 급말세중생及末世衆生 욕구입불도欲求入佛道 응여시수습應如是修習**

"초발심보살初發心菩薩 급말세중생及末世衆生"은 『대승기신론大乘起信論』을 보면 "초발심성불初發心成佛", 마음을 먹으면 벌써 절반은 다 된 것이다 라는 것으로 시작이 절반이라는 말이다. 그래서 말세중생이 깨달음을 얻으려면 이렇게 저렇게 수행을 해라 하는 말이다.

본문을 읽어본다.

**보살수행菩薩修行 운하사유云何思惟 운하주지云何住持 작하방편作何方便**
**지계持戒 연좌宴坐 작념作念**

보살은 어떻게 수행하는가? 즉, 어떻게 생각하는가? 무엇을 붙잡고 있는가? 어떤 방편으로 부처가 될 수 있는가? 이 세 가지 질문에 대한 석가의 대답인데 그 방편으로 지계, 연좌, 작념이 있다. 보살은 조금 높은 제자들이다. 지계持戒란 일식一食이다. 연좌宴坐란 일좌一坐, 선정禪定이다. 일식 일좌가 이들의 방편이다. 작념作念은 생각하는 것, 지혜知慧로 일언一言이다. 즉, 계戒·정定·혜慧 삼학三學으로 불교의 핵심이다.

사대四大가 내 것이 아니라는 것[一食, 戒], 오온五蘊이 내 것이 아니라는 것[一坐, 定], 팔만사천대장경[陀羅尼法門, 慧]이 오늘의 핵심이다. 『주역』에서는 인간의 모든 문제를 64가지로 끝내지만, 불교에서는 인간의 모든 문제를 팔만 사천 개로 보고 그 문제를 해결하는 방법으로 팔만 사천 법문이 있다. 팔만 사천 법문 가운데서 우리가 생각해야 할 것은 무엇인가? 다라니陀羅尼란 핵심적인 것으로 곧 나에게 꼭 필요한 것을 말한다. 약방에서 약이 필요하면 약방에 있는 약을 다 먹을 필요가 없다. 내 병에 맞는 약 그것이 내 약이지 다른 약은 아무 쓸데가 없다. 배탈이 나면 훼스탈을 먹어야지 아스피린은 쓸데없다. 불경 전체인 팔만 사천 법문 중에서 나에게 필요한 법문은 꼭 하나뿐이다. 결국은 아무리 헤매더라도 그것 하나를 붙잡아야 한다. 그것을 다라니라 하는데 다른 것은 아무 쓸데가 없다.

과거의 내 문제는 믿음이 없는 것이었다. 그래서 나는 매일, 어떻게 하면 믿음이 생기나 하는 것만을 생각했다. 나중에 결국 믿음이 생기는 법문을 하나 발견했다. 그래서 그것을 발견한 후에는 아무 문제가 없어졌다. 여기서도 같은 말이다. 우선 사대로 병을 없애고 오온으로 번뇌를 없앤 후 그 다음에는 자기에게 맞는 법문 하나를 붙잡아야 한다는 것이 석가의 해답이다. 계戒·정定·혜慧이다. 지혜가 무엇인가 하면 내가 배탈이 나면 훼스탈을 사오는 것이 지혜이다. 그 외에 아무것도 없다. 성경, 불경, 사서삼경 속에는 내게 꼭 필요한 말이 한마디 있다. 꼭 필요한 말이 다라니이다. 다라니 법문을 붙잡아야 한다.

화엄종華嚴宗의 제5조이고 선불교禪佛教의 제11조인 규봉종밀圭峰宗密(780-841)은 당唐나라 사람으로 선종禪宗과 교종教宗에 두루 다 통하고『원각경』을 제일 많이 연구한 사람이다. 또한 남송南宋시대의 사람으로『법화경法華經』에 통달한 천태종天台宗의 고운원수古雲元粹가 있다.

오늘도 규봉종밀의 설명이다. 여기에는 세 가지가 있는데 철학적으로 말하면 우주관, 세계관, 인생관이다. 옛날 사람은 자기네 식으로 다음과 같이 말한다. 이 3장에는 세 가지 내용이 설명되어 있다. 첫째는 진공절상관眞空絶相觀, 둘째는 이사무애관理事無碍觀, 셋째는 주편함용관周遍含容觀이다.

오늘 3장에서는 거울[鏡], 마니주摩尼珠, 등燈 세 개의 심볼이 나온다. 거울은 뭐든지 다 받아서 비춰주는 지知를 상징한다. 마니주는 무색 투명한 구슬로서 이것이 나무 옆에 있으면 푸른색을 띄고, 노란 천 옆에 있으면 노랗게 된다. 색깔[色]은 오온으로 오온이 비치면 다섯 가지로 비친다. 이것이 무명無明이다. 마니주는 무색투명하지 색깔이 있는 것이 아니다. 옆의 것, 먼지, 객관에 반사하여 이것이 오색으로 변하는 것이다. 마니주는 무색투명한데 이 구슬은 어디나 굴러간다. 무색투명한 지知와 어디나 굴러가는 행行이 하나가 된 것이 마니주를 상징한다. 마니주는 여의주如意珠라고 번역한다. 경복궁의 왕이 앉았던 자리 위에 있는 두 마리의 용이 품고 있는 것이 바로 여의주이다. 여의주란 왕은 힘있는 존재이므로 마음대로 뭐든지 할 수 있음을 나타낸다. 의意란 제 뜻대로 뭐든지 할 수 있는 힘있는 존재[can]를 말한다. 마니주는 행行의 상징으로 눈 먼 행이 아니라 무색투명한, 이理라고 하는 진리와 행동이 하나가 되어[理事] 서로 지장이 없는[無碍], 기독교로는 전지전능한 행을 상징한다. 등燈은 무진등 또는 인다라등이라고 하는데 자기 속에서 한없는 빛을 발하는 것이다. 수 억만 등들이 서로서로 비치는 상태이다. 지금 이 속에는 먼지가 수없이 많은데, 어느 한 먼지에 빛이 반사하면 이 반사된 빛을 받은 먼지는 또 빛을 반사하여 다른 먼지를 비치며, 이 다른 먼지는 다시 빛을 반사하기를 계속하는 것이다. 그래서 억만 먼지가 억만 등 또는 억만 달이 되어 서로 비춰서 이처럼 훤하게 밝은 이 세계를 내놓는 것이다.

한편 자기 속에서 한없는 빛을 발휘하는 등이 있으니, 『금강경』에서는 이것을 등이라 하지 않고 금강석이라 한다. 금강석은 한없이 강한데 속에서 빛이 나온다. 마니주는 다른 빛을 받아서 반사하지만 금강석은 자기 속에서 빛이 나온다.

내가 왕양명王陽明을 말할 때 치양지致良知를 창조적 지성이라고 했는데 이 창조적 지성이 금강석으로 표현이 된 것이다. 여기서는 금강석이라 하지 않고 등이라 했다. 사람에게는 세 가지가 있어야 된다. 지지가 하나 있어야 되고, 행행이 하나 있어야 되고, 그리고 다른 사람에게 빛을 비추는 사랑, 인仁이 있어야 한다.

오늘 3장에서는 "사람이란 무엇인가?"를 말한다. 사람은 세 가지를 가져야 된다. 진제眞諦란 아는 것이고 속제俗諦란 행하는 것이고 중제中諦란 사랑하는 것이다. 지행인知行仁이다.

각심명고**覺心明故** 원명청정**圓明淸淨**

언제나 중국 사람들은 심心을 지知에 갖다 비유한다. 예를 들면,

『맹자孟子』에서 "성인聖人은 어떤 사람인가?" 했을 때 "진심盡心, 지성知性, 지천知天"이라 했다. 여기서 진심은 지知를, 지성은 행行을, 그리고 지천은 인仁을 말한다. 각심覺心은 진리를 뜻한다. 직지인심直指人心도 진리를 깨달았다는 의미이다. 밝음이 있기 때문에 완전히 밝아서 한없이 깨끗한 것이다. 이것은 거울을 비유하는 것으로 거울은 한없이 밝고 한없이 깨끗하다. 왜 그런가 하면 사대四大에서 오는 무명無明이라는 먼지가 다 떠나서 그렇다.

### 각성부동覺性不動 편만법계遍滿法界

행의 세계는 의지가 흔들리지 않는다. 마니주는 어디나 갈 수 있다. 각성覺性의 성性은 불성佛性, 심성心性이라 할 때의 성이다. 심心은 지知를, 성性은 행行을 표시한다. 이성理性, 감성感性, 오성悟性, 영성靈性은 모두 행의 세계이다. 과학, 철학, 종교, 예술은 해야 되는 세계이다.

### 묘각편만妙覺遍滿 무괴무잡無壞無雜

묘각妙覺은 사랑의 세계이다. 사랑이 널리 꽉 차있다. 하나님의 사랑은 금강석처럼 절대로 깨뜨릴 수 없는 사랑이다. 금강석은 무색투명해서 무잡無雜이다. 마지막으로 사랑의 세계이다.
"각심청정覺心淸淨"은 우주관, "각성편만覺性遍滿"은 세계관, "묘각무괴妙覺無壞"는 인생관으로 세 가지를 말한다.

### 환신멸고幻身滅故 환심멸幻心滅 환진멸幻塵滅
몸이 죽으면 마음도 죽는다. 마음이 죽으면 사람[塵]도 죽는다. 이것은 지知의 세계이다.

환진멸고幻塵滅故 환멸역멸幻滅亦滅

"환진幻塵"이란 불교식으로 말하면 생사生死라고 보통 해석한다. "환멸幻滅"이란 열반涅槃이다. 생사[知] 즉 열반[行]이다. 생사가 끝날 때 열반도 끝난다. 이것은 행行의 세계이다.

환멸멸고幻滅滅故 비환불멸非幻不滅

모든 먼지가 없어지면 거울 자체는 언제나 밝다. 먼지만 없어진다. 사대 오온만 없어지지 거울, 마니주 자체는 하나도 변함이 없다. 왜 그런가 하면 그것은 허깨비가 아니고 영원불멸하기 때문이다. 이것이 인仁의 세계이다.

오늘 전체가 말하는 것은 사람은 세 가지로 이루어졌다는 것이다. 머리, 가슴, 배 이 세 가지가 일체一體다. 머리가 지知이고, 배가 행行이고, 가슴이 인仁이다. 지행인知行仁이 사람이다. 이 셋 중에 하나라도 빠지면 사람이라 할 수 없다. 머리가 없는 사람은 사람이라 할 수가 없다. 반드시 지가 있어야 하고 행이 있어야 하고 인이 있어야 한다. 이것이 사람의 실체요 실상이다.

오늘의 제목이 어떻게 수행하느냐 하는 것인데, 우리가 지를 개발[覺心]하고, 행을 개발[覺性]하며, 인을 개발[妙覺]하는 것이 수행이라고 3장은 답변하고 있다. 오늘은 여러 가지로 표현이 됐지만 내용은 지극히 간단하다. 복잡하면 진리가 아니다. 진리는 간단하다. 지는 내가 각심覺心이 되어야 알아지는 것이고, 행은 내가 각성覺性

이 되어야 하고, 인은 내가 묘각妙覺이 되어야 되는 것이다. 이것은 내가 되는 문제이지 아는 문제가 아니다.『주역』으로 말하면 궁신지화窮神知化이다. 하나님 은혜로 되어야지(될 화化) 되기 전에는 아무것도 아니다. 궁신지화, 하나님 은혜로 되는 것이지 하나님 은혜가 아니면 이것은 안 된다. 삼마디, 삼마파티, 디야나도 하나님의 은혜로 되는 것이지 내 힘으로 되는 것이 아니다. 하나님이라는 말은 쓰지 않지만 내용은 다 같은 내용이다. 불교도 우리가 알아보면 기독교에서 그리 멀지 않다.

(참고사항)

| | | | |
|---|---|---|---|
| 화엄종 | 眞空絶相觀 | 理事無碍觀 | 周遍含容觀 |
| 천태종 | 진제眞諦 | 속제俗諦 | 중제中諦 |
| 원각경 | 覺心圓明 | 覺性遍滿 | 妙覺無壞 |
| 법계 | 理法界 | 理事無碍法界 | 事事無碍法界 |
| 성리학 | 理一元論(퇴계) | 理氣二元論(율곡) | 氣一元論(화담) |
| 삼재三才 | 천天 | 지地 | 인人 |
| 신체 | 머리 | 배 | 가슴 |
| 인도 | 삼마디 | 삼마파티 | 디야나 |
| 왕양명 | 心卽理 | 知行合一 | 致良知 |
| 중용 | 天命之謂性 | 率性之謂道 | 修道之謂教 |
| 우리말 | 아는 것(知) | 행하는 것(行) | 사랑하는 것(仁) |
| 상징 | 거울 | 마니주 | 등 |
| 관觀 | 우주관 | 세계관 | 인생관 |
| 일반一般 | 공관空觀 | 가관假觀 | 중관中觀 |
| 선정禪定 | 삼매지三昧知 | 삼매행三昧行 | 선나인禪那仁 |

1999. 10. 10.

# 제4장
# 금강장金剛藏

### 게송偈頌

| | |
|---|---|
| 금강장당지金剛藏當知 | 여래적멸성如來寂滅性 |
| 미증유종시未曾有終始 | 약이륜회심若以輪廻心 |
| 사유즉선복思惟卽旋復 | 단지륜회제但至輪廻際 |
| 불능입불해不能入佛海 | 비여소금광譬如銷金鑛 |
| 금비소고유金非銷故有 | 수복본래금雖復本來金 |
| 종이소성취終以銷成就 | 일성진금체一成眞金體 |
| 불복중위광不復重爲鑛 | 생사여열반生死與涅槃 |
| 범부급제불凡夫及諸佛 | 동위공화상同爲空華相 |
| 사유유환화思惟猶幻化 | 하황힐허망何況詰虛妄 |
| 약능료차심若能了此心 | 연후구원각然後求圓覺 |

금강장이여, 확실히 알아야 할 것은
여래의 적멸한 성품이다.
일찍이 종시가 있지 아니하니
만약 윤회하는 마음으로 헤아린다면
곧 뒤바뀌어서 다만 윤회의 경계에 이를 뿐이요
능히 부처의 바다에는 들지 못하리.
비유하면 금광을 녹여 금을 얻는데
금은 금광을 녹인 까닭에 있는 것이 아니라
비록 본래 금이나
마침내 금광을 녹임으로써 금이 이루어지니
일단 금이 되고 나면 다시는 광석이 되지 않는다.
생사와 열반, 범부와 부처, 한갓 공화상이다.
생각 자체가 환화이거늘 어찌 허망하다고 꾸짖겠는가.
만일 능히 이 마음을 바로 안다면
그때서야 원각을 구할 수 있으리라.

## 강 해

지난 시간에 보안普眼보살을 말할 때 거울과 마니주 그리고 등불이란 세 가지를 말했다. 그리고 등불이란 말을 하면서 등불보다는 금강석이라는 비유가 더 확실하다는 말도 했다. 오늘은 금강보살이다.

"금강장당지金剛藏當知", "금강, 너는 마땅히 알아야 된다."하는 것이 무엇인가 하면 지난번 3장 보안보살의 내용을 다시 한 번 설명하는 것이다. 그러면 금강이라는 것은 무엇인가?

우선 오늘의 문제는 무엇인가를 설명하기로 한다. 중생이 본래 성불인데, 다시 말해 모든 중생이 본래 부처인데, 어째서 무명이 되었는가? 기독교로 말하자면 하나님이 본래 사람을 창조하셨는데 어떻게 해서 사람이 죄인이 되었는가? 기독교에서도 이것이 제일 중요한 문제다. 사람은 하나님의 형상대로 지음을 받았는데 왜 이런 사람이 타락했는가 하는 것과 같은 말이다. 쉽게 말하자면 사람이 물에 본래 뜨게 되어 있는데 왜 빠져 죽느냐 하는 것이다. 사람은 나무처럼 본래 물에 뜨게 되어 있는데 이 나무가 왜 가라앉는가? 사람이 왜 빠져 죽느냐? 이 문제가 기독교의 문제요, 불교의 문제다. 이것이 제일 먼저 제기된 문제다.

그리고 두 번째 문제는 "무명본유無明本有 하이성불何以成佛", 무명이 인간의 본질이 되고 말았다면, 어떻게 해서 부처가 될 수 있는가? 기독교로 말해도 같은 내용이다. 즉, 죄라는 것이 인간의 원죄가 되고 말았다면 다 멸망하고 마는 것이지 어떻게 구원을 받을 수 있는가 하는 문제다.

그리고 세 번째 문제는 본래 성불이 무명이 되었으면 석가도 또 타락할 수 있는가? 예수도 또 죄를 지을 수 있는가? 구원받았던 사람도 또 죄인이 되고 말지 않느냐는 그런 문제다. 이 세 문제가 오늘의 질문이고 4장의 내용은 그 질문에 대한 대답이다. 대답이 복잡한데 요전처럼 거울이니 마니주니 등불이니 하는 비유를 갖고 설명하면 이해하기가 가장 쉽다. 그런 것이 없으면 무슨 말인지 통 알 수가 없다. 그래서 오늘은 달아나는 구름을 비유로 설명하는 이야기다.

### 운사월운雲駛月運 주행안이舟行岸移

구름이 빨리 지나가면 달도 또한 달려가는 것 같다. 또 배가 지나가면 마치 언덕이 지나가는 것 같다. '사駛'는 말 달릴 '사' 자다. 기차를 타고 가다 보면 밖에 서있는 전신주가 가는 것 같은 착각을 한다. 기독교에서는 사탄이 나와서 사람이 악질적으로 됐다고 하는데 불교에서는 착각錯覺이라는 것이다. 정거장이 움직일 수 없는 것인데 정거장이 자꾸 움직이는 것으로 보이는 것을 보면 그것이 착각 아닌가. 이 착각에서부터 다시 정각正覺으로 바로잡기만 하면 구원은 되는 것 아니냐는 말이다.

그래서 오늘 중요한 것은 "운사월운雲駛月運" 혹은 "주행안이舟行岸移"라는 것이다. 아마『원각경』에서는 가장 유명한 말이 이 말이 아닐까 생각된다. 그래서 이 말은『원각경』에서 나온 것이라고 여기저기 많이 인용이 된다.

왜 이 말이 유명한 말이 되느냐? 물론 착각이라는 그런 뜻도 있지만 중요한 점은 구름과 달의 관계요 혹은 배와 육지의 관계다. 지구가 가만있고 태양이 돌고 있는가? 아니면 태양이 가만있고 지구가 돌고 있는가? 그러니까 천동설인가 지동설인가, 이 관계를 우리가 한 번 따져 보는 것이다. 보통 상식은 해가 돌아간다고 생각하나 과학 하는 사람은 태양은 정지하고 있는데 지구가 돌아가고 있다고 말한다. 그런데 이 사람들은 어떤 생각까지 하는가 하면 지구는 가만히 있는 것이 아니라 돌아가고, 태양도 가만히 있는 것이 아니라 돌아가고 있다는 것이다. 태양과 지구가 다 돌아간다고 생각하는 것이다. 요즘말로 4차원의 세계다. 사실 지구가 돌아가는 것도 사실이고 태양이 도는 것도 사실이다. 구름도 움직이지만 달도 움직인다. 이것이 오늘 말하려는 근본이고 『원각경』의 핵심이다. 구름도 움직이고 달도 움직이고, 둘 다 움직인다는 것이다. 이런 것을 요즘말로 4차원이라고 말한다. 그렇기 때문에 말들이 어렵다. 그래서 불경을 혼자 읽기는 참으로 어렵다. 처음으로 이 글을 읽으려면 무슨 말인지 통 모른다. 도무지 모르는 말이지만 이야기는 다 아는 이야기다. 모르는 이야기는 하나도 없다. 알고 보면 다 아는 이야기인데 모르고 보면 통 모른다.

또 하나의 문제는 금광이 금이나 금반지가 되는 것이 아닌가 하는 이야기다. 금이나 금반지라는 것을 여기서는 금체金體라는 말로 했다. 그런데 그런 생각을 흔히 '생사열반生死涅槃'이라는 말로 표현한다. 생사가 열반이 되는 것 아닌가 하는 이야기다.

그 다음에 말하는 것은 금체는 다시 금광金鑛으로 될 수는 없지 않는가 하는 이야기다. 이것은 '생사여열반生死與涅槃'인가, 혹은 '생사즉열반生死卽涅槃'인가 하는 것으로 설명이 된다. 금광이 금체가 되었다 하는 것은 연속이라는 것이고 금체는 금광이 될 수 없다는 것은 불연속이라는 것이다. 그래서 철학에서는 연속의 불연속, 불연속의 연속이라는 용어를 쓴다.

또 하나의 이야기는 생각하는 것 가지고 진리를 깨달을 수가 있는가 할 때 그것은 안 된다는 것이다. "사유형화소수미산思惟螢火燒須彌山", 반딧불로 수미산(히말라야산)을 태워 버릴 수가 있는가? 마치 반딧불로 히말라야 산의 얼음을 녹이겠다는 이야기나 같다는 것이다. 결국 사유思惟를 가지고는 절대 진리를 깨달을 수가 없다는 것이다. 이런 말은 칸트의 말과 비슷하다. 순수이성 가지고는 안 된다. 실천이성이라야 된다는 것이다. 그래서 이 모든 착각의 원인이 어디에 있나 하면 불교에서는 이것이 사유에 있다고 생각한다. 사유가 모든 착각의 원인이라는 것이다. 착각의 원인과 죄의 근본이 어디에 있는가 하면 사유에 있다는 것이다.

여기에서 제일 중요한 것은 생사와 열반이라는 것이다. 이것이 핵심 문제다. 생사란 말 대신에 윤회輪廻라는 말도 쓴다. 생사는 윤회라는 말과 같은 말이다. '삼사라samsara'라고 한다. 윤회는 육도 윤회六道輪廻다. 즉 천天, 인간人間, 아수라阿修羅, 축생畜生, 아귀餓鬼, 지옥地獄이라 해서 사람이 나쁜 짓을 하면 아수라도 되고, 더 나쁜 짓을 하면 축생도 되고, 더 나쁜 짓을 하면 아귀도 되고, 더 나쁜 짓을 하면 지옥에 떨어진다는 것이다. 물론 좋은 일을 하면 하늘로 간다고 한다. 이 여섯 가지 단계를 보통 육도 윤회라 하는데 육도 윤회의 핵심은 영혼불멸이다. 그래서 이것은 희랍 사람들과 같은 사상이다. 즉 사람은 죽어도 영혼은 안 죽는다는 생각이다. 그것이 생사 열반이라는 것이다. '사람은 죽어도', 생사라는 말이고, '영혼은 안 죽는다' 이것은 열반이라는 것이다. 이런 것을 이 사람들의 말로 할 때는 단상斷常이라는 말을 쓴다. '단斷'이란 '죽어도' 하는 말이요, '상常'이라 하는 것은 '죽지 않는다' 하는 것이다. '죽어도 죽지 않는다' 하는 것을 단상이라 한다. 그러니까 '신멸심상身滅心常', 신신은 멸滅해도 심心은 상常이다. 몸은 죽어도 그 사람의 영혼은 죽지 않는다는 것이다. 소위 영혼불멸 사상이다.

그런데 희랍 사람이 가지고 있던 영혼불멸 사상이 기독교의 부활 사상에 먹히고 만 것처럼 여기서도 마찬가지다. 이 사람들은 신멸심상이란 사상을 힌두교의 내용이라 보는 것이다. 그래서 이것을 벗어나야 성불成佛이 된다는 것이다. 쉽게 말해서 이 윤회사상을 벗어나야 그것이 불교지 그냥 윤회사상에 끌려 다니면 그것은 불교가 아니라는 것이다. 그러니까 윤회에서 벗어나라, 더 쉽게 말해서 영혼불멸 사상에서 벗어나라는 것이다. 이것이 불교의 핵심이다. 이렇게 되면 그것은 기독교의 부활사상이나 거의 같아지고 만다. 중요한 점이 여기 있다. 그래서 신멸심상身滅心常이란 표현도 쓰고, 또는 심성心性 신상身相이니까 보통 성상상멸性常相滅이라 하기도 하는데 이것은 힌두교의 사상이라는 것이다.

그런데 불교의 핵심은 무엇인가? 성상불이性相不二라는 것이다. 다른 말로 하면 심신일여心身一如다. 신멸심상身滅心常은 힌두교의 사상이고 이것을 개혁하기 위해서 석가가 나왔다는 것이다. 그래서 불교의 핵심은 '성상불이'요 '심신일여'라는 것이다. 그러니까 몸과 마음에 대한 이야기인데 몸과 마음이 다 내 것이 아니다. 내 것이 아니라 하는 말이 제법무아諸法無我라 하는 무아無我 사상이다. 내 것이 아니다. 내 것이 아니니까 신身도 영원한 것이고 심心도 영원한 것이다. 달리 말하면 자연도 영원하고 하나님도 영원하다. 그것이 만일 내 것이라면 어떻게 그것이 영원하겠는가? 내 것이라 생각하니까 신멸심상이란 그런 생각을 하는데 내 것이 아니라고 생각하면 심신일여라는 그런 생각을 할 것 아닌가. 이런 것은 좀 알기가 어려운 것이지만 좀더 쉽게 말하자면 신멸심상이라 생각하는 것은 윤회사상이고 심신일여라고 생각하는 것은 정각正覺이라는 말이다. 또 다르게 말하면 신멸심상이라 생각하는 것은 시간이라 하는 것이고 심신일여라 생각하는 것은 시간성時間性이라 하는 것이다. 시간이라는 것은 과학적인 시간이요 시간성이란 것은 철학적인 시간이요 또는 종교적인 시간이다. 신멸심상이라 생각하는 것은 3차원적 생각이요 심신일여라는 생각은 4차원적인 생각이다. 다시 또 쉽게 말하자면 몸이 죽고 마음이 살아있다 하는 것은 심신일여가 아니다. 신멸심상이라 하는 것은 자연은 망해도 하나님은 망하지 않는다는 소리나 마찬가지다. 그런데 심신일여라 하는 것은 자연도 영원하고 하나님도 영원하다는 것이다. 다시 말해서 하나는 마음은 건강한데 몸이 병들었다 하는 것이요, 하나는 몸도 건강하고 마음도 건강하다는 것이다. 그러니까 언제나 몸도 건강하고 마음도 건강해야지 몸은 건강한데 정신이 나갔다든가 마음은 건강한데 몸이 병들었다고 하면 그것은 안 된다는 것이다. 우리가 산다고 하는 것은 몸도 건강하고 정신도 건강해야 된다. 희랍의 격언처럼 "sound body, sound spirit", 건강한 정신, 건강한 몸이라야 한다. 건강한 몸에 건강한 정신이고 건강한 정신에 건강한 몸이라야 한다. 이렇게 되어야 심신일여다. 이렇게 되어야 또 '성상불이'다. 성상性相이란 성性은 속에 있는 내용이고 상相은 나타난 모습으로 본질과 현상이란 말이다. 몸도 튼튼하고 마음도 튼튼해야 한다.

우리가 몸이라는 말 대신에 공간이라는 말을 쓰고 마음이라는 말 대신에 시간이라는 말을 써보면 공간의 시간이고 시간의 공간이지, 공간이 없어지고 시간만 있다든가 시간은 없어지고 공간만 있다든가 이렇게 시간과 공간이 서로 떨어지면 그것은 3차원이다. 시간이 공간으로 잘리든지, 공간이 시간으로 잘려야 시간 곱하기 공간이 된다. 그래서 밤낮 "Here and now"라 한다.

시간 곱하기 공간이라는 것을 말할 때 철학에서는 '즉卽' 자를 쓴다. '생사즉열반生死卽涅槃'이다. 이것이 '시간즉공간時間卽空間'이라는 4차원이다. 그런데 시간과 공간이 떨어지면 '생사여열반生死與涅槃', 생사와 열반이다. 우리는 이미 왕양명王陽明을 공부하면서 왕양명과 주자朱子의 차이를 말할 때 이것을 말했다. 왕양명은 지행합일知行合一이고 주자는 지행병진知行並進이다. 그래서 주자는 3차원이고 양명은 4차원이라는 말을 여러 번 했다. 그러니까 지금 여기서 하는 말은 지행합일 사상이냐 지행병진 사상이냐 하는 것과 같은 말이다.

시간이 공간으로 잘려야 된다. 시간이 공간으로 잘려야 공간적인 시간이 되고 또 공간이 시간으로 잘려야 시간적인 공간이 된다. 그래서 시간과 공간이 곱해지는 것이다. 그것을 불교의 말로 하면 시간제단時間際斷이라 한다. 시간이 잘렸다는 것이다. 시간이 잘렸느냐 시간이 잘리지 않았느냐 하는 차이다. 시간이 안 잘리면 3차원이고 시간이 잘리면 4차원이다. 기독교식으로 말하면 카이로스Kairos다. 그래서 "찰나가 영원이요 영원이 찰나"라고 한다. 『주역』으로 말할 때는 무극이태극無極而太極이요 태극이무극太極而無極이다. 다 같은 말이다. 4차원이라고 해도 되고 '즉卽'이라고 해도 된다.

그러니까 '나'라는 것이 무엇인가 할 때 나는 육신이면서 정신이고 정신이면서 육신이다. 만약 이 육신에서 정신이 나가면 어떻게 살 수 있겠는가? 또 다른 식으로 말하면 생명이란 무엇인가 할 때 생명이란 육신이면서 정신이요 정신이면서 육신이다. 또 다른 예를 들어 설명하면 빛은 입자로 되어 있는데 또한 빛은 파동이다. 빛이 직선으로 비쳐오는 것을 볼 때 입자인데 또 그림자를 볼 때는 빛이 파동이다. 한때 과학계에서 빛의 성질이 "입자다", "아니다, 파동이다.", 그렇게 많은 논쟁이 오랫동안 지속됐다. 그후 아인슈타인이 나와서 빛은 입자이면서 파동이라고 했다. 이런 것을 보통 모순矛盾의 통일統一이라 한다. 입자와 파동은 서로 모순인데 그것을 하나로 통일한 것이다.

『주역』에서는 그것을 상극상생相剋相生이라 한다. 물과 불은 상극인데 불과 물이 만나서 이것이 풀이 되면 물하고 불하고 합쳐진 것이다. 이것을 상생이라 한다. 그래서 『주역』에서 남과 여가 상극인가, 아니면 남녀가 상생인가 하는 것을 배웠다. "상극이다" 할 때는 3차원이고 "상생이다" 할 때는 4차원이다. 그러니까 이 '풀'이라고 하는 것, 생명이라 하는 것은 4차원의 세계다. 그래서 또 금강석이라는 말이 나온다. 금강석은 무엇이 금강석이 되었는가? 태양이라는 불과 땅의 물이 잎사귀라는 풀에서 합친 것, 이것이 탄수화물이라는 것이다. 이것이 나무가 되어서 다시 땅 속에 들어가서 몇 억만 년 지열과 지압에 눌리면 이것이 금강석이 된다. 그래서 금강석의 내용은 가장 강하고 가장 빛나는 것이다.

여기서는 금강석의 특징을 '보조普照', 가장 빛나는 것이라고 한다. 그리고 금강석이 가장 강하다 할 때는 불교에서는 '적멸寂滅'이라고 한다. 적멸을 더 설명하면 '무無'가 되고 만다. 세상에 제일 강한 것이 무엇인가? 무가 제일 강하다. 왜냐하면 무는 없이 하려 해도 없이 할 수 없기 때문이다. 기독교에서는 없이 할 수 없는 것을 존재存在라고 한다. 무라고 하는 것은 아무리 없이 할래야 없이 할 수 없는 것이다. 그래서 무가 제일 강한 것이다. 이렇게 금강석의 성격을 보조와 적멸이라 했다. 그래서 4장의 첫 번째 줄을 보면 "금강장당지金剛藏當知 여래적멸성如來寂滅性"이라 했는데 '여래적멸성'이란 가장 강한 것이라는 말이다.

태양이 나무가 되었다가, 나무가 석탄이 되고, 다시 석탄에서 금강석이 되는데 금강석이 될 때 빛이 빛으로 되고 마는 것이다. 이것이 불교의 핵심이다. 이것을 기독교로 말하자면 "말씀이 육신이 되었으니 우리가 그 영광을 보니 하나님의 독생자의 영광이더라."하는 것과 같은 말이다. 독생자의 빛이 하나님의 빛하고 같다. 그러니까 삼위일체라 한다. 이렇게 빛이 되기 위해서는 나무가 땅 속에 들어가 수억 년이 지나야 된다. 이것이 소위 『금강경金剛經』의 핵심인 "응무소주이생기심應無所住而生其心"이다. 응당 주할 바 없는데, 도저히 견딜 수가 없는 데를 지나가야 '생기심生其心'이다. 빛이 나온다. 기독교에서는 땅 속을 십자가라고 한다. 한 알의 밀알이 땅에 떨어져 죽어야 싹이 튼다. 이것이 '응무소주應無所住'라는 것이다. 그래야 '생기심'이다. 말하자면 십자가와 부활이다. 부활이 되어야 그 빛이 하나님의 빛하고 같아지는 것이다. "내가 이제 조금만 있으면 영광을 얻게 된다. 그 영광이 하나님의 영광과 같다."는 그런 말이 나온다. 불교식으로 말하면 "대사일번大死一番 절후재소絶後再蘇"라는 그런 말로 또 표시가 된다. 무엇이라 해도 좋은데 하여튼 무엇이 제일 중요한가 하면 시간이 연속인가, 시간이 불연속인가 하는 그것이 제일 중요한 말이다.

윤회설이라는 것은 시간이 연속되어 있다는 것이다. 그런데 원각이라고 하는 것은, 즉 깨달았다고 하는 것, 그것은 시간이 잘렸다는 것이다. 시간이 잘렸다는 것은 달리 말해서 시간성이라는 것이다. 시간이 무엇에 의해 잘렸는가? 공간에 의해 잘린 것이다. 그러니까 시간은 공간의 마음이요 공간은 시간의 몸이다. 내 몸은 정신에게 잘렸고 내 정신은 내 몸에 잘렸다. 그래서 나라고 하는 것이 된 것이다. 나라고 하는 이것이 무엇인가 하면 몸과 정신이 통일이 된 상태다. 모순의 통일이다. 몸이라는 공간과 마음이라는 시간이 통일이 된 것이다. 통일이 되려면 '제단際斷', 잘려야 된다. 이것을 불교에서는 각覺이라 한다. 우리의 의식의 흐름이 잘리는 것이다. 사유思惟라고 하는 것, 우리의 생각이 잘려야 된다. 만악의 근본이 사유라고 했다. 윤회의 근본이 사유라는 것이다. 이것이 사탄이다. 그런데 이 사유라는 것, 흘러가는 우리의 의식이 딱 잘려야 한다. 사탄의 목이 딱 잘려야 구원을 받게 되는 것이다. 그 사탄의 목이 딱 잘렸다는 것은 사유가 우리의 중심이 되지 않고 실천이 우리의 중심이 되었다는 것이다. 더 쉽게 말하면, 말만 하는 기독교가 아니라 실천하는 기독교가 되어야 한다는 것이다. 실천이 없는 기독교는 울리는 꽹과리와 같다. 각이라는 것은 시간이 공간으로 잘리는 것이다. 기독교로 말하면 계시啓示라는 것이다. 하나님의 계시, 계시란 시간이 공간으로 잘려나가는 근본경험이다. 그저 하는 경험이 아니고 근본경험이다. 내가 있어 경험이 있는 것이 아니고 경험이 있어 내가 있다. 내가 있어 경험이 있는 그것은 일상경험이다. 그런데 경험이 있어서 내가 있다 하는 그것이 근본경험이다.

바울이 예수를 만나기 전의 모든 경험은 그저 경험이다. 기독교인들을 때려죽이고 스데반을 죽인 경험들은 그냥 경험이다. 바울이 그저 겪은 일일 뿐이다. 그런데 바울이 다메섹 도상에서 그리스도를 보았다 하는 것은 근본경험이다. 바울의 시간이 그리스도에 의해서 잘린 것이다. 이런 근본경험이 있은 후에야 바울이라는 사도가 나오게 된다. 경험이 있어서 내가 나오게 되는 것이다. 이와 같이 경험이 있어서 내가 있게 되는 것이 4차원이다. 그런데 내가 있어서 경험이 있는 것은 3차원의 세계다. 더 쉽게 말해서「갈라디아서」에 있는 말로 하자면 "이제 그리스도와 함께 못 박혔으니"[갈 2:20] 하는 것은 내가 죽은 것이고 내가 죽은 후에 누가 사나 하면 나 대신 그리스도가 내 안에서 산다. 이것이 4차원이다. 즉, 거듭나야 기독교인이지 거듭나기 전에는 아직 기독교인이라 할 수 없다는 말이다. 거듭났다는 것은 목이 잘렸다든지 의식의 흐름이 잘렸다든지 시간이 잘렸다든지, 무엇이 잘려야 된다. 이것은 무슨 지식의 문제가 아니고 나 자신의 경험이 되어야 한다.

요전에 승조僧肇의 말을 할 때도 흰 칼이 내 목에 닿아서 내 목이 잘릴 때, 내 목이 잘린다는 것은 시간이 잘린다는 것인데, 그때 봄바람이다[四大元無主 五蘊本是空 以首臨白刃 猶如斬春風]. 시간이 잘릴 때 그때 내가 진짜 사는 것이지 시간이 잘리지 않으면 사는 것이 아니다. 시간이 잘리지 않으면 계속 돌아가는 것이다. 니체Friedrich Nietzsche(1844-1900)의 말로 하면 영원회귀永遠回歸다.

우리가 일생을 사는데 28,000날(76.7세)을 사는 것은 아주 오래 사는 것이다. 백살을 살아야 36,000날(98.6세)이다. 백살 사는 것은 아주 드물다. 30,000날(82.2세) 살기도 어렵다. 28,000날만 살아도 장수했다 하는데 우리가 돈을 28,000원을 쓰려고 하면 장에 가서 한 번 시장보기도 어렵다. 28,000원, 이것은 돈도 아니다. 달리 말하면 인생 사는 것이 허무하다는 것이다. 방학 석 달을 한다고 좋다 했는데 어느새 다 지나가 버리고, 또 개학했다고 했는데 그새 또 중간시험이 닥쳤다. 이제 또 며칠 있으면 성탄절이다. 그리고 바로 또 겨울 방학이 된다. 이것을 소위 윤회라고 한다. 시간이 한없이 빠르게 지나간다. 일생을 살아보았자 산 것 같지도 않다. 이것이 보통 우리가 허무하다고 하는 것이다. 자꾸 돌아간다. 아침에 해가 떴다 하면 어느새 밤이다. 요전에 교회 왔는데 또 교회에 왔다. 언제 지났는지도 모른다. 세월이 자꾸 빠르다 하는 이런 것을 윤회라 한다.

우리는 보통 말하기를 "몸은 늙는데 마음은 그대로"라고 한다. 안병무安炳茂는 이미 고인이 된 친구인데 나하고 어려서부터 친구다. 그래서 전화하면 너 나 한다. 너 잘 있냐, 나 잘 있다 하고 이놈 저놈 한다. 어려서 만났을 때 그대로다. 항상 어린 시절의 마음이다. 이렇게 몸은 늙는데 마음은 어렸을 때 그대로 변함이 없다. 생사열반生死涅槃, 몸은 죽었는데 영혼은 안 죽는다는 이런 생각을 우리도 자꾸 하게 되는데, 이것을 허무虛無라 한다. 몸은 다 늙는데 마음은 안 늙는다는 생각이 바로 허무다. 이 허무를 어떻게 하면 실존實存이 되게 하나? 허무란 태양이 자꾸 돌아간다는 것이다. 그런데 이 태양이 돌아가지 않게 잘라야 된다. 그것이 시간제단時間際斷이다.

시간을 자르면 그 다음에는 태양이 돌아가지 않으니까 허무는 사라지고 실존이 되고 만다. 그것이 삼세평등三世平等이다. 과거, 현재, 미래가 돌아가지 않는다. 그래서 과거도 없고 미래도 없다. 이것을 하루살이라 한다. 일일호일日日好日이다. 하루가 그대로 충실이다. 하루 속에는 어제도 없고 내일도 없다. 오늘 하루가 영원이다. '오!늘'이다. 찰나 속의 영원이다. 시간이 잘린 것이다. 시간이 잘렸다는 것이 무엇인가? 시간성時間性이다. 시간성에는 과거도 없고 미래도 없고 현재도 없다. 미래는 아직 안 온 것이 아니라 장래將來요, 과거는 지난 것이 아니라 기재既在요, 현재는 변하는 것이 아니라 현존現存이다. 이것이 시간성인데 시간이 잘려서 시간이 흘러가지 않는 것이다. 삼세평등이다. 무거무래無去無來다. 과거도 없고 미래도 없다. 그래야 점심點心이다. 시간이 돌아가지 않아야 점을 찍을 수 있다. 계속 돌아간다는 사상이 인도의 윤회사상이고 돌아가지 않아야 된다는 것이 석가의 사상이라는 것이다. 돌아가지 않아야 깨달은 것이지 아직도 돌아가면 깨달은 것이 아니다. 세월이 이렇게 빠르냐고 하는 것은 아직 깨닫지 못한 것이다.

돌아가는 시간인가 돌아가지 않는 시간인가. 윤회인가 성불인가. 돌아가지 않아야 한다. '생사여열반生死與涅槃'인가 '생사즉열반生死卽涅槃'인가. 몸은 죽어도 마음은 안 죽는다 하는 것은 '생사여열반'인데 이것은 계속 돌아간다는 소리다. 몸도 안 죽고 마음도 안 죽는다는 것은 '생사즉열반'이다. 하나는 삼차원이고 하나는 사차원이다. 끊어지지 않은 생각, 사유라는 것, 그것이 윤회다. 그것이 생사인데 그것으로는 안 된다는 것이다. 그런 것을 분별지分別智라 한다. 그리고 윤회가 아닌 돌아가지 않는, 끊어진 시간, 그것을 통일지統一智라 한다. 통일지라야지 분별지는 안 된다는 것이다.

인생이 허무한가 아니면 인생을 정말 살맛이 있다고 사는가. 살맛이 있다 하게 되려면 어떻게 해야 되는가. 정신과 육체가 합해져서 몸도 안 아프고 마음도 안 아프고 둘 다 건강해야 살맛이 있는 것이다. 그것이 안 되면 살맛이 없다. 살았다는 것이 무엇인가. 그 둘이 합쳐져야 된다. 시간과 공간, 몸과 마음이 합쳐져야 된다. 몸은 죽어도 마음은 안 죽는다 하는 것은 병자요, 몸은 없는데 마음만 있다 하면 그것은 유령이다. 또 몸은 있는데 정신이 나갔다 하면 그것은 식물인간이지 사람이 아니다. 그런데 우리는 모두 이 둘이 합쳐 있으니까 이렇게 와 있는 것이지 그렇지 않다면 어떻게 여기에 있을 수 있는가.

그러니까 오늘 내가 말한 것은 우리의 현실이다. 우리의 현실인데 그것을 말로 해보려면 이렇게 힘든 것이다. 다 아는 것인데 이것을 말로 해보려 하니까 어려운 것이다. 한 시간 말했지만 시원치가 않다. 앞으로 얼마를 말하면 될까. 끝이 없다. 말하고 말해보아야 윤회지 단절은 아니다. 여러분은 이미 다 단절이 되어 있는 것이다. 단절이 되어 있으니까 사는 것이다. 그런데 가끔 우리는 착각을 일으켜서 언덕이 간다고 보는 것처럼 세월이 빠르다고 착각을 하는 것이다. 이런 착각과 망상이 없어져야 된다. 그래서 하루가 왜 이렇게 긴가, 일생이 왜 이렇게 긴가, 그렇게 되어야 한다. 오늘은 시간제단인가 윤회인가 하는 그런 이야기다.

1999. 10. 17.

# 제 5 장

# 미륵彌勒

### 게송偈頌

| | |
|---|---|
| 미륵여당지彌勒汝當知 | 일체제중생一切諸衆生 |
| 부득대해탈不得大解脫 | 개유탐욕고皆由貪欲故 |
| 타락어생사墮落於生死 | 약능단증애若能斷憎愛 |
| 급여탐진치及與貪瞋痴 | 불인차별성不因差別性 |
| 개득성불도皆得成佛道 | 이장영소멸二障永消滅 |
| 구사득정오求師得正悟 | 수순보살원隨順菩薩願 |
| 의지대열반依止大涅槃 | 시방제보살十方諸菩薩 |
| 개이대비원皆以大悲願 | 시현입생사示現人生死 |
| 현재수행자現在修行者 | 급말세중생及末世衆生 |
| 근단제애견勤斷諸愛見 | 편귀대원각便歸大圓覺 |

미륵이여, 그대는 확실히 알아라. 일체의 모든 중생들이
대해탈을 얻지 못하는 까닭은 모두가 탐욕으로 인하여
생사에 떨어지기 때문이다. 만일 증애의 마음을 끊고
탐진치도 끊으면 차별된 성품에 구애받지 않고
누구나 불도를 이룰 수 있다. 두 가지 장애를 영원히 끊고
스승을 구하여 바른 깨달음을 얻어 보살원에 수순하면
흔들림이 없는 대열반에 들게 된다. 시방의 보살들이
모두 대비의 원願에 따라 생사에 들어감을 나타내 보였으니
현재의 수행자들과 말세의 중생들 또한
갖은 애욕을 힘써 끊으면 곧 대원각에 돌아가리라.

# 강 해

미륵彌勒은 '마이트리아Maitria'를 한문으로 발음한 음역音譯이다. 뜻은 거룩한 사랑[Agape]의 화신으로 그 어느 것도 사랑을 이길 수가 없다[莫勝]. 사랑이 세상에서 제일 강하다. 이처럼 사랑을 하나의 보살로 만들었다. 미륵불의 특징은 미래에 나타나는 부처님으로 석가가 떠난 후 오십육억 칠천만년 후에, 즉 말세에 나타나서 사랑으로 중생을 구원할 부처이다. 미래불이다. 우리 나라에도 은진미륵이라는 미래불이 있다. 장차 와서 구원해 줄 부처로 구원한다는 사상이 강하다. 5장의 핵심은 "어떻게 하면 말세에 인류를 구원할 수 있는가"하는 것으로 구원이 오늘의 중심이다. 구원하기 위해서는 힘이 있어야 한다. 그러면 어떻게 해야 힘이 있나? 모든 번뇌에서 벗어나야 한다. 그리고 모든 번뇌에서 벗어나려면 눈을 떠야 한다.

게송을 읽어본다.

미륵여당지**彌勒汝當知** 일체제중생**一切諸衆生** 부득대해탈**不得大解脫** 개유탐욕고**皆由貪欲故** 타락어생사**墮落於生死**

미륵, 너는 꼭 알아야 된다. 모든 만물이 물에 빠지지 않고 물에서 나와야 하는데 그것을 못한다. 왜 그런가 하면 머리를 물 속에 집어넣지 않았기 때문이다. 탐욕이 너무 많아서 그렇게 됐다. "타락어생사**墮落於生死**", 생사**生死**는 기독교로 말하면 죄罪이다. 죄 속에 빠지고 말았다. "개유탐욕고**皆由貪欲故**", 욕심이 잉태한 즉 "타락어생사**墮落於生死**", 죄를 낳고, 죄가 장성하면 "부득대해탈**不得大解脫**", 죽음을 낳는다. 「야고보서」에 나온 말과 같은 말이다. "부득대해탈"은 죽는 것인데 왜 죽게 되나 하면 욕심이 죄를 만들어서 죽게 된다는 것이다.

### 약능단증애若能斷憎愛 급여탐진치及與貪瞋痴

증애憎愛란 생사를 미워하고 열반을 좋아하는 것이다. 다르게 말하면 영혼불멸, 신비주의이다. 보통 상견常見, 단견斷見으로 말하는데 이것은 상견을 말한 것이다. 이 세상은 허무한 것이다, 빨리 죽어서 천당에 가서 살았으면 좋겠다 하는 소위 금욕주의, 신비주의이다. 그런데 단견이란 천당이나 하나님은 없다, 세상에서 잘 사는 것이 제일이다 하는 향락주의, 물질주의이다. 이전에 제4장으로 말하면 신비주의와 물질주의이다. 세상 사람들이 찾아가는 것은 단견 아니면 상견이다. 향락으로 빠지지 않으면 신비로 도망친다. 이 두 가지이다. 이 둘을 다 벗어나서 그 둘을 합치자는 것이 중도中道이다. 불교나 기독교는 단견도 아니고 상견도 아닌 언제나 중도로 가자는 것이다. 단견으로 가면 병이 들어서 몸이 부실해지고 상견으로 가면 근심걱정이 생겨서 마음이 허약해져서 둘 다 안 된다. '증애', 신비주의, 금욕주의로 이 세상을 싫어하고 깊은 산 속으로 들어가서 살고 싶어한다. 참선하는 사람들은 이 세상에 나오기도 싫어서 산에 가서 가만히 앉아있는 것이 제일 편안하고 좋다는 것이다. 그것을 침공沈空이라 한다. 신비주의, 금욕주의, 허무주의에 빠지고 마는 것이다. 그렇게 상견이 되면 안 된다. "약능단증애若能斷憎愛", 증애로 가도 안 되고, 금욕주의, 신비주의로 가도 안 되고 "급여탐진치及與貪瞋痴", 이 세상에서 뭐든지 많이 가지고 나 혼자 왕처럼 살아보자는 현실주의, 향락주의, 물질주의도 안 된다.

육도 윤회 속에나 탐진치貪瞋痴가 있지 자연 속에는 탐진치가 없다. 호랑이는 먹을 만큼만 먹고 말지 맛있는 것이 생겼다고 더 많이 먹는 법이 절대 없다. 호랑이는 닥치는 대로 다 잡아먹는 것 같지만 사실은 그렇지 않다. 자기가 먹을 만큼만 먹고 나서는 그 밖의 사슴이나 노루 등을 보호해 준다. 자연은 조화된 세계이지 어느 한 종을 다 잡아죽이거나 멸종시키는 일은 없다. 치痴는 모든 동물은 생식본능이 있는 것뿐이지, 생식 이상은 절대 생각지 않는다. 동물에는 음욕을 품는 일이 없다. 자연에는 탐진치가 없다. 많이 생겼다고 더 먹는 법도 없고, 모두 다 밉다거나 곱다고 해서 죽이는 법도 없다. 남녀가 서로 만나고 좋아하는 일도 없다. 동물의 세계에서는 그들 중에서 가장 강한 자만이 짝짓기를 한다. 왜 그런가 하면 강한 자가 짝짓기를 해야 강한 새끼가 나오지 약한 자가 짝짓기를 해서 약한 새끼가 나오면 다 망하고 말기 때문이다. 우생학優生學이다. 그러므로 짝짓기를 하려면 생명을 걸고 싸워서 이겨야 한다. 그래서 내가 너보다 강하다 그렇게 되어야 짝짓기가 된다. 거기에는 치정이나 애정 같은 것은 없다. 다만 종족보존을 위한 생식이 있을 뿐이다. 자연 세계에는 탐진치가 없다. 탐도 없고 진도 없고 치도 없다. 그러니까 자연이 깨끗한 것이다.

사람이 자꾸 물에 빠지는 이유는 탐진치 때문이다. 번뇌라고도 한다. 남보다 더 가지려 하고 남보다 더 아름다운 미인을 차지하려 하고, 자기 마음에 안 드는 것은 다 죽이려 하는 등 이런 것이 번뇌로 그 내용은 탐진치이다. 다같이 알맞게 먹고 알맞게 낳으면 아무 문제가 없는데 그렇게 못한다. 더 먹고 더 미워하고 더 좋아하고 이 '더' 때문에, 과식過食 과색過色 때문에 점점 더 살기가 어려워진다. '더' 란 과過이다.

윤회는 천天, 인人, 아수라阿修羅(瞋, 殺, 깡패), 축생畜生(痴, 淫,

창녀), 아귀餓鬼(貪, 盜, 도둑), 지옥地獄이다. 사람의 입장에서 탐貪은 아귀고, 진瞋은 아수라고, 치痴는 축생이다. 탐진치는 윤회 속이지만 사람에서 자꾸 더 떨어져 나가는 것이다. 탐진치, 살도음殺盜淫다 마찬가지다. 살殺이 아수라고 음淫이 축생이고 도盜가 아귀다. 깡패, 창녀, 도둑으로 사회의 병든 존재들이다. 증애憎愛는 천天을 사랑하고 지옥을 미워하는 것이다. 증애나 탐진치는 모두 육도六道 속의 내용들이다. 사람에게는 팔고八苦 내지 사고四苦(生老病死)가 따라다닌다. 육도 윤회는 모두 괴로운 것이다. 사람이 육도 속에서 헤매고 있는 것을 윤회라고 한다. 윤회는 생사와 같은 말이다. 났다 죽었다, 났다 죽었다 하면서 계속 돌아가는 것이 윤회로 생사나 같은 것이다. 불교는 이 윤회의 바퀴를 어떻게 벗어나느냐 하는 것이다. 윤회에서 벗어나게 하는 것을 도道라고 한다. "일도출생사一道出生死 일체무애인一切無碍人"이다. "일체무애인一切無碍人", 이것이 해탈解脫이다. 아무 데도 걸리는 것이 없는 그런 세계에 한 번 들어가 보자는 것이다. 증애의 세계와 탐진치의 세계를 다음과 같이 요약할 수도 있다.

증애憎愛의 세계:
    상견常見; 금욕주의, 권력, 이념, 공산주의, 신비주의,
    샤마니즘, 이북

탐진치貪瞋痴 세계:
    단견斷見; 향락주의, 돈, 자본주의, 물질주의, 이남

또는 자연의 세계는 탐진치가 없고, 신의 세계즉, 하나님은 악한 자와 선한 자에게 다 비를 주지 차별하는 것이 없다고 볼 수도 있다.

그래서 몸은 자연으로 돌아가야 하고 마음은 신에게로 돌아가야 한다. 그래야 심신이 다 편안하지 그렇지 않으면 안 된다고 생각할 수 있다.

**불인차별성不因差別性** 개득성불도**皆得成佛道**

차별에 의해서 중생을 구원해 주는데 다 불도를 이루자는 것이다. 곧 이상세계를 만들자는 것이다.

차별이란 다음의 5가지를 말한다.

| | |
|---|---|
| 성문聲聞: 번뇌단煩惱斷 | 귀　　듣기 |
| 연각緣覺: 도안道眼 | 눈　　보기 |
| 보살菩薩: 불도무상서원성佛道無上誓願成 | 코　　실천 |
| 불타佛陀: 성불成佛, 미묘법문微妙法門 | 입　　구원 |
| 외도外道: 다른 철학, 종교 | 다른 사상 |

귀가 뚫린 사람(성문), 눈이 뚫린 사람(연각), 코가 뚫린 사람(보살), 입이 뚫린 사람(불타)이다. 미묘법문微妙法門을 가지고 있는 사람이 불타이다. 불도무상서원성佛道無上誓願成, 그러면 보살이다. 눈이 열린 사람, 도안道眼은 연각이다. 말귀가 들리는 사람, 번뇌단煩惱斷은 성문이다. 성문은 자꾸 듣기만 하는 세계이고, 조금 더 올라가면 보는 세계, 조금 더 올라가면 실천하는 세계, 조금 더 올라가면 남을 구원하는 세계 그리고 유교, 도교, 기독교 등 다른 사상을 가진 사람들로 이렇게 5가지로 차별하여 나누었다.

이장영소멸二障永消滅

생각하는 것을 막는 것과 일하는 것을 방해하는 것을 영원히 소멸해야 한다. 이장二障은 이장理障, 사장事障 두 가지이다. 아까처럼 말하면 이장理障은 이북처럼 공산주의로 무엇을 해보겠다는 것이고, 사장事障은 무엇이고 생산해서 돈 벌면 다 된다는 것이라 말할 수 있다. 보통 이장은 우리가 생각하는데 거슬리는 것, 또는 생각을 못하게 하는 것이다. 사장은 우리가 일하는데 일을 못하게 하는 것이다. 생각하는데 제일 거슬리는 것이 밥을 많이 먹는 것이다. 탐진치貪瞋痴다. 밥을 많이 먹으면 자꾸 졸리니까 거슬린다. 일하는데 제일 장애 되는 것이 남녀가 가까이 하는 것이다. 남녀가 가까이 해서 힘이 다 빠지면 일할 수 없다고 볼 수 있다. 불교는 전체를 식색食色으로 몰아간다. 식食으로 가면 이理가 방해되고 색色으로 가면 사事가 방해된다. 사람에겐 무엇이든 생각하고 눈뜨게 하는데 방해되는 것과 산에 올라가는데 방해되는 것으로 두 가지 방해가 있다. 그것을 우리가 잘 생각해보면 증애憎愛와 탐진치 두 가지가 된다. 식과 증애는 생각을 방해하고 색과 탐진치는 일을 방해한다. 자기가 생각해서 내게 생각을 못하게 하는 이유가 무엇인지, 내게 일을 못하게 하는 그 이유가 무엇인지 알면 이장, 사장을 극복하게 된다.

구사득정오求師得正悟 수순보살원隨順菩薩願

제일 중요한 것은 스승을 만나서 자기가 인생문제를 바로 깨달아야 된다. 그렇게 해서 나도 한 번 보살이 되어서 온 세상 사람들을 구원해 줘야겠다는 보살원을 세우고 따른다. 보살원은 버스 탈 때 모든 사람이 다 타기까지는 나는 안 탄다는 것이다. 세상 사람들이다 부처가 되기까지는 나는 부처가 되지 않겠다는 생각이 보살원이다. 모든 집이 다 기와집이 되기까지는 나는 기와를 안 올린다는 것이다. 보살원은 불교에서 가장 중요한 사상의 하나이다. 다른 사람을 앞세우고 다른 사람에게 양보하는 것을 보살원이라 한다. "수순보살원隨順菩薩願"은 나도 한 번 다른 사람에게 양보하는 정신을 갖겠다는 것이다.

의지대열반依止大涅槃

열반에 들어가서 반석에 우뚝 서서 다시는 흔들림이 없는 것이다. 열반이란 니르바나nirvana의 음역音譯으로 불이 꺼졌다[消火]는 의미이다. 사람에게는 두 가지의 불이 있다. 이장理障과 사장事障, 생각을 못하게 하는 불과 일을 못하게 하는 불이 그것이다. 이 두 가지가 번뇌이다. 이 두 가지 불이 꺼지면 열반이 되는 것이다. 부처님께서 죽어서 열반에 들었다고 보통 말한다. 이 세상이 끝나고 새로운 세계에 들어갔다 라고 많이 말한다. 열반은 기독교로 말하면 반석磐石이나 같은 것이다.

시방제보살十方諸菩薩 개이대비원皆以大悲願

시방의 모든 보살들이 모든 이에게 지혜로운 사랑을 품어야 한다. 비원悲願이란 모든 사람을 다 살려줘야 되겠다는 것으로 "애통하는 자는 복이 있나니!"와 같은 말이다. 자비慈悲에서 '자慈' 자는 사랑으로 많이 쓰고, '비悲' 자는 지혜로 많이 쓴다. 모든 사람을 다 살려주려면 사랑만으로는 안 되고 거기에 지혜가 들어가야 한다.

### 시현입생사示現入生死

그래서 물 속에 자기가 뛰어들어가야 한다. 윤회와 생사의 이 세상 바퀴 속에 뛰어들어가야 한다. 기독교에서는 예수가 세상 사람들을 구원하려고 이 세상으로 뛰어내려왔다. 그래서 불교에서는 "기독교는 미륵보살이다."라는 말을 많이 한다. 예수는 사랑의 화신이 되어서 이 세상에 뛰어내려왔다.

### 현재수행자現在修行者

수행修行이란 건강한 육체와 건강한 정신을 만드는 것이다. 수행은 일식一食 일좌一坐이다.

다른 사람들 같으면 건강한 육체를 만들기 위해서는 운동을 많이 하라고 하겠지만 여기서는 탐진치를 버리라는 것이다. 건강한 육체를 만들려면 일식이고 건강한 정신을 만들려면 일좌다. 일식은 식食을 초월하는 것이고 일좌는 색色을 초월하는 것이다.

일좌는 건강한 정신을 만들기 위해서 10년이고 20년이고 딱 앉아 있는 것이다. 어떻게 해서 건강한 정신이 만들어지나? "응취이정凝聚爲精 전정성단轉精成丹 유행위기流行爲氣 묘용위신妙用爲神", 자기 속에 있는 정精을 모아서 단丹을 만들면 온 몸에 기운이 꽉 차서 신神이 된다. 정精이 모여서 단丹이 되고 단이 사리가 된다. 사리가 된다는 것은 구슬이 된다는 것이고 또 구슬이 된다는 것은 거울이 된다는 것이다. 거울이 되어서 거기에 우주만상이 다 비쳐서 알게 되는 각覺의 세계에 이른다. 제일 중요한 것은 정精이므로 정을 모으기 위해서 색色을 멀리 하라는 것이다. 사람은 신神을 어떻게 할 수 없고 또 기기氣도 어떻게 할 수 없다. 그런데 사람은 정 하나를 마음대로 할 수 있다. 정을 내버릴 수도 있고 모을 수도 있다. 정정을 모으는 것이 일좌이다. 일색一色이나 같은 것이다. 그리고 10년이고 20년이고 정을 계속 모으면 '위기爲氣', 결국 기운이 쌓여져서 나중에는 신神이 통하게 된다. 이것이 노자老子의 사상이다.

"가욕지위선可欲之爲善 유제기지위신有諸己之爲信 충실지위미充實之爲美 충실이유광휘지위대充實而有光輝之爲大 대이화지위성大而化之爲聖 성이불가지지위신聖而不可知之爲神"

"가욕지위선可欲之爲善 유제기지위신有諸己之爲信", 정을 모으라는 것이다. "충실지위미充實之爲美 충실이유광휘지위대充實而有光輝之爲大", 기가 꽉 차라는 것이다. "대이화지위성大而化之爲聖 성이불가지지위신聖而不可知之爲神", 그러면 신神이 나타나게 된다. 『맹자』에 나오는 말이다.

사람이 머리, 가슴, 배가 있는데 머리와 가슴은 사람이 어떻게 못하지만 배에 있는 정정은 사람이 마음대로 할 수 있다. 건강한 정신을 위해서는 정을 모아야 한다는 것으로 일색, 일좌 다 같은 말이다.

이제 몸을 보자. 오행五行이란 금목수화토金木水火土인데 이것을 우리 몸에 결부시키면 심장은 화火, 신장은 수水, 간장은 목木, 폐는 금金, 위는 토土다. 사람은 이 오장五臟중에서 심장, 신장, 간장, 폐는 내 마음대로 할 수가 없다. 한 가지 내 마음대로 할 수 있는 것은 위장[土]뿐이다. 위를 건강하게 하면 폐, 신장, 간, 심장이 건강해진다. 이런 사상이 오행 사상이다. 사람이 마음대로 할 수 있는 것은 두 가지로 위胃와 정정뿐이다. 정은 종족보존 본능으로 남녀 문제로 해결할 수 있는 것이고, 위는 개체보존 본능으로 먹는 문제는 자기

제5장 미륵彌勒  127

가 해결할 수 있는 것이다. 자기가 먹는 문제를 해결하면[一食] 몸 전체가 건강해져서 건강한 육체가 되고, 자기가 남녀 문제를 해결하면[一坐] 온 우주의 정신이 다 건강해진다. 일식 일좌이다. 몸의 문제를 해결하기 위해서는 먹는 것, 마음의 문제를 해결하기 위해서는 남녀 문제, 이 두 가지로 불교의 철학을 만들어 내는 것이다. 그래서 "공즉시색空卽是色 색즉시공色卽是空"으로 간추린 것이다. 공空은 먹는 문제이고 색色은 남녀 문제이다. "공즉시색 색즉시공", 색과 공을 초월하면 중도中道가 된다. 수행이란 별 것이 아니라 일식 일좌이다.

급말세중생及末世衆生 근단제애견勤斷諸愛見 편귀대원각便歸大圓覺

말세의 중생들이 모든 단견과 상견을 다 빼버려야 한다. 중도로 들어가야 대원각大圓覺이다.

본문을 보면 미륵불이 부처에게 묻는 내용은 다음과 같다.

능시무외도안能施無畏道眼 당단윤회근본當斷輪廻根本 욕유대적멸해欲遊大寂滅海 차별방편差別方便 도제중생度諸衆生 능사제욕급증애能捨諸欲及除憎愛 영단윤회심오永斷輪廻心悟 실상구무생인實相具無生忍

"능시무외도안能施無畏道眼", 눈을 떠야되지 않겠는가. "당단윤회근본當斷輪廻根本", 윤회의 근본을 끊어야 하지 않겠는가. 죄를 벗어나야 하지 않겠는가. 기독교로 말하면 윤회의 근본은 죄이고 윤회는 사망으로 죄에서 사망이 나온다. "욕유대적멸해欲遊大寂滅海", 죄 없는 세계에 마음대로 떠 다녀야 하지 않겠는가. 이는 "물에 빠진 사람이 어떻게 하면 물에 뜰 수 있는가?"하는 것과 같은 말이다. 적멸이란 번뇌가 없는 것이다. "차별방편差別方便"이란 많은 사람들을 차별해서 각 사람에게 맞게끔 처방을 해주는 것이다. '도度'란 구원한다는 뜻이다. 그러므로 차별방편으로 모든 중생들을 구원한다는 것이다. 오늘의 핵심은 "도제중생度諸衆生"으로, 어떻게 중생을 구원할 수 있는가 이다. "욕유대적멸해欲遊大寂滅海", 힘있는 사람이 되어야 한다. 물에 빠진 사람을 구원하려면 바다에서 마음대로 헤엄칠 수 있는 사람이어야 한다. 그러려면 물에 떠야 한다. "당단윤회근본當斷輪廻根本", 물에 빠지던 것이 물에 떠올라와야 한다. 물에 떠올라오면 어떻게 해야 되나? "능시무외도안能施無畏道眼", 내가 물보다 가볍다는 것, 내가 나무라는 것을 알아야 물에 뜰 수가 있다. 내가 나무라는 것을 모르고 돌멩이인 줄 알고 자꾸 물에 빠지는데, 사실은 나는 돌멩이가 아니라 나무이다. 나무이니까 물에 뜰 수가 있다. 이것을 확실히 알아야 하고 자기를 알아야 한다. 또한 물이란 사람을 빠지게 하는 것이 아니라 오히려 사람을 뜨게 해 주는 힘이 있는 것을 알아야 한다. 자기도 알고 물도 알아야 한다. 하나님은 나를 괴롭히는 존재가 아니라 나를 구원하려는 존재이다. 하나님께서 나를 만들 때는 하나님의 형상대로 내가 물에 뜨게 만들었지 물에 빠지게 만든 것이 아니다. 사람은 본래 물에 뜨고 물은 사람을 뜨게 하는 힘이 있다. 모든 동물이 물에 뜨는데 사람 하나만 자꾸 물에 빠져 죽는다. 그것이 번뇌이다. 그 번뇌를 끊어버려야 한다. 물에 빠져 죽게 되는 이유를 끊어버려야 한다. 그것만 끊어버리면 바다에서 마음대로 놀면서 헤엄칠 수가 있다. 그러면 물에 빠진 사람을 거기에 맞게 구원해 줄 수가 있다.

사홍서원四弘誓願:
법문무량서원학法門無量誓願學 번뇌무진서원단煩惱無盡誓願斷
불도무상서원성佛道無上誓願成 중생무변서원도衆生無邊誓願度

절에 가면 맨 처음에 부르는 노래가 사홍서원四弘誓願으로, 내가 꼭 하고 싶은 것이 4가지가 있다는 말이다. "중생무변서원도衆生無邊誓願度", 온 세상에 흩어져서 살고있는 모든 만물을 다 구원해 주고싶다. 그런데 사람 이외의 만물은 이미 전부 물에 뜨는 기성불旣成佛이므로 사람만 구원해 주면 된다. 그렇게 하려면 "욕유대적멸해欲遊大寂滅海", 내가 물 위에 마음대로 떠 다녀야 한다. 그것이 여기서는 "불도무상서원성佛道無上誓願成"으로 물 위에서 마음대로 떠다닐 수 있는 사람이 되는 것이다. 그렇게 되려면 "당단윤회근본當斷輪廻根本", 물에 빠지는 그 이유를 제거해 버려야 한다. 그것이 "번뇌무진서원단煩惱無盡誓願斷", 모든 골치 아픈 것, 복잡한 머리, 번뇌, 기독교로 말하면 죄를 끊어버려야 한다. 그러려면 우선 자기를 알아야 한다. "능시무외도안能施無畏道眼", 두려움 없는 진리의 눈이 떠야 한다. 그러기 위해서는 "법문무량서원학法門無量誓願學", 법문과 진리를 배워야지 거저는 안 된다. 오늘 『원각경』5장은 사홍서원과 같은 내용이 된다. 우리가 지금까지 말한 것은 몸에 병이 없어야 한다는 것과 마음에 근심걱정이 없어야 한다는 것으로 건강한 육체와 건강한 정신 이 둘이다. 네 가지로 말했지만 내용은 이 두 가지다.

다음은 신수神秀가 한 말이다.

신시보리수身是菩提樹 심역명경대心亦明鏡臺

시시근불식時時勤拂拭 막사야진애莫使惹塵埃

몸은 나무처럼 튼튼하다. 마음은 거울처럼 환하게 밝다. 나무도 잘 돌보고 거울도 잘 닦아서 병에 걸리지 않게 하고 근심걱정도 없도록 해야 한다.

이상은 신수의 말이고 다음은 육조六祖 혜능慧能의 말이다.

보리본무수菩提本無樹 명경역비대明鏡亦非臺
본래무일물本來無一物 하처야진애何處惹塵埃

보리는 씨, 종자이므로 나무가 아니다. 거울도 유리이지 대臺가 아니다. 아무것도 없으면 병이 어디에 생기며 근심걱정이 어디서 나오겠는가?

녹원영취鹿苑鷲峯 염화시중拈華示衆 정법안장正法眼藏 열반묘심涅槃妙心
실상무상實相無相 미묘법문微妙法門

이것은 『법화경』 서두에 나오는 것으로 석가는 『법화경』을 녹야원이라는 정원에서 설說했는데 그 뒤에는 영취산靈鷲山이 있었다. 요새로 말하면 히말라야 설산 밑의 네팔이다. 거기에서 염화시중拈華示衆, 연꽃을 들고서 사람들에게 보여주었다. 연꽃의 네 가지 특징들을 보여준 것이다. 연꽃, 연 잎사귀, 연 열매, 연 줄기이다. 다른 말로 하자면 연꽃은 정법안장正法眼藏으로 눈을 떠야 된다는 것이다. 연 잎사귀는 열반묘심涅槃妙心으로 열반은 번뇌를 끊은 것[斷煩惱]

이다. 연 열매는 실상무상實相無相으로 물 위에 둥둥 떠올라서 마음 대로 헤엄치는 것이다. 연 줄기는 미묘법문微妙法門으로 말씀을 가지고 모든 사람을 구원해주는 것을 말한다. 이 네 가지도 마찬가지로 눈이 떠야 되고, 번뇌를 끊어버려야 되고, 물에 떠야 되고, 그리고 모든 사람들을 구원해줘야 된다는 것이다.

불립문자不立文字 교외별전敎外別傳 직지인심直指人心 견성성불見性成佛

선禪에서는 이것을 받아서 불립문자不立文字, 교외별전敎外別傳, 직지인심直指人心, 견성성불見性成佛이라 했다. 이 네 가지, 꽃, 잎사귀, 열매, 줄기가 성性으로 견성見性이라 한다. 이 네 가지를 보아야 한다. 견성은 유교로는 인의예지仁義禮智이고, 요새말로는 진선미성眞善美聖이다. 그것을 우리가 과학, 철학, 종교, 예술이라 했다. 진선미성은 성性으로 감성, 오성, 이성, 영성을 말한다. 견성, 이 네 가지를 보아야 한다. 과학, 철학, 종교, 예술을 다 알아야 한다. 그것이 문화이다. 그것을 알아야 성불, 어른스러운 사람이 된다. 그것을 알기 위해서는 불립문자, 글자만 가지고 되는 것이 아니다. 예술의 세계는 글자로 되는 것이 아니다. 교외별전, 철학의 세계는 가르치는 것만으로 되는 것이 아니다.

선불교에서 제일 중요한 것은 선생이다. "법문무량서원학法門無量誓願學", 선생이 없으면 배울 데가 없다. 맨 처음에 나타난 선생이 달마達磨이다. 혜가慧可는 달마를 만나려고 9년 동안을 찾아다녔다. 9년만에 달마를 찾아갔는데도 달마가 만나주지를 않자 자기의 팔을 잘랐다. "나는 선생님을 못 만나면 죽어도 좋다."하고 팔을 잘랐다. 팔이 떨어지는 소리를 듣고서야 달마가 혜가를 만나주었다. 그만큼 선에서는 선생이 지극히 중요하다. 선생이 없으면 법문이 되지를 않는다. 선생이란 도안道眼을 가진 눈 뜬 사람이다. 5장 끝에 보면 선생님을 찾는 것이 제1조가 되고 만다. 불립문자, 문자로만 되는 것도 아니고 교외별전, 가르쳐서만 되는 것도 아니다. 깨달으려면 가르침을 넘어서야 되고 문자를 넘어서야 된다. 제일 중요한 것은 직지인심이다. 선생님의 노하우know-how를 제자가 깨닫는 것이다. 깨닫기 전에는 안 되는 것이다. 물론 선생은 자꾸 가르치려고 노력한다. 내가 붓글씨를 배울 때 선생님께서 "이렇게 써라."하고 자꾸 보여준다. 그러나 아무리 보여줘도 불립문자, 보아도 보지 못하고 교외별전, 들어도 듣지 못하는 것이 사실이다. 선생님을 오래 쫓아다니다가 직지인심이 되어야 한다. 선생님의 노하우가 내 속에 그냥 생겨야 된다. 더 쉽게 말하면 선생님도 창조적 지성이고 나도 창조적 지성이 될 때 서로 통하는 것이다. 선생님은 창조적 지성인데 나는 수동적 지성이면 안 된다. 아리스토텔레스로 말하면 능동적 이성이라는 것이다. 선생님은 능동적 이성인데 학생이 수동적 지성이면 이것은 암만해도 안 된다. 학생이 능동적 이성이 될 때 이심전심以心傳心이요 직지인심이 되는 것이다. 다 같은 말들인데 이것이 5장의 핵심이다. 다시 말하면 "어떻게 눈을 뜰 수 있는가?", "어떻게 윤회의 근본을 끊을 수 있는가?", "어떻게 바다에 뜰 수 있는가?", "어떻게 사람을 구원할 수 있는가?"이다. 이것을 다시 정리해 보면 사홍서원이 되고, 그것을 또 내용적으로 보면 신수, 혜능의 말이 되고, 그것을 또 『법화경』으로 말하면 『법화경』의 서두가 된다. 다 같은 말들이니까 어느 것을 붙잡아도 다 마찬가지다.

1999. 10. 24.

# 제6장

# 청정혜 淸淨慧

게송偈頌

청정혜당지淸淨慧當知 　원만보리성圓滿菩提性
무취역무증無取亦無證 　무보살중생無菩薩衆生
각여미각시覺與未覺時 　점차유차별漸次有差別
중생위해애衆生爲解礙 　보살미리각菩薩未離覺
입지영적멸入地永寂滅 　부주일체상不住一切相
대각실원만大覺悉圓滿 　명위편수순名爲遍隨順
말세제중생末世諸衆生 　심불생허망心不生虛妄
불설여시인佛說如是人 　현세즉보살現世卽菩薩
공양항사불供養恒沙佛 　공덕이원만功德已圓滿
수유다방편雖有多方便 　개명수순지皆名隨順智

청정혜여, 확실히 알 것은 원만한 보리의 성품이다.
취함도 증함도 없고 보살도 중생도 없어
깨달을 때와 깨닫지 못한 때에 점차 차별이 있으니
중생은 견해가 장애가 되고 보살은 깨달음에서 떠나질 못하는데
지지地에 들어간 이는 영원한 적멸을 이루어 일체 상에 머물지 아니하니
대각이 모두 원만해서 두루 수순한다 일컫는다.
말세의 중생들 모두 마음에 허망한 생각을 일으키지 않으면
부처께서는 그와 같은 사람에게 현세 즉 보살이라
수많은 부처께 공양하여 그 공덕이 이미 원만해졌다 하신다.
비록 여러 가지 방편이 있으나 모두 수순하는 지혜라

# 본문요약

가.
정혜백불淨慧白佛 선위법중宣爲法衆 원만각성圓滿覺性
소증각성所證覺性 소득지위所得地位 운하차별云何差別
나.
원각자성圓覺自性 비법무상非法無相 심신일여心身一如
중생미도衆生迷倒 순제성기循諸性起 증성득위證性得位


1. 성문
   무시망상無始忘想 염념생멸念念生滅 증애오욕憎愛五欲
   우선우교遇善友教 지성노려知性勞慮 범부각성凡夫覺性
2. 연각
   수단해애雖斷解碍 유주각애猶住覺碍 미입각성未入覺性
   자단기수自斷其首 여표지월如標指月 이입각성已入覺性
3. 보살
   장애즉각障碍卽覺 유성무성有性無性 제성불도齊成佛道
   법계해혜法界海慧 조료제상照了諸相 여래각성如來覺性
4. 불타
   망념불기忘念不起 진실불변眞實不辯 수순각성隨順覺性
   공양제불供養諸佛 식중덕본植衆德本 성취종지成就種智

## 강 해

게송을 읽어본다.

**청정혜당지清淨慧當知 원만보리성圓滿菩提性**

청정혜清淨慧라는 것은 "마음이 깨끗한 자는 하나님을 볼 것이요."라고 해석하는 것이 좋다. 너는 마땅히 알아야 된다. 사람 마음 속에는 완전한 진리를 깨달을 수 있는 본성이 있다는 것이다. 비유해서 말하면 사람에게는 물에 뜰 수 있는 부력浮力을 가지고 있다는 것을 너는 꼭 알아야 된다.

**무취역무증無取亦無證 무보살중생無菩薩衆生**

'취取'라고 하는 것은 자리 또는 위치를 취한다는 말이다. '증證'이라 하는 것은 자기가 자기 속에 불성이 있는가를 깨닫는 것이다. "무취역무증無取亦無證"은 자기 속에 불성이 있다는 것을 모르고 또 자기가 얼마나 높은 자리로 갈 수 있는지를 모르고 무식하다는 것이다. 그렇게 되니까 "무보살중생無菩薩衆生"이다. 즉 보살은 보살대로 중생은 중생대로 다 갈려서 정신을 못 차린다는 것이다.

**각여미각시覺與未覺時 점차유차별漸次有差別**

그래서 어리석은 사람은 더 어리석게 되고 똑똑한 사람은 더욱 똑똑해진다. 이것은 다 생멸生滅의 세계다. 차별의 세계다. 그래서 "점차유차별漸次有差別"이다. 세상이라는 것이 절반으로 갈라지고 만다. 이것이 말하자면 윤회의 세계다.

### 중생위해애衆生爲解礙 보살미리각菩薩未離覺

"중생위해애衆生爲解礙"는 아까 말한 제1단과 같다. 중생이 아직 이해라는 것을 전연 알지 못한다. 신신身의 세계에 머물러 있다. 다음에 "보살미리각菩薩未離覺", 보살이라는 사람이 깨달았다고 하는 것이 아직도 제대로 되지 않았다. 이것은 제2단이라고 볼 수 있다.

### 입지영적멸入地永寂滅 부주일체상不住一切相

"입지영적멸入地永寂滅", 이제는 완전히 자기가 없는 세계에 도달했다는 것으로 이것이 제3단이다. 그리고 "부주일체상不住一切相", 일체 껍데기로는 살지 않고 속으로 산다는 것이다.

### 대각실원만大覺悉圓滿 명위편수순名爲遍隨順

"대각실원만大覺悉圓滿", 완전히 깨달아 가지고 "명위편수순名爲遍隨順", 모든 사람을 순서에 따라서 가르치는 것으로 이것이 제4단이다. 그런데 그 가르치는 내용이 무엇인가?

### 말세제중생末世諸衆生 심불생허망心不生虛妄

말세에 사는 모든 중생으로 하여금 쓸데없는 망상에 붙잡히지 않도록, 꿈에서 깨어나게 하도록 하는 것이다.

불설여시인佛說如是人 현세즉보살現世卽菩薩

부처님은 이런 사람들에게 현세가 곧 보살이라 한다. 천국에 가야만이 보살이 되는 게 아니고 현세에 남아 있는 것이 보살이라는 것이다. 여기서 소위 보살행이라는 사상이 나온다. 모든 사람이 다 부처가 되기까지 자기는 부처가 안 된다는 것이다. 보살이 하는 일은 무엇인가?

공양항사불供養恒沙佛 공덕이원만功德已圓滿

이 세상의 모든 사람들을 사랑하는 것이다. 그래서 자기로서는 부처가 될 수 있는 실력을 넉넉히 기르는 것이다.

수유다방편雖有多方便 개명수순지皆名隨順智

비록 여러 가지 방편이 있겠지만 지혜의 본성에 그대로 쫓아가는 것이다. 쉽게 말하면 선생님을 그대로 따른다는 것이다. 수순지隨順智 혹은 수순각隨順覺이라 하는데, 만약 가르친다 하면 학생들의 소질에 맞춰서 그대로 가르치지 특별히 다르게 하는 것이 아니다. 또 만약 이것이 선생의 지智라 하면 선생의 지에 그대로 따르는 것이다. 말하자면 진리는 하나이니까 그 진리에 쫓아간다는 것이다.

　대강 지금 이 내용과 먼저 말한 내용은 대충 비슷한 것이니까 그렇게 알면 된다. 맨 먼저 말한 것은 모든 사람이나 동물은 물에 빠지지 않도록 되어 있다는 것, 그것이 근본이라는 것이고, 만약 물에 빠졌으면 또 살아날 길이 있다는 것인데 살아날 수 있는 길이 몇 단계인가 하면 4단계라는 것이다. 성문에서 연각, 보살, 불타로 그렇게 간다는 것이다. 그것이 불교의 교리라는 것을 알면 된다.

문수, 보현, 보안, 금강장, 미륵에 이어 오늘은 여섯 번째로 청정혜 보살이다. 문수에서부터 청정혜까지 전반부가 오늘 끝나고 다음부터 후반부의 시작이다. 신약으로 말하면 지금까지가 조직신학이고 후반부는 실천신학에 해당될 것 같다. 오늘 청정혜까지 이론적인 것이 끝나는데 그것은 다음과 같이 정리할 수 있다.

심심 : 원각무성圓覺無性 ············ 태양太陽
성성 :
    점漸  신信 ······ 동冬 ······ 성문聲聞
    돈頓  해解 ······ 춘春 ······ 연각緣覺
    수修  행行 ······ 하夏 ······ 보살菩薩
    오悟  증證 ······ 추秋 ······ 불타佛陀

원각무성圓覺無性이란 무엇인가? 사람이 물 속에서 헤엄치는 것으로 비유하자면 모든 동물이 다 물 위에 뜨지 물에 뜨지 않는 동물은 아무것도 없다는 것을 원각무성이라 한다. 즉 모든 사람은 다 구원 받을 수 있지 구원받지 못 할 사람은 아무도 없다는 것이다. 모든 사람에게는 다 불성佛性이 있다. 그래서 누구나 다 물 위에 뜨게 되어 있지 가라앉지 않는다는 것이다. 나무처럼 누구나 물 위에 뜰 수가 있다. 그리고 또 하나, 바다는 나무를 뜨게 하여 준다는 것이다. 나무는 물보다 가볍다는 것과 바다는 나무를 뜨게 해 준다는 것이다. 언제나 이 두 가지다. 다시 말해서 우주는 사랑이고 사람은 지혜라는 것이다. 기독교로 말하자면 사람은 지혜고 하나님은 사랑이고, 이런 관계다. 지혜와 사랑, 이 두 가지를 가지고 이렇게도 말하고 저렇게도 말하는 것이다. 모든 나무는 다 물 위에 뜰 수 있다. 그래서 물에 빠져 죽는 동물은 없다는 것, 이것이 소위 원각무성이다.

그런데 사람만 물에 빠져 죽는데 그것은 왜 그럴까? 어떻게 하면 사람이 빠져 죽지 않나? 그래서 점漸, 돈頓, 수修, 오悟라는 것으로 가는 것인데 그것을 또는 신信, 해解, 행行, 증証이라 말하기도 한다. 또는 춘春, 하夏, 추秋, 동冬이라고도 할 수 있고 또는 성문聲聞, 연각緣覺, 보살菩薩, 불타佛陀라고 할 수 있다.

그런데 원각무성은 춘하추동이 없고 근본이므로 태양太陽이요 심心이다. 그리고 춘하추동 또는 점수돈오는 전부 성性에 속한다고 말할 수 있다. 성에 속하는 춘하추동은 사계절이니까 철마다 변화한다. 태양은 언제나 불변이므로 태양이고 사계절은 언제나 돌아가니까 춘하추동이다. 그래서 태양은 심이고 춘하추동은 4성性이다. 이것을 유교로 말하면 인의예지仁義禮智, 이것을 다시 우리말로 하면 감성, 오성, 이성, 영성이고 다시 요즘말로 하면 예술, 과학, 철학, 종교라 하고 또 다른 말로 하면 진선미성眞善美聖으로 표시한다. 마음인 태양은 언제나 하나요 4계절은 언제나 4시절이다.

불교에서 마음은 본래 청정혜淸淨慧라 하는데 기독교에서도 "마음이 깨끗한 자는 하나님을 볼 것이라."[마태 5:8]고 말한다. '청정淸淨'이란 "마음이 깨끗하다."는 것이고 '혜慧'라고 하는 것은 "하나님을 볼 것이다."는 말과 같다. 오늘의 내용은 마음이 깨끗한 자는 하나님을 볼 것이라는 내용이다. 성性의 문제보다 심心에 대해서 말하는 것인데 심에 대한 말은 이 깨끗하다는 말밖에 없다. 원각무성圓覺無性이다. 원각圓覺은 심心이니까 무성無性이라고 말할 수밖에 없다. 마음이 깨끗하여서 하나님을 보면 그것으로 충분하지 그 이상 더 필요가 없다. 그런데 하나님을 못 보니까 어찌하면 하나님을 볼 수 있나 그 방법을 찾기 위해서 춘하추동으로 가는 것이다. 사람은 본래 물 위에 뜰 수 있게 되어 있는데 왜 물에 빠지는 것인가? 코끼리도 물에 뜨는데 사람이 왜 빠지나? 마음 하나만 깨끗하면 되는데. 그러나 여기에 문제가 있으니까 4계절이 나온다. 본래 사람은 원각무성이다. 마음이 깨끗해서 하나님을 보면 그것으로 족하다. 그밖에 아무 문제가 없다. 그런데 여기 문제가 있어 하나님이 보이지 않는다.

그러면 어떻게 하면 믿음이 생기나? 그 방법을 찾기 위해서 춘하추동이다. 또는 인의예지라는 이런 문제가 나온다. 성은 하나의 방법이고 마음[心]은 목적이다. 목적을 달성하면 그밖에 아무 문제가 없다. 선불교禪佛敎라는 것은 여러 단계를 거칠 것 없이 바로 마음을 찾으면 되지 않느냐 하는 것이다. 바로 직지인심直指人心이면 된다는 것이 선불교의 핵심이다. 그밖에 더 할 것이 없다는 것이다. 그런데 세상을 살아가는 것이 복잡하다. 그래서 교종敎宗이라는 것이 생긴 것이다. 인도불교는 신信, 해解, 행行, 증證이라는 점차 단계를 거치자는 것이고 선불교는 바로 들어가면 되지 중간 과정이 왜 필요한가 하는 것이다. 사실은 선불교의 방법이면 족하다. 내가 하나님 안에 있고 하나님이 내 안에 계시면 되지 그밖에 필요한 것은 없다. 그런데 그것이 안되니까 여러 가지 방법을 찾아 헤매는 것이다. 인도불교의 교종이라는 것은 하나의 방법론이고 중국의 선불교는 목적론이다. 선불교는 십 년이 되건 또 몇 십 년이 되건 가만히 앉아서 참선하다가 하나님만 보면 된다는 것이다. 그래서 목적만 달성하면 된다는 것이다. 그런데 교종에서는 견성을 하자고 수십 년을 멍하니 앉아만 있으면 되겠느냐, 여러 가지 방법을 찾아야 되지 않느냐는 주장으로 이것이 인도불교인데 둘 다 일장일단이 있다.

오늘은 청정혜라는 시간인데 전 시간 미륵보살을 말할 때 3가지를 말했다.

1. 윤회의 원인이 무엇인가? 2. 종별種別, 즉 사람은 몇 가지가 있

는가? 3. 이론적 장애와 현실적 장애가 무엇인가? 이 세 가지였다.

첫째, 윤회의 근본은 증애憎愛와 오욕五欲인 탐진치貪瞋痴라는 것이다. 증애에 속하는 신비주의와 오욕에 속하는 물질주의가 서로 갈려서 윤회의 원인이 되는 것이다.

오늘은 물질주의에 대한 종별種別로 다섯 가지에 대해서만 나온다. 지난 시간에서는 다른 종교, 다른 철학이라는 문제 한 가지가 더 포함되어 있는 다섯 가지를 말했는데 오늘은 그것을 하나 빼고 불교에서 말하는 네 가지만 말하기로 한다. 성문, 연각, 보살, 불타 혹은 점, 돈, 수, 오, 또는 춘, 하, 추, 동이라고 하는 것이다. 또는 신, 해, 행, 증이라고 해도 같은 말이다. 4계절로 말하면 겨울에서부터 시작해서 열매가 다 익어 수확하는 가을까지를 말한 것이다. 봄에는 꽃이 피어야 되며 여름은 무성하게 자라야 되며, 또 겨울엔 종자가 땅속에서 꿈틀거려야 된다. 이 사계절을 가는 것이 소위 성性이다. 견성見性 또는 성불成佛인데 이 4단계를 성공적으로 가야 성불한다는 것이다. 그렇지 않고 바로 직지인심이 되어도 이룰 수 있지만 그렇게 안 되면 단계별로 한 단계 또 한 단계씩 이루어 가야 된다.

『원각경』 6장은 석가의 핵심이 이것이라 적어 놓은 것인데 나는 오늘 『원각경』 6장의 내용 중에서 핵심이라고 생각한 것을 다음같이 적어 보았다.

가.
정혜백불淨慧白佛 선위법중宣爲法衆 원만각성圓滿覺性
소증각성所證覺性 소득지위所得地位 운하차별云何差別
나.
원각자성圓覺自性 비법무상非法無相 심신일여心身一如
중생미도衆生迷倒 순제성기循諸性起 증성득위證性得位

1. 성문
무시망상無始忘想 염념생멸念念生滅 증애오욕憎愛五欲
우선우교遇善友教 지성노려知性勞慮 범부각성凡夫覺性
2. 연각
수단해애雖斷解碍 유주각애猶住覺碍 미입각성未入覺性
자단기수自斷其首 여표지월如標指月 이입각성已入覺性
3. 보살
장애즉각障碍卽覺 유성무성有性無性 제성불도齊成佛道
법계해혜法界海慧 조료제상照了諸相 여래각성如來覺性
4. 불타
망념불기忘念不起 진실불변眞實不變 수순각성隨順覺性
공양제불供養諸佛 식중덕본植衆德本 성취종지成就種智

『원각경』제6장과 위에 적은 것과는 내용이 꼭 같지는 않지만 대강의 의미는 같다고 할 것이다.

**정혜백불淨慧白佛 선위법중宣爲法衆 원만각성圓滿覺性**

청정혜가 부처에게 물었다. 진리[法]를 배우려는 많은 중생들을 위해서 "원만각성圓滿覺性", 진리를 깨닫는다는 것이 무엇인지 말씀해 주세요.

**소증각성所證覺性 소득지위所得地位 운하차별云何差別**

내 속에 있는 진리를 깨달을 수 있는지, 깨달으면 어느 경지에 이르는지, 또 어떤 차별이 있는지 말씀해 주십시오. 또 그 방법에 대해서 물었다. 내 속에 진리를 깨달을 수 있는 가능성이 확실히 있는지, 또 내가 깨달으면 어느 정도까지 가야 되는지 그 구별을 좀 가르쳐 주십시오. 이것이 질문이다.

첫째 질문이 심心이라는 원각무성에 관한 것이고 두 번째 질문이 성性에 대한 것으로 네 가지 단계를 묻는 것이라고 생각할 수 있다. 직지인심直指人心에 관한 것과 견성성불見性成佛에 관한 질문이라 해도 된다. 여기에 대한 대답이 다음에 나온다.

원각자성圓覺自性 비성무상非性無相 심신일여心身一如

본래 청정한 나의 정신은 법도 없고, 형상도 없고, 마음과 몸이 하나다. 원각이라는 것은 자성이 있다고 하지만 사실 그것은 성性도 아니고 상相도 아니다. 그러면 무엇인가. 결국 "심신일여心身一如"다. 이 대답은 본래 원문에 있는 것이 아니고 내가 결론을 내린 것이다. 성性으로 가면 심心으로 기울어진 것이고 상相으로 가면 몸으로 기울어진 것이다. 심으로 기울어지면 신비주의가 되고 몸으로 기울어지면 향락주의가 된다. 그래서 "원각자성圓覺自性"이라는 정신은 신비주의로 가는 것도 아니요, 향락주의로 가는 것도 아니다. 언제나 건강한 정신과 건강한 육체로 일여一如가 되어야 한다. 심신이 통일되어야 한다. 결국 심신일여라는 것이다. 그래서 "비성무상非性無相"이다. 성이란 정신 방면이고 상이란 육체 방면이다. 하나는 속이고 하나는 껍데기다. 너무 지나치게 속으로 가도 안 되고 또 너무 껍데기로 가도 안 된다. 속과 겉이 알맞게 되어야 한다. 지나치게 북쪽으로 가도 안 되고 또 지나치게 남쪽으로 치우쳐도 안 된다. 남과 북이 하나가 되어 통일이 되어야 한국이 되고 원각자성이 된다. 통일이 안 되면 아무리 해도 한국이 안 된다. 남쪽만으로 한국이라 할 수 없고 북쪽만으로 또한 한국이라 할 수 없다. 그러니까 통일이 되어야 한다는 것이다.

**중생미도衆生迷倒 순제성기循諸性起 증성득위證性得位**

중생이 정신이 나가면 모든 정신의 일어남에 따라 순화하고, 정신에 따라 그 지위를 얻는다. 그런데 우리는 정신이 나갔다. 북쪽은 북쪽대로 남쪽은 남쪽대로 따로따로 살게 되었다. 자기네 철학에 따라서 북쪽은 공산주의 그리고 또 남쪽은 민주주의다. 자기네 철학에 따라서 각각의 방식대로 살았다. 합쳐야 되는데 갈렸다는 것이다.

이 다음부터 설명이 8가지 나오는데 처음 두 개는 성문에 대해서 그 다음 두 개는 연각에 대해서 그 다음 둘은 보살에 대해서 그 다음 두 개는 불타에 대한 것으로 생각하면 된다. 꼭 그렇게 맞게 되어 있지는 않지만 대충 그런 식으로 생각해 가야 이해가 된다.

제1단계 성문聲聞

**무시망상無始忘想 염념생멸念念生滅 증애오욕憎愛五欲**

언제부터인가 망상과, 증애 오욕이 생각 생각마다 생멸한다. 맨 처음이 "무시망상無始忘想"이다. 이 '망忘' 자는 정신이 도망간 '망忘' 자이고, '망妄' 자는 집안에 있어야 할 부인이 도망간 것을 말한다. '망忘' 과 '망妄' 은 둘 다 도망간 것이다. 원문은 여자가 도망간 것으로[妄] 되어 있는데 나는 여기서 정신이 도망한 것으로 '망忘' 자를 썼다. 무시無始는 망상忘想이 언제부터인지는 모르는데 문득 한 생각이 솟아 나온다는 것이다. 내가 언제부터 정신이 나갔는지는 알 수 없으나 문득 정신이 나갔다. 또는 무시라는 말 대신에 '홀연히' 라는 말도 쓴다. "홀연일념발기忽然一念發起". 본래 사람을 죽일 사람이 아닌데 언제 그렇게 되었는지 모르지만 문득 사람을 죽일 생각이 나와서 그만 사람을 죽이고 말았다 할 때 문득 사람을 죽였다고 한다. 그런 것을 무시라고 한다. 시작이 없다는 말이 아니라 '문득'이란 뜻이다. "무시망상無始忘想", 문득 자기 정신이 그만 도망치고 말았다. 상상이란 언제나 껍데기의 세계를 말한다. 마음이 그만 껍데기에 가서 붙게 되었다. 성성이라고 하는 것은 마음이 안으로 들어가는 것을 성성이라고 하고 마음이 밖으로 나가면 상상이라 한다. 그러니까 자기 마음을 닦을 생각은 아니하고 껍질만 닦으려고 한다 그럴 땐 상상이다. 정신이 나가서 그만 껍질에 집착하게 되었다는 말이다. 그게 소위 망상이다. "염념생멸念念生滅", 났다가 죽는 것이 아니고 한 순간 한 순간마다 지옥으로 떨어졌다가 또 천당에도 올라갔다가 매 순간마다 그러는 것이지 한동안 지옥에 있다가 또는 한동안 천국에 있다가 하는 그런 것이 아니다. "일념삼천一念三千"이라고 한다. 한 순간 속에도 이런 생각 저런 생각이 삼천 번이나 일어나는 것이다. 그래서 "염념생멸"이다. 기분이 좋았다 나빴다 계속 반복하는 것이다. 그것이 생멸生滅이라는 것이다. 매 순간마다 났다가 없어졌다가 그렇게 계속 반복하는 것이다. 그 결과는 "증애오욕憎愛五欲"이다. 증애는 남을 미워해서 죽이고 또 사랑해서 빼앗고, 죽이기도 하고 빼앗기도 하는 것이다. 오욕은 여러 가지 욕심이 자꾸자꾸 일어난다는 것이다. 그래서 윤회의 원인이 무엇인가 하면 증애와 오욕이라 했다. 기독교로 말하자면 욕심이 잉태한즉 죄를 낳고 죄가 장성하면 사망을 낳는다고 하는 것과 같은 말이다. 여기서는 사망을 생멸이라 하고 욕심을 망상, 죄를 증애라고 한 것뿐이다.

## 우선우교遇善友敎 지성노려知性勞慮 범부각성凡夫覺性

좋은 친구와 가르침을 만나서, 내 속의 문제[勞慮]를 알면 평범한 사람도 부처가 된다. 그런데 세상에는 나쁜 사람만 있는 것이 아니라 좋은 사람도 많다. 그래서 정말 좋은 친구의 가르침을 만나게 되어서 자기가 이렇게 고생하는 것[勞]과 자기가 이렇게 염려하는 것[慮], 즉 육체적인 고통과 정신적인 고통이 그만 자기의 본성이 되고 말았다는 것을 알게 되었다. 병과 걱정이 그만 자기의 본성이 되고 말았다는 것을 알게 된 것이다. 그래서 "아, 내가 지금 잘못이로구나. 내가 이렇게 살면 안 되는데 이것은 잘못이로구나."하고 알게 된 것이다. 그것이 "범부각성凡夫覺性"이다. 그것이 맨 처음에 모든 사람들이 깨우치는 세계다. 이것이 말하자면 제1단계이다. 성문이라고 하는 것은 정말 좋은 친구의 좋은 말을 많이 듣고 내가 이렇게 사는 것이 아닌데 하는 반성을 한 번 해서 회개를 하고 다시 시작하겠다고 나가는 것이다. 이것이 점신漸信이다. 그런데 그것이 하루 이틀에 되는 것은 아니다. 점점 되는 것이다. 교회도 10년, 20년 다니다가 점점 알아지는 것이다. 또 점점 그런 올바른 생각에 대해서 자꾸 믿음이 생기는 것이다. 이 성문의 단계는 마치 겨울이 길고 지루하듯 오랜 시간이 필요하다. 그래서 점漸이라 한다. 믿음이란 것도 차차 조금씩 믿게 되지 애초부터 다 믿게 된다 그렇게 되는 것이 아니다. 점신이다. 그런데 그 내용은 무엇인가 하면 성문이다. 좋은 말을 듣게 되는 데서 조금씩 믿게 되지 듣지 않으면 안 된다. 그래서 기독교에서는 자꾸 전도를 해야 된다는 것이다. 자꾸 들을 기회를 만들어 주지 않으면 모르고 산다는 것이다. 내가 지금 잘못 사는지 아닌지도 모르고 살게 된다는 것이다.

## 제2단계 연각緣覺

**수단해애雖斷解碍** 유주각애**猶住覺碍** 미입각성**未入覺性**

비록 망상과 증애 오욕을 끊어도 깨달음의 장애(행의 세계가 아닌 지의 세계)에 머물러 있으면 부처의 경지에 들어갈 수 없다. "수단해애雖斷解碍", 비록 이해라고 하는데 대해서는 문제가 없다. 무엇이라 하는지 이해는 다 된다는 것이다. 본문에는 애礙라는 글자를 썼다. 의심이라 해도 의심이 마치 돌멩이 같다는 것이다. 그런데 애礙라는 글자나 애碍라는 글자는 같은 글자다. 이해가 다 된다고 하면 그것은 벌써 제2단계로 간 것이다. 연각이라고 하는 세계다. 신信의 단계에서 해解의 단계로 간 것이다.

그런데 이해만 해서는 안 된다. 그 다음이 또 있다. "유주각애猶住覺碍", 이해만 하지 않고 더 깊이 알아야 된다. 그것을 깨닫는다고 한다. 그저 이해만 해서는 안 되고 더 깊이 깨달아야 된다. 과학은 이해만 해도 되는데 철학은 더 깊이 알아야 된다. 그리고 또 종교가 되면 더 깊이 알아야 된다. 아는 것이 지식이 되었다가 더 깊이 아는 지혜가 되어야 하고 그 다음에 더 깊이 알아서 지능知能이 되어야 한다. 이렇게 아는 것도 처음의 지식에서부터 지혜로 또 지능으로 자꾸자꾸 깊어져야 된다. 그런데 아직도 더 깊은데 대해서 걸려 있으면 안 된다는 것이다. 그래서 "미입각성未入覺性", 아직도 갑자기 깨닫는 돈頓의 세계에까지 도달하지 못한 것이다. 이제 어느 정도는 다 알게 되었는데 아직도 깊이 알지는 못한다. 그런 단계가 있다는 것이다. 그러면 어디까지 가야 되는가?

자단기수**自斷其首** 여표지월**如標指月** 이입각성**已入覺性**

스스로 (장애의) 머리를 자르고 곧바로 빛을 향하면 절로 부처의 경지에 들어가나니. "자단기수自斷其首"다. 자기 모가지를 자기가 잘라버려야 된다. 하여튼 『원각경』에 나오는 말로 참 무서운 말이다. 어떻게 자기의 목을 자기가 자르는가? 옛날 일본 무사들이 자기 배를 자기가 자른다는 말은 많이 들었다. 그런데 자기의 목을 자기가 자른다는 것이다. 이 말은 결국 무아無我의 세계가 되어야 한다는 말이다. 결국은 내가 없어지는 세계에까지 가야 된다는 것이다. 내가 이것을 설명하기 위해서 늘 하는 말이지만 덕산이 용담스님한테서 공부를 하다가 자기 집으로 돌아가려고 밖에 나서니까 하도 어두워서 촛불을 하나 켜 달라고 해서 촛불을 들고 마당으로 내려가려고 하는 순간에 용담이 탁 꺼 버렸다. 촛불이 꺼지자 하늘의 무수한 별빛이 온 세상을 고요히 비춘다. 그래서 별빛으로 가게 되었다. 결국 불이 꺼지고 빛으로 되었다는 것이다. 결국 마음의 번뇌인 불이 아니고 마음의 빛으로 가야 된다. "자단기수"란 "불이 꺼졌다."라는 말이다. "여표지월如標指月"이란 말은 불교에서 흔하게 인용되는 말인데 하늘에 달이 있으면 달을 가리키는 손가락을 보지 말고 하늘에 있는 달을 보라는 말이다. 언제까지나 선생만 쫓아다니지 말라. 자신이 진리를 깨닫게 되어야지 밤낮 선생만 쫓아다녀서 어떻게 성불할 수 있겠는가? 선생이란 하나의 손가락이니까 손가락만 보면 달을 볼 수 없다. 달을 보아야지 막대기 같은 손가락만 보면 어떻게 밝은 달을 볼 수 있는가? 이것을 『장자莊子』에서는 "득의망어得意忘語"라고 한다. 뜻을 얻었으면 말을 잊어야 하고, 믿음을 가졌으면 성경 말씀은 다 잊어버려야 한다. 그것이 불립문자不立文字라는 것이다. 뜻을 얻었으면 말을 다 잊어야지 말만 가지고 다녀서 무엇 하나! 달이란 말은 빛이라고 해석하고 내 목이라는 것은 불이라 생각하면 되겠다. "불은 꺼지고, 빛으로!" 이렇게 되어야 한다. 기독교로 말하면 "내가 그리스도와 함께 십자가에 못 박혔으니", 불이 꺼졌으니, "이제는 내가 사는 것이 아니요 그리스도가 내 안에서 산다." 즉 내가 아니고 내 안에 빛이 산다는 이런 세계가 되어야 된다. 그래서 "자단기수自斷其首 여표지월如標指月", 그 세계가 되어야 "이입각성已入覺性", 진리를 깨달은 세계이다. 자기라고 하는 것이 죄의 뿌리인데 이 뿌리를 언제까지나 가지고 있으면 구원받을 수가 없다. 한 번은 이 죄의 뿌리가 빠져나가야 한다. 이 뿌리가 빠져나가려면 어떻게 해야 하나? 기독교에서는 십자가를 말하고 불교는 "네 목을 너 스스로 잘라야지 누가 잘라 줄 수 있겠는가!"라고 하는데 유교로 말하자면 극기복례克己復禮라는 것이다. 자기를 이기고 예로 돌아온다는 것, 자기를 이기고 진리로 돌아간다는 말이다. 다시 말해 불은 끄고 빛으로 돌아간다는 말이다. 유교는 이같이 표현하고 기독교는「갈라디아서」2장 20절이다. 결국『원각경』에도 같은 내용으로 필요한 말은 다 한 것 같다. 그 이상 할 말이 없다. "자단기수 여표지월", 그렇게 되어야 그것이 믿음의 세계로 들어간 것이다. 이것이 제2단계인 봄이라는 세계다. 봄이라는 세계는 빛의 세계까지 도달하여야 된다. 그 다음이 여름이 된다.

제3단계 보살菩薩

장애즉각障碍卽覺 유성무성有性無性 제성불도齊成佛道

장애가 곧 깨달음이요, 불성이 없고 모두 부처님의 도를 이룰 수 있다. "장애즉각障碍卽覺", 이것은 말하자면 정正과 반反이 합치는 세계다. 장애가 곧 각이라는 것은 정과 반이 합치는 세계다. "유성무성有性無性"은 유有와 무無가 또 합치는 자리다. 합친다는 것은 지양止揚된다, 즉 아우프헤벤aufheben이 되는 자리다. 이것을 불교에서는 중도中道라 한다. 공空과 가假, 이것을 아우프헤벤, 곧 지양해서 중中이 되는 것이 3단계의 세계다.

"장애즉각障碍卽覺 유성무성有性無性 제성불도齊成佛道"하는 이 삼 단계가 무슨 말인가 하면 행의 세계며 보살의 세계다. 보살의 세계란 행의 세계다. 내가 늘 말하는 일식一食 일좌一坐라 할 때 이것이 불교 수행이라는 것인데 일식은 주야통晝夜通이라 한다. 주야통이란 무엇인가? '주晝'라고 하는 정과 '야夜'라고 하는 반, 이것이 아우프헤벤이 되어서 일식이라는 합이 된다는 뜻이다. 또 일좌는 천지통天地通인데 하늘이라는 정과 땅이라는 반이 지양이 되어서 일좌라는 합을 이룬다는 것이다. 지의 세계에서 행이라는 세계로 넘어 가려면 반드시 이런 변증법적인 발전이 나와야 된다. 지의 세계는 "하늘이다" 혹은 "땅이다"하는 분별을 해도 되나 행의 세계가 되려면 정과 반이 합해지지 않으면 안 된다. 그래서 이 3단계라고 하는 것이 굉장히 중요한 것이다. 왜냐하면 3단계라는 것이 행의 세계가 되기 때문이다. 수행의 세계가 3단계의 세계다. 그래서 이 3단계의 세계는 "장애즉각障碍卽覺"이다. 정과 반이 합하는 세계다. "유성무성有性無性"이다. 즉 유와 무의 모순이 합치는 것이다. 그래서 "제성불도齊成佛道"가 된다. 불도佛道란 중도中道를 이룬다는 것이다. 유有를 정이라 하고 무無를 반이라 하면 중中이란 합이 되는 것인데, 이 합이란 거저 되는 것이 아니고 변증법적 합이 이루어지는 세계다. 이럴 때 합이란 질적質的 변증법이지 무슨 양量으로 합하는 것이 아니다. 유성有性이라는 질과 무성無性이라는 질, 정신적인 것과 육체적인 것이 합쳐서 하나의 더욱 높은 세계로 올라가게 되는 것이다. 이런 것을 제3단계라 한다.

법계해혜法界海慧 조료제상照了諸相 여래각성如來覺性

법계의 바다를 비추고 모든 존재를 밝히나니 이것이 부처님의 깨달음이다. 그래서 내 속에서 빛이 나온다. 이것을 요즘말로 창조적 지성이라 한다. 내 속에서 빛이 나와서 온 세계를 비춘다. 그렇게 되어야 "여래각성如來覺性"이다. 그렇게 되야 불타의 각성이 된다. 이제부터 가르치는 세계가 되는 것이다.

제4단계 불타佛陀

망념불기妄念不起 진실불변眞實不辯 수순각성隨順覺性

그래서 "망념불기妄念不起", 모든 사람이 거짓말하지 않도록, "진실불변眞實不辯", 모든 사람들로 하여금 진실하게 살 수 있도록 그렇게 해서 "수순각성隨順覺性", 인간의 본심과 본성을 좇아서 살 수 있도록 가르쳐 가는 것이다.

공양제불供養諸佛 식중덕본植衆德本 성취종지成就種智

모든 부처를 공양하고 덕의 근본을 심어 깨달음의 근본 지혜를 성취한다. 모든 사람을 우리가 사랑하는 그것이 결국은 모든 부처님을 사랑하는 것이다. 그렇게 모든 부처님을 사랑할 때 거기에 "식중덕본植衆德本", 내 속에 하늘나라에 갈 수 있는 그 근본 실력이 길러지는 것이다. 모든 사람을 사랑하는 보시布施에서부터 출발해서 "성취종지成就種智", 모든 사람이 가지고 있는 그 근본 지혜, 종지種智라는 것을 키워 가는 것이다. 그렇게 되는 것이 불타의 세계다. 불타라는 것이 무엇인가 하면 모든 사람이 가지고 있는 그 근본 지혜를 자꾸자꾸 키워주는 것이다. 그래서 나 자신이 정말 굉장히 높은 세계로 자꾸 이렇게 올라가도록 만들어 주는 것이 불타의 세계라는 것이다.

이처럼 1, 2, 3, 4단으로 해야 전체 내용과 거의 맞아간다. 결국 보살까지 가서 마지막에 불타는 무엇을 하는가 하면 모든 사람을 받드는 것이다. 모든 사람을 깨우쳐 주는 것이 불타라는 것이다. 그래서 이 세상을 진리의 세계로 만드는 그것이 불타라는 것이다. 이렇게 해석하면『원각경』전체의 내용과 어긋남이 없다. 이것이『원각경』의 이론적인 내용의 전부이지 더 이상의 내용이라는 것은 없다.

1999. 10. 31.

# 제7장

# 위덕 威德

게송偈頌

위덕여당지威德汝當知　무상대각심無上大覺心
본제무이상本際無二相　수순제방편隨順諸方便
기수즉무량其數卽無量　여래총개시如來總開示
편유삼종류便有三種類　적정사마타寂靜奢摩他
여경조제상如鏡照諸像　여환삼마제如幻三摩提
여묘점증장如苗漸增長　선나유적멸禪那唯寂滅
여피기중굉如彼器中鍠　삼종묘법문三種妙法門
개시각수순皆是覺隨順　시방제여래十方諸如來
급제대보살及諸大菩薩　인차득성도因此得成道
삼사원증고三事圓證故　명구경열반名究竟涅槃

위덕이여, 그대는 확실히 알아라.
위없는 대각심의 본각에 이르면 두 모습이 없고
그에 수순하는 방편에는 그 수가 한이 없으나
여래가 총괄해서 열어 보임에 세 종류가 있으니 적정의 사마타는
거울에 모든 영상이 비치는 것 같고, 환幻 같은 삼마제는
싹이 점점 자라는 것 같고, 선나는 오직 적멸함이니
종소리의 울림과 같다. 이 세 가지 묘한 법문은
다 원각에 수순하니 시방의 모든 여래와
대보살들이 이로 인하여 도를 이루었고
세 가지 일을 원만하게 증득한 즉
구경열반이라 일컫는다.

## 본문 요약

　유징제념由澄諸念 정혜발생靜慧發生 시방세계十方世界 어중현현於中顯現 허실생백虛室生白 기환제환起幻除幻 약병상치藥病相治 무지각명無知覺明 번뇌열반煩惱涅槃 불상유애不相留碍 응무소주이생기심應無所住而生其心 득원증성원각得圓証成圓覺

　장엄불국성보리莊嚴佛國成菩提 선설일체방편宣說一切方便 경객진영멸鏡客塵永滅 적정현현寂靜顯現 민상징신관泯相澄神觀 묘환상영리묘幻相永離 묘행증진妙行增進 기환소진관起幻銷塵觀 종괘애鐘罣碍 적멸묘각寂滅妙覺 수용절대영심관受用絶對靈心觀

## 보충자료

　진공절상관眞空絶相觀 이사무애관理事無碍觀 주편함용관周編含容觀 실상무상관實相無常觀 정법안장관正法眼藏觀 열반묘심관涅槃妙心觀 제행무상관諸行無常觀 제법무아관諸法無我觀 열반적정관涅槃寂靜觀

## 강 해

제7장은 질문하는 사람이 위덕威德보살인데 왜 위덕이라 했나 하면 질문한 내용이 "장엄불국莊嚴佛國 성보리成菩提 선설일체방편宣說一切方便", 즉 "장엄한 부처님의 나라에 들어가기 위해서 보리菩提, 즉 각覺을 이루어야 되는데 그 방법이 무엇인가?"하는 것인데, 질문의 내용에 대해 이름을 붙인 것이다. 보리는 인도말로 불타佛陀로 불佛이고 한문으로는 각覺이다. 또 보리라고 할 때는 지혜라는 말이다. 불, 각, 보리, 지혜는 다 같은 말이다. 요새로 말하면 "대학을 들어가기 위해서 실력을 길러야 하는데 그 방법이 무엇인가?"하는 것이다. 기독교로 말하면 "하나님 나라에 들어가야 되는데 그 하나님 나라에 들어가는 방법이 무엇인가?"하는 것이다. 들어가려면 힘이 있어야 하는데 그 힘이 무엇인가 하는 것이다. 위덕威德에서 '위威'는 장엄莊嚴을 의미하고, '덕德'이란 힘이라는 말 대신 쓰인 것이다. 덕은 "득지어내得之於內", 자기 속에 있는 힘, 실력이다. 그 힘, 실력의 내용이 무엇인가 하고 묻는 것이다. 그래서 위덕이라 이름을 붙인 것이다. 결국 위덕이란 지금까지 해온 것처럼 질문의 내용을 한마디로 이름을 붙여보는 것이다.

게송을 읽어본다.

**위덕여당지威德汝當知 무상대각심無上大覺心 본제무이상本際無二相**

위덕, 너는 마땅히 알아야 한다. "무상대각심無上大覺心", 이것이 지금 실력, 각, 보리, 불이라는 것이다. 그 실력에 들어가면, 본제本

際란 본각本覺에 도달했다는 말이다. 본각이란 사람이 본래 가지고 있는 각이고 시각始覺이란 우리가 이 세상에 나와서 점차로 철이 드는 것으로 본각과 시각이 하나가 되면 여래如來라 한다. 본제란 본각이 실제로 내 것이 되었다는 것이다. '제際'는 실제라는 것이다. "본제무이상本際無二相", 본제를 찾아놓으면 무이상無二相이다. 상대성이라는 것, 똑똑한 사람이거나 똑똑하지 못한 사람이거나 가난한 사람이거나 부자이거나 그런 것과는 아무 상관이 없다는 것이다. 누구든지 본각은 가지고 있는 것이고 또 누구든지 시각은 가질 수 있는 것으로 이 세상의 상대적인 환경과는 아무 상관이 없다는 것이다.

수순제방편隨順諸方便 기수즉무량其數卽無量

거기에 이르는 방편은 무엇인가? 실력을 기르는 방편은 한없이 많다. 흔히 팔만 사천 법문이 있다고 한다. 해인사의 대장경을 팔만대장경이라 하는데 사실은 팔만이 아니라 팔만 사천이다. 팔만 사천 법문이 실려있는 대장경이라는 것이다.

여래총개시如來總開示 편유삼종류便有三種類

팔만 사천 법문에 다 내용이 나타나 있다. 그것을 다시 정리해 보면 세 가지로 간추릴 수가 있다.

적정사마타寂靜奢摩他 여경조제상如鏡照諸像

적정寂靜은 인도말로는 삼마디三摩地이다. 내 생각에는 삼마디를 잘못 베껴서 사마타奢摩他로 쓰게 된 것이 아닌가 한다. 예를 들면 무상정편지無上正遍知는 각覺의 내용으로 인도말로는 "아누다라삼막삼보리阿耨多羅三藐三菩提"인데, 밭에서 풀뽑을 '누耨'자를 '욕辱'자로 잘못 읽어서 "아뇩다라삼막삼보리"가 된 것처럼 말이다. 그래서 우리는 삼마디라고 하는 것이 좋다. 삼마디인데 그 뜻은 적정이다. 그 적정은 무엇인가? 적정은 여경如鏡, 거울 같은 것이다. "여경조제상如鏡照諸像", 온 세계를 두루 비친다.

본문을 읽어본다.

유징제념由澄諸念 정혜발생靜慧發生 시방세계十方世界 어중현현於中顯現 허실생백虛室生白

본문에는 "정혜靜慧", 정정의 지혜라고 했다. 적적은 "유징제념由澄諸念", 모두 생각이 인제 다 가라앉았기 때문에 거기서 정혜가 발생하게 된다는 것이다. '징澄'은 가라앉을 징, 맑을 징이다. 『장자莊子』의 "허실생백虛室生白", 방이 텅 비면 거기에서 환한 빛이 나오게 된다는 것과 같다. 우리가 성인들의 얼굴을 보면 환한 빛이 나오는 것처럼 환하게 빛이 나오는 것을 정혜靜慧라 한다. "정혜발생靜慧發生 시방세계十方世界 어중현현於中顯現", 정혜가 발생해서 모든 시방세계를 현현顯現, 그 거울에다가 다 비춰준다.

경객진영멸鏡客塵永滅 적정현현寂靜顯現 민상징신관泯相澄神觀

거울에 있는 먼지가 다 없어져서 "적정현현寂靜顯現", 이 우주만물이 모두 거기에 비쳐서 나온다. 이것을 각覺이라 한다. 각이 무엇인가? 각이란 "유징제념由澄諸念 정혜발생靜慧發生 시방세계十方世界 어중현현於中顯現", 내 속에 모든 생각이 다 가라앉아서 정혜가 나와서 온 세상을 다 비춰줄 수 있는 것이다. 이것을 종밀은 "민상징신관泯相澄神觀"이라 했다. 모든 현상은 다 없어지고 하나님이 나타난 것으로 이것이 각이다. 바울이 다메섹 도상에서 그리스도를 만난 것이 불교식으로 말하면 각이다. 예수께서 세례요한에게 세례를 받았을 때 "하늘에서 소리가 나기를 너는 내 사랑하는 아들이라 내가 너를 기뻐하노라."[마가1:11] 하신 것이 바로 근본각根本覺 또는 근본체험이다. 내가 있어서 경험이 있는 것이 아니라 경험이 있어서 내가 있다. 근본경험, 근본체험, 순수경험 등 여러 가지로 말하는데 그것이 각이다. "민상징신泯相澄神"이 각체험이다. 호수 물이 한없이 맑은데 거기에 물결이 하나도 없다. 거기에 하늘의 구름이 비친다. 하나님이 비친다 하는 것도 다 같은 사상이다. 종밀은 이것을 신관神觀, 신을 보는 세계, 하나님을 만나는 세계라 했다. 우리가 왕양명王陽明을 공부할 때 양명이 37세 때에 용장龍場(지금 월남 부근의 지명)에 가서 하나님을 만나게 된 것을 용장대오龍場大悟라고 하는데 양명학에서는 그것을 심즉리心卽理라 한다. 심즉리가 각체험이다. 그것을 알아야 양명을 아는 것이고 그것이 없으면 양명이 안 된다. 심즉리나 징신관澄神觀이나 용장대오나 다 같은 말이다.

여환삼마제**如幻三摩提** 여묘점증장**如苗漸增長**

본문에는 삼마발제三摩鉢提로 되어 있다. 삼마파티이다. '묘苗', 논에서 벼의 싹이 터 나온다. "여묘점증장如苗漸增長", 싹이 점점 자라는 것이다.

묘환상영리苗幻相永離 묘행증진妙行增進 기환소진관起幻銷塵觀
기환제환起幻除幻 약병상치藥病相治

본문의 내용은 "기환제환起幻除幻", 환을 일으켜서 환을 제거한다는 것이다. 쉽게 말하면 이열치열以熱治熱이다. 감기에 걸렸으면 아스피린을 먹는다. 감기로 열이 37도 5부가 나오면 아스피린을 먹으면 38도가 나온다. 38도로 37도 5부를 극복하는 것이다. 그것과 마찬가지로 환幻이 나오면 그보다 더 센 환을 일으켜서 그 환을 제거한다. 결론은 "약병상치藥病相治"이다. 병을 없애는 것이 약인데 병은 나쁜 것이고 약은 병을 치료하니까 좋은 것이다. 그런데 약 때문에 사람이 죽는 수가 있다. 그래서 약능살인藥能殺人이라는 말이 나온다. 병이 사람을 죽이지만 약이 또 사람을 죽인다. 약과 병을 다 없애야 그것이 "환상영리幻相永離"이다. 환상영리의 내용은 약과 병을 다 없애야 진짜 건강한 것이 되지 아직 약이 있으면 안 된다는 것이다. "묘행증진妙行增進", 그래서 건강한 육체가 다시 되살아 나왔다. 그것을 "기환소진관起幻銷塵觀"이라 한다. 기환소진관은 기환제환起幻除幻이라는 말인데, 기환제환보다 더 들어가서 약병상치가 되어야 환상영리가 되는 것이다. 그것을 우리가 알면 된다. 약을 먹고 병을 고치는 것이 좋은데 나중에는 또 약을 극복해야 한다. 말하자면 정반합正反合이다. 정반으로는 안 되고 또 하나 올라가 합, 아우프헤벤Aufheben이 되어야 한다. 정반합이라 할 때 '묘妙'를 쓴다. 테제These, 안티테제Antithese, 씬테제Synthese이다. 씬테제라 할 때 묘이다. 보통은 공가중空假中이다. 공空은 정이고 가假는 반이고 중中은 중도로 합이다. 언제나 이 3단계를 말한다. 3단계를 말할 때 주로 많이 쓰는 글자가 묘이다. 단순히 기환소진起幻銷塵, 이열치열만 가지고는 아직 묘가 안 된다. 이열치열, 이약치병以藥治病인데 약과

제7장 위덕威德 161

병을 다 넘어서야 환상영리가 된다. 그렇게 될 때가 묘이다.
　제2단계는 행의 세계다. 왕양명王陽明으로 말하면 지행합일知行合一의 세계다. '각覺'의 세계를 지知의 극치라 한다면 행行의 세계는 행의 극치로서 보통 행이라 하지 않고 '도道'라는 말을 쓴다. "나는 진리이다." 할 때는 각覺이고 "나는 길이다." 할 때는 묘행妙行이다. 둘째 단계의 행은 보통 행이 아니고 묘행이다. "여환삼마제如幻三摩提 여묘점증장如苗漸增長"이다. 종밀은 땅은 병이고 싹은 약이고 열매는 묘행이라고 3단계로 설명했다. 병에 걸렸을 때 약을 쓰는데 나중에는 약과 병을 다 넘어서야 그것이 열매가 되는 제3단계라는 것으로 다 같은 얘기다. 이것이 삼마파티이다.

## 선나유적멸禪那唯寂滅 여피기중굉如彼器中鍠 삼종묘법문三種妙法門

　디야나Dhyana는 선나禪那, 선정禪定, 정려靜慮 등 여러 가지로 번역을 한다. 선정을 제일 많이 쓴다. 삼마파티 할 때는 등지等持를 많이 쓰고 삼마디 할 때는 정지靜止를 많이 쓴다. 우리가 이런 번역을 보고서는 알기 어렵다. 등지等持는 등지等至로 쓸 때도 많이 있다. 등지는 높은 꼭대기에 도달했다는 것이다. 그런 의미를 표시하기 위해서 등지이다. '등等'은 평등平等이라는 뜻으로 평등의 세계에 도달했다는 것이다. 적멸寂滅이란 열반涅槃이라는 뜻이다. 열반은 불이 꺼졌다는 것이다. 덕산의 이야기를 할 때처럼 불은 꺼지고 별빛이 나타났다 하는 그 세계가 열반, 선정, 적멸로 진짜 세계이다.
　강을 건너가려면 배를 타야 하는데 삼마디는 배를 타는 것이다. 배를 타면 그 다음에는 배가 가야 한다. 그것이 삼마파티다. 육지에 도달하면 배에서 내려야 한다. 반드시 뗏목은 타야 되고, 타면 가야 되고, 가서는 내려야 한다. L.A.까지 가서 배에서 내리지 않고 가만 있으면 그것 야단이다. 디야나Dhyana에서 '야나yana'는 마하야나 Mahayana, 히나야나Hinayana에서처럼 뗏목, 배라는 것이고 '디Dh'는 내린다는 뜻으로 배에서 내려야 한다. 배에서 내려서 육지에 닿은 세계로 열반이다. "선나유적멸禪那唯寂滅 여피기중굉如彼器中鍠 삼종묘법문三種妙法門", 디야나는 무엇인가? "선나유적멸禪那唯寂滅", 배에서 내려서 육지에 닿았으니까 이젠 모든 문제가 다 없어지고 만 것이다. 이젠 불은 꺼지고 빛의 세계가 온 것이다.

무지각명無知覺明 번뇌열반煩惱涅槃 불상유애不相留碍 응무소주이생기십應無所住而生其心

우리가 요전에 말할 때는, 제일 중요한 것이 "무지각명無知覺明", 지知도 아니고 각覺도 아닌 명명의 세계이다. 번뇌도 아니고 열반도 아니고 그것을 다 초월한 것이 명의 세계이다. 이것도 결국 정반합이다. "응무소주이생기심應無所住而生其心"이다. 『금강경金剛經』의 금강석에 해당하는 것이다. 땅 속 깊이 들어가서 수억 년 있다가 결국 '생기심生其心', 자기 속에서 빛을 발하는 것이다. 요전에는 등잔으로 설명을 했고 그 다음에는 금강석으로 설명했다.

종괘애鐘罣碍 적멸묘각寂滅妙覺 수용절대영심관受用絶對靈心觀

오늘은 종쇠으로 설명을 한다. 종이란 자기 속에서 소리가 자꾸자꾸 울려나오는 것이다. 요즈음 말로 하면 창조적 지성이다. 이렇게 창조적 지성이 될 때 '묘각妙覺'이라 하고 이것이 제3단계이다. 알고 모르는 것을 이젠 넘어섰다. 그래서 묘가 나온다. '괘애罣碍'라고 했지만 사실은 애碍와 무애無碍를 넘어서야 된다. '괘罣'는 그물이고

제7장 위덕威德　163

'애碍'는 돌멩이이다. 괘애는 하늘에서는 그물로 덮어씌우고 땅에서는 돌멩이에 걸리는 것으로 방해한다는 것이다. 사실은 더 정확하게 말하면 애와 무애를 넘어서야 '적멸寂滅'이 되는 것이다. 적寂자도 3단계에 가야 적이 된다. 적寂이 되려면 정반합의 합까지 가야 한다. '묘각妙覺', 자기 속에서 빛이 나온다. 그래서 온 세상 만물을 다 수용할 수 있는 것이 "절대영심관絕對靈心觀"이다. '영심靈心'이란 창조적 지성이다. 절대영심이다. 그것은 누가 있고 없고에 상관없이 자기 속에서 그냥 나오는 것이다. 하나님이 우주를 창조하듯이 그냥 창조해 가는 것이다. 그것을 절대영심관이라 한다.

우리는 기독교식으로 하나님, 그리스도, 성령의 삼위일체의 내용이 여기에 담겼다고 보면 좋을 것 같다. 종밀 덕분에 우리가 기독교인으로서 이해의 실마리가 잡히는 것이다. 기독교에서는 맨 처음에 하나님을 만나게 되고, 그 다음에 그리스도와 같이 살게 되고, 그 다음에 성령의 도움으로 우리가 창조적 지성이 되는 것이다. 그런 것과 연결을 시켜보는 것이다.

구원하는 길은 몇 가지인가? '믿음으로', '말씀으로', '행함으로' 구원 얻는다는 세 가지가 있다. 바울은 "믿음으로 구원 얻는다."하고, 야고보는 "행함으로 구원 얻는다."하고, 요한은 "말씀으로 구원 얻는다."고 했다. 오늘 『원각경』에서는 구원받는 방법이 무엇인가에 대해 맨 처음에는 '말씀으로', 둘째는 '행함으로', 셋째는 '믿음으로' 삼 단계를 말한다. 그런 의미에서 힌두교에서부터 내려오는 인도 사람들의 하늘로 가는 길이 진나jina, 칼마karma, 바크티bhakti이다. 진나는 '각覺으로', 칼마는 '행行으로', 바크티는 '믿음으로'를 말한다. 그것을 불교에서 계승해서 삼마디, 삼마파티, 디야나가 됐다. 배를 타는 것이 각이고, 배가 가는 것이 행이고, 육지에 내려오는 것이 믿음이다. 육지에 내려오면 땅에 내려섰으니까 그것보다 더 튼튼한 믿음이 없다. 그런 세 단계를 기독교에서 볼 수 있고 여기 불교에서도 볼 수 있다. 문수는 삼마디에 대한 것이고, 보현과 보안의 상반이 삼마파티에 대한 것이고, 보안의 후반과 금강은 디야나에 대해 공부한 것이다. 그렇게 1장, 2장, 3장, 4장에서 한 얘기가 여기에 다시 한 번 되풀이 된 것이다.

## 선나유적멸禪那唯寂滅 여피기중굉如彼器中鍠 삼종묘법문三種妙法門

종밀은 '굉鍠'에는 세 가지 뜻이 있다고 말했는데 그 하나는 종에서 나오는 소리로 '웅—' 하며 울리는 소리를 뜻한다. "삼종묘법문三種妙法門", 이 세 가지가 최고 무상無上의 법문이다. 법문이란 다른 말로 말하면 체험이나 각이지 지식이나 경험의 세계가 아니다. 더 쉽게 말하면 이 체험이나 각이 무엇인가 하면 4차원의 세계다. 지식이나 일반 보통 경험은 3차원의 세계이다. 그런데 이 각覺, 행行, 심心 세 가지는 다 4차원의 세계다. 각覺은 시간을 초월하는 것이고, 행行은 공간을 초월하는 것이고, 셋째 단계 심心은 인간을 초월하는 것이다. 다 초월의 세계지 보통 우리가 아는 지식이나 사업하고는 다르다. 이것의 특징이 4차원이다. 왕양명王陽明의 심즉리心卽理, 지행합일知行合一, 치양지致良知, 다 4차원이다. 4차원은 다른 말로 말하면 지식이 아니라 각이고 일반 경험이 아니라 체험이라는 것이다. 그래서 우리가 3차원에서의 생각을 넘어서야지 3차원에서 생각하면 해결이 안 된다. 불립문자不立文字이다. 지식의 세계, 사유의 세계가 아니다. 지식과 사유를 넘어서서 체험과 각이다. 체험이라 할 때는 직지인심直指人心이라는 말이 되고 각이라 할 때는 견성성불見性成佛이라는 말이 된다. 거저 생각하고 거저 배우는 세계도 아니다. 지식을 넘어서서 생각을 넘어서서 체험과 각이다. 체험과 각은 같은 말이다. 직지인심이나 견성성불이나 결국 같은 말이 되고 만다. 즉심시불卽心是佛, 견성성불 하는 것은 하나의 방법이다. 직지인심은 선생의 오랜 체험을 자기가 체험하는 것이다. 옛날에 고려자기를 굽는다 할 때는 고려자기를 굽는 선생님 옆에서 제자가 수 십 년을 쫓아다닌다. 그래서 마지막에는 선생님이 구운 고려자기를 자기도 구울 수 있게 된다. 그것이 체험이다. 모든 예술의 세계가 그것이다. 체험해서 직지인심 또는 이심전심以心傳心이다. 선생이 구운 고려자기와 학생이 구운 고려자기가 같아지고 만다. 그렇게 같아지게 되면 된 것이다. 그것을 체험이라 한다. 체험이나 각이라 할 때는 반드시 무엇 하나가 들어가 붙어야 한다. 그것을 보통 우리는 영감이라 한다. 그 영감 하나가 들어가 붙어야 한다. 그래서 고려자기 하나 구울 때 목욕재계하고 밤을 새워 기도하면서 불을 때는 것이다. 지성至誠이면 감천感天이다. 감천이 되어야 그것이 나오지 감천이 안 되면 그것이 나오지 않는다. 감천이라든가 영감을 4차원이라 한다. 인간적인 것을 그냥 모아서 되는 것이 아니고 인간적인 것을 계속 모아 올려도 거기에 또 하나의 차원이 오지 않으면 그것이 되지를 않는다.

 그것을 우리가 영감이라, 감천이라, 4차원이라 한다. 3차원 가지고는 안 된다. 한 차원이 더 붙어야 한다. 하나님이 우리를 도와주시든지 그리스도가 우리를 도와주시든지 성령이 우리를 도와주시든지 그래야 무엇이 되지 그 차원이 없으면 안 된다. 사람의 힘으로 다 될 것 같아도 그것이 안 된다. 사람의 힘이 끝이 나야, 이기상씨가 쓴 것 같이 이성이 끝나야 무엇이 되지 이성이 끝나기 전에는 무엇이 되지 않는다. 그래서 "이 하이데거의 사상은 이제 20세기는 이성이 끝난 시대다, 이제부터는 영성이 움직이는 시대다 그것을 말하려는 것이 하이데거의 작품들이다"라고 했다. 무엇이든지 사람의 힘으로 된다고 생각하면 안 된다. 남북통일도 사람의 힘으로 된다 그러면 암만 해도 안 된다. 거기에 무엇 하나가, 영성이 움직여야 무엇이 된다. 거기가 디야나이다. 사람은 이제 끝나고 거기에 신의 음성이 들려와야 무엇이 되지 그렇지 않으면 무엇이 안 된다. 이 3단계를 우리가 제일 잘 아는 말로 표현한 사람이 당나라의 청원유신靑原惟信이다.

청원유신靑原惟信 상당설법上堂說法 노승삼십년전老僧三十年前. 미참시未參時 견산시산見山是山 견수시수見水是水. 내지후래乃至後來 친견지식親見知識 유입처有入處. 견산불시산見山不是山 견수불시수見水不是水. 이금득개휴헐처而今得箇休歇處 의전依前 견산지시산見山祗是山 견수지시수見水祗是水. 대중저삼반견해大衆這三般見解 시동별치소출是同別緇素出 허친견許親見.

청원유신靑原惟信 상당설법上堂說法 노승삼십년전老僧三十年前

청원유신이 강당에 올라가서 가르치게 되었다. 그는 교종으로 불교에 들어온 지 30년이 되었다.

미참시未參時 견산시산見山是山 견수시수見水是水

아직 선禪의 세계, 행行의 세계에 들어가기 전에는 산은 그대로 산이요 물은 그대로 물이다. 선禪은 행의 세계를 말한다. 이것도 우리가 점수를 잘 준다면 각체험이라 할 수 있다. 교종의 세계에서도 각체험을 할 수 있다.

내지후래乃至後來 친견지식親見知識 유입처有入處

선의 세계, 행의 세계로 들어간 것으로 정말 깨달은 선생님을 만났다는 것이다. "유입처有入處", 깨달음을 얻게 되었다.

견산불시산見山不是山 견수불시수見水不是水

산을 보아도 산이 아니고 물을 보아도 물이 아니다.
1단계가 정正의 세계, 지知의 세계라 하면 2단계는 반反의 세계, 행行의 세계이다.

이금득개휴헐처而今得箇休歇處 의전依前 견산지시산見山祗是山 견수지시수見水祗是水

이것은 3단계에 들어가는 것이다. 이젠 완전히 디야나의 세계로 들어간 것으로 "휴헐처休歇處", 육지에 내려서 쉬는 때가 되었다. 3단계에 들어가 보니까, "의전依前 견산지시산見山祗是山 견수지시수見水祗是水", 여기에 신적인 요소가 들어간 것이다. '지祗'는 공경 지 자이다. 보통 하늘에 있는 신은 신神이라 하고 땅에 있는 신은 지祗라 한다. 이젠 산을 보아도 영감에 의지해서 산을 보고 물을 보아도 이젠 영감에 의지해서 물을 보는 것이다.

대중저삼반견해大衆這三般見解 시동별치소출是同別緇素出 허친견許親見

여러분 이렇게 1단계, 2단계, 3단계가 있는데 같은 것과 다른 것, 그리고 검은 것과 하얀 것을 만일 여러분이 구별할 수 있다면 "허친견許親見", 내 마음속을 들여다 본 사람이라 하고 내가 허락을 하겠다.

속초에서 설악을 쳐다볼 때가 "견산시산見山是山 견수시수見水是水"로 제 1단계이다. 그 다음 비선대를 거쳐 천불동 계곡으로 해서 계속 올라가면 "견산불시산見山不是山 견수불시수見水不是水", 산도 폭포도 없어지고 다 없어진다. 좁은 오솔길 하나밖에 없다. 그 오솔길로 올라가는 것이다.

아까 '환幻'자를 종밀은 환혜幻慧'로 표현을 하고 환혜는 오솔길을 안내하는 안내인이라고 설명을 했다. 종밀도 이것을 생각할 때 아마 산에 올라가는 것을 생각했나 보다. 산에 올라갈 때 안내인이 없으면 올라갈 수가 없다. 종밀은 안내인을 기용해서 그 좁은 길을 올라가야 그것이 기환소진起幻銷塵이라고 설명을 했다.

하여튼 비선대로 해서 죽음의 계곡으로 해서 올라가는 것이다. 그래서 산꼭대기까지 올라갔다. 그 올라간 세계를 제2단계로 보는 것이다. 그때까지는 산이 안 보인다. 나중에 대청봉에 올라갔다. 이것이 제3단계다. 이제는 속초에서 본 세계뿐만이 아니라 전체가 다 보인다. 가야 계곡도 보이고 내설악, 외설악 등 전체가 다 보인다. 그 세계가 지금 제3단계다. 이 세 단계는 한 차원씩 높아지는 것이다. 속초에서 설악을 쳐다보다가 올라가서 정상에서 전체를 돌아보는 것이 "견산지시산見山祗是山 견수지시수見水祗是水"이다. 전체적인 파악이다. 자유를 느끼는 세계이다.

오늘 위덕은 삼마디, 삼마파티, 디야나가 무엇인지를 설명을 했다. "득원증성원각得圓証成圓覺", 어느 것 하나에만 도달하면 다른 것 둘도 같이 도달할 수 있다는 것이 결론으로 나온다. 하나만 붙잡으면 다른 두 개도 같이 붙잡을 수 있다는 것이다.

개시각수순**皆是覺隨順** 시방제여래**十方諸如來** 급제대보살**及諸大菩薩** 인차득성도**因此得成道**

다 잘 좇아서 깨닫는다. 모든 여래와 보살들이 이 방법으로 부처가 되었다.

### 삼사원증고三事圓證故 명구경열반名究竟涅槃

원증圓證이라는 것은 그 세 방법 가운데 한 가지를 깨닫는 것이다. 원증이 되면 원각圓覺이 된다. 원각은 세 가지가 다 통하는 것이다. 그 원각이라는 것을 "구경열반究竟涅槃"이라 한다. 선생님의 말에 정말 잘 좇는 사람들은 이렇게 이렇게 된다 하고 끝을 맺었다.

1999. 11. 7.

〈 참고사항 〉

| 宗密 | 三法印 | 禪 | 佛敎 | 三寶(내용) | 菩薩 | 華嚴宗 |
|---|---|---|---|---|---|---|
| 神觀 | 諸行無常 | 見性成佛 | 實相無相 | 佛(覺) | 文殊 | 眞空絶相觀 |
| 銷塵觀 | 諸法無我 | 不立文字 | 正法眼藏 | 法(行, 道) | 普賢 | 理事無碍觀 |
| 靈心觀 | 涅槃寂靜 | 直指人心 | 涅槃妙心 | 僧(心) | 金剛 | 周遍含容觀 |

| 三位一體 | 구원방법 | 사도 | 陽明 | 印度 | 힌두교 |
|---|---|---|---|---|---|
| 하나님 | 말씀 | 요한 | 心卽理 | 삼마디 | 진나jina |
| 그리스도 | 행함 | 야고보 | 知行合一 | 삼마파티 | 칼마karma |
| 성령 | 믿음 | 바울 | 致良知 | 디야나 | 박티bhakti |

| 단계 | 三才 | 身體 | 超越 | 배 |
|---|---|---|---|---|
| 1단계 | 天 | 머리 | 시간초월 | 배 타기 |
| 2단계 | 地 | 배 | 공간초월 | 배 가기 |
| 3단계 | 人 | 가슴 | 인간초월 | 배 내리기 |

| 기독교 | 유영모 | 문제 | 時間性 | 해결 | 성경 |
|---|---|---|---|---|---|
| 부활 | 계소리 | 물음 | 將來 | 死해결 | 영생 |
| 십자가 | 가온소리 | 불음 | 旣在 | 罪해결 | 義 |
| 성육신 | 제소리 | 풀음 | 現存 | 율법해결 | 복음 |

# 제8장

# 변음辯音

게송偈頌

| | |
|---|---|
| 변음여당지辯音汝當知 | 일체제보살一切諸菩薩 |
| 무애청정혜無礙淸淨慧 | 개의선정생皆依禪定生 |
| 소위사마타所謂奢摩他 | 삼마제선나三摩提禪那 |
| 삼법돈점수三法頓漸修 | 유이십오종有二十五種 |
| 시방제여래十方諸如來 | 삼세수행자三世修行者 |
| 무불인차법無不因此法 | 이득성보리而得成菩提 |
| 유제돈각인唯除頓覺人 | 병법불수순幷法不隨順 |
| 일체제보살一切諸菩薩 | 급말세중생及末世衆生 |
| 상당지차륜常當持此輪 | 수순근수습隨順勤修習 |
| 의불대비력依佛大悲力 | 불구증열반不久證涅槃 |

변음이여, 그대는 확실히 알아라. 일체 모든 보살들의
걸림 없는 청정한 지혜는 전부 선정에서 생겨나니
이른바 사마타와 삼마제와 선나의 세 가지 법이라.
이를 돈頓과 점漸의 수행에 따라 이십 오종이 있으니
시방의 모든 여래들과 삼세의 수행자들이 이 법에 의지하여
보리를 이루지 아니 함이 없으나 오직 홀연히 깨달은 사람과
법을 외면하고 수순하지 않는 이는 제외한다.
일체의 모든 보살들과 말세의 중생들이
항상 이 법륜法輪을 지니어서
수순하고 부지런히 닦아나가면
부처의 대비력에 의하여
머지않아 열반을 증득하리라.

## 본문 요약

약제보살若諸菩薩 이적정혜以寂靜慧 부현환력復現幻力 종종변화種種變化 도제중생度諸衆生 후단번뇌後斷煩惱 이입적멸而入寂滅 차보살자此菩薩者 명名(선先)수사마타修奢摩他 (중中)수삼마발제修三摩鉢提 (후後)수선나修禪那

일체여래一切如來 원각청정圓覺淸淨 본무수습本無修習 일체보살一切菩薩 급말세중생及末世衆生 의어미각依於未覺 환력수습幻力修習 이시편유爾時便有 이십오종二十五種 청정정륜淸淨定輪.

시명보살是名菩薩 이십오륜二十五輪 의차륜자依此輪者 당지當持 범행梵行(계戒) 적정寂靜(정定) 사유思惟(혜慧) 구애참회求哀懺悔.

## 보충자료

제악막작諸惡莫作 율의律儀 번뇌단煩惱斷 법신法身
중선봉행衆善奉行 선법善法 불도성佛道成 보신報身
자정기의自淨其意 중생衆生 중생도衆生度 응신應身
시제불교법문학是諸佛教法門學

## 강 해

게송을 읽어본다.

**변음여당지辯音汝當知**

음音은 소리라는 것이다. 백성들의 기막힌 소리, 그것을 다 분별[辯]해서 알아야 된다. 그래서 관세음觀世音이라는 말도 쓴다. 관세음보살이다. 세상의 기막히고 억울한 소리를 다 꿰뚫어 볼 수가 있다. 꿰뚫어 본다는 것이 관觀인데 여기서는 분별해 본다고 하는 변辯이라 했다.

그러면 왜 이렇게 불교에는 팔만 사천 법이라 하리만큼 그렇게 많은가? 팔만 사천 법문을 다 합하면 팔만대장경이라고 하는데 그것을 책으로 만들면 5,200권이나 된다고 한다. 그만큼 굉장하게 분량이 많은 것이다. 그런데 그것들을 보면 내용이 하나같이 다 다르다. 『원각경』은 『원각경』대로 다르고, 또 『금강경』을 보면 『금강경』은 『금강경』대로 다르다. 물론 이것들은 시대적으로 몇 백년을 두고서 만들어져 내려온 것이니까 다 다를 것은 사실이다. 그렇지만 불교의 전설에 따르면, 물론 이것이 사실인지 아닌지는 잘 모르지만, 석가가 어디를 가서 강의를 할 때는 거기에 열 명이고 백 명이고 모이게 되는데 석가는 그들을 한 번 죽 보고 나서 그들 가운데서 가장 괴로움이 많은 사람을 찾아 그 사람의 얼굴을 들여다보면서 말을 했다는 것이다. 그것이 소위 설법이라는 것이다. 그래서 그 사람의 얼굴에 화기가 돌기까지 말했다는 것이다. 듣는 그 사람이 "아, 그 문제를 그렇게 풀면 되는구나!" 그렇게 되기까지 석가가 말을 했다는 것이다. 그런데 어떤 경우에는 그것이 짧게 끝나기도 하지만 어떤 경우에는 길어지기도 했다. 그 사람이 짧게 끝나면 말씀도 짧아지는 것이고 또 길게 몇 시간을 해도 안 되면 그냥 몇 시간을 계속하는 것이다. 그래서 불경이 긴 것도 생기고 짧은 것도 생긴 것이다. 그러니까 이 불경이라 하는 것이 무엇인가 하면 모든 사람의 마음을 풀어주는 것으로 요새로 말하면 하나의 카운셀링을 해준 것이다. 그래서 그렇게 여러 가지 법문이 되었다. 사람의 문제라는 것이 모두 몇 개나 있는가 하면 팔만 사천 개가 있다는 것이다. 그런데 그것을 억지로 간추리면 108번뇌라는 것이다. 번뇌 가운데 가장 심한 것이 108가지라는 말이다. 대체로 말해서 이런 사상들이다.

일체제보살一切諸菩薩 무애無礙청정淸淨혜慧

모든 보살이 무애無碍, 아무 데도 걸리는 것이 없다. 달리 말하면 번뇌단煩惱斷이나 마찬가지다. 이제 죄악에서 벗어났다. 그래서 청정淸淨이다. 마음이 깨끗해졌다. 그리고 혜慧라는 것은 혜력慧力이다. 아까는 환력幻力이라고 했다. 혜력이란 다른 사람의 마음을 꿰뚫어 볼 수 있는, 그리고 그 사람의 마음을 풀어줄 수 있는, 그런 지혜의 힘이다. 이것이 이미 디야나, 삼마디, 삼마파티, 그 세 마디를 말한 것이라 볼 수 있다.

개의선정생皆依禪定生

그 모든 것이 선정에서 나온다. 그렇게 해서 그것들이 다 선정禪定에서 나온다는 것이다. 선정이란 삼마디, 삼마파티, 디야나를 한꺼번에 한마디로 말하는 것이다.

선禪이라 하는 것은 디야나Dhyana를 말한다. 디야나를 설명할 때 요전에 나는 분리한다는 뜻으로 말하기 위해서 Deyana로 썼는데 학술적으로는 Dhyana로 쓴다. 그래서 앞으로는 Dhyana로 고쳐 쓴다. 그런데 디야나의 핵심이 번뇌단煩惱斷이다.

선禪은 디야나라는 것이고, 정정이라 하는 것은 지止라는 글자와 같은 것으로 호수의 물이 한없이 깨끗해서 모든 것이 다 비치는 거울과 같은 세계를 말한다. 그러니까 정정이라 하면 삼마디고 선禪이라 하면 디야나인데 그 가운데 삼마파티가 빠진 것이다. 그렇지만 우리는 그것이 거기에 들어가 있다고 보아야 된다. 그래서 "개의선정생개의선정생皆依禪定生"이다.

**소위所謂 사마타奢摩他 삼마제三摩提 선나禪那**

소위 사마타, 삼마디, 디야나다. 그런데 선禪을 또 사마타라고 하는 것도 있다. 선정禪定이라고 하는 것의 뜻을 일곱 가지로 갈랐는데 그 가운데 보면 '삼마디'란 이름도 있고 '사마타'라는 이름도 있다. 다 해서 일곱 개가 있는데 그것들은 우리로서 알 바가 아니다. 우리가 전체적으로 말할 때 삼마디, 삼마파티, 디야나, 이렇게 하는 것이 좋으니까 우리는 이 '사마타'라는 것을 그냥 삼마디로 읽어간다. 그래서 삼마디, 삼마파티, 디야나라는 것인데 여기서는 지금 삼마파티가 빠져있는 것이다.

**삼법돈점수三法頓漸修 유이십오종有二十五種**

머리가 좋은 사람은 빨리 깨달을 수도 있고 머리가 좋지 않은 사람은 좀 시간이 걸리기도 한다. 『중용中庸』에 나오는 말이다. 어떤 사람은 한 번 읽어서 알 수도 있고, 어떤 사람은 열 번 읽어야 알 수가 있고, 또 어떤 사람은 백 번 읽어야 알 수 있는데, 알고 나면 다 마찬가지라는 것이다. 그러니까 돈점頓漸이 있다는 것이다. 그래서 돈점수頓漸修 해서 "유이십오종有二十五種"이다.

시방제여래十方諸如來 삼세수행자三世修行者 무불인차법無不因此法 이득성보리而得成菩提

이 세 가지 방법을 쓰지 않는 사람은 없다. 시방十方에 있는 모든 여래와 삼세三世의 수행자 중에 이 법을 쓰지 않은 사람은 없고 누구나 이 방법을 따른다. 그래서 진리를 깨닫게 된다.

유제돈각인唯除頓覺人 병법불수순幷法不隨順

그런데 다만 돈각인頓覺人은 제한다. 그러니까 여래는 문제가 안 된다는 것이다. 종교, 철학, 도덕을 다 깨달은 사람은 문제가 안 된다. 그리고 "병법불수순幷法不隨順"이다. 종교라 그러면 벌써 "에이－"하고 일체 부정하면서 머리를 도리도리 흔드는 그런 사람들은 또 제한다. 그러니까 종교면 종교, 도덕이면 도덕, 철학이면 철학, 이런 것에 관심이 있는 사람들에 대한 말이지 일체 이것에 대해 관심이 없는 사람은 어떻게 할 수 없다는 것이다. 그래서 '돈각인'과 '불수순'이라는 사람은 제한다는 것이다. 그 중간에 있는 사람들, 도덕과 철학과 종교에 관심이 있는 그런 사람들을 위한 것이다.

일체제보살一切諸菩薩 급말세중생及末世衆生 상당지차륜常當持此輪 수순근수습隨順勤修習

그런 사람들은 이 25개 가운데서 자기에게 가장 잘 맞는 것을 하나 골라보라는 것이다. 그래서 그 가르침을 좇아서 열심히 노력하라는 것이다.

의불대비력依佛大悲力 불구증열반不久證涅槃

그렇게 하면 부처님께서 한없이 불쌍히 여기는 마음을 가지고 도와주실 것이다. 그렇게 되면 오래지 않아서 자기 마음속에 천국을 확신하게 될 것이다.

오늘은 제8장인데 그 내용은 "일체여래一切如來 원각청정圓覺淸淨 본무수습本無修習"이라는 것이다. 여래如來는 요새로 말하면 선생님이다. 선생님은 더 이상 수습修習할 것이 없다. 본무수습이다. 선생님은 더 공부할 것이 없다. 그런데 일체보살一切菩薩과 말세중생末世衆生은 어떤가? "의어미각依於未覺 환력수습幻力修習"이다. 학생들은 아직도 깨닫지 못했기 때문에 열심히 노력을 해야 된다는 것이다. 그런데 그 열심히 노력하는 방법에는 25가지가 있다. "환력수습幻力修習 이십오종二十五種"이라는 것이다. 이것이 오늘의 내용이다.
지난 시간의 위덕威德이라는 것은 4차원의 세계라고 했는데 4차원의 세계라는 것은 선생님의 세계이다. 그런데 오늘은 3차원의 세계이다. 3차원이란 학생들의 세계이다. 그래서 오늘의 내용은 학생들은 어떻게 노력해서 선생님이 되는가 하는 것이다. 지난번에는 선생님이 어떻게 공부해서 학생들을 가르치느냐 하는 것이었다. 위덕이라는 것은 여래에 관한 이야기인데 여래는 본각本覺과 시각始覺이 일치된 사람이다. 그런데 오늘은 "일체보살一切菩薩 말세중생末世衆生"으로 아직도 깨닫지 못한 미각未覺이다. 아직 깨닫지 못한 사람은 어떻게 수행을 해야 하느냐 하는 것이다. 달리 말해서 지난번 위덕 편에서는 이상적인 세계를 말한 것이고 오늘은 현실적인 세계를 말하는 것이다. 그러면 그 25가지 방법이란 무엇인가? 그 25가지 방법에 대하여 종밀이 다음과 같이 이름을 붙여 놓았다. 그리고 그것을 다시 기호로 써서 정리했는데 S는 삼마디, P는 삼마파티, D는 디야나를 표시하는 것이다.

1. 징혼식용관澄渾息用觀 S
2. 포정자인관庖丁恣刃觀 P
3. 정음출애관呈音出碍觀 D
4. 운주겸제관運舟兼濟觀 SP
5. 담해징공관湛海澄空觀 SD
6. 수라삼목관首羅三目觀 SPD
7. 삼점제수관三點齊修觀 SDP
8. 품자단쌍관品字單双觀 S (PD)
9. 독족쌍두관獨足雙頭觀 (SP) D
10. 과락화부관果落華敷觀 (SD) P
11. 선무후문관先武後文觀 PS
12. 공성퇴직관功成退職觀 PD
13. 환사해술관幻師解術觀 PSD
14. 신룡은해관神龍隱海觀 PDS
15. 용수통진관龍樹通眞觀 P (SD)
16. 상나시상관商那示相觀 (PS) D
17. 대통연묵관大通宴默觀 (PD) S
18. 보명공해관寶明空海觀 DS
19. 허공묘용관虛空妙用觀 DP

20. 순약정신관舜若呈神觀 DSP
21. 음광귀정관飮光歸定觀 DPS
22. 다보정통관多寶呈通觀 D (SP)
23. 하방등화관下方騰化觀 (DS) P
24. 제청사변관帝青舍變觀 (DP) S
25. 여의원수관如意圓修觀 (SPD)

  제1번은 삼마디(S)만 가지고 들어가는 사람이고 제2번은 삼마파티(P)만 가지고 들어가는 사람이고 제3번은 디야나(D)만 가지고 들어가는 사람이다. 이렇게 먼저 세 가지가 있다. 그리고 맨 마지막인 제25번은 삼마디(S), 삼마파티(P), 디야나(D), 이 세 가지를 한 번에 통한 사람이다. 이상으로 4개가 나왔다.

  그 다음에는 삼마디(S)를 먼저 해서 가는 방법으로 제4번부터 제10번까지의 7개가 있다. 마찬가지로 삼마파티를 우선 하고 가는 방법으로 제11번부터 제17번까지의 7개가 있고 또 디야나를 우선해서 가는 것으로 제18번부터 제24번까지의 7개가 있다. 이렇게 21가지의 경우가 나와서 전체의 가짓수가 25가 된다.

  그러니까 4번에서 10번까지 7개는 삼마디(S)를 먼저 하는 것인데, 4번은 삼마디에다 삼마파티를 겹친 사람이고, 5번은 삼마디에다 디야나를 겹친 사람이고, 6번은 삼마디에서 삼마파티, 디야나로 가는 사람이고, 7번은 삼마디에서 디야나, 삼마파티로 가는 사람이고, 8번은 삼마디 다음에 삼마파티와 디야나의 둘이 동시에 되는 사람이고, 9번은 삼마디와 삼마파티가 동시에 먼저 되고 나중에 디야나로 가는 사람이고, 10번은 삼마디와 디야나가 동시에 먼저 되고 나중에 삼마파티로 가는 사람이다. 이 일곱 가지 경우를 보면 4번과 5번은 삼마디와 삼마파티, 디야나 가운데서 두 가지를 겹하는 것으로 말하자면

'복수複修'이고, 6번과 7번은 삼마디와 삼마파티, 디야나를 다 가는 것으로 말하자면 '구족수具足修'라 할 수 있고, 나머지는 삼마디와 삼마파티와 디야나 중에서 두 가지를 한꺼번에 가는 것으로 말하자면 '제수齊修'라는 것이다. 그래서 삼마디를 먼저 하거나, 삼마파티를 먼저 하거나, 디야나를 먼저 하거나 어느 경우든 각각 복수가 두 가지, 구족수가 두 가지, 제수가 세 가지로 되어 모두 일곱 가지씩의 경우의 수가 나온다. 이렇게 수학에서 콤비네이션combination이라는 조합으로 경우의 수를 따져보면 삼마디(S)를 먼저 하느냐, 삼마파티(P)를 먼저 하느냐, 디야나(D)를 먼저 하느냐에 따라 각각 7가지씩 모두 21가지가 나온다는 말이다. 그러니까 이것은 논리적으로 한 번 따져서 그렇게 만들어 본 것이다. 이 중에서 하나만 예로 들어 본문을 읽고 설명해 본다. 제6번이 수라삼목관首羅三目觀 SPD라는 것인데 여기에 대한 본문이다.

**약제보살若諸菩薩 이적정혜以寂靜慧 부현환력復現幻力 종종변화種種變化 도제중생度諸衆生 후단번뇌後斷煩惱 이입적멸而入寂滅 차보살자此菩薩者 명名(선先) 수사마타修奢摩他 (중中) 수삼마발제修三摩鉢提 (후後) 수선나修禪那**

먼저 "약제보살若諸菩薩 이적정혜부현以寂靜慧復現"인데 여기서는 적정寂靜이라는 것이 핵심이다. 이는 삼마디(S)라는 것이다. 그 다음은 "환력종종변화幻力種種變化 도제중생度諸衆生"인데 이것은 삼마파티(P)라는 것이다. 그리고 "후단번뇌이입적멸後斷煩惱而入寂滅" 이것이 지금 디야나(D)라는 것이다. 그래서 "선수사마타先修奢摩他 중수삼마발제中修三摩鉢提 후수선나後修禪那"라는 것이다.
이런 문장 25개가 죽 나열되어 있는 것이 변음장의 본문이다. 대개 삼마디를 한자로 표시할 때는 '정靜'이라는 글자로 표시한다. 그리고 삼마파티는 '환幻'이라는 글자로 표시하고, 디야나는 '적寂'이라는 글자로 표시한다.

그런데 환幻이라는 것은 가짜라든가 그런 것이 아니고 소위 신통력이라는 것이다. 『성경』에 보면 예수님께서 눈먼 소경을 고쳐주었다고 한다. 이것을 기독교에서는 그냥 기적이라고 하는데 불교에서는 그것을 환력幻力이라고 한다. 그러니까 환이란 가짜라는 그런 뜻이 아니다. 예수님이 소경을 고쳐줄 때 독특한 힘을 가지고 고쳐주었다는 것이다. 예수님은 그 독특한 힘을 가지고 어떤 때는 눈을 뜨게도 해주고, 어떤 때는 말을 하게 입을 열어주고 또 어떤 때는 앉은뱅이를 일어서게도 해 주었는데 그것이 말하자면 "환력종종변화幻力種種變化"라는 것이다. 그리고 모든 사람의 아픔을 고쳐주었다는 말이 "도제중생度諸衆生"이다. 이렇게 고쳐줄 수 있는 힘, 기독교로 말하자면 기적을 할 수 있는 힘인데 그것을 환력이라 한다. 이것이 삼마파티의 내용이다.

그리고 "적정혜부현寂靜慧復現"이라는 것은 깨끗하고 고요하게, 깊이 생각을 해서 말하자면 깊은 지혜를 다시 나타내게 되었다는 말이다. 다시 말해서 삼마디라는 것은 깊이 생각을 해서 나온 깊은 지혜라는 것이다. 이것은 기독교로 말해서 기도라고 할 수 있다. 기도라는 것은 기원의 세계에서 명상의 세계로 올라가고 명상의 세계에서부터 관상의 세계로 올라가서 하나님을 본다고 하는 그런 깊은 데까지 들어가는 것이다. 그것이 말하자면 '적정寂靜', 깊이 생각을 해서 '혜慧'라고 하는 관상의 세계에까지, 하나님을 보는 세계에까지 들어간다는 것이다. 그렇게 되는 것이 결국은 삼마디라는 것이다. 기독교로 말하면 기도이다. 그 다음은 사람들의 병을 고쳐준 것으로 사람들을 구원하는 능력이다[幻力].

그 다음에는 "단번뇌斷煩惱"다. 이 세상의 모든 문제가 다 해결된 것이다. 모든 번뇌를 그치는 것이다. 기독교로 말하면 죄에서 벗어나는 것이다. 그래서 적멸寂滅이라는 것은 기독교로 말해서 거듭나서 새 사람으로 들어가는 것을 말한다. 적멸, 모든 문제가 다 없어지고 말았다. 적멸이라는 것을 인도 사람들은 니르바나nirvana라고 한다. 니르바나를 기독교로 말하자면 천국인데 모든 문제가 다 해결되었으니까 천국에 들어간 것이다. 일체 모든 문제가 다 없어져서 해결되었다.

그래서 나는 자꾸 삼마디는 물에서 '붕-'떴다는 이야기고, 삼마파티는 육지까지 갔다는 이야기고, 디야나는 육지에 상달했다는 이야기라고 그렇게 설명을 했다. 그리고 지난번 위덕편에서는 삼마디를 거울이라는 것으로 설명했다. 하나님의 모습까지 다 볼 수 있는 거울이라는 것이다. 그 다음 삼마파티는 나무 또는 이삭이니 싹이니 하는 것으로 설명했다. 그리고 디야나는 종소리라는 것으로 표현했다. 창조적 지성이라는 것을 종에서 모든 소리가 울려 나가는 것으로 비유했다. 이렇게 세 단계로 말했는데 오늘은 그 세 가지를 잘 조합을 해서 25가지의 경우로 만들어 놓은 것이다. 그러니까 삼마디, 삼마파티, 디야나라는 세 가지를 이런 식으로 나열해서 만든 것인데 그것을 이렇게 하나하나 나열해 놓으면 따로 외기가 힘드니까 종밀이란 사람이 자기 나름대로 이름을 붙여 놓은 것이다.

우선 삼마디(S)만으로도 구원을 얻을 수 있다는 것이다. 이것을 기독교로 말하자면 무엇이라고 할까. 하여튼 나는 삼마디라는 것은 철학의 세계라고 보고, 삼마파티는 도덕의 세계라 하고, 디야나는 종교의 세계로 본다. 이렇게 볼 때 삼마디라는 철학의 세계를 불교에서는 깊이 생각한다고 하고, 기독교에서는 깊이 기도한다고 한다. 그것은 철학의 세계인데 "말씀으로 구원을 얻는다"는 것이다.『성경』

으로 말하면 「요한복음」이다. 그리고 삼마파티로 구원을 얻는다는 것은 "행함으로 구원을 얻는다"는 것인데 『성경』으로는 「야고보서」다. 또 예수님도 마찬가지다. 행함으로 구원을 얻는 것이다. 그 다음 디야나라는 것은 믿음이라 해서 "믿음으로 구원을 얻는다"는 것이다. 삼마디, 삼마파티, 디야나라는 이 세 가지는 말씀으로도 구원을 얻을 수 있고 행함으로도 구원을 얻을 수 있고 믿음으로도 구원을 얻을 수 있다는 그런 것이다. 우리가 그렇게 보자는 것이다. 그런데 그 가운데는 말씀과 행함이 겹치는 사람도 있고 또 말씀과 믿음이 겹치는 사람도 있고 또 이 세 가지가 다 겹치는 사람도 있다. 그런 식으로 보면 어떨까 하는 것이다. 그래서 그 방법들을 조합하면 25가지가 있다. 하여튼 오늘의 핵심은 수도하는 것인데 수도하는 내용이란 무엇인가를 먼저 보기로 한다.

제악막작諸惡莫作 율의律儀 번뇌단煩惱斷. 법신法身
중선봉행衆善奉行 선법善法 불도성佛道成. 보신報身
자정기의自淨其意 중생衆生 중생도衆生度. 응신應身
시제불교법문학是諸佛敎法門學

수도하는 내용은 무엇인가? 제악막작諸惡莫作, 중선봉행衆善奉行, 그리고 자정기의自淨其意라는 것이다. 이 세 가지가 불교의 모든 것이다. "시제불교법문학是諸佛敎法門學"이다. 불교를 한마디로 하면 무엇인가 할 때 옛날부터 그 답변이 이렇게 되어 있다.

공자孔子가 말한 것을 적어놓은 『논어論語』의 경우처럼 석가가 직접 말한 것을 받아 적었다는 불교의 초기 경전 중에는 『아함경阿含經』이라는 것이 있다. '아함阿含'이라는 말은 '왔다[來]'는 뜻이다. 여래如來라는 말도 왔다는 뜻이다. 어디에서 왔는가? 이 사람들은 석가 이전 옛날부터 칠불七佛이 있다고 말한다. 석가 이전에도 칠불이 있었다는 것이다. 기독교로 말하면 예수가 나오기 이전에 벌써 이사야도 있었고 엘리야도 있었고 모세도 있었고 아브라함도 있었다는 것이다. 말하자면 구약 시대가 있고 나서 신약 시대가 왔다는 것이다. 그러니까 맨 처음에 아브라함부터 이삭, 야곱, 모세 등 죽 내려와서 그 전통을 이어받아 가지고 다시 예수, 베드로, 바울, 어거스틴 그렇게 내려간다는 것이다. 이렇게 맨 처음부터 죽 내려오는 칠불의 내용이 무엇인가 할 때 제악막작, 중선봉행 그리고 자정기의라는 것이다. 이것을 아까 했던 말로 하면 철학과 도덕과 종교라고 해도 된다. 또는 삼마디, 삼마파티, 디야나라고 해도 된다. 그래서 이 세 가지가 불교의 핵심이라는 것이다. "시제불교법문학"이다.

또 이것을 사홍서원四弘誓願이라 해서 불교인들은 언제나 따로 외운다. 그래서 항상 모일 때마다 그것을 암송한다. 기독교로 말해서 주기도문 같은 것이다. 사홍서원이란 네 가지 큰 소원이라는 말인데 주기도문도 네 가지 큰 소원이라고 할 수 있다. "하나님 이름을 거룩하게 하옵시며, 나라이 임하옵시며, 뜻이 하늘에서 이룬 것 같이 땅에서도 이루어 지이다."하는 이 세 가지와 그리고 마지막에 하나는 "우리에게 일용할 양식을 주옵시며……"라고 하는 것이다. 이렇게 주기도문도 네 가지 소원이라고 할 수 있다.

사홍서원 가운데 하나가 번뇌무진서원단煩惱無盡誓願斷이다. 번뇌가 무진이다. 번뇌라고 하는 것은 한이 없다. 번뇌라는 것은 기독교로 말하면 죄라는 것이다. 이 죄라고 하는 것은 끝이 없는데 그 죄를 끊어 버려야 되겠다는 것이다. 그것이 종교라는 것이다. 죄를 끊어 버려야 되겠다. 번뇌무진서원단이다. 그 다음은 불도무상서원성佛道無上誓願成인데 이것은 도덕의 세계를 말한다. 그 다음은 중생무변서원도衆生無邊誓願度라는 것이고 그 다음은 법문무량서원학法門無

量誓願學이다.

　불교라 그래도 그것이 보통 많은 것이 아니다. 요전에도 말했지만 팔만 사천 법문이다. 팔만 사천 법문이나 되니까 법문 무량이다. 이 무량법문을 배우기를 서원하는 것인데 오늘은 그 팔만 사천 법문을 25법문으로 간추린 것이다. 요전에는 그것을 3가지 법문으로 간추린 것이다. 그래서 맨 마지막으로 이것이 한 법문이 되면 원각圓覺이 되고 마는 것이다. 『주역周易』으로 말하면 무극이태극無極而太極에서부터 음양陰陽이 나오고 사상四象이 나오고 팔괘八卦가 나오고 64괘가 나오고, 이렇게 풀려 가듯이 여기도 마찬가지다. 원각이 나오고 요전에는 3가지가 나고 오늘은 25가지가 나온 것이다. 이렇게 볼 때 『원각경』이 비교적 정리가 잘 되어 있다.

　그래서 불교의 내용은 제악막작諸惡莫作, 중선봉행衆善奉行, 자정기의自淨其意라는 이 세 가지다. 이제는 악이라는 것과 인연을 끊으라는 것이 제악막작이다. 그리고 중선봉행이란 선을 절대적으로 붙잡고 살아라 하는 것이다. 그리고 자정기의는 자기의 마음을 한없이 깨끗이 하라는 것이다. 이것이 불교의 핵심이다. 그래서 이것을 한 번 더 설명하기 위해서 다음과 같이 적었다.

　　　제악諸惡 － 막작莫作 (불不)살생殺生 문교聞敎 준법遵法 진眞 정
　　　　　　　　의正義(제악막작諸惡莫作)
　　　　　　－ 막작莫作 (비非)살생殺生 수행修行 도덕道德 선善 만
　　　　　　　　족滿足(중선봉행衆善奉行)
　　　　　　－ 막작莫作 (무無)살생殺生 증과證果 종교宗敎 미美 환
　　　　　　　　희歡喜(자정기의自淨其意)

　제악막작諸惡莫作인데 여기서 '막莫'이란 글자를 아니 '불不'자로

해석하고, 아닐 '비非'자로 해석하고, 또 없을 '무無'자로 해석하는 것이다. 해석하는 법이 이렇게 세 가지가 있다는 것이다. 그러니까 살생을 금하는 막작살생莫作殺生을 세 가지로 해석할 수 있다. 먼저, 막을 아니 불不로 해석하면 불살생不殺生이 되어 "산 생명을 죽이지 말라."는 것인데 이렇게 되면 이것은 가르침이다. 문교聞敎라는 것이다. 종교라는 것이 다 이것이다. 그런데 아닐 비非로 해석하면 비살생非殺生이 되어 "산 생명을 죽이지 않는다."는 것인데 이것은 수행修行이라는 것이다. 그래서 자꾸 수행을 해보니까 이제 나는 산 생명을 죽이지 않게 되었다. 그 다음은 무살생無殺生이다. 산 생명을 죽일 수 없게 되었다. 산 생명을 죽일 수 없게 된 것, 그것이 소위 증證이 된 것이다. 과果라는 것도 마찬가지다. 맨 마지막 결론이라는 것이다. 그래서 증과證果이다.

 병病이라는 것으로 말하면 첫째는 병나지 말라는 것이다. 그런데 일년 내내 노력해서 병이 나지 않았다, 다시 말해서 내가 열심히 노력했더니 병이 안 났다는 그것이 두 번째다. 그런데 한 차원 더 올라가면 나는 이제 병이 날 수가 없다 하는 것인데 이것이 제일 높은 차원이다. 내가 처음 일식을 시작할 때, 일식을 하니까 기운이 너무 나서 하루에도 두 번 백운대에 올라갔다. 그리고 이화대학 채플chapel에서 학생들에게 "나는 이제부터는 병이 날 수가 없을 것이다." 그렇게 말했다. 그렇게 말했더니 동대문의 부속병원에만 가면 졸업생들이 얼마나 반가와 하는지 모른다. 선생님이 병 고치러 오셨으니까 하여튼 선생님의 말이 거짓말이라는 것을 오늘에야 발견하게 되지 않느냐는 것이다. 그렇지만 일식을 한 다음부터는 정년퇴직 할 때까지 하루도 결석해본 일이 없다. 그러니까 자기 자신이 이제 병이 날 수가 없다는 것이다. 술 먹는 사람들은 그런 말을 한다. 처음에는 "술을 안 먹어야 되겠다." 해서 며칠씩 끊고 또 며칠씩 끊고 그러다가 나중에는 "이제 나는 술을 안 먹는다."하고 일년 내내 술을 안 먹다가 나중에는 "이제 나는 술을 먹을 수 없다, 몸에서 받지 않는다." 그렇게 된다는 것이다. 나중에는 몸이 변해서 술이 들어가도 몸에서 받지를 않는다는 것이다. 그렇게 되면 그것이 완전하게 된 것이다.

『푸른 바위에 새긴 글(벽암록 풀이)』(김홍호) 제1장은 달마와 무제가 이야기하는 것인데 거기에 무無, 비非, 불不이라는 것이 나온다. 무제가 달마에게 "진리가 무엇인가?"하고 물으니까 달마가 말했다. "나는 모른다[不識]." "당신이 28대 부처가 아닌가?" "나는 아니다[非]." "내가 지금 이렇게 많이 불교를 위해서 노력을 했는데 내 공덕이 무엇인가?" "아무것도 없다[無]." 이 무, 비, 불이라는 말이 선불교의 핵심 단어다. 불에서부터 더 강하게 되면 비가 되고 더 강해지면 무가 된다. 그래서 무의 지경에까지 가야 된다. 그래서 불교에서는 무라는 것을 굉장히 중요하게 생각한다. 그러니까 말라[不]는 것이 아니라 안[非] 하게 되고 나중에는 없어지게[無] 된다. 이렇게 불, 비, 무라고 하는 계단인데 이것이 소위 수행이라는 것이다.

처음에는 자꾸 "하면 안 되겠다, 하면 안 되겠다." 그렇게 자기 자신을 금하는 것이다. 교회에서도 자꾸 그렇게 가르치는 것이다. 그렇게 한 동안 교회에서 살게 되면 이제 웬만한 죄는 안 짓게 된다. 그래서 나중에 자기가 거듭나는 경험을 가지게 된다. 오늘 나온 증證이라는 것이 거듭난 것을 말하는데, 즉 "믿음은 바라는 것의 실상이요 보지 못하는 것의 증거"라 할 때의 증證이다. 자기가 거듭나는 경험을 가지게 되면 죄를 지으려고 해도 지을 수가 없다. 그렇게 세 단계로 자꾸 나아가게 된다.

처음은 율법시대, 그러다가 도덕시대로 가고, 나중에는 진짜 종교의 시대로 그렇게 발전해 간다. 처음엔 참되게 그 다음은 선하게 그 다음은 아름답게, 진선미眞善美라는 것이다. 또는 정의正義로 의롭게, 그 다음은 불평이 하나 없이 만족滿足하게 되고, 그 다음은 환희歡喜다. 기쁨으로 사는 것이다. 그러니까 "바로 살겠다." 그러다가 인생사는 것이 "이제는 만족하다." 그러다가 하나 더 가면 "이제는 기쁨으로, 이제는 기쁨이 넘치게 된다." 그렇게 되어서 말하자면 인생이라고 하는 것이 자꾸자꾸 이렇게 올라가는 것이다. 이것을 소위 향상일로向上一路라고 한다. 계속 올라가는 것이다. 그래서 마지막에는 기쁨으로 사는 것이다. 기독교의 "항상 기뻐하라."는 것이다. 또 성령의 열매라 할 때는 "기쁨과 사랑과 평화……" 이렇게 된다. 이것은 기독교에서만 그런 것이 아니라 불교에서도 극치에 가면 환희가 되는 것이다. 이 다음에 기회가 되어서 우리가 『화엄경』을 보게 되면 거기에서도 극치에 이르면 환희지歡喜地가 된다. 기쁨의 세계가 되는 것이다. 그 전에는 만족하는 단계다. 그 전에는 정의로운 단계다. 그래서 이런 식으로 자꾸 되어 간다.

이 세 가지를 또 율의律義, 선법善法, 중생衆生의 세계라 한다. 율의는 율법의 세계다. 그 다음은 선법의 세계, 그리고 그 다음 모든 사람과 같이 사는 중생의 세계다. 환희의 세계가 되면 자기 혼자서 환희의 세계가 될 수 없다. 모든 사람과 같이 가는 세계가 환희의 세계다. 그러니까 자기 혼자 집안에서 '히히'하고 웃어 보았댔자 그것은 정신병자다. 우리가 남과 같이 갈 때 거기에 환희가 있는 것이다.

불교에서 또 법신法身, 보신報身, 응신應身이라는 말을 한다. 응신이라는 말 대신에 화신化身이라고도 한다. 법신이라 하는 것은, 자연이라고 하는 것을 하나의 법이라 이렇게 생각할 때, 불변하는 몸이 법신이다. 보신이라 하는 것은 한없이 노력을 해서 그 결과, 그 보수로서 얻어진 그런 몸이다. 법신이라는 것은 불변하는 신身이다. 기독교로 말하면 하나님 같은 분을 법신이라 한다. 그리고 보신이라고 하는 것은 예수 그리스도 같은 분이다. 한없이 고생을 하고 노력을 해서 예수 그리스도가 되는 것이지 거저 쉽게 되는 것은 절대 아니다. 불교에서는 석가라 해도 석가모니가 이 세상에 오기 전에 수 천만 년을 계속 노력하고, 노력하고, 노력하다가 석가가 난 그때가 되어서야 비로소 부처가 되었다는 것이다. 이렇게 정말 불도佛道가 된다고 하는 것이 하루 이틀에 되는 것이 아니다. 전생 또 전생 또 전생…… 수 억만 년을 지나 가지고 노력한 결과로 되었다는 그것을 보신이라고 한다. 그 노력에 보답하는 그 몸이다. 그런데 응신이라 그럴 때는 다른 사람을 도와주기 위해서 우는 자와 같이 울고, 웃는 자와 같이 웃고, 가난한 자에게는 가난한 자처럼 부자에게는 부자처럼, 희랍 사람에게는 희랍 사람처럼, 로마 사람에게는 로마 사람처럼, 그렇게 나 자신을 변화해 가는 것, 그것을 응신이라 한다. 그러니까 중생도衆生度, 중생을 도우려면 어떻게 해야 하는가. 노동자를 도우려면 노동자가 되어야 하고, 또 양반계급에 가서 전도하려면 내가 또 갓을 쓰고 양반이 되어야 한다. 그래서 나 자신이 자꾸 그 중생에 응해서, 나 자신을 바꿔서, 그 사람들과 같은 수준까지 가야 된다. 그것을 응신 혹은 화신이라 한다.

응신을 기독교로 말하면 성령과 같은 역할을 하는 분이다. 그래서 기독교에서는 성부, 성자, 성령이라는 식인데 불교에서는 법신, 보신, 응신이라는 식으로 말하는 것이다. 오늘의 내용은 이것이다. 결국 불不에서부터, 비非로, 다시 무無로, 그렇게 가는 것이 오늘의 내용이다. 요전에는 삼마디에서부터 삼마파티로 해서 디야나로 갔지만, 오늘은 디야나에서 삼마파티로 해서 삼마디로 가는 그런 과정으로 보는 것이다.

이제 그 25가지 수행 방법에 대해 종밀이 붙여놓은 이름을 읽어보기로 한다. 먼저 S라는 것에 대해 '징혼식용관澄渾息用觀'이라 이름

붙여놓았는데 여기에서의 징澄이란 '맑힌다'라는 뜻이다. 아주 맑게 한다는 것으로 "마음이 깨끗한 자는 하나님을 볼 것이다."하는 그 세계까지 가게 한다는 말이다. 그것이 구원받은 세계다. 징혼澄渾의 혼渾자는 '다 혼'이다. 일체가 다 깨끗해지는 것이다.

그리고 식용息用이다. 그 외 다른 일은 할 필요가 없다는 뜻이다. 그것으로 족하다는 것이다. 용用이라고 하는 것은 작용이요 식息이란 '멎는다, 그만둔다'는 뜻이다. 만일 이것을 한마디로 하자면 기독교적으로 말해서 "믿음으로 족하다"는 것이다. 믿음으로 족하지 다른 어떤 것, 즉 말씀이니 행함이니 하는 다른 것은 아무것도 필요 없다는 그 말이다. 그런데 우리가 억지로 말씀이니 행함이니 믿음이니, 이렇게 말하는데 사실 말씀과 믿음이라는 것은 언제나 자꾸 서로 뒤바뀌는 것이다. 안이 믿음이라면 밖은 말씀이고 또 안이 말씀이면 밖이 믿음이다. 이렇게 바뀌기 때문에 우리가 엄격하게 구별한다는 것은 참 어렵다. 우리가 생각한다 그럴 때 그것은 물론 철학이지만 가르친다 그럴 때도 생각을 안 할 수는 없다. 생각해서 가르쳐야지 어떻게 생각을 안하고 가르칠 수가 있겠는가? 그러니까 아무래도 말씀하고 믿음하고는 자꾸 이렇게 안팎으로 붙어 다닌다. 아무튼 기독교로 말하면 믿음만으로 족하다는 것이다. 루터 식으로 말해서 "믿음만으로"하는 것이다. 그렇게 '믿음만'이라 하는 것을 징혼澄渾이라고 한 것이다. 그래서 식용息用이다. 행함이라는 것은 필요가 없다는 것이다. 그래서 루터의 생각은「야고보서」그것은 지푸라기나 마찬가지라 그런 것은 필요 없다고 하는 것이다. 이런 사상을 '징혼식용관'이라 한 것이다.

그 다음은 삼마파티인데 이것을 종밀은 '포정자인관庖丁恣刃觀'이라 했다. 이것은『장자莊子』제3장에「양생주養生主」라고 하는 글에 나오는 말이다. 그 내용은 소 잡는 백정이 소를 약 천 마리를 잡았는데도 그 칼을 한 번도 바꾸지 않았다는 것이다. 그리고 그 칼을 얼마나 오래 사용했는가 하면 19년 동안을 썼는데 그 동안 한 번도 칼을 갈아 본 일도 없다는 것이다. 이것이 『장자』의 유명한 이야기다. 이것은 소위 아까 말한 신통력, 환력幻力이라는 것이다. 그 칼 하나가 신통력을 갖고 있다는 것이다. 그래서 소를 천 마리를 잡아도 칼날이 무뎌지지 않는다. 사람 속에 있는 신통력, 그것을 삼마파티라고 하는 것이다. 그것을 말하기 위해서 포정庖丁이라는 백정이 칼을 마음대로 썼는데 19년 동안 칼날이 그대로 있다는 이야기를 한 것이다. 그런 힘을 가진 것, 그것이 삼마파티라는 것이다.

3번째는 '정음출애관正音出碍觀'이다. 백성들의 소리에 따라서, 이것이 변음辯音인데, 백성들을 모든 번뇌로부터 나오게끔 해 주는 사람이다. 그것이 디야나다. 아까 말했지만 8만 소리를 다 듣고서 거기에 있는 문제를 풀어준다는 것이다. 소리에 따라서 그 장애에서 벗어나게 해주는 것인데 그 경지가 종교의 세계라는 것이다. 그것이 디야나의 세계다.

4번째는 '운주겸제관運舟兼濟觀'이다. 이것은 삼마디(S)와 삼마파티(P)로 가는 것이다. 삼마디는 물에서 '붕—' 뜬다는 식으로 해서 배에 탔다는 것이다. 그리고 가서 다른 사람들을 구원해 주는 것이다. 그래서 '운주겸제관'이라 말한 것이다.

그 다음 5번은 '담해징공관湛海澄空觀'이다. 이것은 삼마디(S)와 디야나(D)인데 삼마디는 담해湛海, 조용한 바다처럼 된 것이고 디야나는 징공澄空이다. 일체 번뇌가 없어졌으니까 징공이나 마찬가지다. 그래서 그 SD를 '담해징공관'이라 썼다.

다음 6번은 '수라삼목관首羅三目觀'이다. 이것은 SPD라는 것이다. 하늘에 있는 사람을 수라首羅라고 한다. 인도 사람들에 의하면 하늘에도 세계가 있는데 거기 사는 사람들을 천인天人이라고 한다. 그

천인 가운데 수라라고 하는 것은 말하자면 신선인데 그분은 눈이 세 개가 있다는 것이다. 그래서 삼마디, 삼마파티, 디야나에 다 통했다는 그것을 '수라삼목관'이라 한다.

7번은 그 반대로 삼마디, 디야나, 삼마파티라는 SDP인데 '삼점제수관三點齊修觀'이라 한다. 그 3가지를 다 수양했다는 글자 그대로다.

제8번은 '품자단쌍관品字單双觀'이다. 품자품字라는 것은 네모가 위에 하나 있고 아래 두 개가 있다. 그러니까 S가 하나 있고 그 아래 P와 D가 달려있다는 것이다. S (PD)가 '품자단쌍관'이다. 위에 하나가 있고 아래 둘이 있다는 말이다.

그 다음 9번은 '독족쌍두관獨足雙頭觀'이다. 이것은 또 (SP) D로 위에 둘이 있고 아래 D가 있다. 그러니까 발은 하나인데 머리가 둘이라는 것이다. 이것도 다 인도의 신화 속에 나오는 인물들의 모습이다.

그 다음 10번은 '과락화부관果落華敷觀'인데 이것은 (SD) P라는 것이다. 이것은 삼마디를 먼저 하는 것 중에서 제일 마지막 것이다. S는 나무이고 D는 열매인데, 즉 나무가 있고 열매가 있는데 열매가 떨어진 그 자리에 또 꽃이 피었다는 것이다. 열매가 떨어진 요새 같은 때를 소춘小春이라 한다. 그래서 옛날 사람들은 편지할 때 지금 소춘인데 잘 있느냐 하고 안부를 물었다. 초겨울인데 꽃이 또 피는 것이다. 우리 학교에도 꽃이 또 피었다. 그래서 그것을 말할 때 과락果落이라는 디야나인데 화부華敷, 삼마파티가 또 나왔다. 그래서 '과락화부관'이라 했다.

이제부터는 P가 앞서있는 것으로 일곱 개가 있다. 11번부터 17번까지 P가 먼저 있는 것을 말한다. 먼저 11번은 '선무후문관先武後文觀'으로 P가 먼저고 S가 뒤에 나오는 것이다. 선무후문先武後文이다.

처음에는 칼을 가지고 나가서 싸워 전부 잘라 버렸다. 그것이 소위 삼마파티다. 그 다음은 문화를 가지고 잘 다스렸다. 본래가 다 그런 것이다. 선무후문이다. 그래서 맨 처음에 삼마파티가 나오고 뒤에 삼마디가 나온다. 이것이 '선무후문관'이다.

12번은 '공성퇴직관功成退職觀'으로 PD라는 것이다. 이것은 사람이 공성功成을 했으면 이제는 가서 조용히 은신하라는 노자老子의 말인데 장량長良이 이 말을 해서 유명해진 것이다. '공성퇴직관'이다. 삼마파티로 일이 다 되었으면 그 다음에는 조용히 디야나의 세계로 가서 살아라 하는 것이다.

13번은 '환사해술관幻師解術觀'으로 PSD라는 것이다. 환사幻師는 기적을 행하는 사람이다. 우선 신통력을 가진 사람이 문제를 다 해결해 놓고는 그 다음에 삼마디나 디야나로 간다고 해서 '환사해술관'이다.

그 다음 14번은 PDS라는 것으로 '신룡은해관神龍隱海觀'인데 신룡이 나와서 삼마파티, 일을 다 해결해 놓고 은해隱海, 바다 속에 들어가 있으니까 삼마디가 되는 것이다.

15번은 '용수통진관龍樹通眞觀'인데 P (SD)라는 것이다. 용수龍樹는 나가르쥬나Nagarjuna라는 유명한 사람인데 용수보살이다. 이 사람은 본래 불교도가 아니었는데 아주 굉장한 일을 하다가 나중에는 불교로 돌아가서 진리의 세계에 들어갔다 해서 '용수통진관'이라 한다.

16번은 '상나시상관商那示相觀'으로 (PS) D라는 것이다. 이것도 『전등록傳燈錄』에 제3조祖로 나오는 '상나'라는 사람의 이름인데 이 사람도 불교로 가기 전에 여러 가지 큰 일을 많이 하다가, 다시 말해서 요즘으로 하면 장관도 하고 무엇도 하고 또 군인이 되어서 나가 싸우고 공을 세우기도 한 사람이 나중에는 불교로 들어가서 큰 스승이 되었다는 것이다. 그래서 '상나'는 유명한 사람되었다.

그 다음 17번은 '대통연묵관大通宴默觀'인데 (PD) S라는 것이다. 이것은 『벽암록碧巖錄』에 나오는 대통승지보살이라는 사람이다. 이 사람도 큰 일을 많이 하고서는 나중에 디야나, 삼마디의 세계로 들어갔다는 것이다.

이 다음 18번부터는 디야나를 먼저 한 것이다. '보명공해관寶明空海觀'으로 DS라는 것이다. 보명寶明이라는 것은 금강석이다. 전에 디야나를 금강석이라는 것으로 해석을 했다. 금강석 같은 것을 보명이라 한다. 보명에다가 나중에 삼마디로 간 사람이다. 디야나, 삼마디로 간 사람을 '보명공해관'이라 한다.

그 다음 19번은 '허공묘용관虛空妙用觀'으로 DP라는 것이다. 이것은 디야나에서부터 삼마파티로 간 사람이다.

그 다음 20번은 '순약정신관舜若呈神觀'으로 DSP라는 것이다. 순약舜若이라는 것은 허공이라는 뜻이다. 인도말로 수냐타sunyata라는 것인데 우리말로 하면 허공이다. 이 사람들이 디야나를 말할 때는 이 허공이라는 말을 많이 쓴다. 왜냐 하면 일체번뇌단一切煩惱斷, 아무것도 없는 무無니까 허공이다. 그래서 맨 처음에도 허공이 나오고 지금도 수냐타로 허공이 나오고 나중에는 정신관呈神觀이다. 아주 신통력을 가지고 여러 가지 일을 많이 했다 해서 정신관이다.

그 다음 21번은 '음광귀정관飮光歸定觀'으로 DPS라는 것이다. 석가의 제자 중에 가섭이 있었는데 석가가 연꽃을 꺾어 들었을 때 다른 사람들은 꼼짝 못하고 있는데 가섭이 혼자 웃었다는 이야기가 있다. 가섭이 석가의 지혜를 몽땅 삼키고 말았다는 것이다. 내 살은 먹을 것이요 내 피는 마실 것이다. 석가라는 사람을 완전히 잡아먹고만 것이다. 그것을 음광飮光이라고 한다. 그리고 가섭 자기가 제2조가 된 것이다. 그래서 그것을 '음광귀정관'이라 하는데 이것은 가섭의 이야기다.

그 다음은 22번으로 '다보정통관多寶呈通觀'이다. 이것은 D (SP)라는 것인데 이것은 『법화경法華經』에서 나오는 이야기다. 소위 다보탑이라는 탑이 나오는데 그 다보탑 속에 부처가 나타나서 모든 사람에게 가르치는 그런 이야기이다.

그 다음 23번은 '하방등화관下方騰化觀'으로 (DS) P라는 것이다. 이것도 『법화경』「지용보살地湧菩薩」편에 나오는 말인데 땅 속에서 부처님들이 나와서 이 세상을 바로잡는 것으로 요새로 말하면 민중운동이다. 동학운동같이 땅에서 나와서 나라를 바로잡자고 하는 그런 사상이 『법화경』에 나온다. 그래서 하방下方 민중들이 등화騰化, 정권을 잡는 그런 이야기다.

그 다음 24번은 '제청사변관帝青舍變觀'으로 (DP) S라는 것이다. 제청帝青이라는 것은 금강석 같은 보석이다. 여의주라는 것이다. 여의주가 어떤 환경에 있어도 다 빛을 받아들여서 또 밝게 할 수가 있다. 이것을 '제청사변관'이라 한다.

이렇게 해서 24가지가 끝나고 마지막 25번은 '여의원수관如意圓修觀'으로 (SPD)라 하는 것이다. 여의주처럼 모든 문제를 한꺼번에 풀어서 '여의원수관'이라 한 것이다.

시명보살이십오륜是名菩薩二十五輪 의차륜자依此輪者 당지當持 범행梵行(계戒) 적정寂靜(정定) 사유思惟(혜慧) 구애참회求哀懺悔

이렇게 해서 25가지가 모두 끝났는데 이것을 일러 "보살이십오륜菩薩二十五輪"이라 한다. 이것을 통해서 계정혜戒定慧라는 것을 붙잡아야 된다는 것이다. 범행梵行은 계戒라는 것이고, 적정寂靜은 정定이라는 것이고 사유思惟는 혜慧라는 것이다. 계정혜라는 것이 이것이다. 아까도 "하지 말라, 하지 않는다, 할 수가 없다."는 그런 말을 했다. 이것이 계정혜라는 것이다. 그리고 구애참회求哀懺悔라는 말이 나오는데 여기 나온 참회라는 말로 인해 세조가 원각사를 짓겠다고 했다. 단종을 죽였으니까 자기가 참회하는 뜻으로 원각사를 짓겠다는 것이다. 요전에도 말했지만 세조는 원각사를 지어놓고 김시습金時習을 데려다가 『원각경』강의를 시켜서 자기의 죄를 좀 감해야 되겠다고 한 것이다. 자기 죄를 좀 할인 해보자는 것, 자기 죄를 좀 디스카운트discount 받아보겠다는 것이다. 구애참회는 간절한 마음으로 참회를 구해야 된다는 말이다.

1999. 11. 14.

# 제9장

# 정제업 淨諸業

게송偈頌

정업여당지淨業汝當知　일체제중생一切諸衆生
개유집아애皆由執我愛　무시망유전無始妄流轉
미제사종상未除四種相　부득성보리不得成菩提
애증생어심愛憎生於心　첨곡존제념諂曲存諸念
시고다미민是故多迷悶　불능입각성不能入覺城
약능귀오찰若能歸悟刹　선거탐진치先去貪瞋癡
법애부존심法愛不存心　점차가성취漸次可成就
아신본불유我身本不有　애증하유생憎愛何由生
차인구선우此人求善友　종불타사견終不墮邪見
소구별생심所求別生心　구경비성취究竟非成就

정업이여, 그대는 확실히 알아라. 모든 중생들이
자기를 사랑하는 이기주의에 집착하여
한없이 먼 옛날부터 허망하게 유전해왔다.
네 가지 종상種相을 제거하지 못하면
보리를 이루지 못하리니
마음에 애증이 생기고 아첨과 거짓이 생각 속에 있으면
그 때문에 미혹과 번민이 가득해져서 각의 세계로 들어가지 못하리라.
만일 깨달음의 세계로 들어가려면 우선 탐진치를 버려야 한다.
그리고 열반에 대한 집착도 마음에 두지 않으면 점차로 성취할 수 있으리니
내 몸도 본래 있지 아니한데 증애가 어디에서 생기리오.
이런 사람이 선지식을 구하여 끝까지 노력하면 사견에 떨어지지 않겠지만
구하는 바에 따로 마음을 내면 결국에는 아무것도 성취하지 못하리라.

# 본문 요약

 아상我相 백해조적百骸調適 홀망아신미忽忘我身微 가침애즉加針艾則 지유아知有我 인상열반人相涅槃 원오구시아자심존소오비탄圓悟俱是我者心存小悟備殫

 유시탈인불탈경有時奪人不奪境 유시탈경불탈인有時奪境不奪人 유시인경양구탈有時人境兩俱奪 유시인경불구탈임제사료간有時人境不俱奪臨濟四料簡

 증리중생 상료증료오개위證理衆生相了証了悟皆爲 아인소불급자존유소료수我人所不及者存有所了壽 명상심조청정각소료자일체명상심조청淨覺所了者一切

 본성청정本性淸淨 인하염오因何染汚 무시무명無始無明 위기주재일체위기주재일체爲己主宰一切 중생생무혜목衆生生無慧目 증애심양무명憎愛心養無明 고구도불성故求道不成

 업지소부자견業知所不自見 불료사상不了四相 근고수도勤苦修道 불능성과不能成果 인적위자認賊爲子 잠복장식潛伏藏識 증불간단曾不間斷 종불성취終不成就

 심미법화전心迷法華轉 심오전법화心悟轉法華 구진능여시究盡能如是 법화전법화法華轉法華 법신해탈반야法身解脫般若 상적광토常寂光土

## 강 해

게송을 읽어본다.

정업여당지**淨業汝當知** 일체제중생**一切諸衆生** 개유집아애**皆由執我愛**

정업이여 너는 알아야 한다. 일체 중생 모두가 자기를 사랑하는 이기주의가 너무 강해서 자꾸 나쁜 짓을 한다. 정업淨業에서 업業이란 짓거리라는 짓을 말한다. 예를 들면, 전생에 나쁜 짓을 하면 금생에 벌을 받고, 금생에 나쁜 짓을 하면 내세에 벌을 받는다고 한다. 그래서 금생에 나쁜 짓을 하면 이 다음 세계에서는 개로 태어난다든가 짐승으로 태어난다든가 해서 사람이 지은 그 업이 좋은 업이든 나쁜 업이든 간에 계속 연결되어 나가는 것이 윤회설輪廻說이다. 불교가 들어와서 조금 있지만, 우리 한국에는 그런 사상이 거의 없다. 왜 그런 사상이 있는지는 잘 모르지만 인도 사람들은 그것이 센 모양이다. 인도 사람들은 영혼불멸을 믿는 사람들이니까 영혼이 좋은 짓을 하면 하늘로 올라가서 신선이 되고 나쁜 짓을 하면 지옥에 떨어져서 악마가 된다. 그러면서 그 중간에 여러 가지 단계를 거쳐간다고 할 때 사람이 하는 짓이라는 것이다. 기독교로 말하면 꼭 들어맞는 말은 없는데 나쁜 의미로 생각할 때 죄라고 비슷하게 생각할 수 있다. 전생에 죄를 지었으면 금생에 벌을 받고 금생에 죄를 지면 또 내생에 벌을 받고 하는 것으로 생각할 수 있다. 정죄淨罪이니까 죄를 깨끗하게 하는 것으로 기독교로 말하면 속죄와 비슷하게 우리가 연결을 지을 수 있다.

**무시망유전無始妄流轉 미제사종상未除四種相 부득성보리不得成菩提**

한없는 옛날부터 계속 나쁜 짓을 해서[妄業] 계속 육도 윤회六道輪廻[地獄, 餓鬼, 阿修羅, 畜生, 人間, 天]로 돌아간다. 그래서 윤회의 바퀴를 떠나지를 못한다. 이 사종상四種相을 제거하지 못하면 진리의 세계로 들어갈 수가 없다. 윤회의 바퀴를 떠나야 구원인데 기독교로 말하면 죄에서 해탈해야 구원인데 죄에서 해탈하지 못하고 계속 육도 윤회로 돌아가는 것이다. 성불成佛이란 죄 또는 윤회에서부터 해탈하자는 것이다. "일도출생사一道出生死", 생사 또는 윤회에서 나오는 것이 구원이다. 생사와 윤회는 같은 것이다. 기독교로 말하면 죄에서 빠져 나오는 것이 구원이다. 기독교로 말하면, 아담 하와 때부터[無始] 죄를 계속 지어서[妄業] 계속 멸망에 빠져있다[流轉]는 것이다. 여기서 제일 중요한 것은 사종상이다.

### 애증생어심愛憎生於心

결국 나라고 하는 이기주의 때문에 애증愛憎이 생긴다. 애증은 자기가 좋아하는 사람을 사랑하고 자기를 좋아하지 않는 사람을 미워하는 것으로 생각할 수도 있고, 요전에 나온 윤회설로 말하면 이 세상을 미워하고 열반을 사랑하는 것이다. 희랍 사람처럼 나지 않는 것이 제일 좋고 일찍 죽는 것이 제일 좋다는 식으로 이 세상을 부정하는 것이다. 이 세상을 부정하고 천국, 열반에 가서 살았으면 좋겠다 하는 것으로 금욕주의와 신비주의이다. 그것을 상견常見이라 한다. 영혼은 영원히 가는 것이니까 빨리 열반에 들어가려는 것이다. 세상에 대해 전혀 책임을 지지 않는 것이다. 그것이 잘못이다. 우리는 이 세상을 하늘나라로 만들자는 것인데 상견은 세상을 떠나고 말자는 것이다. 티벳에 가면 20세, 30세에 굴 속에 들어가서 밖의 세상하고는 인연을 끊고 만다. 그렇게 있다가 굶어죽는 사람들도 많다. 티벳 사람들은 이런 사람들을 아주 높은 중으로 존경한다. 빨리 이 세상을 떠나서 어서 저쪽으로 가자고 하니까 세상에 대해서 무책임해지는데 이런 것을 상견이라 한다. 인간은 영원하다. 여기에서 나라는 것은 영혼이다. 나는 불멸이니까. 그렇게 생각할 때는 애증이란 열반에 대한 사랑과 세상에 대한 증오다.

첨곡존제념**諂曲存諸念** 시고다미민**是故多迷悶**

생각마다 어떻게 하면 남을 속일 수 있을까 하는 것만 생각한다. 그렇기 때문에 모든 사람들이 모두 정신이 나가고 말았다. 그래서 그 결과로 고통에 빠지고 만다. '첨諂'은 '아첨한다'는 첨이다. 아닌 것을 그런 것처럼 하는 것으로 하나의 거짓이다. '곡曲'은 '왜곡한다', '자꾸 구부려서 빙빙 돌린다'는 것이다. 첨곡諂曲은 한마디로 말하면 거짓이다. 지금 우리 나라가 거짓으로 꽉 차 있는데 그것이 첨곡이다.

불능입각성**不能入覺城** 약능귀오찰**若能歸悟刹** 선거탐진치**先去貪瞋癡**

진짜로 깨달은 세계가 있다. 열반으로 가는 것이 깨닫는 것이 아니다. 진짜로 깨달은 세계가 또 있는데 거기는 들어갈 수가 없다. 만일 진짜 우리가 깨달은 세계에 돌아갈 수 있으려면 우선 이기주의를 버려야 된다. '찰刹'은 찰나 그럴 때는 짧은 시간으로 쓰기도 하고, 사찰 그럴 때는 절이 있는 그 지방, 그 경계를 찰이라 한다. 여기서는 공간적으로 깨달은 세계다. 이기주의는 탐진치貪瞋痴이다. 탐진치는 번뇌의 근본이고 모든 죄악의 근원이다. 탐은 배에서 나오고, 진은 머리에서 나오고, 치는 가슴에서 나오는 인간의 근본악으로 삼독三毒이다. 독사처럼 독을 뿜고 있는 것이다. 탐진치 때문에 모든 죄악이 나온다. 그래서 탐진치를 없애야 된다.

### 법애부존심法愛不存心

법애法愛가 마음에 있으면 안 된다. 여기의 법은 열반이다. 열반에 들어가겠다는 신비주의, 금욕주의를 벗어나야 한다. 불교의 제일 근본은 단견斷見과 상견常見을 벗어나는 것으로 이것이 해탈이다. 상견은 금욕주의, 신비주의, 영혼불멸을 말하는 것으로 세상을 무시하는 것이다. 단견은 모든 이상, 형이상의 세계, 높은 세계를 다 집어치우라는 것이다. 그리고 이 세상만이 우리의 세상이라 생각하는 것이다. 다르게 말하면 몸 위주의 물질적이고 향락적인 생활을 해야 한다는 것이 단견이다. 상견은 마음 위주의 금욕주의, 신비주의로 들어가야 한다는 것이다.

요는 심신心身에 대한 잘못된 이해이다. 신身은 사대四大[地水火風]이고 심心은 오온五蘊[色受想行識]인데 사대와 오온에 대한 무명無明이다. 제대로 보지를 못하는 것이다. 신身은 자연이다. 내 몸이지만 내가 마음대로 할 수 있는 것이 아니다. 내가 숨을 쉴 수도 있고 안 쉴 수도 있는 것이 아니다. 내가 어떻게 못하는 세계가 신身이다. 몸은 자연인데 이것을 내 것이라고 생각하는 것이 무명이다. 몸은 자연이니까 자연에 맞게 움직여 줘야 한다. 건강은 몸 자신을 자연에 일치시키는 것이다.

마음은 오온인데 오온은 신神에 속한 것이지 내 것이 아니다. 마음은 신의 것으로 만들어야지 내 것으로 생각하고 내 마음대로 하면 안 된다. 내가 생각한다 할 때 내가 마음대로 생각할 수 있나 하면 그럴 수가 없다. 말을 한다 하는 것도 내 마음대로 말할 수 있나 그러면 그럴 수가 없다. 말도 내 말이 아니고 한국말이다. 모든 사상은 세계의 사상이지 내 사상이 아니다. 사상의 맨 끝으로 올라가면 하나님의 사상이다. 태초의 말씀이 하나님으로부터 내려오는 것이다. 다 내 것이 아니다.

마음은 하나님께로 자꾸 가까이 가야 되고, 몸은 자연에게로 자꾸 가까이 가야 된다. 이 둘이 합해져서 나오는 것이 중도中道이다. 그 중도가 심心은 신神, 천天이고 신身은 자연自然, 지地이다. 천과 지가 합하여 나온 것이 나, 인人이다. 이 인人은 나를 위해 쓰라는 인人이 아니고 천지만물과 하나되는 인人이므로 인人은 인仁이어야 된다. 인人은 나 혼자 잘 살라는 인人이 아니라 천지와 다 같이 조화해서 잘 살라는 인仁이다. 심心, 신身, 인仁 이 세 가지가 우리가 사는 비결이다.

오늘 9장 정업淨業은 심心이 자기 것이라 하는 상견에 대한 이야기이고 다음의 10장 보각普覺은 신身이 자기 것이라 하는 단견과 거기서 나오는 모든 죄악에 대한 이야기이다. 사람에게는 죄를 짓는 두 가지 장애물이 있다. 이장理障과 사장事障이 그것이다. 이장은 심心에 속하는 장애물이고 사장은 신身에 속하는 장애물이다. 이장이란 신비주의, 금욕주의, 영혼불멸, 육도 윤회 등으로 이들은 다 열반을 사랑하는 법애에서 나온다.

**점차가성취漸次可成就 아신본불유我身本不有**

그렇게 해야 차차, 차차 진리의 세계로 가게 된다. 내 몸은 내 소유가 아니다. 마음도 내 소유가 아니다. 내 마음대로 할 수 있는 것이 하나도 없다. 내 몸도 내 마음도 내 마음대로 할 수 없다. 아신我身은 몸, 마음으로 해석해도 좋지만 나 자신으로 해석하는 것이 좋다. 나 자신은 본래 하나님에게 속한 것이지 내 것이 아니다. 그렇게 생각해야 된다는 것이다. 그런데 그것을 자꾸 내 것이라 하고 이 세상도 내 땅이라 한다. 하늘도 내 하늘이 아니라 하늘의 하늘이고 땅도 내 땅이 아니라 지구의 땅이다. 그것을 금을 그어서 내 것, 네 것으로 서로 싸우는 것이 업業으로 인간이 하는 철없는 짓이다. 핵심은 무아無我이다. 제법무아諸法無我이다. 무아의 세계로 들어가자는 것이다.

### 애증하유생憎愛何由生 차인구선우此人求善友

그렇게 되면 육도 윤회, 업장業障, 죄가 나올 데가 없지 않느냐! 그렇게 가려면 결국 성현으로부터 인생을 사는 원리를 배워야지 자기 혼자 생각해서 알기는 어렵다. 사실 그렇다. 우리도 『원각경』을 보니까 이런 것을 자꾸 생각하게 되지 그렇지 않으면 생각할 수가 없다. 그러니까 성현이 있어서 자꾸자꾸 우리에게 인생은 이런 것이다 하고 가르쳐야 한다.

### 종불타사견終不墮邪見 소구별생심所求別生心 구경비성취究竟非成就

잘못된 생각에 빠져들지 않아야 된다. 만일 보편적인 진리가 아닌 자기만 아는 잘못된 생각을 자꾸 갖게 되면 결국 그 사람은 소망이 없고 멸망하고 말 것이다.

본문을 읽어본다.

**아상我相 백해조적百骸調適 홀망아신忽忘我身**

　　아상我相, 『주역周易』에서 나는 대우주와 같은 나와 소우주와 같은 나가 있다고 하였다. 대우주의 나는 수승화강水昇火降으로 바다에서 늘 수증기가 증발하여 올라가고 하늘에서는 태양빛이 내려와서 모든 만물을 번성하게 하는 나이다. 나무는 나 없는 나, 무아無我로서 대아大我이다. 소우주의 나는 염상누수欲上漏水로 촛불의 불꽃은 타오르고 촛물은 흘러내린다. 즉 머리는 번뇌로 가득 차고 발은 고통으로 가득 차 괴로워한다. 머리는 차고 발은 더워야 건강하다고 할 수 있다. 머리는 물이라는 말이고 발은 불이라는 말로 그래야 건강한 육체라고 『주역』에서 했다. 염상누수는 건강하지 못한 상태로 전도인생顚倒人生이다. 거꾸로 뒤집혔다. 물이 위로 올라가고 불이 아래로 내려가야 되는데 불이 위로 올라가고 물이 아래로 내려가면 전도인생이다. 머리는 골치만 아프고 가슴에는 눈물만 떨어지게 되면 안 된다. 슬픔과 고통의 세계는 지옥이요, 하늘에서 기쁨과 평화가 내려오는 대아의 세계는 천당으로 법계法界라 한다. 사람은 다 자기도 모르는 사이에 지옥에 떨어지고 말았다는 말이다. 법신法身은 육도 윤회를 벗어나서 해탈한 반야般若의 세계, 빛의 세계이다. 법신은 영원하므로 '상常'이고, 해탈은 '적寂'이고, 반야는 빛의 세계로 빛과 평화와 기독교로 말하면 기쁨의 세계이다. 이것을 '상적광토常寂光土'라 한다. 대아의 세계는 상적광토의 세계이다. 소아의 세계는 윤회 속에서 고통받는 지옥의 세계이다. 여기서 이렇게 두 세계를 갈라놓는다. 내가 없는 무아의 세계와 내가 있는 유아有我의 세계다. "백해조적百骸調適 홀망아신忽忘我身", 우리 몸이 건강하여 잘 돌아가면 자기가 있는지 없는지 모른다. 이것이 무아의 세계이다. 내 신발이 내게 딱 맞으면 내 신이 있는지 없는지 모르게 된다. 이것을 중국에서는 딱 맞으니까 '중中', '중용中庸'이라 한다. 신발이 크거나 작으면 문제이지만 딱 맞으면 있는지 없는지 모른다. 그것을 불교에서는 '무無'라고 한다. 신발이 있다라고 생각이 되면 벌써 그것은 잘못된 것이다. 그것은 유有의 세계이다. 없다 그러면 그것은 괜찮은 것이다. 내 속에 간이 어디에 있는지 전혀 모르고 살아야지 간이 썩어들어 간다, 여기에 자꾸 통증이 있다 그러는 것은 유아의 세계이다. 무아의 세계가 되어야 한다. 일생을 살아도 간, 쓸개가 어디에 있는지 아무것도 모르고 사는 사람이 팔자 좋고 건강한 사람이다.

미가침애 **微加針艾** 즉지유아 **則知有我** 인상열반 **人相涅槃** 원오구시아 자심존소오비탄 **圓悟俱是我者心存小悟備殫**

"미가침애微加針艾 즉지유아則知有我", 병이 나서 침을 놓고 뜸을 뜨면 아프게 되니까 "아, 여기에 간이 있구나, 무엇이 있구나!"하고 나라는 것을 처음으로 알게 된다. '침針'은 침 놓는 것이고 '애艾'는 쑥 애자로 뜸을 뜨는 것이다. 나라는 것이 없어야 하는데, 나란 불평불만이나 병병에서 나온다. 가정을 두고 볼 때 아버지, 어머니, 아들 딸들이 있어서 그렇게 살면 아무 문제가 없다. "백해조적百骸調適"이다. 아버지도 내가 아니고, 어머니도 내가 아니고, 아들도 딸도 내가 아니다. 나라는 것이 없는 것이다. 그저 아버지고 어머니고 그런 것이다. 「누가복음」의 탕자의 비유에서는 작은아들이 "언제부터 내가 이렇게 되었나. 아버지의 재산 절반이 내 것인데. 그것을 내 마음대로 쓸 수 있는데." 하면 나라는 것이 생기는 것이다. 그래서 내 재산을 달라 하면서 유有가 문제가 되는 것이다. 내가 가서 무엇이든 해서 내 마음대로 살겠다. 그것이 "지유아知有我"라는 생각이다. 나 '아我'자는 칼[干]에 창[戈]으로 무기를 합한 것이다. 알 '지知'는 화살 시矢에 방패[口]를 짝 지운 글자로 무기를 뜻한다. 지라는 것도 싸우다가 과학이 발달되는 것이지 싸움이 없으면 과학이 발달되는 것이 없다. 아我라는 것도 내가 온 세계를 지배해야겠다 하는 것 때문에 문제가 된다. 온 세계를 다 내 것으로 만들려는 유有 때문에 전쟁, 독재자, 정복자, 원자탄이 나오게 되는 것이다. 이것이 다 세상을 지옥으로 만드는 것이다. '지知'는 기계문명을, '유有'는 자본주의를, '아我'는 악마를 뜻하는 이 "지유아知有我" 때문에 지구가 없어질 뻔하였다.

"본성청정本性淸淨 인하염오因何染汚", 온 우주가 깨끗한 것인데 왜 이렇게 오염이 되었나? 간단히 말하면 자본주의, 즉 돈벌기 위해서는 폐수, 독수로 강물을 오염시키고 온갖 기계를 동원하여 산과 들을 파헤쳐서 골프장을 만들기도 한다. 자본주의에 의해서 흑인과 인디언이 각각 오백만 명씩 죽어갔다. 자본주의의 살상능력은 과학, 기계문명에서 나왔다. 사람의 특징은 하늘에서 불[知]을 가지고 내려온 것이다. 이 지知가 불이다. 불은 촛불 → 석유불 → 전깃불 → 원자불의 순서로 발달해왔다. 그래서 온 세계를 내가 차지해야겠다 하는 것이다. 그런데 결국 내가 세계를 차지하면 도스토에프스키의 소설 『악령』에 나오는 말처럼 사람이 신이 되면 그때는 신이 아니라 악마가 되고 만다. 스탈린은 이천만 명을 죽였으니 그는 사람이 아니고 악마이다. 이 '아我'는 사실 악마이다. 기독교에서는 태초에 뱀이 있었다, 사탄이 있었다고 그러는데 불교에서는 이 '아我'가 악마이다. 악마가 자본을 가지고 기계를 동원하여 온 세계를 오염시키고 있다. 우리 땅이 왜 오염됐나 하면 이유가 자본주의와 기계문명 밖에 없다. 그래서 이 자본주의를 깨뜨리려고 나온 것이 공산주의인데 기계는 그들이 더 많이 가지려고 애쓴다. '지知'에 대해서는 그 사람들이 양보를 안 한다. "우리도 원자탄을 만든다."하고 "달나라에도 우리가 먼저 간다." 한다. 먼저 기계문명을 가지고 지배하겠다는 것이지 그 사람들이 기계를 포기하겠다는 것은 아니다. 기계를 포기하겠다고 나온 사람이 간디이다. 기계를 포기하고 다시 물레질을 해서 옷을 만들자고 한 것이 간디의 사상이다. 요는 '지知', '유有', '아我'라는 세 가지 때문에 인류가 망하게 되는 것으로 이것이 업장業障이다.

사상四相을 보면 네 가지 글자가 나온다.

| 사상四相 | 인간人間 | 학문學問 | 공간空間 | 시간時間 |
|---|---|---|---|---|
| 증証 | 오성悟性 | 과학 | 아상我相 | 영혼 |
| 오悟 | 이성理性 | 철학 | 인상人相 | 사람 |
| 료了 | 영성靈性 | 종교 | 중생상衆生相 | 육도 |
| 각覺/관觀 | 감성感性 | 예술 | 수명상壽命相 | 윤회 |

사상이란 증証, 오悟, 료了, 각覺이다. 증証은 불 가운데 촛불이고, 오悟는 석유 등불이고, 료了는 전깃불이고, 각覺은 원자력 불이다. 불이 자꾸 발달되는 과정이다. 이들은 요새말로 하면 무기로 이 무기를 제거해야 되지 않느냐는 것이다. "제거사종상除去四種相", 무기의 원인이 이 네 가지 불이니까 이 사상四相을 없애야 하지 않느냐는 것이다. 여기에는 두 가지 의견이 있다. 첫째로 무기 자체 속에는 선악이 없다는 것이다. 이것을 무자성無自性이라 한다. 자기 속에 선악의 성질이 없다. 무기는 자기가 없는 것이니까 이것을 선하게 쓰면 선이 되고 악하게 쓰면 악이 된다. 쓰는 사람의 마음에 따라서 그 결과가 선도 되고 악도 되는 것이다. 즉, 칼은 사용하는 사람의 마음에 따라서 살인도殺人刀도 되고 활인검活人劍도 될 수 있다. 그러니까 그 무기를 다 없애자 하지 말고 그것을 사람이 잘 컨트롤control 하면 좋게도 나쁘게도 쓸 수 있지 않느냐 하는 것이다. 둘째로 무기

는 악의 도구이므로 무기를 없애야 한다는 것이다. 하이데거Martin Heidegger(1889~1976)도 무기해체를 주장하였다. 그는 제 2차 세계대전의 원인은 이성과 기계문명 때문이니까 이성과 기계를 없애고 다른 것으로 대치하자고 하였다. 간디는 서양의 기계문명을 거부하였고 네루는 서양의 기계문명을 받아들여 잘 써보자고 주장하였다. 이런 두 가지 견해는 언제나 세계적으로 큰 문제로 남아있다. 다 없이 하느냐, 이것을 제대로 잘 쓰느냐 하는 것이다. 사상四相[証, 悟, 了, 覺]이란 성성이다. 성성은 오성悟性, 이성理性, 영성靈性, 감성感性 네 가지가 있다. 각覺보다는 관觀이 이해하기가 더 좋은 것 같다. 사람은 오성이 있어서 과학을 만드는 것이 증証이고, 이성이 있어서 철학을 만들면 오悟라 하고, 영성이 있어서 종교을 만들면 료了라 하고, 감성이 있어서 예술을 만들면 직관의 세계이다. 사람에게는 이 네 가지 성이 있다. 이 성을 바로 쓰면 되는데 이것이 악마에게 속하고 말면 그것이 집착이라는 집執이 된다. 집執이 되면 과학이 악마의 과학이 되고, 철학이 악마의 철학이 되고, 종교가 악마의 종교가 되고, 예술이 악마의 예술이 되고 만다. 과학이 집착이 되면, 즉 자본주의와 합쳐지면 악마의 자본주의가 되고 만다. 보통으로 성상性相을 쓸 때는 안으로 들어오면 성性이고 성이 밖으로 나가면 상相이 된다. 그런데 오늘 여기서의 상相은 단순히 밖으로 나갔다는 것이 아니라 악마와 손을 붙잡은 상이다. 성性이 나쁜 것이 아니라 악마와 손을 붙잡은 상相이 나쁘다는 것이다. 그래서 이 네 가지 상을 내버려야 한다는 것이다. 내버린다는 것은 악마와 손을 끊는 것이다. 손을 끊기만 하면 그것은 무자성無自性이니까 천사가 다시 집어서 쓰면 얼마든지 활인검이 될 수가 있다. 문명도 우리가 선하게 쓰면 얼마든지 선하게 될 수가 있다. 그래서 단순히 제거하라는 것은 문명을 제거하라는 것이 아니고 문명에 대한 악마의 집착을 제거하라는 것으로 우리가 알아야 한다.

유시탈인불탈경有時奪人不奪境　유시탈경불탈인有時奪境不奪人　유시인경양구탈有時人境兩俱奪　유시인경불구탈有時人境不俱奪　임제사료간臨濟四料簡

"유시탈인불탈경有時奪人不奪境", 어떤 때는 주관은 빼고 객관은 빼지 않는다. 가장 객관적인 것 곧 과학에서 증명한다. 요새로 말하면 실험 관찰에서 얻는 내용으로 그것을 증지証知라 한다. 오성에서 나오는 과학적인 지이다. "유시탈경불탈인有時奪境不奪人", 어떤 때는 객관적인 것은 없이 하고 순전히 주관적인 것만 있는 것으로 곧 철학에서 깨닫는 것을 오悟라 한다. 이는 이성의 세계이다. "유시인경양구탈有時人境兩俱奪", 어떤 때는 주관도 없고 객관도 없이 그리스도만 있는 종교의 세계가 있는데 이는 료了라 한다. "유시인경불구탈有時人境不俱奪", 어떤 때는 주관도 있고 객관도 있는 예술의 세계가 있는데 이는 직관의 세계, 감성의 세계를 말하고 관觀의 세계, 각覺에 해당한다. 증証[과학]이 악마에 붙으면 과학이 온 인류를 멸망시킬 수도 있다. 오悟[철학]가 악마에 붙으면 철학이 온 인류를 멸망시킬 수도 있다. 공산주의라는 하나의 이념 때문에 세계가 얼마나 고통을 받는지 우리가 잘 알 수 있다. 또 원자탄 때문에 얼마나 많은 사람이 피해를 입는지 모른다. 료了[종교]가 타락하면 종교전쟁처럼 사람을 해치는 것이 얼마든지 있다. 각覺[예술]도 돈벌이에 홀리면 더러워지고 만다. 도덕적 타락이다. 예술의 타락에서 온다. 플라톤이 이상국가를 세울 때 맨 처음에 제일 중요하게 생각한 것은 음악과 미술을 고상하게 끌어올리는 것이었다. 그렇게 해야 국민의 정신과 육체가 건강해진다고 하였다. 과학, 철학, 종교, 예술은 그 자체는 무자성이다. 그것을 잘 쓰면 선이 되고 잘못 쓰면 악이 된다. 종교라고 좋은 것이 아니다. 종교도 잘못 쓰면 악이다. 철학이라고 좋은 것이 아니다. 철학도 잘못 쓰면 악이다. 결국 사람이 이것을 컨트롤하는 것인데 사람이 소아小我가 돼서 악마가 되면 온 세계가 다 악마가 되는 것이고, 사람이 대아大我가 돼서 천사가 되면 온 세계가 다 천사가 되는 것이다. 제일 중요한 것은 큰 사람이 나와야 된다. 불교에서는 그 큰 사람을 법신法身이라 한다. 법신이 나와야 법계가 되어서 상적광토常寂光土가 된다. 이것은 빛의 세계인데 증證은 아직도 지知의 세계로 불의 세계이지 빛의 세계가 아니다. 지知와 광광光이다. 『노자老子』에 나온다. 빛의 세계와 불의 세계 이 두 가지다. 가능한 한 불을 끄고 빛으로 돌아가는, 즉 나를 없애고 빛으로 돌아가야 한다. 이것이 회개인데 회개하자는 것이 오늘의 핵심이다.

심미법화전**心迷法華轉** 심오전법화**心悟轉法華** 구진능여시**究盡能如是** 법화전법화**法華轉法華** 법신해탈반야**法身解脫般若** 상적광토**常寂光土**

"심미법화전心迷法華轉", 마음이 잘못되면 온 우주에게 끌려 다닌다. 전轉은 끌려 다니는 것이다. "심오전법화心悟轉法華", 마음이 깨달으면 온 우주를 끌고 다닌다. 피동과 능동이다. 끌려 다니는 것과 지배하는 것이다. 사람은 지배를 당하든지 지배하든지 하는 세계가 자꾸 생기게 된다. "구진능여시究盡能如是", 그런데 이상은 무엇인가? 결론은 사람이 지배해도 안 되고 지배당해도 안 된다. '나'가 없어져서 나 자신이 진리와 하나가 되어야 진리와 진리가 같이 놀 수 있다. 결국 우리의 이상은 "법화전법화法華轉法華", 내가 진리가 되어서 진리와 같이 사는 길 그것밖에 길이 없다. 서산대사가 "범이 오면 어떻게 하겠는가"하고 물었더니 한 제자가 "도망쳐야지요"하고 다른 이는 "때려잡아야지요"하는데, 그때 서산대사가 엎드려서 벌벌 기어갔다. 즉 범이 되는 것이다. 범이 되어서 범하고 같이 사는 것이다. 범한테 물려 죽어도 안 되고 범을 때려잡아도 안 되고 범하고 하나가 되어서 같이 사는 것이다. 그것이 서산대사의 생각이다. 우리가 자연을 정복해도 안 되고 자연한테 밤낮 피해만 당해도 안 되고 자연과 같이 사는 것이다. 그렇게 된 세계가 "법화전법화法華轉法華"이다. 전轉자가 세 번 나오는데 당하는 세계, 이기는 세계, 같이 사는 세계이다. 그렇게 되어야 이것이 상적광토常寂光土이다.

**본성청정本性清淨 인하염오因何染汚 무시무명無始無明 위기주재일체爲己主宰一切 중생생무혜목衆生生無慧目 증애심양무명憎愛心養無明 고구도불성故求道不成**

"본성청정本性清淨 인하염오因何染汚", 자연은 깨끗한 것인데 왜 이렇게 더러워졌는가? "무시무명無始無明", 언제부터인지 모르지만 사람이 빛을 잃고 말았다. "위기爲己", 자기가 제일이다. "주재일체主宰一切", 일체를 자기가 지배하려고 마음먹기 시작하였다. "중생생무혜목衆生生無慧目", 모든 중생이 다 빛을 잃고 말았다. "증애심양무명憎愛心養無明 고구도불성故求道不成", 증애가 생겨서 더욱 빛이 없어져서 사람들이 구원받을 길이 없어졌다.

아상我相은 이기주의이다. 인상人相은 집단 이기주의이다. 중생상衆生相은 더 큰 집단의 이기주의이다. 수명상壽命相은 또 더 큰 집단의 이기주의이다. 개인 자본주의가 집단 자본주의, 국가 자본주의, 세계 자본주의로 점점 악하게 되어 가는 내용을 말하는 동시에 과학만 나빠지는 것이 아니라 철학, 종교, 예술도 다 나빠졌다는 것이다.

업지소부자견業知所不自見 불료사상不了四相 근고수도勤苦修道 불능성과不能成果 인적위자認賊爲子 잠복장식潛伏藏識 증불간단曾不間斷 종불성취終不成就

"업지소부자견業知所不自見", 죄를 만드는 인간의 불이 깊이 숨어 있어서 보통 사람들은 그것을 알 수가 없다. 업지業知란 죄를 만드는 인간의 불이다. "불료사상不了四相 근고수도勤苦修道 불능성과不能成果", 사상四相을 다 알지 못해서 아무리 구원받으려고 애써도 도저히 안 된다. "인적위자認賊爲子", 이 도둑놈, 그 악惡을 자기 아들처럼 소중하게 생각한다. 자본주의, 과학 그러면 그것이 도둑놈인데 자기 아들처럼 소중하게 생각한다. "잠복장식潛伏藏識", 악의 뿌리가 자기 의식 속에 깊이 뿌리 박혀 있다. 의식이 자꾸 깊어지면 5식, 6식, 7식, 8식으로 내려가는데, 이 8식을 장식藏識이라 한다. 8식은 무의식 세계 속에서 보다 더 깊은 무의식 세계로, 맨 속의 깊은 무의식을 아라야식阿賴耶識이라 한다. 아라야식은 무의식보다도 더 깊이깊이 들어가서 자기가 왜 악한 짓을 하는지 자기도 모르는 동안에 자기가 악한 짓을 해 가는 것이다. 악의 씨가 골수 속에 들어가서 아무도 모르게 골수를 갉아먹는 그런 세계를 8식이라 한다. 악의 뿌리가 8식 속에 들어 있어서 사람이 태어나면 또 유전이 되어서 자기도 모르게 악의 지배를 받게 된다. "증불간단曾不間斷 종불성취終不成就", 아버지에서 아들로 계속 이어져서 사람이 구원을 받으려 해도 어떻게 구원을 받을 수 있는가, 못 받지 않느냐.

오늘 알아야 할 것은 아상我相, 인상人相, 중생상衆生相, 수명상壽命相이다. 이 네 가지를 시간적으로 말할 때는 윤회에 있어서 아我는 영혼이고, 인人이 사람이고, 중생衆生은 개도 되고 뭐도 되고 하면서 자꾸 바뀌어지는 것이고, 수명壽命은 그것이 계속 몇 천 년 몇 억 년 돌아가는 것이다. 공간적으로 말하면 집단이 자꾸 커지는 것이고, 인간적으로 말하면 오성, 이성, 영성, 감성으로 가는 것이다.

1999. 11. 21.

# 제10장

# 보각普覺

### 게송偈頌

보각여당지普覺汝當知 말세제중생末世諸衆生
욕구선지식欲求善知識 응당구정견應當求正見
심원이승자心遠二乘者 법중제사병法中除四病
위작지임멸謂作止任滅 친근무교만親近無憍慢
원리무진한遠離無瞋恨 견종종경계見種種境界
심당생희유心當生希有 환여불출세還如佛出世
불범비율의不犯非律儀 계근영청정戒根永淸淨
도일체중생度一切衆生 구경입원각究竟入圓覺
무피아인상無彼我人相 상의정지혜常依正智慧
편득초사견便得超邪見 증각반열반證覺般涅槃

보각이여, 그대는 확실히 알아라. 말세의 모든 중생들은
선지식을 구하되 응당 정견을 지니고
마음에 이승을 떠날지어다.
그래서 진리를 실천하는 가운데
네 가지 병이 없어야 하니
이른바 작지임멸이다.
그와 친근하여도 교만하지 말고
그가 멀리하여도 화내지 말며 온갖 경계를 보이더라도
마땅히 희유한 마음을 내어 부처가 세상에 다시 나온 것처럼 대하라.
계율과 예의를 무시하는 죄를 범하지 말고
욕심의 뿌리를 뽑아 영원토록 청정하여라.
일체 중생을 제도하여 마침내 원각에 들면
너도 없고 나도 없고 그도 없고 항상 바른 지혜에만 의지하니
곧 사견을 초월하여 원각을 증득하는 반열반에 들리라.

## 본문 요약

　말세중생末世衆生 사법증치邪法增熾 거하병去何病 득성도得聖道구정지견求正知見 득무외도안得無畏道眼 성구경원각成究境圓覺
　작병作病 아어본심我於本心 작종종행作種種行 욕구원각欲求圓覺임병任病 불구열반不求涅槃 임피일체任彼一切 수제법성隨諸法性지병止病 아금자심我今自心 영식제념永息諸念 적연평등寂然平等멸병滅病 영단번뇌永斷煩惱 공무소유空無所有 일체영적一切永寂
　행자불석신명行者不惜身命 응당공양피선지식應當供養彼善知識 응단교만應斷憍慢 응단진한應斷瞋恨 요지신심필경평등了知身心畢竟平等 관피원가여기부모觀彼怨家如己父母 즉제사상卽除四相 즉제사병卽除四病 구경원각究境圓覺 상적광토常寂光土


## 보충자료

　일식주야통一食晝夜通 일언생사통一言生死通
　일좌천지통一坐天地通 일인유무통一仁有無通
　유물사관唯物史觀 선취공산先取共產
　유물변증법唯物辨證法 노동독재勞動獨裁
　유물론唯物論 교조세뇌教條洗腦
　사회주의社會主義 계급투쟁階級鬪爭 폭력혁명暴力革命

## 강 해

오늘은 보각장普覺章인데 보각이라는 것은 넓게 깨달았다는 그런 뜻도 있지만 여기서는 민중들, 대중들을 어떻게 깨닫게 해주느냐 하는 문제다. 우리 보통 사람들을 어떻게 깨닫게 해주느냐 하는 것이다.

게송을 읽어본다.

보각여당지**普覺汝當知** 말세제중생**末世諸衆生** 욕구선지식**欲求善知識** 응당구정견**應當求正見**

보각, 너는 마땅히 알아야 된다. 말세라는 생각은 불교에서도 상당히 강하게 쓴다. 말세에 태어나는 모든 사람들, 중생들이 선지식善知識을 구해서 마땅히 정말 똑바른 인생의 목적을 알아야 될 것이다. 똑바른 견해를 알아야 된다는 것이다. 선지식이란 요즈음 말로 선생님인데, 보통 보살과 부처를 선지식이라고 한다.

심원이승자**心遠二乘者** 법중제사병**法中除四病** 위작지임멸**謂作止任滅**

성문, 연각, 보살, 불타 중에서 성문과 연각을 보통 이승二乘이라고 한다. 이승을 떠나서 보살, 불타의 세계로 들어가야 된다는 것이다. 그래서 우리가 법을 실천해 가는데 네 가지 병을 제거하여야 된다. 요전 시간은 사상四相이었고 오늘은 사병四病이다. 요전 시간은 정신의 장애를 주는 것으로 사상이라고 했고 오늘은 육체의 장애를 주는 것으로 사병이라 한다. 불교에서 핵심을 한마디로 하면 건강한 육체와 건강한 정신이라 할 수 있다. 그것은 플라톤의 사상과 꼭 같다. 플라톤의 사상도 건강한 정신에 건강한 육체라는 것이다. 그래서 건강한 정신에 건강한 육체를 가졌던 사람이 소크라테스라는 것이다. 소크라테스는 건강한 정신과 건강한 육체를 가지고 아테네를 위해서 일생 자기 자신을 바친 사람이다. 그는 단순히 선생으로서만 자기 자신을 바친 것이 아니라 군인으로서도 아테네를 위해서 세 번 전장戰場에 나갔다. 전장에 나갈 때도 언제나 가장 무거운 무기를 들고 일선으로 달려나갔던 사람이다. 어떤 때는 단신으로 적진 속에 들어가서 적장을 사로잡아온 일도 있었다. 그리고 소크라테스는 겨울에도 양말을 신지 않았던 사람이다. 그만큼 건강한 육체의 대명사이다. 또 소크라테스의 정신이라는 것이 얼마나 숭고하고 고결한지 역시 건강한 정신의 대명사다. 희랍사상과 같은 것이 인도사상이다. 왜냐하면 희랍 민족과 인도 민족이 같은 민족이다. 이란, 이라크, 인도 다 민족이 같다. 그러니까 불교는 서양철학에 훨씬 가깝다고 보아야 된다. 플라톤으로 말하면 "너 자신을 알라!"하는 것인데 불교도 사실은 "너 자신을 알라!"하는 것이다. 너 자신을 등불 삼아서 네가 걸어가야 된다는 사상이나 같은 말이다.

그러면 건강한 정신에 해가 되는 것이 무엇인가? 이장理障이라는 것인데 요전에 말한 대로 그것은 자기라는 것이다. 건강한 정신에 해가 되는 것이 자기라고 하는 자기중심, 이기주의이다. 자기중심, 이기주의 그래서 이전에는 자본주의까지 가서 말했다. 건강한 정신에 잘못되는 것을 이장이라고 하고 건강한 육체에 잘못되는 것을 사장事障이라 한다. 이장과 사장인데 육체가 잘못되는 것은 병病이고 정신이 잘못되는 것을 여기서는 상相이라고 한 것이다. 그래서 요전 시간과 오늘 10장이 서로 연결되는 장이라고 보아야 된다. 9장에서는 이장을 어떻게 제거하는가, 사상四相에 대한 내용이고 오늘 10장은 사장을 어떻게 제거하는가, 그래서 사병四病을 말하는 것이다.

사병四病의 내용은 무엇인가? 작지임멸作止任滅이다. 이장理障의 네 가지를 아상我相, 인상人相, 중생상衆生相, 수명상壽命相이라고 하였는데 오늘 사장事障의 네 가지는 작병作病, 지병止病, 임병任病, 멸병滅病이다. 공자孔子로 말하면 무아無我, 무고無固, 무필無必, 무의無意라는 것이다. 그래서 사병이란 작지임멸이다

친근무교만親近無憍慢 원리무진한遠離無瞋恨 견종종경계見種種境界 심당생희유心當生希有 환여불출세還如佛出世

결국 가까운 사람에게는 교만하지 말아야 되고 멀리 있는 사람에게는 미움을 가져서는 안 된다. 어떠한 경우에 처해서라도 마음속에 언제나 새로운 희망을 가져야 된다. 그래서 마치 부처가 세상에 나온 것처럼 아름다운 세계를 만들어야 된다.

불법비율의不犯非律儀 계근영청정戒根永淸淨

법을 어기는 일은 없어야 한다. 죄를 짓지 말아야 한다. 그래서 우리 마음속에서 욕심을 영원히 뽑아 버려야 한다.

도일체중생度一切衆生 구경입원각究竟入圓覺

그래서 모든 중생들을 구원하여야 되겠다. 결국은 이상세계를 건설해야 되겠다. 오늘은 원각을 이상세계라고 해 본다.

**무피아인상無彼我人相 상의정지혜常依正智慧**

그래서 아상我相이니 인상人相이니 하는 사상四相도 없고 오늘 말하는 사병四病도 없고 언제나 올바른 지혜를 가지고 살아가야 되겠다.

**편득초사견便得超邪見 증각반열반證覺般涅槃**

그래서 가장 잘못된 생각을 벗어나야 되겠다. 증證, 각覺 ,반야般若, 열반涅槃과 같은 깨달은 세계에 도달해야 되겠다.

본문을 읽어본다.

**말세중생末世衆生 사법증치邪法增熾 거하병去何病 득성도得聖道**

말세에 사는 중생들은 아주 잘못된 생각으로 꽉 차있다. 요전에 설명한 이장理障, 건강한 정신에 가장 해로운 것은 한마디로 하면 식食이라 했다. 자본주의의 자본이라는 것도 결국 식이다. 그리고 사병의 핵심, 몸에 가장 해로운 것은 색色이다. 결국 불교에서도 건강한 정신을 해치는 것은 식이고 건강한 육체를 해치는 것은 색이라는 것이다. 이 식이란 말 대신에 공空이라고 쓸 수도 있다. 공즉시색空即是色이고 색즉시공色即是空이다. 그래서 어디서나 공과 색이라는 것이 핵심이다. 건강한 정신과 건강한 육체를 해치는 것이다. 이것이 근본문제로서 핵심이 된다. 그래서 식의 문제는 자본주의資本主義로 가는 것이고 색의 문제는 공산주의共産主義로 가는 것이다. 다시 말하면 자본주의와 공산주의는 식과 색의 문제가 나타난 현상이라고 보아야 된다. 사법邪法, 아주 잘못된 생각, 이것은 크게 말하면 공산주의라는 것이고 또, 작게 말하면 남녀의 성性문제다. 여기에 대해서 정견正見을 가지고 있는 사람이 거의 없다. 잘못된 생각을 한다. 성교육이다 뭐다 하는데 제대로 된 성교육이라는 것이 없다. 하여튼 사람에게 있어서 제일 알기 어려운 문제가 남녀 문제와 먹는 문제이다. 그것을 밝히자는 것이 소위 정견이다.

사법邪法, 잘못된 생각이 너무 많아지고 너무 성하다. 요즈음 또 어른들만 보는 영화관이 새로 생긴다고 한다. 그런데 어른들만 보라 하지만 사실 먼저 보는 것은 아이들이다. 결국은 돈을 벌기 위해서 그렇게 속이는 것이다. 그러니까 이남이라는 것은 전체가 거짓이다. 남쪽의 특징, 자본주의의 특징이 거짓이다. 아무래도 장사꾼이라는 것이 자본주의의 기초인데 장사꾼이란 아무래도 자기 아버지도 속여야 돈을 벌 수 있지, 그렇지 않으면 돈을 벌 수가 없는 것 아닌가. 무슨 청와대 있는 사람이 자기는 절대 그런 말을 한 일이 없다 하고는 그 다음 날 나와서는 제가 그랬다고 한다. 하여튼 요새 어느 것이건 거짓말 아닌 것이 없는 것 같다. 일체가 거짓인데 이것이 소위 자본주의의 특징이다.

그리고 공산주의라고 하는 것은 부실不實이다. 일체가 부실이다. 얼마나 부실하면 이북에서는 평양역에 전기도 안 들어오겠는가. 사회주의 국가에 가서 보면 일체가 부실이다. 불란서에 가보니까 도로 포장을 하는데 거리가 얼마 되지도 않은 공사를 노동자들이 나와서 한 달 동안 작업을 하는 것을 보았다. 이 사람들은 나오기만 하면 봉급을 주니까 열심히 할 필요가 없다. 그러고 불란서가 어떻게 유지될 수 있는지 알 수가 없다. 중국도 마찬가지다. 물건을 하나 파는데 네 명 다섯 명이 붙어서 하나씩 팔고 있다. 그래서 무엇이 되겠는가. 중국에 여러 지방을 둘러보아도 옛날 집 그대로다. 아파트는 요새

새로 지었지만 다 옛날 그대로다. 이북 금강산을 가보아도 일본 제 정 때 그대로다. 조금도 발전된 것이 아무것도 없다. 이북 장전항에 가서 보아도 불이 켜져 있는 데가 없다. 일체가 부실이다. 이 거짓과 부실, 이것이 자본주의와 공산주의의 특색이다. 어떠하든지 간에 사상四相은 거짓이고 사병四病은 부실이라고 보면 된다. 잘못된 생각이 너무도 강하다. 그래서 이 병을 어떻게 뽑아버리나? 어떻게 하면 건강한 정신과 건강한 육체를 회복하느냐? 이것이 보각이라는 사람의 질문이다. 중생들이 한없이 잘못된 생각으로 꽉 차있는데 이것을 어떻게 하면 좋은가 하는 질문이다.

**구정지견求正知見 득무외도안得無畏道眼 성구경원각成究境圓覺**

거기에 대한 석가의 대답이다. 올바른 사람, 깨달은 사람의 올바른 생각을 배우는 길밖에 없지 않은가. 이것이 석가의 대답이다. 정말 무서움이 없는 도道의 눈을 가져야 된다. 아무것도 두려움이 없는, 그런 자신만만한 도의 눈, 바른 눈을 가져야 되지 않느냐? 그렇게 되어야 우리가 이상세계[圓覺]를 건설할 수 있지 않느냐?

**작병作病 아어본심我於本心 작종종행作種種行 욕구원각欲求圓覺**

사병四病이라는 것이 네 가지다. 작병作病, 임병任病, 지병止病, 멸병滅病이다. 작병이라는 것은 제가 이렇게도 해보고 저렇게도 해보고 제 마음대로 무엇이든지 해보아서 결국은 원각을 이루겠다고 하는 것이다. 결국 작병이라는 것은 무엇인가 하면 언제나 정견正見이 있는 법인데 그 정견을 따라서 살아가야 되는데 아무렇게나 한다고 되는 것이 아니다. 제멋대로 한다고 되는 것이 아니다. 고행을 한다고 되는 것도 아니다. 언제나 정도正道가 있는 것인데 그 정도에 따라서 해야지 그저 되고 안 되고 하는 것이 아니다. 붓글씨를 쓴다고 할 때도 정도가 있다. 그저 자꾸 자기가 쓴다고 해서 되는 것이 아니다. 언제나 정도가 있는 법이다. 반드시 선생이 있어서 선생한테 그 정견을 배워야 된다.

**임병任病 불구열반不求涅槃 임피일체任彼一切 수제법성隨諸法性**

전에도 말했지만 상견常見으로 가면 신비주의로 가서 자꾸 세상을 싫어하고 자꾸 열반만 좋아하게 된다. 그래서 세상하고는 떨어지고 자꾸 허공에 뜬 생각만 좋아하게 되는 병이 나온다. 이 병을 없이 하자는 것이 전 시간에 말한 사상四相이다. 그 상견이라는 것, 그것이 불교의 근본개념이다. 그러니까 사람은 상견에 붙잡혀도 안 된다는 것이다. 자꾸 종교, 종교라고 해서 종교에 지나치게 빠져 들어가도 안 된다. 신비주의로 자꾸 빠져나가면 안 된다. 이상주의로 자꾸 빠져나가도 안 된다. 또 이와 반대는 단견斷見인데 상견이 유심론이면 단견은 유물론이다. 상견이 금욕주의면 단견은 쾌락주의다. 여하튼 이 둘은 서로 반대인데 한쪽은 하나님이 없다고 하는 것이고 또 한쪽은 하나님이 제일이라 하는 것인데 이 둘 다 안 되는 것이다.

한쪽으로 너무 치우치면 아상我相이 되고 또 다른 한쪽으로 치우치면 아병我病이 된다. 둘 다 안 되는 것이다. 언제나 건강한 육체와 건강한 정신이 되어야지 절대로 어느 한쪽으로 치우치면 안 된다. 물질주의에 치우치면 땅에서 잘 살겠다는 것이고 신비주의에 치우치면 하늘에 가서 잘 살겠다는 것이다. 이것은 둘 다 안 되는 것이다. 언제나 하늘과 땅이 합쳐서 사람이 되어야지 한쪽으로 치우치면 안 된다. 유심론으로 가도 안 되며 유물론으로 가도 안 된다. 자본주로만 가도 안 되고 공산주의로만 가도 안 된다. 다 안 되는 것이다. 우리가 바라는 것은 결국 민주사회주의인데, 이 민주주의를 깎아먹는 것이 자본주의이고 또 사회주의를 깎아먹는 것이 공산주의 혹은 독재주의다. 둘 다 민주라고 주장하면서도 민주는 없이 자본만 있고 사회주의라 하면서도 사회는 없고 공산과 독재만 있다. 다 잘못되어 있다. "불구열반不求涅槃"이라 해서 저쪽으로 가지 않는다 하는 것은 곧 이쪽으로 온다는 것인데 결국은 유물론, 독재주의에 일체를 맡겨버리고 마는 것이다. 그래서 "수제법성隨諸法性", 유물변증법唯物辨證法으로 치우치고 만다는 것이다. 이렇게 임임이라는 것은 자기를 그냥 자연에 맡겨 버리고 마는 것이다. 될 대로 되라 하는 생각이다.

지병止病 아금자심我今自心 영식제념永息諸念 적연평등寂然平等

지병止病은 이제 내 속에 있는 생각을 일체 없애고 말겠다는 것이다. 생각을 일체 끊어 버리겠다는 것이다. 그렇게 해서 "적연평등寂然平等", 모두가 다 동무가 되고 말 것 아니겠느냐는 것이다. 그러니까 북한과 같은 사회에서는 생각을 할 수가 없는 것이다. 그저 가르치는 것만 그대로 딸딸 외워야지 생각을 할 수가 없는 것이다. 생각이라는 것은 사실은 끊는 것이 아니다. 생각은 계속하는 것이고 생각이 잘못되었으면 그 잘못을 바로잡는 것이지 생각을 끊는 것은 아니다. 그래서 생각을 끊어야 되겠다 하는 그것은 지병이라는 것이다.

멸병滅病 영단번뇌永斷煩惱 공무소유空無所有 일체영적一切永寂

멸병滅病이라는 것은 번뇌를 끊어버리겠다는 것이다. 그래서 이 세상과는 인연을 끊어버리겠다는 것이다. 그렇게 되면 아무런 문제가 없는 것이 되지 않느냐 하는 것이다. 그런데 이것도 마찬가지로 잘못이다. 이 세상과의 관계를 끊어버리는 것이 아니라 세상을 바로잡아야 된다. 생각을 끊는 것이 아니고 생각을 바로잡는 것이고 세상을 끊어버리는 것이 아니라 세상을 바로잡는 것이다. 세상을 끊는 것이 아니라 세상을 바로잡자는 것이지 세상없이 우리가 산다는 그런 것은 말이 안 된다.

유물사관唯物史觀 선취공산先取共産

작병作病이라는 것을 공산주의로 말한다면 유물사관唯物史觀이다. 유물사관에서 제일 중요한 것이 선취공산先取共産이다. 그러니까 원시 공산주의에서 전제주의로, 전제주의에서 봉건주의로, 봉건주의에서 자본주의로, 자본주의에서 공산주의로 하는 이것이 유물사관인데 그 사람들의 문제가 무엇인가 하면 자본주의를 거치지 않고 그냥 공산주의를 붙잡겠다고 하는 것이다. 그 예가 소련이다. 소련은 봉건주의인데 자본주의로 들어가지도 못한 것인데 공산주의를 먼저 선취하여야 되겠다고 한 것이다. 지금의 중국도 마찬가지다. 중국도 자본주의로 되기 전에 미리 공산주의를 선취하는 그런 것인데 그것을 선취공산이라 한다. 그래서 나는 그것을 작병이라고 붙여보는 것이다.

유물변증법唯物辨證法 노동독재勞動獨裁

그 다음에 임병任病은 유물변증법唯物辨證法이다. 유물변증법의 핵심이 무엇인가? 유물이라는 것은 노동자요, 변증법이라는 것은 노동자들이 자꾸자꾸 발전해서 나중에는 정권을 잡는다는 것이다. 정권을 잡아서 그 노동자, 소위 프로proletariat인데, 이 프로들이 독재를 한다는 것이다. 이것을 프로독재라고 한다. 일체가, 김일성이면 김일성, 스탈린이면 스탈린에게 다 맡기고 마는 것이다. 다른 사람들은 일체 권리가 없어지는 것이다. 그래서 노동독재勞動獨裁다. 독재에 다 맡기고 마는 것이다. 다른 사람은 관여를 못한다. 이북에서는 김정일이 다 한다. 이것을 프로독재라고 한다. 이것을 임병이라고 생각하면 어떨까 한다.

유물론唯物論 교조세뇌敎條洗腦

또 지병止病이라고 하는 것은 유물론唯物論인데 교조세뇌敎條洗腦다. 공산주의 교조를 세뇌해서 일체 생각을 없이 하는 것이다. 이북에 가서 사람들을 보면 전부가 죽은 사람 같고 산 사람 같은 이는 하나도 없다. 생각이 끊어지고 만 것이다. 교조세뇌, 이것이 지병이다.

사회주의社會主義 계급투쟁階級鬪爭 폭력혁명暴力革命

끝으로 멸병滅病 하는 것은 무엇인가. 사회주의社會主義라는 것이 계급투쟁階級鬪爭인데, 계급투쟁에서 무엇이 용납되는가 하면 폭력혁명暴力革命이다. 무자비한 폭력혁명을 가지고, 말하자면 모든 반대되는 사람은 전부 죽여버리고 마는 것이다. 이것이 소위 숙청이니 혁명이니 하는 것이다. 그래서 스탈린에게 죽은 사람이 이천만 명이나 된다. 반대하는 사람은 무조건 다 죽여버리고 만다. 김일성에게 죽은 사람도 이백만 명이다. 이렇게 반대하는 자는 다 없애버리고 마는 것이다. 조봉암이 여기서 갔어도 다 죽고 중국에서 귀국한 사람들도 다 죽여 버렸다. 그런 것을 멸병이라 한다. 자기만 제외하고 전부 죽여 없애버리니까 반대하는 사람이 있을 수 없다. 그리고 그 체제를 유지해 가는 것이다.

다시 본문을 본다

**행자불석신명行者不惜身命** 응당공양피선지식**應當供養彼善知識**

행자는 신명을 아끼지 않고 응당 선지식을 공양한다. 선지식은 스탈린이나 김일성 같은 사람이 아니고 불교로 말하면 부처, 기독교로 말하면 그리스도 같은 사람인데 목숨을 바쳐서 그런 사람들을 존경하는 것이다. 기독교의 바울 같은 사람은 자기 목숨을 내놓고 그리스도를 위해서 살아가는 사람이다. 이것을 이렇게 말한 것이다.

**응단교만應斷憍慢** 응단진한**應斷瞋恨** 요지신심필경평등**了知身心畢竟平等**

그리고 자본주의에는 언제나 교만이 따라다닌다. 돈이 많은 사람은 돈 없는 사람을 사람 취급하지 않는다. 그래서 교만이라는 것을 끊어버려야 된다. 또 공산주의로 가면 자기에게 반대하는 사람을 죽여버리고 만다. '진瞋'은 미워할 진이다. '한恨'은 한스러운 한자이다. 그래서 '진한瞋恨'을 끊어야 한다. 그런데 우리가 알아야 될 것은 건강한 정신과 건강한 육체가 하나가 되어야 한다는 것이다. 공산주의로도 안 되고 자본주의만으로도 안 되고 결국은 민주와 사회를 가지고 가야 되는 것이다.

관피원가여기부모觀彼怨家如己父母 즉제사상卽除四相

지금까지 서로 원수 되었던 사람들이 이제 서로 자기의 부모처럼 생각하게 되어야 한다. 그러기 위해서는 "즉제사상卽除四相", 정신적인 장애를 제거하여야 한다. 그래서 건강한 정신이 되어야 한다.

즉제사병卽除四病 구경원각究境圓覺 상적광토常寂光土

또 "즉제사병卽除四病", 육체적인 장애를 제거해서 건강한 육체가 되어야 한다. 그리하여 이상적인 사회를 세워야 한다. 이 이상적인 사회가 무엇인가 하면 "상적광토常寂光土"라는 것이다. 다른 말로 상적아정常寂我淨이라고도 하는데 이때 '상常'이라고 하는 것은 영원하다는 말이고 이때 '적寂'이라고 하는 것은 해탈이라는 말이다. 이때에 '아我'라고 하는 것은 불로불사不老不死의 아我, 오염된 것이 없는 나, 노사老死도 없고 일체의 죄악에서 벗어난 영원한 생명이다. 이렇게 해서 상적아정이라 한다. 또 '적寂'이라는 말 대신에 기쁘다해서 '적寂'자 대신에 '락樂'으로 해서 상락아정常樂我淨이라고 쓸 때도 많다. 언제나 기쁘고 영원하고 깨끗한 것인데 한마디로 표현하면 건강하다는 말이다.

『주역周易』으로 말하면 하늘은 건乾이고 땅은 곤坤이다. 하늘이 건乾이라 하는 것은 건健이라는 말이고 땅이 곤坤이라고 하는 것은 강康이란 말이다. 그래서 하늘 천天 땅 지地 하는 말은 결국 뜻으로 말하면 건강健康이라는 말이다. 보통 '건健'이라고 말할 때는 육체의 건강을 말하고 '강康'이라는 것은 정신의 건강을 말하는 것이다. 그러니까 유교의 핵심도 건강이고 불교의 핵심도 건강이고 기독교의 핵심도 건강이다. 전부가 다 건강이지 건강이 아닌 것은 하나도 없다. 삶의 제일 큰 문제는 건강을 상실하는 것이니까 육체적인 건강, 정신적인 건강을 회복할 수 있으면 되는 것이다. 그래서 사상이나 사병이라고 하는 것의 내용은 바로 그것이다. 그것을 우리가 확대시켜 보면 공산주의도 되고 자본주의도 된다. 축소해보면 나의 정신과 육체를 어떻게 강하게 할 수 있나 하는 것 외에 아무것도 없다.

일식주야통一食晝夜通 일언생사통一言生死通
일좌천지통一坐天地通 일인유무통一仁有無通

이것은 내가 유영모柳永模 선생님으로부터 배운 것이다. 어떻게 하면 병을 없이 할 수 있는가 하는 것으로 배운 것이 네 가지다. "일식주야통一食晝夜通", 밤과 낮을 지나갈 때 어디서든 좋으니까 한 번 먹으면 족하다는 이것이 일식주야통이다. 그리고 "일언생사통一言生死通", 생과 사를 통과하는 한마디의 진리, 생을 초월하고 사를 초월할 수 있는 한마디의 진리가 있으면 된다는 것이다. 이것이 일언생사통이다. 그리고 "일좌천지통一坐天地通"이다. 한 번 앉아서 하늘하고 땅하고 꿰뚫으면 된다. 이것이 일좌천지통이다. 그리고 "일인유무통一仁有無通", 있는 사람하고 없는 사람하고 서로 통하는 그런 사랑, 그것을 일인유무통이라고 한다. 이것이 이상세계의 내용이다. 일식주야통, 일언생사통, 일좌천지통, 일인유무통, 이 네 가지를 요약해서 일좌식一坐食이라고 한다.

일좌는 건강한 정신이고 일식은 건강한 육체다. 요약해서 말할 때 이 두 가지를 따로 뽑아서 일좌식이라고 한다. 일좌라는 것은 하나의 입장을 소유하는 것으로 입장을 가져야 건강한 정신을 지킬 수 있다. 그리고 건강한 육체를 소유하기 위해서 수 천년 전부터 옛사람들이 발견한 비결이 일식이니까 일식을 하면 몸이 튼튼해진다 해서 50여 년 동안 나도 일식을 한다. 건강한 정신과 건강한 육체라고 할 때 일좌, 일식으로 두 가지 말로 하고 네 마디로 할 때는 일식, 일언, 일좌, 일인으로 한다. 이것은 자기가 어떻게 하면 건강해지나 하는 문제를 스스로 찾아서 건강한 정신과 육체를 만들면 되는 것 외에 아무것도 없다. 이렇게 하면 우리의 병을 없이 하는데 참고가 되니까 그렇게 해두는 것뿐이다. 꼭 옳다는 것도 아니고 아무것도 아니다. 그런 의견을 한 번 말해 두면 누구든지 참고를 해서 자기의 정신과 육체를 건강하게 만들면 된다. 요전 정업淨業에서는 건강한 정신을 어떻게 만들어 갈 수 있나 하는 것이고, 오늘 보각은 건강한 육체를 어떻게 만들어 갈 수 있나 하는 것이다. 그래서 자기가 가만히 생각해 보아서 어떻게 하면 그렇게 될 수 있는 것인지 찾아야 된다. 여기서는 작지임멸이라고 했는데 나의 작지임멸은 무엇인지 자기가 자기를 반성해 가면서 찾아가면 되는 것이다.

불교에서 무신론無神論, 무신론 하는데 왜 무신론이 되는가 하면 상견常見을 제거하기 때문이다. 불교에서는 상常이라는 것을 인정하지 않는다. 또 불교가 왜 향락주의로 빠지지 않는가 하면 단견斷見 때문이다. 그래서 고행苦行도 안 되고 또 향락도 안 되고 그 가운데서 언제나 정견正見, 정행正行을 주장한다. 언제나 바른 견해와 바른 행동으로 살아가야 한다. 결론은 삶이란 바르게 살아야 건강하지, 바르지 못하면 건강할 수가 없다는 것이다. 그래서 일좌 할 때는 바르게 앉아라 한다. 왜냐하면 바르게 앉지 않으면 디스크에 걸린다. 자세가 바르지 않으면 척추가 구부러져서 몸 속 신경계통에 장애를 준다. 그래서 유영모 선생님은 오산학교 교장으로 취임해서 맨 처음 한 것이 의자의 등받이를 절단해 버렸다. 그렇지 않으면 몸을 의자에 기대고 싶으니까 잘라버렸다. 요즈음 소파는 누워있으라고 만들었으니까 기대고 누우면 척추가 구부러진다. 일좌 하면 언제나 뼈를

곧바로 세워라 하는 것이다. 그리고 유영모 선생님은 잠잘 때 언제나 침대도 안 쓰고 요도 안 쓰고 나무판을 하나 깔고 그 위에 담요 한 장을 깔고 그 위에서 주무신다. 왜냐하면 몸의 척추를 바로 하기 위해서다. 그래서 앉을 때는 곧바로 앉고 누워 잘 때는 언제나 곧바로 누워 잔다. 언제나 척추를 바르게 하여야 한다. 유영모 선생님은 잠을 4시간만 자고는 20시간을 깨끗한 정신으로 살았다. 그런데 4시간 자고 20시간을 깨끗한 정신을 지킬 수 있는 것은 나무판 위에서 자기 때문이다. 그리고 낮잠을 자거나 하는 일이 전혀 없었다. 한 번 깨면 그 다음 잘 때까지는 졸거나 낮잠이라는 것은 일체 없었다. 4시간만 자고도 세검정에서 인천도 걸어서 다녀오고 개성도 걸어서 다녀오고 했다. 그런데 의사들이 말하길 유영모 선생은 삼십세가 되기 전에 죽는다고 진단을 할 정도로 몸이 약해져 있었는데 92세까지 살았다. 걸어서 인천도 다녀오고 개성도 다녀오고, 하여튼 서울 안에서는 차를 탄 일이 없다. YMCA도 언제나 걸어 왔지 타고 온 일이 한 번도 없다. 그것을 보면 선생님은 건강한 육체다. 병난 육체로는 도저히 인천이나 개성을 걸어서 다녀올 수 없다. 선생님은 먹는 것은 일식을 하고 잠은 판자 위에서 잤다. 건강한 육체를 가지고 일식 일언, 일언이라는 것은 잠을 잔다는 뜻이다.

잠 속에서 하나님 말씀을 듣는다 해서 일언이라 했고 말씀을 듣는다고 하셨다. 유영모 선생님의 건강요법은 한 번 먹고 한 번 자는 것인데 자는 데서부터 깨면 그것으로 끝이지 깨어났다가 다시 자는 일이 없다. 그래서 언제나 단 한 번 잔다는 것이다. 먹는 것도 단 한 번, 자는 것도 단 한 번으로 그치는 것이다. 내가 늘 말하지만 삼각산 세검정에서 출발해서 백운대에 올라갔다가 내려왔는데도 오르거나 내려올 때 언제나 제일 앞에 걷는다. 유영모 선생님과 내가 삼십년 차이인데 우리는 그냥 허덕허덕한다. 백운대까지 올라갈 때도 허덕허덕하고 내려올 때도 허덕인다. 그렇게 내려오는데 선생님은 정정하시다. 왜냐하면 선생님은 기체氣体니까. 선생님의 몸은 언제나 기체다. 그래서 언제나 몸이 가볍다. 딱 정좌하고 앉을 때 선생님은 어떻게 그렇게 열 시간도 앉아 있을 수 있는가 하고 물으니까 선생님 말씀이 나는 앉아 있는 것이 아니고 떠있다고 하신다. 기체니까 떠있다고 하신다. 그러니까 백운대도 걸어서 올라가는 것이 아니고 날아서 갔다 오는 것이다. 내가 늘 말하는 것처럼 선생님의 배[丹田]는 축구공처럼 볼록하다. 그래서 선생님이 나더러 주먹으로 배를 쳐보라고 하셨다. 주먹으로 치면 주먹이 팡팡 튀었다. 왜냐하면 단전 속에 기운이 꽉 차있다. 기해氣海라는 것이다. 그래서 옛날 사람들이 건강한 사람을 기체라고 하였다. 이 기운이라는 것이 힘이라는 것이다. 힘이 있는 몸이다. 기체니까 물론 가벼운 몸도 되지만 힘있는 몸이다. 힘있는 몸이니까 사병四病이라는 것이 없다. 또 선생님은 새벽에 일어나면 언제나 일좌다. 선생님의 『성경』책을 보면 『성경』을 얼마나 많이 읽었는지 금과 점이 없는 곳이 없다. 계속 읽는다. 아까 작병作病이라 그랬는데 사람이 아무것이나 한다고 되는 것이 아니다. 하나님의 말씀을 우리가 실천하여야 되고 내 마음대로 한다고 해서 되는 것이 아무것도 없다.

유영모 선생은 『성경』을 계속 읽어서 그 속의 핵심을 뽑아 가지고 그것으로 자기가 살아간다. 그것이 일좌라는 것이다. 선생님의 입장이 딱 정해져 있는 것이다. 그리고 일인은 걸어다니는 것이다. 두 발로 걷는 모양이 팔八자이고 이것이 겹치면 행行자고 세 발 걸으면 보步자고 그래서 인仁이라고 하는 것은 사람이 걸어가는 발자국을 그린 것이다. 그래서 걸어다닌다는 뜻이 인仁이다. 무조건 걷기만 하면 인仁이라는 말이 아니라 YMCA까지 걸어와서 45년 동안 누가 오든지 간에 계속 하나님의 말씀을 전했다는 것, 그것을 우리가 선생님의 일인이라고 하는 것이다. 뜻은 걷는다는 뜻도 있지만 결국 사랑이다. 그 당시 도산島山 안창호安昌浩도 그랬지만 이 백성을 어떻게 할 것인가. 그 백성을 사랑하는 뜻으로 우선 학교를 세워서 가르쳐야 되겠다는 뜻이다. 유영모 선생은 자기가 YMCA에서 할 일이 무엇인가. 오산학교 교장으로 갔는데 일본 사람들이 절대로 도장을 안 찍어 준다. 아무리 일 년 동안 몇 번이고 인가 신청을 해도 도장을 안 찍어 주니까 할 수 없이 돌아오고 만다. 그래서 YMCA로 와서 여기서 사십 오 년 동안을 강의를 한다. 이것이 선생의 정신이다. 박종홍도 와서 들었고 강의를 들은 사람이 많다. 지금은 기록이 없어서 모르지만 장안에 있는 많은 사람들이 와서 강의를 들었을 것이라고 생각한다. 일좌, 일인이라고 하는 것은 선생의 건강한 정신을 표시하는 말이라고 할 수 있다. 일좌는 하나의 입장을 가진 것이고 일인은 45년 동안 이 백성을 위해 가르침에 힘쓴 것이다. 건강한 정신과 건강한 육체를 갖는 것을 상적광토常寂光土라고도 하고 상락아정常樂我淨이라고도 해서 이상세계를 건설해 보는데, 하늘에 있는 이상세계도 아니고 땅에 있는 이상세계도 아니고 '사람의 이상세계'를 한 번 건설해 보자는 것이다. 이것이 이 사람들의 생각이다.

　『원각경』에서 맨 처음에 문수文殊가 나오고 다음에 보현普賢이 나왔는데 문수는 지知에 대해서, 즉 인간의 본질이 무엇인가를 말하는 것이고 보현은 행行에 대해서, 즉 그 본질을 어떻게 우리가 다시 회복할 것인가를 말하는 것이다. 그 다음에 보안普眼이 나오고 다음에 금강金剛이 나오고 다음에 미륵彌勒이 나오고 다음에 청정淸淨이 나오는데 이것을 종밀宗密은 어떻게 생각했는가 하면, 이것은 종밀의 말로서(꼭 그렇다고 할 수는 없지만) 하여튼 보안, 금강, 미륵, 청정이라는 이 네 과는 한 번 가르치면 곧 알아듣는 사람들, 이런 상근上根에게 하는 말이라 했다. 중국 사람들은 언제나 사람을 상근上根,

중근中根, 하근下根이라는 생각을 한다. 상근이라 하면 한마디 말을 하면 곧 알아듣는 사람이고 중근은 한참 설명을 하여야 알아듣고 하근이라 하면 매를 좀 맞아야 알아듣는 사람이다. 그래서 상근, 중근, 하근으로 가르는데 이 네 과는 상근을 위해서 하신 말씀이라고 되어 있다. 그 다음에는 위덕威德, 변음辯音, 정업淨業, 보각普覺이 나오는데 이것들은 중근을 위해 하신 말씀이라고 한다. 그리고 이 다음 원각圓覺이 하근을 위해서 하신 말씀이라는 것인데 이것은 그저 종밀의 의견이고 꼭 그렇다는 것은 아니다. 그리고 그 다음 장 현선수賢善首이 이『원각경』을 잘 보관하라는 것이고 그 다음 맨 마지막 원각경 소疏는 이 경을 잘 유통시켜야 되겠다는 말이 하나 있다. 그러니까 결국 이 다음 11장 원각圓覺이 내용상 거의 끝이다.

그런데 이『원각경』이 꽤나 긴 경이지만 그것을 압축시켜서 이렇게 한 번 설명해 보는 것이다. 그래서 물론 빠진 내용도 상당히 많이 있다. 그것은 여러분이『원각경』을 구해서 읽어보면 될 것이고 나로서는 이렇게 생각한다. 그래서 내 생각을 한 번 참고로 하면 좋겠다는 것이다. 이전 시간은 자본주의 이야기고 오늘은 공산주의 이야기다. 그래서 공산주의 가지고도 안 되고 자본주의 가지고도 안 된다는 그런 이야기라는 것이다. 그것은 내가 그렇게 생각하는 것이지 다른 사람이 이런 말을 한 것은 없다. 나는 불교라는 것을 내 의견으로 보았을 때 불교의 핵심이 건강한 정신에 건강한 육체라는 것이다. 그래서 그것을 해치는 것이 식과 색이라고 보는 것이다. 식을 문제삼는 것이 이전의 내용이고 색을 문제삼는 것이 오늘의 내용이다. 여기 색에 대해서 또 말을 붙이면 말이 상당히 많아지게 된다. 그러나 그렇게까지 할 필요는 없고 하여튼 핵심이 무엇인지만 우리가 붙잡고 가면 되지 않느냐고 생각한다. 그러니까 정신을 해치는 것은 부정不正이고 육체를 해치는 것은 불실不實이다. 결국 사상四相이라는 것은 부정이고 사병四病이라는 것은 불실이다. 인간의 근본문제는 어떻게 하면 이 두 가지를 바로잡는가 하는데 있다.

정직과 진실, 이 두 가지다. 정직을 의義라고 하고 진실眞實을 인仁이라 하면, 유교의 인의仁義나 불교의 정업淨業, 보각普覺의 이 두 가지나 결국 같은 말이 된다. 그래서 유교의 인의를 가지고 불교를 이해할 수도 있고 또 불교의 사상과 사병을 가지고 유교를 이해할 수 있는 것이다. 결국 핵심은 사람의 정신이 건강하다면 건강할 수 있고 자주 거짓말을 하면 그것은 벌써 정신이 나간 것이다. 그리고 몸도 진실하게 되면 건강한데 몸이 부실하면 병이 몸에 붙게 된다. 결국 이 두 가지를 인의라는 두 항목으로 바꿀 수도 있는 것이다. 그래서 정직과 진실, 이 둘이『주역』의 핵심이기도 하다. 이 둘이『주역』의 핵심인데 이것을 빼놓으면『주역』에서 남을 것이 무엇이 있겠는가.

1999. 11. 28.

# 제11장

# 원각圓覺

### 게송偈頌

| | |
|---|---|
| 원각여당지圓覺汝當知 | 일체제중생一切諸衆生 |
| 욕구무상도欲求無上道 | 선당결삼기先當結三期 |
| 참회무시업懺悔無始業 | 경어삼칠일經於三七日 |
| 연후정사유然後正思惟 | 비피소문경非彼所聞境 |
| 필경불가취畢竟不可取 | 사마타지정奢摩他至靜 |
| 삼마정억지三摩正憶持 | 선나명수문禪那明數門 |
| 시명삼정관是名三淨觀 | 약능근수습若能勤修習 |
| 시명불출세是名佛出世 | 둔근미성자鈍根未成者 |
| 상당근심참常當勤心懺 | 무시일체죄無始一切罪 |
| 제장약소멸諸障若消滅 | 불경편현전佛境便現前 |

원각이여, 그대는 확실히 알아라. 일체의 모든 중생들이
위없는 도를 구하고자 하면 우선 세 가지 기간을 정해서
한없는 예부터의 업을 참회하여 삼칠일을 지내고
그런 뒤에 바르게 사유토록 하여 저가 들은 바가 아니면
끝내 취하지 말라. 사마타는 지극히 고요하고
삼마발제는 바르게 기억하고 선나는 널리널리 밝히는 것이니
이를 삼정관이라 한다. 만일 능히 부지런히 닦아 익힌다면
부처가 세상에 나타났다 하리라. 둔근으로 성취하지 못한 이도
항상 부지런한 마음으로 한없는 예부터의 모든 죄를 참회하여
모든 업장이 소멸하면 부처의 경계가 당장 나타나리라.

## 본문 요약

　　미득오자未得悟者 운하안거云何安居 삼종정관三種淨觀 이하위수以何爲首 약재가람若在伽藍 안처도중安處徒衆 편수삼관遍修三觀 근행정진勤行精進 구애참회求哀懺悔 당위청정當爲淸淨 득심경안得心輕安 일향섭념一向攝念

　　수사마타修奢摩他 선취지정先取至靜 불기사념不起思念 정극편각靜極便覺 삼마발제三摩鉢提 의종종법依種種法 근고삼매勤苦三昧 자훈성종自薰成種 수어선나修於禪那 무불료지無不了知 백천세계百千世界 소수용물所受用物

　　약후말세若後末世 둔근중생鈍根衆生 부득성취不得成就 유석업장由昔業障 당근참회當勤懺悔 선단증애先斷憎愛 삼종정관三種淨觀 수학일사隨學一事 차관부득此觀不得 복습피관復習彼觀 심불방사心不放捨 점차구증漸次求證

　　약복무유若復無有 타사인연他事因緣 즉건도량卽建道場 당립기한當立期限 약립장기若立長期 백이십일百二十日 중기백일中期百日 하기팔십下期八十 안치정거安置淨居 심존목상心存目想 생정억념生正憶念 환동여래還同如來

　　미득오자未得悟者 운하안거云何安居 삼종정관三種淨觀 이하위수以何爲首 약재가람若在伽藍 안처도중安處徒衆 편수삼관遍修三觀 근행정진勤行精進 구애참회求哀懺悔 당위청정當爲淸淨 득심경안得心輕安 일향섭념一向攝念

## 강해

오늘은 『원각경』의 가장 중요한 핵심으로 참회懺悔에 관한 것이다. 세조가 단종을 죽이고 참회하는 마음으로 지금의 파고다 공원에 원각사를 세웠다. 원각圓覺의 뜻은 4가지로 진정眞淨, 명묘明妙, 허철虛撤, 영통靈通이다. 진정이란 진짜로 깨끗하다는 뜻이다. 명묘란 도덕적으로 굉장히 밝고 높은 경지에 도달한 것을 말한다. 선善이 지극한 경지에 도달한 것을 묘妙라 한다. 허철이란 사물의 핵심을 깊이 꿰뚫었다는 의미이다. 영통이란 영의 근원에 도달하여 통하지 않은 데가 없다는 말이다.

나는 오늘 원각을 이상세계로 번역하려고 한다. 일전에 정업淨業을 4가지 병을 가진 자본주의라고 하여 사상四相이라 했으며, 지난 시간에는 보각普覺으로 공산주의가 4가지 병을 가지고 있다고 하여 사병四病이라 했는데, 이 사상과 사병을 제거해야 한다고 하였다. 이 사상과 사병을 제거하면 민주사회民主社會가 된다. 즉 백성들이 깨고 주체의식이 강해져서 백성들이 주인이 되는 사회이다. '민주'란 백성들이 깨서 주인이 되어야 한다는 것이고 '사회'란 대통령이 자기 자신을 나라를 위해서 바치는 것이다. 사회란 본래 사직공원에서 제사를 드릴 때 제물을 바치는 것을 말한다. 원圓이란 백성이고 각覺이란 대통령이다. 『주역』에서 무극이태극無極而太極이라는 사상이다. 모든 백성들은 하나도 빠짐없이 자기의 주체의식을 가져야 하고 대통령은 나라를 위해서 자기 자신을 바쳐야 한다. 각覺이란 철인이라는 것으로 불교도 철인정치의 범주에 들어간다고 할 수 있다. 플라톤의 철인정치 이상국가나 석가의 철인정치 이상국가인 불국 또는 원각은 이상세계라 생각할 수 있다. 불국佛國에서 불佛이란 각覺을 뜻하고 국국國은 나라이다.

게송을 읽어본다.

원각여당지圓覺汝當知 일체제중생一切諸衆生 욕구무상도欲求無上道 선당결삼기先當結三期

　원각이여, 너는 마땅히 알아야 한다. 모든 사람들이 최고의 도를 다 구하고 있다. 최고의 문명과 문화를 이루기 위해서는 대학을 나와야 한다. 원각을 이상국가라 한다면 최고의 도는 문명, 문화라 생각할 수 있다. 최고의 문명, 문화를 가지기를 바란다. 도는 보통 진리라고도 하고 여러 가지로 번역을 한다.
　오늘의 내용은 대학을 창설하는 내용으로 대학은 3기三期로 나누어서 공부를 했다. 3기란 "약립장기若立長期 백이십일百二十日 중기백일中期百日 하기팔십下期八十", 장기는 120일, 중기는 100일, 하기는 80일로 요새로 말하면 한 학기가 120일이냐, 100일이냐, 80일이냐는 것으로 학기제냐, 쿼타제냐 하는 식이다. 그렇게 정해놓고서 공부를 했다. 가람伽藍은 요즘의 대학원이다. 불교의 삼보인 불법승佛法僧에서 승僧은 승려를 말하는 것이 아니라 인도 말인 승가僧伽의 첫 글자이다. 승가는 본래 무리, 중생이라는 뜻이고 나중에는 교단이라는 뜻도 된다. 요새말로는 학생, 클래스class라는 것이다. 가람은 인도말인 람마rama의 첫 글자이며 람마란 동산[園, 院]이라는 말로 요새말로는 캠퍼스campus라는 것이다. 나중에는 원院자도 많이 썼는데 대학원을 말한다. 승가란 대학에 해당하고 가람은 대학원에 해당한다고 볼 수 있다. 승가는 인도말로 중이라는 뜻이 전혀 들어있지 않다. 가람은 큰 절, 사찰, 대강당, 큰 예배당, 큰 사원을 말한다.

학교를 세워서 4달, 3달, 2달이고 공부를 한다.

참회무시업懺悔無始業 경어삼칠일經於三七日 연후정사유然後正思惟

비롯함이 없는 옛부터의 업을 참회하여 삼칠일 동안 지내고 그 후 본격적으로 연구를 시킨다. 참회懺悔에서 참懺은 인도말인 삼마 Sama를 소리나는 대로 적은 것으로 그 자체는 뜻이 없고 그 뜻은 회개한다는 것이다[悔]. 인도말과 중국말이 같이 나열이 된 것이다. 인도말은 삼마Sama고 중국말은 회개이다. Sama는 삼마, 잠마, 참마 라고도 한다. 대학으로 말하면 참회는 요새말로는 수능시험 보는 것 이다. 자기의 실력이 다 드러나서 붙고 떨어지고 하는 것이다. 참회 하는 기일이 삼칠일인 것은 여러 가지 뜻이 있다. 요새로 말하면 시 험 보는 기일인데 그것이 3일, 7일, 17일, 21일 등 여러 가지로 본 다. 하여튼 삼칠일 시험기간 동안 시험을 봐서 입학을 시킨다. 그 후 에 진짜로 연구를 시킨다.

비피소문경非彼所聞境 필경불가취畢竟不可取

문경聞經을 넘어선 사람이 아니면 절대 받아들이면 안 된다. 문경 이란 강의를 듣고 공부하는 학부과정이다. 대학원이 되면 자기가 새 로운 경지를 개척해야 한다. 그렇게 되어야 사유思惟의 세계가 된다. 문경이란 성문聲聞으로 요즘의 대학 학부에 해당한다. 대학원의 석 사쯤 되면 연각緣覺이고, 박사과정은 보살菩薩이고, 교수가 되면 불 타佛陀이다. 불타가 되려면 굉장히 어렵다. 신해행증信解行證의 세계 다. 연각이 되어야 깊은 진리의 세계를 이해하게 된다. 보살이 되어 야 진리를 실천하게 된다. 불타가 되어야 진리를 간증하게 된다.

### 사마타지정奢摩他至靜 삼마정억지三摩正憶持 선나명수문禪那明數門

삼마디는 깊이 이해하는 것이고, 삼마발제는 높이 행하는 것이고, 디야나는 넓게 증거하는 것이다. 12제자에서 죽 나오는 것은 늘 세 가지이다. 사마타, 삼마발제, 디야나이다.

"삼마정억지三摩正憶持", '억憶'은 따라 외우는 것이고 '지持'는 자기가 붙잡는다는 것으로 체득體得이다. 억지憶持는 따라 외워서 자기가 몸소 체득하는 것이다. '정正'은 확실히 믿는 것이다. 우리가 하나님의 말씀을 확실히 믿고, 따라 외고, 내가 그것을 실천하는 세계가 삼마발제이다.

"선나명수문禪那明數門", 선나에서 여러 문을 밝힌다. 선나는 해탈로서 번뇌를 끊는 것으로 적멸寂滅을 제일 많이 쓴다. '적寂'이란 해탈한다, 벗어난다는 것이고 '멸滅'이란 모든 번뇌를 끊어버렸다는 것이다. 적멸은 다른 말로는 인도말로 열반涅槃[nirvana]이라 한다. 디야나에서 여러 문을 밝힌다. 여러 문은 사문四門으로 요새말로 하면 과학, 철학, 예술, 종교 또는 진선미성眞善美聖을 밝히는 것이다. 결국 문화를 창조해 나가는 것인데, 구체적으로는 진선미성이라고 하는 가치를 창조해 가는 것이다. 석가가 우리에게 가르친 것이 네 가지 과학, 철학, 예술, 종교이다. 미美가 안으로 들어오면 도덕이고, 밖으로 나가면 예술이 된다. 석가가 연꽃을 꺾어 들어서 보여주었을 때 연꽃의 열매는 진眞이며, 잎사귀는 선善이고, 꽃은 미美이고, 줄기는 성聖이다. 석가가 꺾어 들어서 보여준 연꽃은 진선미성을 표시한다. 진실眞實, 선엽善葉, 미화美花, 성간聖幹이다. 가섭이 연꽃을 보고 웃었다 하는 것은 진선미성을 보고서 웃었다는 것이다. 불교의 내용이 바로 진선미성이다. 모든 학문이 진선미성이다.

## 시명삼정관是名三淨觀

삼마디, 삼마파티, 디야나 세 가지는 다 '나'가 없다 해서 그것을 삼정관三淨觀이라 한다. 삼마디는 '정靜', 삼마파티는 '환幻', 디야나는 '적寂'으로 쓴다. 삼마디는 물에 빠졌던 사람이 물 위에 떠올라오는 것이고, 삼마파티는 육지까지 가는 것이고, 디야나는 육지 위에 올라선 것이다. 삼마디는 건강한 정신[心]으로 건강한 정신에는 사상四相[証悟了覺]이 없다. 삼마파티는 건강한 육체[肉]이다. 디야나는 건강한 심령[靈]이다. 건강한 심령은 생소해서 건강한 인격, 건강한 문화, 또는 건강한 사회로 할까 하고 여러 가지로 생각해 보았다. 이렇게 말을 정하는 것이 참 어렵다.

요전에 했듯이 이것들의 공통점은 다 병이 들었다는 것이다. 이유는 마음이 자기 것이라고 생각했기 때문에 병들게 되었다. 마음과 정신은 하나님의 것인데 자기 것으로 생각하니까 무명無明이 되어서 번뇌가 생기게 되었다. 몸은 자연인데 이것을 무시하고 자기 것이라고 생각해서 병이 생긴다. 심령, 인격, 문화라는 것도 내 것이 아니고 사회에 속한 것인데 내 것으로 생각해서 병에 걸린다.

삼마디는 하늘이고 삼마파티는 땅이고 디야나는 사람이라는 것이다. 하늘에 속한 것은 지知이고 땅에 속한 것은 행行이고 사람에 속한 것은 인仁이다. 이 인仁은 우리말로 하면 대인大人, 어른(얼은)이라는 것이다. '얼'은 영혼이라는 뜻이 아니라 어른, 대인이라는 뜻이다. 그러니까 어른의 내용은 사랑이다. 심心, 육肉, 영靈으로 할 수 없이 영을 쓰지만 영혼이라는 뜻이 아니라 사랑 인仁으로 어른이라는 뜻이다. 처녀, 안해, 엄마라는 뜻이다. 지에서 행으로, 행에서 인으로 발전해 가는 과정이다. 유영모柳永模 선생님의 말을 빌리면 우슴, 목숨, 말씀이다. 또 다르게 말하면 계소리, 가온소리, 제소리이다. 다 변증법적으로 된 것이다. 그런 것만 알면 별로 문제가 아니다.

건강한 심령은 문화의 근원으로 인仁이다. 삼일신고三一神誥로 말하면 환인桓因, 환웅桓雄, 환검桓儉이다. 환웅은 문화의 근원을 표시하는 것이다. 오늘 승가, 가람은 문화의 근원을 말하자는 것이다. 여기서 문화를 생산해 내자는 것이다. 유영모 선생님은 이처럼 말을 고르는 것을 수사修辭라고 하는데 말을 고른다는 것은 참 어려운 일이다.

나는 천지인天地人을 하늘은 빛, 땅은 힘, 사람은 숨이라고 했다. 왕양명王陽明의 철학은 지행인知行仁인데 이들을 우리말로 바꿔놓아야 하는데 참 바꾸기가 어렵다. 기독교로 말하면 진리요, 길이요, 생명이다. 나는 무엇인가? 나는 진리요, 길이요, 생명이다. 진리는 진이고 힘은 선이고 생명은 미로 진선미라 해도 좋고 빛, 힘, 숨이라 해도 좋다. 이 숨은 하늘에 속한 것으로 얼숨, 땅에 속한 것으로 목숨, 사람에 속한 것으로 말씀이라 해도 된다. 이 세 가지가 모든 사상의 근원어이다. 그것이 정해져야 다른 것이 풀려가지 그것이 정해지지 않으면 풀려가지 않는다.

삼마디, 삼마파티, 디야나의 특징은 '나'가 없다[無我]는 것이다. 하늘도 땅도 사람도 내 것이 아니다. 내 정신도, 내 육체도, 내 심령도 내 것이 아니다. 내 것이 아니라는 것을 표시할 때 '정淨'자를 쓴다. 내가 들어가기만 하면 더러워진다. 내가 없으면 깨끗해진다. 불도 연기가 나면 더러워지고 백열白熱이 되어 연기[내]가 안 나면 깨끗하다. 언제나 이 세상에서 제일 더러운 것이 나이다. 제법무아諸法無我이다. '나'라는 것이 없어야 된다. 세 가지가 다 '나'가 없다 해서 그것을 삼정관三淨觀이라 한다.

약능근수습**若能勤修習** 시명불출세**是名佛出世** 둔근미성자**鈍根未成者** 상당근심참**常當勤心懺** 무시일체죄**無始一切罪** 제장약소멸**諸障若消滅** 불경편현전**佛境便現前**

우리가 열심히 공부하고 연구하면 나중에는 다 성불成佛할 수 있다. 다 전문가가 될 수 있다. 아직도 성불하지 못한 사람도 자기의 부족함을 계속 후회하면서 노력해 가면 자기의 모든 부족한 것, 종교적으로 말하면 죄, 자기의 무지 무명, 자기의 앞길을 방해하는 모든 장애물들이 다 없어질 것이다. 그래서 진짜 창조적 지성으로 살아갈 수 있게 될 것이다. 여기서 불佛이란 창조적 지성이라 해 둔다. 결국 우리 나라가 발전하려면 새로운 문화와 문명을 창조해내는 사람들이 많이 나와야 된다. 그렇게 되어야 원각의 세계, 이상 세계이다.

본문을 읽어본다.

미득오자**未得悟者** 운하안거**云何安居** 삼종정관**三種淨觀** 이하위수**以何爲首** 약재가람**若在伽藍** 안처도중**安處徒衆** 편수삼관**遍修三觀** 근행정진**勤行精進** 구애참회**求哀懺悔** 당위청정**當爲淸淨** 득심경안**得心輕安** 일향섭념**一向攝念**

아직도 깨닫지 못한 사람은 어떻게 공부하면 될까? 안거安居란 편안할 '안安', 있을 '거居'자로 어떻게 공부하면 될까 하는 것이다. 안거는 인도 사람들이 비 올 때 밖에서는 아무것도 할 수 없으니까 다 함께 모여서 공부를 한데서 유래한 것으로 공부하는 것이다. 안거에는 동안거冬安居와 하안거夏安居가 있다. 겨울에 추워서 아무것도 못할 때 다 모여서 공부하는 것이 동안거이고 여름에 더워서 아무것도 못할 때 다 모여서 공부하는 것이 하안거이다.

삼마디, 삼마파티, 디야나 중에서 어느 것부터 먼저 할 것인가? 큰 대학이 있으면 거기에 많은 사람들이 모여서 이 세 가지를 열심히 공부하여 발전해 나가야 된다. 언제나 자기의 부족함을 참회해야 한다. 어제까지 내가 살아온 것이 다 잘못했다 하고 오늘부터 또 새롭게 나가야 한다. 그래서 나 자신이 한 번 깨끗해져야 한다. 종교면 종교의 핵심을 얻어서 종교가 이제 나에게 짐이 되지 않고 가볍게 되어 한결같이 모아 가지는 것이다.

**수사마타修奢摩他 선취지정先取至靜 불기사념不起思念 정극편각靜極便覺 삼마발제三摩鉢提 의종종법依種種法 근고삼매勤苦三昧 자훈성종自薰成種 수어선나修於禪那 무불료지無不了知 백천세계百千世界 소수용물所受用物**

삼마디를 수련하려면 혼자 조용한 곳에서 연구해야 하며, 다른 생각을 해서는 절대 안 된다. 생각이 끝에 도달하면 새로운 세계를 창조해 낼 수 있다. "정극편각靜極便覺"에서 '정靜'이란 사색思索이다. 삼마디는 지적인 내용이다. 삼마파티는 여러 가지 법들이 있으며 부지런히 고행을 통하여 자기가 자기를 길러서 어떤 결과를 이루어내는 것이다. 디야나의 과정은 모르는 것이 아무것도 없게 되고 자기의 세계가 확실해진다. 그것을 움직일 수 있는 방법을 확실히 붙잡게 되는 것이다. 음악이면 음악, 종교면 종교에 대해서 깊이 알게 되고 자기의 입장을 확실히 가지게 되며, 자기가 어떻게 하면 된다는 것을 확실히 증거할 수 있을 정도가 되는 것이다.

약후말세**若後末世** 둔근중생**鈍根衆生** 부득성취**不得成就** 유석업장**由昔業障** 당근참회**當勤懺悔** 선단증애**先斷憎愛** 삼종정관**三種淨觀** 수학일사**隨學一事** 차관부득**此觀不得** 복습피관**復習彼觀** 심불방사**心不放捨** 점차구증**漸次求證**

말세에 사람들이 자꾸 게을러지고 아무것도 이루지 못하는 것은 이들이 전생에 죄를 많이 졌기 때문이다. 그러므로 확실히 참회를 해야 한다. 왜냐하면 참회를 해야 진정이 되기 때문이다. 참회하지 않으면 깨끗해질 수가 없다. 마음이 가난해야 공부가 되지 자기 속에 교만한 마음이 가득하면 공부를 할 수가 없다.

"선단증애**先斷憎愛**"에서 증애란 요새로 말하면 번뇌이다. 남을 좋아하고 남을 미워하는 것이 다 번뇌이다. 번뇌를 끊어버리고 이 세 가지를 자기 것으로 만들어야 한다. 하늘과 땅과 사람을 자기 것으로 만들어야 한다. 만일 어느 하나를 공부했는데 이루지 못하면 다른 것을 해야 한다. 다른 것도 안 되면 또 다른 것을 해보아야 한다. 종교를 암만해도 되지 않으면 철학을 해야 하고, 철학을 암만해도 되지 않으면 과학을 해야 된다. 이처럼 기초가 되는 것을 자꾸 해 나가야지 하나가 안 된다고 해서 가만히 있으면 안 된다. 늘 마음에 목적을 정해놓고 버리지 말아야 한다. 그래서 확실히 증거가 잡힐 때까지 파고 들어가야 한다.

약복무유**若復無有** 타사인연**他事因緣** 즉건도량**卽建道場** 당립기한**當立期限** 약립장기**若立長期** 백이십일**百二十日** 중기백일**中期百日** 하기팔십**下期八十** 안치정거**安置淨居** 심존목상**心存目想** 생정억념**生正憶念** 환동여래**還同如來**

제11장 원각**圓覺**

이번에는 집 짓는 이야기이다. 다른 것에 걸리면 몰라도 걸리지 않으면 언제든지 공부를 해야 한다. 평생 공부해야 한다. 도장道場은 도량으로 많이 발음하는데 공부하는 방이다. 강의실에 들어가서 기한을 정하는데, 장기는 120일이요, 중기는 100일, 하기는 80일로 한다. 그 속에 모여서 모든 것을 함께 한다. 그래서 도량을 지을 때는 강당, 식당, 기숙사 등 8가지 집이 있어야 한다. 요새로 말하면 캠퍼스에 다 있어야 하는 것과 같다. 거기서 스승과 제자가 같이 살아간다.

언제나 마음속에 자기가 무엇을 해야겠다는 목표를 확실히 정하고, 무엇을 보든지 그것을 이해하기 위해서 애써야 한다. 진짜 정견正見 정사正思가 될 수 있도록 바로 보고 바로 생각할 수 있고 누구나 다 여래처럼 되기를 바란다.

다음은 『무문관無門關』에 나오는 말이다.

통신의단通身疑團 탄열철환呑熱鐵丸 토토불출吐吐不出
구구순숙久久純熟 타성일편打成一片 아자득몽啞者得夢
생사간두生死竿頭 득대자재得大自在 유희삼매遊戲三昧

"통신의단通身疑團", 무슨 문제든지 하나 정했으면 그것을 캐기 위해서 이렇게도 찔러보고 저렇게도 찔러보고 해서 자꾸 의심해야 한다. 자기 몸 전체가 하나의 의심 덩어리가 되어야 한다. "탄열철환呑熱鐵丸 토토불출吐吐不出", 새빨갛게 달아오른 쇠덩어리를 꿀꺽 집어 삼켰는데 이젠 토할 수도 삼킬 수도 없이 딱 걸려 있다. 나에게는 하나의 문제가, 진리가 무엇인가, 부활이 무엇인가 하는 진리와 부활의 문제가 밤낮 걸려 있었다. "구구순숙久久純熟", 그래서 선생님도 찾아가게 되고 교회도 찾아다니면서 오랫동안 그것을 풀어보려고 애쓰노라면 자연히 자기 자신이 성숙해져 간다. 나는 그대로 있고 저쪽의 문제가 어떻게 하는 것이 아니라 언제나 나 자신이 성숙해져서 저쪽 문제를 품어 안게 되는 것이다. "타성일편打成一片", 그래서 완전히 자기의 것이 되고 만다. "아자득몽啞者得夢", 벙어리가 꿈을 꾸는 것처럼 이 기쁨을 누구한테도 말할 수 없다. 자기 혼자 기쁨에 넘치는 것이다. "생사간두生死竿頭 득대자재得大自在", 이제는 어떤 위험한 처지에 직면해도 마음대로 주인 노릇을 하게 됐다. "유희삼매遊戱三昧", 어디에나 유희 아닌 것이 없다.

『원각경』은 맨 처음에 바가받婆伽婆 곧 세존, 석가가 나오고 이어서 12제자의 질문이 나온다. 마지막에는 이 좋은 내용을 온 세계에 전파해야 되지 않겠는가 하는 얘기로 끝난다. 『원각경』은 결국 이상세계를 세우자는 얘기이다. 나 혼자 깨닫겠다 하면 소승小乘의 세계가 되는데 우리 나라 전체가 깨달아야 한다면 대승大乘의 세계이다. 오늘은 이상세계가 무엇인가, 우리는 어떻게 하면 이상세계를 세울 수 있는가 하는 것이다.

삼마디, 삼마파티, 디야나 즉 건강한 정신, 건강한 육체, 건강한 인격 또는 건강한 심령이다. 건강한 심령은 문화를 생산할 수 있는 심령으로 나는 이것을 말씀이라 한다. 삼마디는 하늘에 도달할 수 있는 숨으로 위에 있는 숨, 우숨이다.

왜 자꾸 이런 말을 하나 하면, 삼마디에는 생각한다는 것으로 정신과 천명이라는 두 가지 측면이 있다. 올라가면 철학인데 내려오면 종교가 된다. 그래서 언제나 철학과 종교가 일치되는 곳이 있다. 삼마디라 할 때 한 쪽으로 말하면 생각한다고 하고 다른 쪽으로 말하면 단순히 생각하는 것이 아니고 하늘의 계시를 받는 것이다. 계시를 받을 정도가 되어야 생각이 끝나는 것이지 그저 자꾸 생각한다는 정도 가지고는 안 된다. 그래서 삼마디라 할 때는 철학이라 하다가도, 우슴 또는 얼숨이라 할 때는 내려오는 것이다. 우리가 그것을 알아서 하늘하고 관계가 되면 종교가 되고 땅하고 관계가 되면 도덕이 되고 사람하고 관계가 되면 철학이 된다. 이전에는 철학, 도덕, 종교라 말했지만 오늘은 종교, 도덕, 철학으로 바꿨다. 말씀은 철학이고 목숨은 도덕이고 우슴은 종교다. 자기가 어떤 입장을 정해놓고 자기 마음대로 해석하면 되는 것이다.

중국으로 말하면 하늘, 땅, 사람 하는 것같이 전체의 경향이 있어서 우리가 전체의 경향에는 들어가 보아야 한다. 삼마디는 하늘을 붙잡는 것이고 삼마파티는 땅을 붙잡는 것이다. 땅을 붙잡아야 힘이 나오지 땅을 붙잡지 못하면 힘이 안 나온다. 땅을 붙잡은 것을 도덕이라 한다. 길 도道자는 땅이라는 것이다. 하늘을 붙잡아야 빛이 생긴다. 빛은 하늘에 있지 땅에는 없다. 빛, 힘, 생명. 하늘도 땅도 이것들은 생명이 아니다. 불, 물, 나무이다. 불은 빛이고 물은 힘이고 나무가 되어야 생명이다. 물, 불, 풀. 세종대왕이 한글을 만들기를 물이 터지면 불이고 불이 터지면 풀이다. 이런 식으로 가는 법, ㅅ, ㅈ, ㅊ, 또는 느, 드, 트 하는 식이다. 빛, 힘, 생명인데, 생명을 숨이라 해두는 것이다.

1999. 12. 5.

# 제12장

# 현선수賢善首

### 게송偈頌

현선수당지賢善首當知 　시경제불설是經諸佛說
여래선호지如來善護持 　십이부안목十二部眼目
명위대방광名爲大方廣 　원각다라니圓覺陀羅尼
현여래경계現如來境界 　의차수행자依此修行者
증진지불지增進至佛地 　여해납백천如海納百川
음자개충만飮者皆充滿 　가사시칠보假使施七寶
적만삼천계積滿三千界 　불여문차경不如聞此經
약화하사중若化河沙衆 　개득아라한皆得阿羅漢
불여선반게不如宣半偈 　여등어내세汝等於來世
호시선지자護是宣持者 　무령생퇴굴無令生退屈

　　　현선수여, 그대는 확실히 알아라.
　　이 경經은 여러 부처께서 말씀하신 것으로
　여래가 수호하는 바이고 12부 경전의 안목인 바
　　　그 이름은 대방광 원각 다라니로
　　　　여래의 경계를 드러낸 것이니
　　　　　이를 의지하여 수행하면
　점차 증진하여 부처의 경지에 이르게 되리라.
　　즉, 큰 바다가 모든 강물을 받아들이니
그 물을 마시는 자 모두 충만하게 되는 것과 같다.
　　　가령 어떤 사람이 일곱 가지 보배를
　　삼천계에 가득 쌓아놓고 보시하더라도
　　이 경의 한 구절 뜻을 듣는 것만 못하다.
　가령 어떤 사람이 수많은 중생을 교화하여
　　　　　아라한과를 얻게 할 지라도
　　이 경의 반 게송을 말한 것만 못하다.
그대들은 앞으로 이 경을 잘 받들어 이해하고
　실천하여 널리 가르침을 펴는 자가 되어
　　　결코 퇴굴함이 없는 인생이 되라.

# 본문 요약

　차대승교此大乘敎 명자하등득名字何等得 하공득何功得 지어하지至
於何地. 시경是經 백천만억百千萬億 항하사恒河沙 제불지소설諸佛之
所說. 삼세여래三世如來 수호守護 보살소귀菩薩所歸 이십부경十二部
經 청정안목淸淨眼目. 시경명是經名 대방광다라니여래장大方廣陀羅
尼如來藏. 여당봉지汝當奉持 돈기중생頓機衆生 종차개오從此開悟 비
여대해譬如大海 불양소류不讓小流 문차경명聞此經名 신심불혹信心不
惑 종제복혜種諸福慧 종제선근種諸善根.

　어시於是 현선수보살賢善首菩薩 재대중중在大衆中 즉종좌기卽從座
起 정례頂禮 불족佛足 우요삼잡右繞三匝 장궤차수長跪叉手 이백불언
而白佛言. 대비세존大悲世尊 광위아등廣爲我等 급말세중생及末世
衆生 개오여시부사의사開悟如是不思議事. 세존世尊 차대승교此大承
敎 명자하등名字何等 운하봉지云何奉持. 중생衆生 수습修習 득하공
덕得何功德 운하사아호지경云何使我護持經 인류포차교人流布此敎 지
어하지至於何地. 작시어기作是語已 오체투지五體投地 여시삼청如是
三請 종이부시終而復始. 이시爾時 세존世尊 고현선수보살告賢善首
菩薩言 선재선재善哉善哉 선남자善男子 여등汝等 내능위제보살乃能
爲諸菩薩 급말세중생及末世衆生 문어여래問於如來 여시경교如是經敎
공덕명자功德名字 여등체청汝等諦聽 당위여설當爲汝說. 시時 현선수
보살賢善首菩薩 봉교환희奉敎歡喜 급제대중及諸大衆 묵연이청默然而
聽. 시경是經 명대방광원각다라니名大方廣圓覺陀羅尼 역명수다라요

의亦名修多羅了義 역명비밀왕삼매亦名秘密王三昧 역명여래결정경계亦名如來決定境界 역명여래장亦名如來藏 자성自性 차별差別. 여당봉지汝當奉持 선남자善男子 시경是經 유현여래경계唯顯如來境界 유불여래唯佛如來 능진선설能盡宣說. 약제보살若諸菩薩 급말세중생及末世衆生 의차수행依此修行 점차증진漸次增進 지어불지至於佛地. 선남자善男子 시경是經 명위돈교대승名爲頓敎大乘 돈기중생頓機衆生 종차개오從此開悟 역섭점수일체군품亦攝漸修一切群品. 비여대해譬如大海 불양소류不讓小流 내지문맹乃至蚊䖟 급아수라及阿修羅 음기수자飮其水者 개득충만皆得充滿. 선남자善男子 가사유인假使有人 순이칠보純以七寶 적만積滿 삼천대천세계三天大千世界 이용보시以用布施 불여유인不如有人 문차경명聞此經名 급일구의及一句義. 선남자善男子 가사유인假使有人 교백천항하사중생敎百千恒河沙衆生 득아라한과得阿羅漢果 불여유인不如有人 선설차경宣說此經 분별반게分別半偈. 선남자善男子 약부유인若復有人 문차경명聞此經名 신심불혹信心不惑 당지시인當知是人 비어일불이불非於一佛二佛 종제복혜種諸福慧 여시내지진항하사如是乃至盡恒河沙 일체불소一切佛所 종제선근種諸善根. 문차경교聞此經敎 여선남자汝善男子 당호말세當護末世 시수행자是修行者 무령악마無令惡魔 급제외도及諸外道 뇌기신심惱其身心 영생퇴굴令生退屈.

## 강해

게송을 읽어본다.

**현선수당지賢善首當知**

가장 어질고 착한 현선수보살, 너는 마땅히 알아야 된다.

**시경제불설是經諸佛說 여래선호지如來善護持**

이 『원각경』은 모든 부처님이 말한 핵심이다. 그래서 여래가 언제나 그것을 잘 붙잡고 있는 것이다.

**십이부안목十二部眼目 명위대방광名爲大方廣 원각다라니圓覺陀羅尼 현여래경계現如來境界**

모든 경전의 핵심으로 그 이름은 대방광 원각 다라니인데 석가의 입장을 드러낸 것이다.

**의차수행자依此修行者 증진지불지增進至佛地**

이 책을 갖고 닦아 나아가면 결국 누구나 다 부처가 될 수 있다. 누구나 부처의 경지에까지 도달할 수가 있다.

**여해납백천如海納百川 음자개충만飮者皆充滿**

마치 바다가 모든 강물을 받아들이는 것처럼 이 경전에는 모든 경전의 내용들이 다 포함되어 있다. 그래서 이 경전을 마시는 사람은 다 만족할 수 있다.

가사시칠보假使施七寶 적만삼천계積滿三千界 불여문차경不如聞此經

가장 귀중한 보물을 갖고 온 세상 사람들에게 베푸는 것보다도 이 경전을 아는 것이 더 중요하다. 모든 보시보다도 이 경전을 이해하는 것이 더 중요하다는 것이다.

약화하사중若化河沙衆 개득아라한皆得阿羅漢 불여선반게不如宣半偈

이 세상 모든 사람들을 감화시켜서 아라한의 경지까지 가게 하는 것보다도 이 『원각경』 한마디의 반쪽이라도 이해하는 것이 더 중요하다. 모든 자선사업보다도 모든 지식보다도 이 『원각경』의 핵심을 한마디라도 이해하는 것이 더 중요하다는 것이다. 여기 아라한阿羅漢이라는 것은 Arhan을 말한다. 보통 그 뜻은 살적殺賊, 즉 도적을 죽였다는 것인데, 자기 속에 있는 나쁜 마음을 전부 없이 했다는 말이다. 그래서 깨끗한 사람이 되었다는 것을 의미한다. 그러니까 아라한이란 상당히 중요한 경지다. 그런데 불교가 소승小乘과 대승大乘으로 갈린 다음부터는 소승에서 최고의 경지에 도달한 사람을 아라한이라고 말하고 대승에서 최고의 경지에 도달한 사람을 다른 이름으로 부르게 되었다. 그렇게 해서 아라한이라 하면 소승불교의 최고봉이라고 그렇게 알고 있지만 사실은 그런 것이 아니다. 본래 아라한이란 모든 욕심을 제거하고 탐진치貪瞋痴에서 벗어난 사람으로 요새 우리말로 하자면 깨끗한 사람, 성인聖人이라는 뜻이다.

여등어내세**汝等於來世** 호시선지자**護是宣持者** 무령생퇴굴**無令生退屈**

여러분들은 앞으로 이 경전을 잘 이해하고 이것을 다른 사람에게 알려주면 절대 후회하는 인생은 되지 않는다. 퇴굴退屈이란 아주 지루하고 심심하고 견딜 수 없는 따분한 인생인데 그런 인생은 절대 되지 않는다는 것이다.

본문을 읽어본다.

차대승교**此大乘敎** 명자하등득**名字何等得** 하공득**何功得** 지어하지**至於何地**

이 최고의 경전을 무엇이라고 이름하면 좋겠습니까? 이 경전을 가지면 어떠한 공덕을 얻을 수 있습니까? 어떤 경지까지 도달할 수 있습니까?

불교의 종파를 대개 다섯 가지로 분류한다. 소소, 시始, 종終, 돈頓, 원교圓敎인데 대충 소소, 시始, 종終을 소승으로 돈頓, 원교圓敎를 대승으로 분류한다. 그런데 『원각경』은 소승과 대승에 모두 속한 것이다. 소승, 대승이라 할 때 승승이라는 것은 원래 야나yana인데 그 뜻은 배라는 것이다. 그래서 마하야나Mahayana는 큰 배를 뜻하는 대승이고 히나야나Hinayana는 작은 배를 뜻해서 소승이라 말한다. 소승불교는 자기 자신의 수도修道, 즉 자기 자신을 아라한으로 되게 하는 수도이며, 자기를 구원하려는 수행이다. 그런데 대승이라는 것은 이 세계를 어떻게 구원하느냐 하는 것이다. 온 세상 사람을 다 구원하자는 것으로 큰 배라는 것이다. 소승은 자기 자신을 구원하자는 것으로 작은 배다. 그래서 불교에서는 대략 이와 같이 소승과 대승으로 가른다. 물론 여기서 대승교大乘敎라 할 때 소승, 대승이라 하는 그런 뜻도 있지만 여기서 승乘이라고 하는 뜻은 그보다는 최승最勝 또는 최고最高를 뜻하는 것이다. 이것은 최고의 경전이라는 그런 뜻이다.

이것은 현선수보살의 질문인데 여기에서 제일 중요한 것은 이름이 무엇이냐 하는 것이다. 이름이 무엇인가? 이것은 우리의 목적이 무엇인가 하는 말이다. 우리가 어디까지 가려고 하는가 하는 뜻이다.

시경是經 백천만억百千萬億 항하사恒河沙 제불지소설諸佛之所說

이 경은 과거 수많은 부처님들이 다 말한 것이다. 모든 부처님들이 말하려고 한 것이 이것이었다. 모든 불교의 핵심이라는 말이다.

삼세여래三世如來 수호守護 보살소귀菩薩所歸 이십부경十二部經 청정안목淸淨眼目

삼세 여래가 꼭 지키고 있는 것이 이것이다. 그리고 모든 보살들이 믿는 것이 이것이다. 이것은 팔만 대장경의 가장 핵심적인 내용이다. 소귀所歸는 돌아가는 곳이라는 뜻인데 보통 귀의歸依한다는 말을 쓴다. 돌아가서 의지한다는 것이다. 돌아가서 의지한다는 것을 나무南無라고 한다. "나무아미타불南無阿彌陀佛" 하면 아미타불에 돌아가서 의지한다는 것이다. 이것은 쉽게 말해서 믿음이라는 말이다. 즉 모든 보살들이 믿는 내용이라는 것이다. 십이부경이란 불경을 모두 12조목으로 나누는 것인데 결국 12부 경이라 하면 불경 전체를 뜻하는 것이다.

### 시경명是經名 대방광다라니여래장大方廣陀羅尼如來藏

이 경의 이름은 "대방광다라니여래장"이다. '대방광大方廣'이라는 세 글자가 붙으면 대단히 중요한 경전이라는 것을 말한다. 『화엄경』에도 "대방광 화엄경"이라고 한다. 대방광의 뜻은 무엇인가? 유교식으로 말하면 '대大'는 하늘이고, '방方'은 사람이고, '광廣'은 땅이라는 것으로 결국 천지인天地人 삼재三才를 가리키는 것이라고 해석한 사람도 있다. 그러나 오늘은 좀더 자세히 풀어서 해석해 보기로 한다.

'다라니陀羅尼'라고 하는 것은 핵심, 요약要約, 요절要節, 보통 총지摠持라 하는 것으로, 전체를 합친 것이다. 기독교에서 다라니라 하면 십자가와 부활이라고 하는 것이다. 이같이 핵심적인 것을 요약해 놓은 것으로 불교로 말하면 "아누다라삼막삼보리阿耨多羅三藐三菩提"라는 것이다. 이렇게 한마디로 말할 수 있는 것이다. 그래서 그런 것을 보통 주문呪文이라 말하기도 하는데 예를 들면 "나무아미타불 관세음 보살"하는 것이다. 그래서 다라니를 주문이라 번역할 때도 있다. 하여튼 다라니란 가장 중요한 핵심, 요약이라는 것이다. 기독교로 말하자면 「요한복음」 3장 16절이 다라니다.

그 다음 '여래장如來藏'이란 무엇인가? 우선 『원각경』을 인도말로 풀어쓰면 Maha[大], Vai[方], Pulya[廣], Purna[圓], Buddha[覺], Sutra[修多羅], Prasannartha[了義], Sutra[經]이다. 이것을 한자로 쓴 것이 "대방광大方廣 원각圓覺 다라니陀羅尼 수다라修多羅 요의了義 경經"이다. 이것이 『원각경』의 이름이다. 인도말인 싼스크리트, 즉 범어梵語로 하면 "Maha Vai Pulya Purna Buddha Sutra Prasannartha Sutra"이다.

인도말로 'Vai'라 하는 것은 여러 뜻이 있는데 '허무하다', '비었다', '깊다'는 뜻으로 영어의 vain 혹은 vacuum이다. 그래서 뒤에는 또 비밀이라는 말이 나온 것이다. 하도 깊어서 보통 사람은 들여다 볼 수 없으니까 비밀이란 말이 나온다. 하여튼 Vai[方]를 '깊다'라고 해석해 둔다.

Pulya[廣]에서 'pul'은 pull로 '끄집어내다', '밖으로 드러내 올려놓는다'는 뜻이다. 또는 초원과 같이 '넓은 들'이라는 뜻도 있다. 꺼내어 넓게 펴놓는 것으로, 즉 장광설長廣舌이라고도 한다. 깊은 데서 꺼내 올려 넓게 펴놓는 그런 세계로 보는 것이다. 진리의 세계란 너무도 깊어서 보통 사람에게는 보이지 않기 때문에 비밀이라 한다. 비밀의 뜻은 보아도 보지 못하고 들어도 듣지 못하는 것을 비밀이라 한다. 또 다르게 말하면 공연한 비밀이다. 즉, 다 드러나 있는데 알 수 없는 것, 마치 우리의 몸이 건강할 때는 그 건강이 얼마나 소중하고 자유스러운 지 알지 못하는 것과 마찬가지다. 마치 병이 나서 오랫동안 움직이지 못해 병석에 누워서 활동할 수 없게 되어야 건강이 얼마나 중요한 지를 깨닫게 되는 것과 같다. 건강하던 사람이 쓰러졌다가 오랜 투병 끝에 일어나 한 발짝 한 발짝 걸을 수 있게 될 때 그 한 발짝이 얼마나 소중한 지 비로소 알게 되는 것이다. 공연한 비밀이다. 보통 때는 모른다. 어떤 특별한 경우에 가서야 알게 되는 것이다. 허공 속에 깊이 들어가 있는 것이기 때문에 보통 때는 모르는데 그것을 끄집어내서 넓게 펼쳐 놓아야 알게 되는 것이다.

Purna[圓]은 '충만하다', 물이 바다에 꽉 차 있듯이 충만하다는 것이다. 그래서 불교에서는 바다라는 예를 많이 사용한다. 넓다, 깊다, 충만하다, 이것이 모두 바다를 상징한다. 해인사海印寺도 바다를 인용했다.

Buddha[覺], 깊은 진리를 깨닫는 사람이 부처이고 깨닫는 것을 각覺이라 한다. 그래서 오묘한 진리를 깊이 깨닫는다고 할 때 원각이라 한다. Sutra는 경전이라는 뜻이다.

Prasannartha[了義]라고 되어 있는데 그 뜻은 '정신앙淨信仰', 깨끗한 신앙을 위하여 이 경전을 설한다는 것이다. 깊은 뜻을 완전하게 이해했다는 말이 '요의了義'다. 그런데 범어를 보면 "깨끗한 신앙을 위하여"라는 뜻이다. 깨끗한 신앙을 위하여 이 경전을 설하는 것인데 설하고 보니 그 뜻이 굉장히 깊고 또 그것이 거의 완전하게 설해졌다는 것이다.

본문을 보면 다섯 개의 별명別名이 나온다. 이 경의 이름은 "대방광수다라요의경大方廣修多羅了義經" 또 다른 이름으로 말하면 "수다라요의修多羅了義", "비밀왕삼매秘密王三昧", "여래결정경계如來決定境界", 그리고 또 다른 이름은 "여래장如來藏 자성自性 차별差別"이라 했다.

이같이 이름을 다섯 개를 지었는데 『원각경』의 핵심 말씀을 왜 비밀이라는 말을 사용하였는가 하면 Vai라는 것 때문인데 Vai라는 것이 비밀이라는 것이다. 그리고 왜 또 결정경계라 하는가 하면 Pulya[廣]가 결정경계라는 것이다. 그래서 이런 뜻을 하나씩 집어넣어 별명을 지은 것이다. 그리고 "수다라요의修多羅了義"라 하는 이 요의了義라는 글자 안에 여래장이라는 뜻이 들어 있는 것이다. 여래장의 뜻은 다시 한 번 살펴보기로 하는데 하여튼 이 범어의 글자 속에 비밀, 결정, 여래장 그런 뜻들이 다 포함되어 있는 것이다. 그래서 『원각경』의 별명을 이렇게 또는 저렇게 말해 본다는 것이다.

그런데 여기서 제일 중요한 것이 여래장如來藏이다. 여래장이라는 이것이 정말 요의了義다. 깊은 뜻이고 완전한 뜻이다. 여래장에 대해서 "여래장如來藏 자성自性 차별差別"이라 했는데 인도말로는 "타타가타 갈바Tathagata garbha"라 한다. 그 뜻은 다섯 가지로 만유자성萬有自性, 성인정법聖人正法, 신수법신信修法身, 진실출세眞實出世,

그리고 비밀청정秘密清淨이다. 이렇게 다섯 가지 뜻이 있는데 이것을 전부 다 알 필요는 없다.

그런데 우리가 꼭 알아야 될 여래장의 뜻은 무엇인지 알아본다. 물이 오염되는데 물은 왜 오염이 되는가? 기저귀 빨래를 한 물은 오염된 물이다. 그래서 물은 오염되었지만 기저귀는 깨끗해진 것이다. 기저귀가 깨끗해지기 위해서 물이 대신 오염된 것이다. 이런 것을 기독교에서는 대속代贖이라고 한다. 모든 사람의 죄를 대신 걸머지고, 모든 사람의 죽음을 대신 죽어주는 것이다. 물이라는 것이 더러운 기저귀 대신 더러워지는 것이다. 오염이라는 이것을 불교식으로 말하면 자비라는 것이다. 어린아이가 콧물을 흘리면 엄마가 손으로 대신 닦아주는 것이 자비다. 아이는 깨끗하여 졌는데 엄마 손은 더러워졌다. 대신 더러워진 것이다. 이것이 사랑이요 자비라 한다.

그래서 선禪에서는 '간시궐乾屎橛'이란 말을 한다. 간시궐이란 옛날 시골 변소간에 있는 대변을 보고 뒤를 닦는 막대기다. 옛날에는 수수대를 절반 잘라서 그것으로 뒤를 닦았다. 그런 것을 소위 간시궐이라 한다. 또 양반의 집에서는 나무로 수수대처럼 잘라서 요즘말로 니스칠을 잘 해서 뒤를 다 닦고 통에 넣어 놓으면 하인들이 다 물로 씻어서 변소에 다시 비치해 놓는다. 옛날에는 휴지가 없어서 그와 같이 용변을 해결했다. 그것을 간시궐이라고 한다. 사람은 깨끗해졌는데, 대신 휴지가 더러워진 것이다. 이것을 대속이라고 한다. 이것이 사랑이다.

그러니까 물은 오염될 수 있는 것인데 또 하나 중요한 것은 물 자체는 오염되지 않는다는 것이다. 물 자체는 오염되는 것이 없다. 물이 오염을 싣고 가지만 물 자체는 오염되는 것이 없다. 물은 가만있으면 다시 청정해지는 것이다. 오염이라 하는 것은 기독교에서 십자가라 하는 것이다. 그런데 물 자체는 오염과 관계없이 언제나 깨끗한 것이다. 이것은 부활이라는 것이다. 기독교의 십자가와 부활 사상하고 불교에서 가장 가까운 사상이 여래장 사상이라는 것이다. "여래장如來藏 자성自性 차별差別"이다. 여래장은 자비와 지혜라는 것이다. 오염되는 것은 자비요, 다시 깨끗해지는 것은 지혜다. 지혜와 자비라는 이 두 가지다. 오염되는 것은 다른 것을 깨끗이 하려고 오염되는 것이다. 그러나 물 자체는 절대 오염되지 않는다. 예수님이 우리 죄를 위해 십자가를 졌지만 예수 자체는 죄가 없는 것이다. 이런 사상이 가장 중요한 것이다.

그래서 만유자성萬有自性이라 한다. 물은 절대 오염되는 것이 아니다. 그러니까 성인정법聖人正法이다. 성인은 다른 사람의 오염을 없애주기 위해서 오염되는 것이다. 그래서 유마維摩라는 보살이 말하기를 다른 사람이 병에 걸려 아프니까 자기가 아픈 것이라고 했는데 다 같은 사상이다. 그리고 신수법신信修法身이다. 우리가 하는 수행의 모든 목적이 어디에 있는가 하면 물이 되려는데 있다는 것이다. 이렇게 되면 노자老子의 사상과 확실히 같은 점이 많다. 노자는 '상선약수上善若水'라 한다. 그리고 진실출세眞實出世라는 것이다. 또 다시 깨끗한 물이 되어서 다시 세상에 나가는 것이다. 그런데 비밀청정秘密淸淨이다. 언제나 물의 본체는 오염되지 않고 청정하다는 것이다. 이와 같이 여래장에서 다섯 가지 뜻을 말하는데 두 가지가 중요하다. 그것이 Prasannartha[了義], 즉 "깨끗한 신앙을 가지기 위해서"라는 말의 뜻이다.

여당봉지**汝當奉持** 돈기중생**頓機眾生** 종차개오**從此開悟** 비여대해**譬如大海** 불양소류**不讓小流** 문차경명**聞此經名** 신심불혹**信心不惑** 종제복혜**種諸福慧** 종제선근**種諸善根**

너는 이 경을 확실히 붙잡고 있어라. 머리 좋은 사람은 곧 깨달을 것이다. 바다는 모든 강물을 흡수한다. 이같이 『원각경』 속에 모든 경전을 포섭할 수 있다는 것이다. 이 경전의 이름을 듣고 절대 신앙에 흔들림이 없어야 한다. 그러면 모든 복인 지혜의 근본이 되고 모든 선의 근원이 된다.

다음은 종밀이 '원각圓覺'의 뜻을 해석해 놓은 것이다.

진정명묘眞淨明妙 성불도成佛道 허철영통虛徹靈通 단번뇌斷煩惱. 중생본원일심衆生本源一心 제불소득諸佛所得 보리菩提 교철융섭交徹融攝 법계法界. 적정상락寂靜常樂 열반涅槃 불탁불루不濁不漏 청정淸淨 불망불변不妄不變 진여眞如 이과절비離過絶非 불성佛性 호선차악護善遮惡 총지總持. 은부함섭隱覆含攝 여래장如來藏 현민초월玄悶超越 밀엄密嚴 통덕조혼統德照昏 원각圓覺. 범배성순凡背聖順 신심信心 미생오열迷生悟涅 법화法華 만족주비滿足周備 법신法身.

진정명묘眞淨明妙 성불도成佛道 허철영통虛徹靈通 단번뇌斷煩惱

깨끗한 물이 꽉 차서 '원圓'이다. 그 깨끗한 물에 햇빛이 비추어 한없이 아름답다. 이것이 "성불도成佛道", 이 '원圓'이라는 것은 불도를 완성했다는 뜻이다. "허철영통虛徹靈通", 물이 속까지 꿰뚫어지게 맑다. 이것이 소위 "단번뇌斷煩惱 단무명斷無明"이다. 일체 어두운 것이 없어지고 말았다. 우리가 몇 번 말한 것이지만, 기독교에서는 죄罪라는 말을 많이 쓰는데 불교에서는 무명無明이라 한다. 몰라서, 어리석어서, 어두워서, 그것이 무명이라는 것인데 불佛이라 하면

광명光明이 된다. 불佛은 깼다는 것으로 빛이란 말이고 무명이란 어둡다는 것이다.

어둡다는 것은 무엇이 어둡다는 것인가? 우리 몸이 본래 자연인데 이것을 자꾸 내 것으로 착각하는 것이 무명이다. 몸은 자연이지 내 것이 아니다. 내 것이면 내가 왜 죽겠는가? 몸은 자연이니까 몸이 죽어도 내가 어떻게 할 수 없는 것이다. 죽을 때가 되면 죽는 것이다. 그것이 하나의 무명이고 또 하나는 우리의 정신은 하나님의 것인데 그것을 내 것으로 생각하는 것이다. 우리 정신은 하늘에 속해 있는 것이지 그것이 내 것이 아니다. 그런데 그것을 모르는 것이 또 하나의 무명이다. 또 우리의 마음은 사람에 속해 있는 것이지 그것이 내 것은 아니다. 예를 들어서 말은 한국 사람 전체의 말이지 내 말이 아니다. 또 돈도 우리 전체의 돈이지 내 돈은 아니다. 그런데 그것을 자꾸 내 것으로 생각하는 그것이 무명이라는 것이다. 그러니까 무명이라는 것이 세 가지가 있다. 정신은 하나님 것인데 그것을 내 것으로 생각하는 것, 또 육체는 자연인데 그것을 내 것으로 생각하는 것, 그리고 마음은 인류의 마음인데 그것을 내 것으로 생각하는 것이다. 이 세 가지가 무명이다.

반대로 광명이란 무엇인가? 몸은 자연에게 돌리고 정신은 하나님께 돌리고 마음은 사람에게 돌리는, 그래서 전부를 다 돌려주면 그 다음에는 나라고 하는 것이 없어진다. 나라고 하는 것이 없어지면 그것을 청정淸淨이라, 깨끗하다고 한다. 제일 더러운 것이 나라는 것이다. 나라는 것이 없어지면 깨끗해지는 것이다. 그래서 "진정명묘眞淨明妙 성불도成佛道 허철영통虛徹靈通 단번뇌斷煩惱"다.

중생본원일심衆生本源一心 제불소득諸佛所得 보리菩提 교철융섭交徹融攝 법계法界

중생의 본원은 일심이다. 모든 부처가 얻은 것이 무엇인가 하면 보리다. 지혜라는 것이다. 그 지혜를 서로 나누고 사랑을 서로 나누고 사는 것, 그것이 법계다. 여기서 말하는 일심一心은 기독교로 말해서 하나님이란 말이다. 하나님을 말하는 것이지 우리 가슴속에 있는 마음을 말하는 것이 아니다.

적정상락寂靜常樂 열반涅槃 불탁불루不濁不漏 청정淸淨 불망불변不妄不變 진여眞如 이과절비離過絶非 불성佛性 호선차악護善遮惡 총지總持

마음속에 모든 탐진치가 빠져나가서 마음은 언제나 기쁨으로 가득차게 되면 그것을 열반이라 한다. 마음이 더러워지지 않는 것, 그것을 청정이라 한다. 그리고 거짓말도 안하고 변절도 없는 것, 그것을 진여라 한다. 잘못되는 것은 언제나 떠나보내고 잘못되는 것을 언제나 고치고 하는 것을 불성이라 한다. 선은 언제나 보호해주고 악은 언제나 막는 것, 그것을 총지, 다라니라 한다.

은부함섭隱覆含攝 여래장如來藏 현민초월玄悶超越 밀엄密嚴 통덕조혼統德照昏 원각圓覺

물이라는 것은 언제나 숨어 있지만 모든 만물을 다 살리고 있다. 그것을 여래장이라고 한다. 모든 고민을 넘어서는 것, 그것을 밀엄이라 한다. 비밀스럽고 장엄한 것이다. 모든 덕을 다 통일하고 모든 어두움을 다 비쳐주는 것을 원각이라 한다.

범배성순凡背聖順 신심信心 미생오열迷生悟涅 법화法華 만족주비

滿足周備 법신法身

어리석은 이는 자꾸 벗어나고, 거룩한 사람은 자꾸 쫓아가고, 그것을 신심, 믿음이라 한다. 생에 미혹되고 열반을 깨달으면 그것을 법화라 한다. 모든 것이 두루 다 갖추어져 있는 것을 법신이라 한다. 이것이 종밀의 『원각경』에 대한 해석이다.

다시 본문을 계속한다.

어시於是 현선수보살賢善首菩薩 재대중중在大衆中 즉종좌기卽從座起 정례頂禮 불족佛足 우요삼잡右遶三匝 장궤차수長跪叉手 이백불언而白佛言

그때 현선수보살이 많은 사람과 같이 있다가 자리에서 일어나, 부처님의 발 밑에 엎드려 절을 하고, 오른쪽으로 세 번 돌고 나서 무릎을 꿇고 합장하며, 부처님에게 이렇게 말했다.

대비세존大悲世尊 광위아등廣爲我等 급말세중생及末世衆生 개오여시부사의사開悟如是不思議事

자비하신 세존이시여, 저희 모든 사람들과 모든 중생들을 위해서 이와 같이 깊은 뜻을 열어 깨닫게 하여 주시니 감사합니다.

세존世尊 차대승교此大承敎 명자하등名字何等 운하봉지云何奉持

세존이시여, 이같이 큰 가르침의 이름은 무엇이며 어떻게 우리가 이것을 지켜갈 수 있습니까?

중생衆生 수습修習 득하공덕得何功德 운하사아호지경云何使我護持經 인류포차교人流布此教 지어하지至於何地

중생들은 어떻게 이것을 수양해 가며 그 때 어떤 공덕이 있으며, 어떻게 저희가 이 경전을 보관하며, 사람들이 이 가르침을 널리 전하는데 어디까지 가야 합니까?

작시어기作是語己 오체투지五體投地 여시삼청如是三請 종이부시終而復始

이렇게 말을 마치고 온몸을 땅에 던졌고, 이렇게 세 번을 청하는데 끝나면 다시 시작했다.

이시爾時 세존世尊 고현선수보살언告賢善首菩薩言 선재선재善哉善哉 선남자善男子 여등汝等 내능위제보살乃能爲諸菩薩 급말세중생及末世衆生 문어여래問於如來 여시경교如是經教 공덕명자功德名字 여등체청汝等諦聽 당위여설當爲汝說

이때에 세존이 현선수보살에게 말씀하시길 "좋다, 좋다. 현선수야, 네가 모든 보살과 중생을 위해서 나에게 질문을 하는구나. 내가 이 경전의 공덕과 이름을 말하겠으니 내가 말하는 것을 너는 잘 듣도록 하라."

시時 현선수보살賢善首菩薩 봉교환희奉教歡喜 급제대중及諸大衆

묵연이청默然而聽

그때 현선수보살은 가르침을 받들어 환희하고 모든 대중은 조용히 경청하였다.

**시경是經** 명대방광원각다라니**名大方廣圓覺陀羅尼** 역명수다라요의 **亦名修多羅了義** 역명비밀왕삼매**亦名秘密王三昧** 역명여래결정경계 **亦名如來決定境界** 역명여래장**亦名如來藏** 자성**自性** 차별**差別**

이 경의 이름은 "대방광 원각 다라니大方廣圓覺陀羅尼"며 또 "수다라 요의修多羅了義"이며 또한 "비밀 왕삼매秘密王三昧"며 또한 "여래 결정경계如來決定境界"며 또한 여래장인 자성自性과 차별差別이다. 여기서 자성은 실재實在라는 뜻이고 차별은 현상現象이라는 것이다.

**여당봉지汝當奉持** 선남자**善男子** 시경**是經** 유현여래경계**唯顯如來境界** 유불여래**唯佛如來** 능진선설**能盡宣說**

너는 마땅히 이것을 받들어야 한다. 선남자여, 이 경전은 오직 여래의 입장을 나타내는 것이므로 여래의 경지에 도달해야 이것을 다 설명할 수 있을 것이다. 여래如來는 본각本覺과 시각始覺이 일치된 사람을 뜻한다. 다시 말해 물은 본래 깨끗한 물인데 물이 오염될 수 있다. 오염된 물이 다시 본래의 깨끗한 물, 청정한 물로 다시 회복된 사람을 여래라 한다.

**약제보살若諸菩薩** 급말세중생**及末世衆生** 의차수행**依此修行** 점차증

진**漸次增進** 지어불지**至於佛地**

모든 보살과 말세중생이 이 경전대로 수행하면 점차로 발전해서 부처의 경지까지 도달할 수 있다.

선남자**善男子** 시경**是經** 명위돈교대승**名爲頓敎大乘** 돈기중생**頓機衆生** 종차개오**從此開悟** 역섭점수일체군품**亦攝漸修一切群品**

선남자여, 이 경의 이름은 "돈교 대승頓敎大乘"이라 하니 머리가 좋은 사람은 이 경전으로 곧 깨달음을 얻을 수 있다. 그리고 또한 차례차례 점수 하는 일체의 무리들도 다 포섭한다. 그러니까 『원각경』은 돈오頓悟도 있고 점수漸修도 있다.

비여대해**譬如大海** 불양소류**不讓小流** 내지문맹**乃至蚊蝱** 급아수라**及阿修羅** 음기수자**飮其水者** 개득충만**皆得充滿**

비유해서 말하자면 마치 바다와 같아서 모든 것을 포섭하는 것이다. 그래서 모기, 등에 등 곤충들과 아수라, 깡패들도 그 물을 마시기만 하면 모두 충만함을 얻는다.

선남자**善男子** 가사유인**假使有人** 순이칠보**純以七寶** 적만**積滿** 삼천대천세계**三天大千世界** 이용보시**以用布施** 불여유인**不如有人** 문차경명**聞此經名** 급일구의**及一句義**

선남자여, 비록 귀중한 보물로 온 세상에 가득 채울 만큼 베풀어서 선한 일을 하더라도 이 경의 한 구절의 말씀을 아는 것만 못하다.

선남자善男子 가사유인假使有人 교백천항하사중생敎百千恒河沙衆生 득아라한과得阿羅漢果 불여유인不如有人 선설차경宣說此經 분별반게分別半偈

선남자여, 비록 어떤 사람이 수많은 사람을 가르쳐 아라한과를 얻게 한다 하더라도 이 경전의 반 구절을 이해하는 것만 못하다.

선남자善男子 약부유인若復有人 문차경명聞此經名 신심불혹信心不惑 당지시인當知是人 비어일불이불非於一佛二佛 종제복혜種諸福慧 여시내지진항하사如是乃至盡恒河沙 일체불소一切佛所 종제선근種諸善根

선남자여, 만약 이 경의 이름을 듣고 믿음에 흔들림이 없게 되면 이것은 부처 한 사람 두 사람 생기는 정도가 아니라 많은 부처가 생기는 복과 지혜를 얻을 근본이 될 것이니 이렇게 또한 많은 좋은 뿌리를 심는 것이다.

문차경교聞此經敎 여선남자汝善男子 당호말세當護末世 시수행자是修行者 무령악마無令惡魔 급제외도及諸外道 뇌기신심惱其身心 영생퇴굴令生退屈

이 경전을 들은 모든 선남자는 이 세상 끝 날까지 잘 지켜야 한다. 이 경전을 수행하는 자는 악마나 여러 외도로 하여금 방해받는 일이 없도록 하라. 심신을 번뇌로 덮이게 하는 일이 없도록 하고 또 그 생으로 하여금 퇴굴하지 않도록 그렇게 하라는 것이다.

마지막으로 종밀이란 사람은 '원각圓覺'을 한마디로 무엇이라 했는지 알아본다. 『원각경』의 핵심을 한마디로 요약해서 말할 때 종밀이 말한 것은 무엇인가? 그것은 "내가 원圓이라는 것을 깨닫는 것이 원각이다."라는 것이다. 종밀이 말한 것이 이것이다. 원圓이란 무엇인가? 원이란 Zero다. 또는 공空이라 하기도 하고 또는 무無라 하기도 하며 또는 영零(靈)이라고 하기도 한다. 어떠한 표현이든 요즘말로 하면 자기의 본체本體라는 것이다. 아까 말한 대로, 물은 오염될 수 있으나 물 자체는 오염되지 않는다는 그런 말이다. 기독교의 표현을 빌자면 하나님의 형상이다. 그러니까 우리 마음속에 있는 하나님의 형상을 우리가 발견해서 붙잡자는 것이다. 「고린도 전서」에서 하나님의 형상이 무엇인가 할 때 그리스도라고 한다. 그리스도를 붙잡는 것이 원각이란 말이다. 우리의 본체를 붙잡는 것이 원각이라는 것이다. 종밀이 그렇게 설명한 것인데 정말 종밀은 『원각경』에 관한 책을 40여권을 쓸 정도로 『원각경』에 대해 꿰뚫은 사람이다.

내가 전에 감이 왜 빨갛고 감이 왜 둥근가 하면 태양이 빨갛기 때문에 감도 빨갛고 또 태양이 동그랗기 때문에 감도 동그랗다고 했다. 감으로 말하면 태양, 이것이 본체다. 아까 여래장如來藏이라고 했는데 이것, 태양이 자성自性이고 감은 현상現象으로 차별差別이다. 태양과 감나무에 달린 빨갛게 익은 감인데 태양은 감의 자성이요 본체이며 감은 태양의 현상이고 차별이다.

영문학 전공을 하시는 이명섭 선생님에 의하면 감[柿]의 학명은 Dios pyros라고 한다. Dios는 '신神'이란 뜻이고 pyros는 '열매'란 뜻이라고 한다. 그러므로 감의 식물학명은 '신의 열매'란 뜻이다. 하나님과 하나님의 형상, 이것이 Dios 와 pyros다. 이것을 쉽게 말하면 공즉시색空卽是色이다. 공空과 색色의 일치인데 그것이 원각이다. 기독교로 말하면 우리가 하나님과 하나가 되는 것이다. 하나님 안에 내가 있고 내 안에 하나님이 계시는 것, 이렇게 되는 것이 원각이다. 이것을 다르게 말하면 근본체험이다. 진리를 깨달았다든가 하나님을 만났다든가 계시를 받았다든가 그런 것을 보통 근본체험이라 한다. 원각이라는 것을 한마디로 근본체험이라 요약할 수 있는 것인데 '원'이라는 것이 근본이고 '각'이라는 것은 체험이라는 것이다. 종밀이 그렇게 결론을 내린 것이다. 종밀이란 사람은 원각을 꿰뚫고 있는 것이다. 그리고 이런 종밀 때문에 중국 사람들은 팔만대장경 중에 가장 많이 읽고 존중하는 경전이 『원각경』이 되고 말았다. 만일 종밀이라는 사람이 없었더라면 중국에서 『원각경』이 그렇게 존중받지 못하였을 것이다. 종밀 때문에 『원각경』이 중국에서 최고의 경전이 되었다. 중국에서는 『법화경』과 『화엄경』은 잘 모른다. 우리 나라는 의상대사義湘大師(625~702) 때문에 『화엄경』이 나온 것이다. 중국에서 종밀은 교종의 머리요 또한 선종의 머리다. 종밀은 교종과 선종을 합친 사람이다. 요전에 말했지만 주자朱子의 고민은 "어떻게 하면 종밀의 불교를 벗어나는가"하는 것이었다. 또 양명陽明도 "어떻게 하면 종밀을 벗어나는가, 종밀을 뛰어 넘는가?"하고 고민하리만큼 중국불교의 대명사가 바로 종밀이었다. 이러한 종밀 때문에 『원각경』이 중국의 불경으로 자리잡고 말았다고 할 수 있다. 화엄의 몇 대 교조며 또한 선의 몇 대 교조가 될 만큼 대단한 인물이었다. 그래서 그의 영향으로 당나라 전체가 불교로 화하고 만다. 그러니까 하나를 깊이 파고들어 가면 그 속에 억 천만의 모든 학설이 다 들어갈 수 있는 것이다. 종밀이라는 사람이 불교를 깊이 파고 들어가 그 뿌리를 뽑은 사람이기 때문에, 우리가 이 『원각경』을 읽을 때마다 참 좋은 경이로구나 하는 것을 느끼는 것이다. 다음 시간에는 이 『원각경』이 어떻게 전파되었는가에 관해 설명하기로 한다.

1999. 12. 12.

# 원각경 소疏

## 본문 요약

　　이시회중爾時會中 유화수금강有火首金剛 최쇄금강摧碎金剛 니람파금강등尼藍婆金剛等 팔만금강八萬金剛 병기권속幷其眷屬 백불언白佛言. 세존世尊 약후말세若後末世 일체중생一切衆生 유능지차결정대승有能持此決定大乘 아당수호我當守護 여호안목如護眼目. 내지도량소수행처乃至道場所修行處 아등금강我等金剛 자령도중自領徒衆 신석수호晨夕守護 영불퇴전令不退轉. 기가其家 내지영무재장乃至永無災障 질병소멸疾病消滅 재보풍족財寶豊足 상불핍소常不乏少. 이시회중爾時會中 팔만금강八萬金剛 아당수호我當守護 여호안목如護眼目 도량기가道場其家 영무재장永無災障 역병소멸疫病消滅 재보풍족財寶豊足 불설경이佛說經已 일체보살一切菩薩 개대환희皆大歡喜 신수봉信受奉.

## 강 해

이시회중爾時會中 유화수금강有火首金剛 최쇄금강摧碎金剛 니람파금강등尼藍婆金剛等 팔만금강八萬金剛 병기권속幷其眷屬 백불언白佛言

그 때 모인 사람들 속에 화수금강, 최쇄금강, 니람파금강 등 팔만 금강과 그 권속들이 있었는데 그들이 부처님께 말했다. 여기서 금강金剛이란 적을 지키는 금강역사金剛力士를 말한다. 화수금강火首金剛은 악惡에 대해서 진노하는 금강역사로 일체의 악이 들어오지 못하게 지키고 있는 것이다. 그리고 최쇄금강摧碎金剛은 절구공이를 들고 있는 금강역사이다. 절구공이를 들고 있다가 무엇이나 오면 두들겨 부셔버린다는 것이다. 금강이란 가장 강한 것을 표시한다. 금강저金剛杵란 금강역사가 들고 있는 가장 강한 절구공이다.

추사秋史 김정희金正喜는 붓글씨를 쓸 때 먹물을 묻히고는 붓끝을 절구공이처럼 구부려서 썼는데 이것을 금강저법金剛杵法이라 한다. 추사는 이렇게 쓰면 그 글씨에 힘이 들어가 있다는 것이다. 쓰기는 힘없이 쓰지만 써놓은 글씨는 한 획, 한 획마다 힘이 들어가 있다는 것이다. 이런 추사의 필법을 금강저법이라 하는데 금강저법이라는 말이 바로 금강역사가 쥐고 있는 절구공이로부터 나온 것이다.

그 다음은 니람파금강尼藍婆金剛이다. 니람파란 청색인데 죽음의 색이다. 무엇이나 오면 죽여버리고 마는 그런 금강이라는 것이다. 그런 힘센 깡패들이 팔만 명이나 있다. 팔만 금강이다. 또한 그 부하들도 많이 있다. 이것을 기독교로 말하자면 천군 천사가 지킨다는 얘기와 같은 것이다. 그들이 부처님께 다음과 같이 말을 했다.

세존世尊 약후말세若後末世 일체중생一切衆生 유능지차결정대승有能持此決定大乘 아당수호我當守護 여호안목如護眼目

세존이시여! 앞으로 말세의 모든 중생들이 이 『원각경』을 가지고 대승의 세계로 들어가는데, 그러면 나는 그 사람들을 마치 눈동자처럼 잘 지켜주겠습니다.

내지도량소수행처乃至道場所修行處 아등금강我等金剛 자령도중自領徒衆 신석수호晨夕守護 영불퇴전令不退轉

그들뿐만 아니라 모든 수도하는 도량을 우리 금강은 모든 무리를 이끌고 이른 새벽부터 밤늦게까지 지켜줌으로써 그들이 절대 후퇴하지 않도록 해주겠습니다.

기가其家 내지영무재장乃至永無災障 질병소멸疾病銷滅 재보풍족財寶豊足 상불핍소常不乏少

그 사람들은 물론 그 집까지도 지켜주겠습니다. 그래서 그들의 집에 일어날 수 있는 모든 재앙, 질병들을 다 없애주고 재물도 풍성하게 해주어서 조금도 부족함이 없도록 해주겠습니다.

이시회중爾時會中 팔만금강八萬金剛 아당수호我當守護 여호안목如護眼目 도량기가道場其家 영무재장永無災障 역병소멸疫病消滅 재보풍족財寶豊足 불설경이佛說經已 일체보살一切菩薩 개대환희皆大歡喜 신수봉信受奉

그 때 모인 사람들 속에는 금강역사 팔만 명이 있어서 그 사람들을 마치 눈동자처럼 잘 지켜주며, 또한 수도하는 도량과 그 집에 일어날 수 있는 모든 재앙과 질병을 다 없애준다. 재물도 풍성하게 해준다. 부처님께서 모든 말씀을 끝냈다. 거기 있는 모든 보살들이 기쁨에 넘쳐서 부처님께서 하신 말씀을 모두 받아들여 믿고 받들어 실천했다.

다음에 나오는 내용은 종밀이 『원각경』을 끝내고 난 후에 자기의 견해를 피력한 것이다.

자유무시미심해自惟無始迷心海 광겁표침생사파曠劫漂沈生死波 진사제불출입중塵沙諸佛出入中 부목맹구난치우浮木盲龜難値遇 하행하신봉료교何幸此身奉了敎 천중의체류영소千重疑滯類氷消

자유무시미심해自惟無始迷心海

자기가 왜 그랬는지 또 언제부터 그랬는지 모르지만 홀연히 마음의 바다에서 길을 잃고 말았다. 종교라면 종교, 철학이라면 철학의 세계에서 길을 잃고 말았다. 또는 인생이라는 바다에서 길을 잃고 말았다. 그런데 언제부터 그렇게 되었는지 모른다. 그래서 '문득' 또는 '홀연'이라는 말을 쓰기도 한다. 문득, 갑자기 길을 잃고 말았다. 기독교로 말하자면 태초부터, 에덴 동산에서부터 그만 잘못되고 말았다는 것이다.

불교나 기독교나 항상 개인적인 문제와 전체적인 문제가 같이 걸려있는 것이다. 원각이라 해도 개인적으로 말하면 진리를 깨달았다는 의미가 되지만, 전체적으로 말하면 우주 전체가 진리의 세계라는 것을 깨닫는 것이다. 이렇게 언제나 두 가지를 생각하는 것이 좋다. 그래서 이것도 종밀 개인의 이야기이면서 또한 인류 전체의 이야기라고 볼 수도 있다.

광겁표침생사파曠劫漂沈生死波 진사제불출입중塵沙諸佛出入中

아득히 먼 옛날부터 생사 윤회에 또는 번뇌에 빠지고 말았다. 모래처럼 많은 부처님들이 이 세상에 와서 많은 사람들을 도와준다. 기독교로 말하자면 죄에 빠지고 말았다. 많은 사람이 죄에 빠져있는데 그냥 내버려두는 것이 아니다. 그래서 기독교로 말하면 하나님께서 많은 선지자들을 보내서 우리를 구원하려고 애쓰는 것이다. "진사제불塵沙諸佛"이다. 불교로 말하면 석가 이전에도 수많은 부처들이 있었고 석가 이후에도 수많은 부처들이 있는데 그 중에 석가가 고생을 가장 많이 해서 된 부처라고 한다. 그래서 그것을 보신報身이라 했다. 가장 오랫동안 수양을 하고 고생을 하고 얻은 부처가 보신이라는 것이다. 그런데 우주 전체가 부처라고 할 때의 부처는 법신法身이라고 한다. 또 어떤 모양으로든지 이 세상에 와서 남을 도와주는 사람들을 화신化身이라 한다.

부목맹구난치우浮木盲龜難値遇

'부목맹구浮木盲龜'라는 말은 사전에도 나오는 고사성어로 잘 알려진 것이다. 바다 속에서 오래 산 거북이 너무 오랫동안 깊은 바다 속에서 빛을 못 봐서 눈이 퇴화하여 눈이 멀고 말았다. 이 거북이 나중에 조물주에게 다시 한 번 빛을 보게 해달라고 기도를 한 결과 조물주께서 거북의 배꼽에 눈을 하나 허락하였다. 그래서 배꼽 눈이 되었다. 이 배꼽 눈으로 무엇을 보고자 자꾸자꾸 밝은 데로 올라갔다. 그래서 거북이 바다 물 위로 떠서 오래 떠돌아다니다가 떠다니던 부목을 만났는데 얼마나 오랫동안 떠돌다가 만났는가 하면 '천재일우千載一遇'다. 천년을 걸려서 한 번 만났다는 것이다. 이것은 선생을 만나는 것이 그렇게 어렵다는 뜻이다. 이 거북이 부목을 붙잡고 몇 해를 돌아다니다가 부목에 생겨난 어떤 구멍, 말하자면 광솔 구멍 같은 구멍하고 배꼽 눈이 일치했다. 이것을 이심전심以心傳心이라 한다. 그렇게 이심전심이 될 때 진리의 태양을 보게 되는데 이것을 견성성불見性成佛이라 한다. 직지인심直指人心해서 견성성불하는 것이다. 그래서 진리의 태양을 보고서 한없는 법열을 느끼고 다시 바다 속에 들어가서 자기네 친구를 데리고 올라오게 되는 것인데 이것을 미묘법문微妙法門이라 한다. 이 얘기는 불교 이전에 인도의 얘기인데 이 얘기를 불교에서 많이 인용하고 있다.

그래서 『벽암록』 19장에는 구지화상俱胝和尙의 이야기가 다음과 같이 나온다.

[벽암록 19장 구지지수일지俱胝只竪一指]
　거擧 구지화상俱胝和尙 범유소문凡有所問 지수일지只竪一指
　송頌 대양심애노구지對揚深愛老俱胝 우주공래갱유수宇宙空來更有誰 승향창명하부목曾向滄溟下浮木 야도상공접맹구夜濤相共接盲龜

　거擧 구지화상俱胝和尙 범유소문凡有所問 지수일지只竪一指

　구지화상은 누구에게나 무슨 질문을 할 때는 손가락을 하나 세워 들었다. 손가락이란 달을 가리키는 손가락이다. 그러니까 달을 그리스도라 하면 손가락이란 세례 요한이다. 여기서는 지금 "지수일지지 堅一指"라 한다.

그런데 어느 날 구지가 밖에 나가 있을 때 구지의 친구가 찾아와서 묻기를 "너희는 그 동안 무엇을 배웠느냐"고 했다. 그러자 한 학생이 평소의 구지처럼 손가락을 하나 세워들었다. 그래서 구지가 돌아오자 그 친구가 그 말을 다 했다. 그랬더니 구지는 그 학생을 불러다가 손가락을 내라 해서 도끼로 그 손가락을 잘라버렸다. 그래서 그 학생이 손가락을 들고 병원으로 달려가는데 구지가 뒤에서 "아무개야!"하고 불렀다. 그러자 그 학생이 뒤를 돌아다보니 그 때 구지는 손가락을 들어 올렸는데 그 순간 학생은 깨닫게 되었다. 그래서 그 학생이 구지의 후계자가 되었다. 이 구지의 선생님은 천룡이라는 스님인데 구지도 그것을 천룡에게 배운 것이다. 그런데 그것은 결국 『원각경』에 나온 이야기다.

송頌 대양심애노구지對揚深愛老俱胝 우주공래갱유수宇宙空來更有誰 승향창명하부목曾向滄溟下浮木 야도상공접맹구夜濤相共接盲龜

구지의 손가락은 달을 보라는 손가락이다. 구지는 왜 그렇게 손가락을 쳐들었는가 하면 모든 사람에게 진리를 가르쳐 주기 위해 손가락을 쳐든 것이다. 우주가 생긴 이래 구지 말고 누가 또 있는가. 그가 일찍이 푸른 바다를 향해 부목을 던진 것이다. 아까 젊은 청년의 손가락이 떨어졌는데 그 떨어진 것이 무엇인가 하면 부목이란 말이다. 손가락을 왜 잘랐는가 하면 한없이 깊은 사랑으로 그 손가락을 자른 것이다. 이렇게 보면 이것은 기독교에서 왜 예수가 십자가에 달렸는가 하면 한없는 하나님의 사랑이 예수로 하여금 십자가에 달리게 했다는 그런 사상이나 같은 것이다. 어두운 암흑세계에 사는 많은 맹구들이 올라와서 살게 해주기 위해서 그렇게 했다는 것이다.

이상과 같이 『벽암록』 19장에도 부목맹구라는 이야기가 나와 있다.

"부목맹구난치우浮木盲龜難値遇", 선생을 만난다는 것이 그렇게 귀한 것이다. 천년에 한 번이다. 우리가 일생을 살면서도 선생을 못 만나고 죽는 사람이 얼마나 많은가. 여러분 가운데 죽을 때 내 선생은 누구다 할 사람이 몇 사람이나 되겠는가. 그러니까 선생을 만난다고 하는 것이 얼마나 어려운 일인지 모른다. 물론 예수 믿는 사람들이 그리스도가 내 선생이다 그렇게 하면 할 말이 없지만 그리스도가 선생이라 그러면 바울처럼 정말 그리스도가 내 안에 살아야지 그렇지 않고 그냥 그리스도가 선생이라 하면 그것은 아무 의미가 없는 것이다. 인도 사람들의 생각은 사람으로 태어났다는 것이 가장 소중하고 그 다음 가장 소중한 것은 선생을 만났다는 것이다. 인생이란 그렇게 결정된다는 것이다. 선생을 만나면 인생이 되는 것이고 선생을 못 만나면 인생이 못되고 만다. 학문의 세계도 마찬가지다. 선생을 만나면 내가 학자가 되는 것이고 선생을 못 만나면 내가 학자가 안 된다. 선생에 따라서 그 사람이 결정되는 것이다. 그런데 선생을 만나기가 그렇게 어렵다는 말이다.

하행차신봉료교何幸此身奉了敎 천중의체류영소千重疑滯類氷消

그런데 종밀 자기 자신은 행복하게도 불교를 만나게 되어서 그때까지 가지고 있던 많은 의심들이 얼음이 녹듯이 사라졌다는 것이다. 불교에서 의심이 사라지면 그것을 성문聲聞이라 한다. 의심이 없어진 후에 불교의 내용을 이해하게 되는 것이 연각緣覺이다. 그 다음 실천하는 것이 보살菩薩이다. 그리고 나중엔 증거하기에 이른 것이

불타佛陀이다. 이렇게 불교에서 생각하는 것이 네 계단이 있으니까 우리는 그것을 생각하면서 읽어야 한다.

심사색세적문훈尋思索世積聞熏 참괴다생선지식慚愧多生善知識 상사자비애말세上士慈悲哀末世 시종차제위자순始終次第爲諮詢 능인응감칭심원能仁應感稱心源 본말무차돈연설本末無遮頓演說

심사색세적문훈尋思索世積聞熏 참괴다생선지식慚愧多生善知識

그 동안 성문으로서 많은 말을 들어왔다. 여러 해 동안 또는 아주 오랜 옛날부터 우리 인류가 많은 얘기를 들어왔다. 그래서 그것을 이해하고자 애를 써 왔는데 제대로 정리가 되지 않았다. 정말 여러 선생님들께 부끄럽기 짝이 없었다.

여기까지는 종밀이 『원각경』을 만나기 전의 일이다. 종밀은 25세 때인가에 『원각경』을 만나게 되었다고 했다.

상사자비애말세上士慈悲哀末世 시종차제위자순始終次第爲諮詢

12제자가 온 세상 사람과 후세의 사람들을 가엾게 생각하여 불교의 처음부터 마지막까지를 차례대로 잘 정리하여 질문들을 해 주었다. 잘 질문들을 해 주어서 자기의 생각이 그 질문에 따라서 정리가 되었다는 것이다. 상사上士란 『원각경』에 나오는 12제자를 말한다.

능인응감칭심원能仁應感稱心源 본말무차돈연설本末無遮頓演說

석가가 제자들의 마음속을 잘 느껴서 그 사람 마음의 근원에 있는 문제를 잘 이해해서 쉽게 풀어준다. 무엇이 근본이고 무엇이 끝인가를 아무 거리낌없이 그때마다 잘 풀어서 말해준다. 그래서 종밀은 『원각경』을 읽고 난 뒤 불교의 핵심을 알게 되었다는 것이다. 능인能仁은 석가를 말한다. 능能은 can, king이므로 왕王으로 번역한다. 능인을 뒤집어서 인왕산仁王山이라 했다. 인왕산은 석가를 뜻한다. 인왕산의 선돌바위가 석가의 머리에 해당하고 인왕산 전체 바위가 석가의 몸이다. 인왕산 뒤에는 석가의 수제자인 보현과 문수봉이 서 있다. 『원각경』 제1장에 문수가 나오고 2장에는 보현이 나왔다. 12제자를 대표하는 사람이 문수와 보현이다. 그래서 인왕산 밑에다 경복궁을 짓게 된 것이다. 무학이 왕십리에서 태조더러 십리를 더 가서[往十里] 인왕산 밑에 궁을 지으라고 권하였기에, 인왕산 밑에다가 경복궁을 짓고 나라를 시작한 것이다. 이조는 이렇게 부처님의 은혜 밑에서 살기로 시작한 것이다.

이채군전구진적已採群筌扣眞寂 수응성지해사문隨應聖旨解斯文 보회공덕향중생普廻功德向衆生 동입신통대광장同入神通大光藏

"이채군전已採群筌", 12제자의 질문을 받아서 "구진적扣眞寂"이다. 적寂이란 불교의 핵심 진리라는 것이다. 이체理體라는 것으로 진리의 본체를 말한다. 그러니까 "구진적"이란 진리의 본체를 알려주었다는 말이다. 그래서 "수응성지隨應聖旨", 종밀 자기는 석가의 거룩한 뜻을 받들어서 "해사문解斯文", 『원각경』을 이제까지 해설하였다는 것이다. "보회공덕향중생普廻功德向衆生", 자기는 석가의 뜻을 온 세상 사람들에게 넓게 펼치고자 하였다. 회廻는 회광반조廻光返照라는 말이다. 회광반조, 빛을 돌려서 비춰주는 것인데, 말하자면 햇빛을 달이 받아서 그 달이 다시 빛을 사람들에게 비춰주는 것이다.

결론은 무엇인가? "동입신통대광장同入神通大光藏"이다. 『원각경』의 첫 시작에서 바가받婆伽婆이라 했는데 이를 '신통대광명장'이라 했다. 『원각경』맨 앞에서 바가받이란 세존世尊을 말하는데 "입어신통入於神通 대광명장大光明藏"이라 했다. 『원각경』의 핵심이 신통대광명장이다. 원圓이라 하는 것이 '신통'이고 각覺이라 하는 것이 '대광명장'이라 해도 된다. 그래서 원각이란 신통대광명장이다. 그 동안 우리는 대광명장을 삼마디라 하고 신통을 삼마파티라 하고 그 다음에 나오는 신심적멸身心寂滅을 디야나라 했다. 그러니까 삼매三昧는 삼마디요 정수正受는 삼마파티고 적멸은 디야나라고 그렇게 설명을 했다. 결국 『원각경』의 핵심은 신통대광명장이다. 그래서 누구나 이 『원각경』을 읽고서 신통대광명장이 되게 하는 것이다. 기독교로 말하자면 "하나님을 알고 그리스도를 아는 것이 영생."이라는 말이다 [요한 17:3]. 여기까지가 종밀의 『원각경』에 대한 소감이다.

다음은 유영모柳永模 선생님의 글이다.

수출고고首出高高 영현외領玄外 요긴심심要緊深深 이황중理黃中

"수출고고首出高高 영현외領玄外", 이는 신통神通을 의미한다. 즉, 머리는 하늘 높이 하나님 나라에 들어가 있다는 뜻이다. "요긴심심要緊深深 이황중理黃中", 이것은 대광명장大光明藏을 의미한다. 허리 속에는, 혹은 땅 속에는, 혹은 우주 속에는 진리가 깊이 도사리고 있다는 것이다. 머리는 하늘 위에 올라가 있고 배는 땅 속에 들어가 있다는 것인데 땅이란 진리의 땅을 말한다.

다음은 『벽암록』의 62장이다. 운문雲門은 선의 5가지 종파 중의 하나이다.

[벽암록 62장 운문비재형산雲門秘在形山]
　거擧　운문시중운雲門示衆云　건곤지내乾坤之內　우주지간宇宙之間 중유일보中有一寶　비재형산秘在形山. 염등롱拈燈籠　향불전리向佛殿 裏　장삼문래將三門來　등롱상燈籠上. [승조僧肇 보장론寶藏論]

　거擧　운문시중운雲門示衆云　건곤지내乾坤之內　우주지간宇宙之間 중유일보中有一寶　비재형산秘在形山

　운문이 무리를 향해서 말했다. 하늘과 땅 속에, 그리고 대 우주 사이에 하나의 보물이 있다. 그런데 그 보물은 형산 속에 숨어있다.

　염등롱拈燈籠　향불전리向佛殿裏　장삼문래將三門來　등롱상燈籠上

　등롱에 불을 켜 들고, 불전 뒤로 돌아가서, 그 속에 있는 보물을 대문 밖에까지 가지고 오너라. 그래서 등롱 위에다 올려놓아라.
　불교에서 말하는 보물이란 태양이다. 하늘에 태양이 없으면 우리는 살 수 없다. 기독교로 말하면 이 세상의 태양은 그리스도이다. 불교로 말하자면 태양이란 석가가 태양이다. 또 우리 집의 태양은 어머니이다. 그래서 아내라 하지 말고 '안해'라고 하는 것이 좋다고 말한다. 유영모 선생은 언제나 집안의 태양이라 해서 안해라고 했다. 집안의 태양도 있지만 내 마음속에도 태양이 있다. 기독교로 말하자면 마음속의 태양은 그리스도이다. 양명陽明으로 말하자면 양지良知라는 것이다. 자기 마음속에 있는 태양이다. 형산形山이란 자기의 몸이므로 자기의 몸 속의 태양인데 내 속에 있는 태양이란 쉽게 말해서 주체성이다. 또는 창조적 지성이라고 할 수 있다. 즉, 자기 속에 있는 주체성을 발견해 내야 한다는 것이다. 모든 종교나 사상이 마찬가지이다. 우리 속에 있는 주체성을, 혹은 우리 속에 있는 창조적 지성을 발견해 내는 그것이 원각이다. 원圓이란 주체성, 혹은 창조적 지성이요, 각覺이란 창조적 지성, 그것을 끄집어낸다, 혹은 발견해 내는 것으로 내가 주체적인 지성이 되는 것이다. 주체적인 지성이 되면 그것을 불교에서는 부처라 하고, 기독교에서는 그리스도인이라고 한다. 형산 속에 있다는 것은 내 속에 있다는 것이다. 내 속에 있는 보배를 꺼내오라는 것이다.

"염등롱拈燈籠"하는 것은 삼마디요, "향불전리向佛殿裏 장삼문래將三門來"하는 것은 삼마파티, 그리고 "등롱상燈籠上"하는 것은 디야나라 하는 것이다. 삼마디 해서 삼마파티 하고 그래서 디야나. 디야나라는 것을 할 때는 모든 사람이 알아들을 수 있게 설명을 해 주라는 것이다. 우주 속에 감춰진 깊은 진리를 우리가 끄집어내서, 즉 우리가 그것을 잘 이해하여, 그것을 많은 사람들에게 쉽게 설명해 주라는 것이다. 신통이란 진리를 끄집어낸다는 것이요 대광명장이란 그것을 많은 사람들에게 돌려준다는 것이다.

삼마디, 등불을 밝힌다는 것인데, 등불을 밝힌다고 할 때는 거울[鏡]이란 비유를 많이 썼다. 진리를 끄집어낸다고 할 때는 묘목苗木의 비유를 잘 들었다. 이것이 삼마파티라는 것이다. 그리고 진리를 중생에게 널리 알려주라고 할 때에는 종鐘의 비유를 많이 했는데 디야나라는 것이다.

삼마디, 삼마파티, 디야나, 이 세 가지가 『원각경』의 핵심인데 선에서는 또 이렇게 표현한 것이다. 등불을 켜서 깊은 땅 속에 있는 것을 끄집어내어 대문 밖 많은 사람 앞에 등불을 켜고 보여주라는 것이다. 쉽게 말하면 하나님의 말씀을 우리가 믿고 깨달아서 그것을 구체적으로 체험하고 이해해서 될 수 있는 대로 쉽게 사람들에게 다시 한 번 전해주라는 말이다.

이중에서 가장 어려운 것이 무엇인가? 진리를 이해하는 명상의 세계, 삼마디는 비교적 쉽다. 그 다음 수도하는 삼마파티가 어렵다. 진리를 증거하기[디야나]는 쉽지 않다. 풍성상주風性常住, 바람이 꽉 찼으나 부채질을 하지 않으면 바람이 일어나지 않는다. 삼마파티란 부채질에 해당하는 것인데 우리 기독교의 약점은 부채질하는 노력[修道]이 아주 미미하다는 것이다. 교회에서 설교는 흔히 하나 수도하는 모습은 흔하지가 않다.

내가 영국의 신학교에 가 보았더니 그 신학교의 특징이, 수석 졸업생을 대학원에 보내서 박사학위를 취득시킨 후에는 바로 채용을 하지 않고 반드시 그 사람을 아프리카나 인도네시아 같은 낙후 지역으로 보내서 10년 동안 그 곳의 문화를 연구하고 그 곳 사람들과 친밀해지도록 훈련을 시킨다는 점이다. 그렇게 훈련을 한 뒤라야 교수 자격을 부여하는 것이다. 그러니까 그 사람이 박사학위를 취득하는 것이 삼마디요, 박사학위를 한 후 아프리카 등 오지에 가서 십 년을 수양하는 것이 삼마파티요, 그후 신학교에 와서 교수를 하는 것이 디야나다. 나는 영국 사람들이 이렇게 하는 것을 보고 정말 영국 사람들이 똑똑하다는 생각을 했다.

언제나 사람에게는 이 세 가지가 있어야 하는데 대개는 삼마디와 디야나는 있는데 삼마파티는 없다. 양명으로 말하면 지행합일이 되어야 치양지다. 심즉리心卽理[삼마디]에서 지행합일知行合一[삼마파티]이 되어야 치양지致良知[디야나]가 되는 것이다. 그런데 심즉리에서 그냥 치양지가 되면 안 된다. 반드시 지행합일이라고 하는 것이 있어야 한다. 그래서 지행합일이라는 그것이 인생에서 가장 소중하다. 지행합일이란 쉽게 말해서 하나의 경험이요 체험을 가지는 것인데 이것이 없으면 믿음이란 것이 되지 않는 것이다.

다음에 보는 이것도 『벽암록』 62장에 나오는 글이다.

영광독요靈光獨耀 형탈근진迥脫根塵
체로진상體露眞常 불구문자不拘文字
심성무염心性無染 본자원성本自圓成
단리망연但離妄緣 즉여여불卽如如佛

영광독요靈光獨耀 형탈근진迥脫根塵

영의 빛이 홀로 빛나서 더러운 세계를 높이 초월했다. 이것은 삼마디를 말하는 것이다.

체로진상體露眞常 불구문자不拘文字

이것은 삼마파티라는 것이다. 체로體露, 구체적으로 아프리카라면 아프리카에 가서 자기 몸을 드러내고, 진상眞常, 진리를 몸소 실천해 보는 것이다. 그것은 무슨 지식이니 문자가 아니다.

심성무염心性無染 본자원성本自圓成

자기의 심성이 하나도 오염된 것이 없는, 그래서 자기가 완전한 인격이 되어서 다른 사람을 가르쳐야 한다.

단리망연但離妄緣 즉여여불卽如如佛

그러기 위해서는 모든 인연을 끊어버려야 된다. 그래야 곧장 그 사람 자체가 부처가 되고 만다.

이상이 『벽암록』 62장으로 운문의 말인데 이 한 장으로 『원각경』 전체를 한 번 요약한 것이라 볼 수 있다.

1999. 12. 19.

# 고려도서주해

사색

# 차례

## 고린도서 주해

1. 불을 끄고 빛이 되라 : 원각(99. 9. 5.) ···· 295
   고린도 전서 1장~4장
2. 예정설 : 본각과 시각(99. 9. 12.) ········ 300
   고린도 전서 5장~6장
3. 평범한 진리 : 평상심시도(99. 9. 19) ···· 304
   고린도 전서 7장~8장
4. 십자가와 부활 : 인지법행(99. 9. 26.) ···· 308
   고린도 전서 9장
5. 성만찬과 세례 : 일식 일좌(99. 10. 3.) ···· 313
   고린도 전서 10장~11장
6. 한 몸 : 법계(99. 10. 10.) ················ 323
   고린도 전서 12장
7. 사랑―중도(99. 10. 17.) ················· 326
   고린도 전서 13장
8. 철학과 도덕(99. 10. 24.) ················ 334
   고린도 전서 14장
9. 새로운 피조물―성불(99. 10. 31.) ········ 338
   고린도 전서 15장
10. 부활, 십자가, 성육신(99. 11. 7.) ·········· 347
    고린도 전서 15장
11. 마라나타―일즉일체(99. 11. 14.) ········· 351
    고린도 전서 16장
12. 바울은 어떤 사람인가?(99. 11. 21.) ······ 360
    고린도 후서 11장~12장
13. 정직과 진실―선서 여래(99. 11. 28.) ······ 364
    고린도 후서 1장~3장
14. 알, 일, 얼―제행무상(99. 12. 5.) ·········· 373
    고린도 후서 3:18~4:18
15. 새 시대를 여는 새 인간(99. 12. 12.) ······ 380
    고린도 후서 5장~7장
16. 빛, 힘, 열(99. 12. 19.) ···················· 389
    고린도 후서 7:1~13:13

# 1. 불을 끄고 빛이 되라 : 원각

### 고린도 전서 1장~4장

 이번 학기에는「고린도 전서」를 하겠다. 앞으로 내가 말할 시간이 얼마 남지 않아서 무슨 얘기이든지 할 것이므로 양해해 주기 바란다. 고린도는 항구도시이자 상업도시로, 로마시대에는 총독이 여기 와서 희랍반도 전체를 다스리던 로마의 직할시이었던 셈이다. 미국으로 말하면 아테네는 워싱톤에, 그리고 고린도는 뉴욕에 해당한다고 볼 수 있다. 국가경제의 중심지로서 고린도는 생존경쟁이 극심한 곳이며 또한 도덕적으로 가장 타락한 음란의 도시였다. 바울은 고린도에서「로마서」를 썼다. 그는 고린도에 두 번 갔었다. 처음에는 서기 50년경에 가서 일년 반 동안 거기서 고린도 교회를 세웠다. 그 다음 54년경에 가서 삼 년간 고린도에서「로마서」를 썼다.「로마서」1장 끝 부분에 세상의 모든 죄악상들이 다 열거되어 있다. 이는 바울이 고린도에서 실제로 목격하고서 쓴 것이다. 이런 음란(色)에서 벗어나자는 것이 고전 15장 부활의 핵심이다. 또한 이처럼 치열한 생존경쟁(食)에서 벗어나자는 것이 고전 13장 사랑장이다.
 유영모柳永模 선생님에 의하면 모든 죄의 근원은 식색이다.「고린도 전서」는 우리에게 도덕적인 완성을 가르치는 내용이다.「로마서」는 교리, 즉 이론적인 것을 밝혀보자는 것이다.「고린도 전서」는 실제 우리 생활에서 실천하는 문제와 살아가는 문제를 어떻게 할 것인가에 대한 것이다.「로마서」는 바울이 선생님의 입장에서 쓴 글이라면「고린도 전서」는 바울이 아버지 입장에서 쓴 글이다. 로마 교회는 바울이 세운 교회가 아니지만 고린도 교회는 바울이 직접 세운 교회로 그는 거기서 일년 반 동안 목회 후 나중에 또 삼 년간 목회를 하였다. 그러므로 「고린도 전서」은 정적情的인 반면 「로마서」는 지적知的이다. 바울은 말한다. 고린도 교회는 내가 낳았으니 나는 교사가 아니라 너희의 아버지 입장이다. 선생은 지식이나 교리를 그냥 가르치면 되지만, 아버지는 "내가 이렇게 사니 너희도 나를 본받아 이렇게 살아라"하는 것이다. 디모데야말로 나처럼 사는 사람으로서 내 아들이며 너희도 내 아들이라는 이야기이다(고전 4:14~17). 「고린도 전서」는 바울이 자기의 마음을 열어서 보여주는 내용이다. 「고린도 후서」는 더욱 정적으로 화를 내기도 하고 감격적인 내용들도 많다. 그 당시 고린도에는 희랍신전이 12개나 있었는데 바울이 그 속에 들어가서 처음으로 교회를 세웠다. 그래서 기독교가 정말 우수하지 않으면 그 속에서 살아날 가능성이 거의 없다. 그렇다면 과연 바울이 희랍종교를 수용할 수 있는 능력이 있는지를 여기서 보아야 한다. 바울은 우리는 인간의 수준에 머물지 말고 인간을 초월해야 한다고 말한다(고전 3:21~23).

일본의 내촌감삼內村鑑三의 비석에는 이렇게 씌어있다: 내촌은 일본의 것이고 일본은 세계의 것이며 세계는 그리스도의 것이다. 또한 그리스도는 하나님의 것이다. 나는 두 'J'를 위해서 죽는다. 예수의 'J'와 일본의 'J'가 그것이다. 내촌의 제자 김교신金敎臣은 두 'C'를 위해서 죽는다고 했다. Corea와 Christ가 그것이다. 한국이 제정시대이었을 때 김교신은 진정한 애국자였다. 일본형사들도 한국에서 제일 무서운 사람은 김교신이라고 하였다.

교회에 파벌이 생겼다(고전 1:12). 한국의 감리교단에도 성화파, 호헌파, 정동파 등 파벌이 많이 생겨서 감독조차 뽑을 수가 없었다. 이대교회를 처음 시작했던 이환신 목사가 마지막 감독이었다. 그 때 투표를 120번이나 했다. 기독교인들이 당파싸움을 제일 잘 한다. 그 후에는 각 파에서 한명씩 뽑고 감독회장은 일년씩 돌아가면서 맡게 되었다. 내가 이대 교목이 되었을 때 감리교단에 적籍을 두고자 정동교회의 김광우 감리사를 찾아갔더니 당신은 이북 사람이니까 성화파인 동대문으로 가라고 해서 끝내 적을 두지 못했다. 한국의 당파 싸움 병폐는 보통 심각한 일이 아니다.

아폴로(사 18:24)는 이집트의 알렉산드리아에서 태어난 유태인으로 에베소에 와 있었는데 그는 구변이 좋고 성서에 정통한 사람이었다. 그는 요한의 후계자로 이미 주님의 가르침을 배워서 잘 알고 있을 뿐만 아니라 열성을 다하여 전도하며 예수에 관한 일들을 정확하게 가르치고 있었다. 학자들에 의하면 그는 희랍철학에 대해서도 상당한 식견이 있었다고 한다. 사울이 다메섹에서 바울이 되는 이야기(사 9:1~6)는 「사도행전」에 세 번 나온다. 베드로가 예수와 만나는 이야기는 복음서의 맨 마지막에 나온다. 예수는 베드로에게 "내 양을 먹이라"하고 세 번 부탁하였다. 베드로는 마지막에 예수가 십자가에 바로 못 박혀 죽었으니까 자기는 예수처럼 바로 죽을 수 없다고 하여 십자가에 거꾸로 매달려 죽었다는 것은 우리가 잘 아는 소설 『쿼바디스』의 내용이기도 하다. 베드로도 바울도 부활하신 예수를 만났다. 아폴로도 자기 속에 어떤 상당한 감격을 체험했기에 그처럼 생명을 바쳐서 헌신을 했을 것이다.

이들의 특징은 무아無我로 자기는 없이 그리스도만 있다. "내가 그리스도와 함께 십자가에 못 박혔나니(無我), 그런즉 이제는 내가 산 것이 아니요 오직 내 안에 그리스도께서 사신 것이라."(갈 2:20) "그러나 하나님께서는 여러분을 그리스도 예수와 한 몸이 되게 하셨으며 그리스도는 하나님께서 주신 우리의 지혜이다."(고전 1:30) 여기서 말하는 지혜는 하나님의 심오한 지혜이다.(고전 2:7) 원각圓覺을 기독교 입장에서 번역하면 하나님의 지혜, 즉 그리스도이다. 내 속의 주인은 내가 아니고 하나님 혹은 그리스도이다. 나의 주인이 있으니까 나는 없는 것이다. 바울은 이런 상황을 종, 노예라고 했다. 나의 주인은 그리스도이므로 나는 종(無我)이다.

나와 그리스도의 관계를 빛과 불의 관계로 볼 수도 있다. 불이 꺼지면 빛만 남는다. 불은 자꾸 연기(내)가 나지만 빛은 연기가 없으니 무아이자 그리스도이다. 바울의 불은 꺼지고 그리스도의 빛만 남은 것이다. 그리스도는 하나님의 빛, 곧 지혜이다. 원각도 하나님의 빛, 곧 지혜이다. 기독교를 알면 다른 종교는 알기 쉽다. 괴테도 세상의 모든 사상과 종교가 아무리 어렵고 높다고 해도 복음을 넘어설 수는 없다고 했다. 기독교만 알면 다른 종교도 다 알 수 있다는 말이다. 높은 산에 올라가면 그보다 낮은 산들은 다 내려다보이듯이 말이다. 그 높은 산이 기독교에서는 그리스도에 해당한다. 바울, 아폴로, 베드로 같은 사람들은 빛이지 불이 아니다. 이들은 내가 없는 사람들이다. 나는 없고 그리스도만 있는 사람들이다. 너희들이 그리스도를 알면 되지 왜 죽은 아폴로, 베드로, 바울을 붙잡고 다투느냐는 것이다. 빛의 세계에서는 싸움이 없으나 불의 세계에서는 연기(내)가 나므로 눈이 쓰려서 보지 못하니까 서로 부딪히면서 싸우게 된다. 자기(내)가 있으니까 싸운다.

장자莊子는 허주虛舟를 예로 든다. 저쪽에서 빈 배가 와서 내 배에 부딪힐 때 성내는 사람은 아무도 없지만, 사람이 탄 배가 와서 부딪힐 땐 마구 화를 낸다. 빈 배에는 사람이 없으므로 싸울 이유가 없으나 사람이 탔으면 싸우게 된다. 싸움은 항상 나와 나의 싸움이다. 불과 불이 싸우는 것이지 빛이 되면 싸움은 없어진다. 그리스도는 빛이고 바울, 아폴로, 베드로는 불인데, 불은 이미 꺼졌는데 너희가 죽은 불을 붙잡고 싸우는 격이라는 것이다. 바울, 아폴로, 베드로는 다 집어치우고 너희도 어서 빛이 되어야 한다는 것이 핵심이다. 빛만 되면 아무런 문제가 없다. 원각이란 빛이다. 이런 내용이 「고린도 전서」 1-4장까지의 내용이다. "하나님의 생각은 성령만이 알 수 있다."(고전 2:11) "여러분은 아직도 연기 나는 불의 상태이다."(고전 3:3) 바울은 계속해서 말한다. "나는 그리스도밖에 모른다."(고전 4:1) "나는 무아이니까 이 세상의 쓰레기처럼 한없이 짓밟히면서 산다."(고전 4:13) 아무리 짓밟히고 박해를 받아도 나는 무아이니까 아무렇지도 않다. 난 내가 없으니까 말이다. 너희도 너 자신의 불을 끄고 빛이 되라. 그것이 기독교의 본분이다. 불이면 밤낮 싸우므로 빛이 되어서 자기가 없어야 기독교인이다. 『원각경圓覺經』도 어떻게 하면 내가 없어지나 하는 것을 설명한 책이다. 「고린도 전서」의 핵심도 바로 그것이다. 오늘은 불을 끄고 빛이 되라는 것이 가장 중요한 얘기이다.                    1999. 9. 5.

## 2. 예정설 : 본각과 시각

### 고린도 전서 5장~6장

　5장을 한마디로 말하면 사람이 음란에 빠지면 정신이 나가서 제대로 생각을 못한다는 것이다. 연탄가스 냄새를 맡으면 정신이 나가는 것처럼, 암·숫내를 맡으면 정신이 나가서 이성이 마비된다. 이런 현상은 주위에서 흔히 볼 수 있다. 5장에 보면 한 여자를 놓고 아비와 아들이 다툰다. 동양에서도 당나라 현종이 자기 아들의 아내인 양귀비를 빼앗아서 차지하였다. 현종도 똑똑한 사람인데 그만 암내를 맡고서 정신이 나갔으며, 나중엔 결국 내란에 휩싸인다. 좋지 않은 내용은 자세히 설명할 필요가 없다. 공자도 『춘추春秋』를 쓸 때 좋은 것은 자꾸 설명하지만 좋지 않은 것은 설명을 하지 않는다. 나쁜 것은 될 수 있는대로 줄이고 발표도 하지 말 것이다.
　요즈음 성교육도 생각해 볼 문제이다. 남녀 칠세 부동석이면 되었지 그 이상 설명할 것이 없다. 성교육 한다는 것이 도리어 성을 그르치고 마는 경우가 흔하다. 공자도 『시경詩經』을 쓸 때 나쁜 시는 전부 빼버리고 좋은 시만 남겨두었다. 6장은 교인들 사이에 일어난 싸움에 대한 얘기이다. 하나님 앞에서 네 양심대로 살면 된다는 내용이다. 오늘 제일 중요한 말씀은 「고린도 전서」 5장 7절로 "너희는 누룩 없는 자인데 새 덩어리가 되기 위하여 묵은 누룩을 내어버리라. 우리의 유월절 양 곧 그리스도께서 희생이 되셨느니라"이다. 이제 너희는 누룩 없는 사람이 되었으므로 누룩을 깨끗이 없이 하라는 것이다.
　『대승기신론大乘起信論』의 핵심으로 본각本覺, 시각始覺, 정각正

覺이 있다. 본각이란 우리는 본래 이데아에서 살았다(如來)는 것이다. 그런데 지금 이데아의 세계를 잊어버렸으므로 깊이 생각하여 우리 마음이 깨끗해지기 시작하면 이데아의 세계가 비로소 보이기 시작한다. 이것이 시각이다. 본래 우리의 마음은 깨끗한데 어쩌다가 오염이 된 것이다. 다시 마음을 가라앉혀서 깨끗한 마음으로 돌아가는 것이 정각이다. 본각이란 사람은 누구나 깨달을 수 있는 가능성이 있다는 것이다. 여래如來는 시각과 본각이 일치하는 사람을 말한다. 우리는 『원각경』을 읽기 전에 이미 다 알고 있다. 다 알기 때문에 알려고 애쓰는 것이다. "내가 그리스도에게 잡힌 바 되었으니 내가 그리스도를 잡으려고 달음질치는 것이다."(빌 3:12) 잡힌 바 되었으니 아무 문제가 없으나 그것을 잡으려고 쉬임 없이 달려가는 것이다. 이것을 칼빈은 예정설이라고 하였다. 나는 구원받기로 예정되어있기 때문에 구원받으려고 한없이 노력한다. 그것이 장로교 교리의 핵심이다. 「로마서」에서 11장까지는 우리는 다 구원받았다고 한다. 12장부터는 구원받았기 때문에 우리는 구원받으려고 애써야 한다고 한다. 이것을 기독교에서는 예정설이라 하고, 불교에서는 본각, 시각이라 한다. 다 되어있는 것을 되려고 애쓰는 것이다.

　서양철학으로는 존재存在와 생성生成이다. 다 되어있는 것(존재)을 되려고 애쓰는 것(생성)이다. 동양철학으로는 심心과 성性이다. 다 되어있는 것(심)을 되려고 애쓰는 것(성)이다. 즉심시불卽心是佛, 다 되어있는 것을 견성성불見性成佛, 되려고 애쓰는 것이다. 이것이 종교의 핵심이다. 우리는 십자가의 공로로 다 구원받았는데 구원받고자 무한히 노력하는 것이다. 칸트는 "I should, therefore I could."라고 하였다. 탕자가 아버지에게로 돌아오자 아버지는 몹시 기뻐서 잔치를 벌리니까(존재), 아들이 안방에서 쉬는 것이 아니라 "아버지! 난 아버지의 머슴의 머슴이므로 이제부터는 최선을 다해

일하겠습니다."(생성)라고 하였다. 주인과 일꾼의 관계를 보면, 일꾼은 일하다가 시간이 되면 돌아가지만, 주인은 쉬어도 되는데(본각) 밤을 새워 일한다(시각). 다 되었기 때문에 되려고 노력하는 것이다(고전 5:7).

바울이 구원을 받았으니까, 구원 받으려고 애쓰는 것이다(빌 3: 12). 이런 것을 왕양명王陽明은 심즉리心卽理라고 하였다. 『전습록 傳習錄』3, 4번에 보면 효孝가 모든 덕의 근본으로, 효란 아들이 부모가 아파서 누워있을 때 대소변을 받아내는데 냄새가 나지 않는 것과 같은 것이라고 하였다. 효란 저절로 되는 것이지 억지로 노력해서 되는 세계가 아니다. 이것이 심즉리이자, 무심無心이며 무아無我이다. 엄마가 아기 똥귀저기를 빨 때 엄마 마음 속에 똥이 더럽다는 생각이 없다(心). 그래서 기저귀를 깨끗히 빤다(理). 이처럼 저절로 되는 것이 본각이다. 그리고 이 세상에는 노력해서 되는 것도 있다. 그것이 시각이다. "종심소욕불유구從心所欲不踰矩", 공자가 70이 되었을 때 비로소 자유를 느꼈다. 마음대로 했는데도(心) 진리를 벗어나는 일이 없었다(理). 이것은 공자가 평생 수도한 결과이다. 추사秋史 김정희金正喜가 시골에 가서 붓이 없을 때는 칡뿌리를 짓이겨서 글을 썼는데도 멋이 있었다. 어떤 때는 걸레로 글을 써도 멋이 있었다. 우리 도서관에는 김정희의 "백일문百一文"이 있는데 한 일一자가 모양이 같은 자가 하나도 없이 다 멋이 있다. 이 때 김정희의 심心은 시각이며 붓글씨를 열심히 써서 이룬 것이다. 왕양명이 부모의 똥을 받는데 냄새가 나지 않는 것은 왕양명이 노력해서 된 것이 아니므로 본각이다. 본각과 시각이 일치되면, 내가 구원받았으니 구원 받으려고 노력하는 사상이 나오는 것이다. 본래 다 되어있는 것인데 내가 노력해서 본래의 세계에까지 올라가는 것이다. 물이 본래 맑은 것인데 물을 맑혀서 원래의 맑은 물이 되게 하는 것이다. 이것이 시각과 본각이 일치하는 것으로 정각이다. 본각과 시각이 일치되면 여래이다(고전 5:7). 나는 『성경』을 다 알기 때문에 『성경』을 알려고 누구보다도 노력한다. 내가 다 알기 때문에 알려고 노력하는 것이다. 내가 구원받았으므로 구원받으려고 노력하는 것이다. 이것이 『성경』의 핵심이다.

1999. 9. 12.

## 3. 평범한 진리 : 평상심시도

### 고린도 전서 7장~8장

「고린도 전서」 7장은 결혼문제에 관한 것이다. 바울은 곧 큰 환란이 오므로 결혼을 서두르는 것보다는 네 속에 어떻게 믿음(大光明藏)을 갖는가가 더 중요하다고 한다. 역사를 보면 기원전 6세기가 인류문화의 꽃이 핀 시기이다. 그 후 천년 동안은 자연이 무엇인가 하는 문제를 생각하여 왔다. 이 시기가 고대이다. 이 시기에 플라톤, 아리스토텔레스, 공자, 석가 등이 나온다. 그러다가 기원후 4-5세기부터 천년 동안은 중세로, 하나님이란 어떤 분이신가 하는 문제를 생각해왔다. 이 시기에 동양에서는 부처란 어떤 분인가를, 서양에서는 그리스도란 어떤 분인가를 찾아왔다. 16C이후는 근세로서 이 때부터 천년 동안은 사람이 무엇인가를 찾고있는 중이다. 21C에도 계속 사람이 무엇인가를 찾을 것이다. 모든 중생이 사람 대접을 받게 되면 그 때가 나와 너, 남녀, 빈부, 그리고 인종의 차별이 없는 일여一如의 세계이다. 누구나 다 같이 잘 사는 세계를 지향하는 것이다. 남북통일도 인간문제이다. 인간이 무엇인가 하는 인간관의 차이가 전쟁을 수없이 일으켰다. 인간의 해석의 차이가 수많은 갈등을 일으켜왔다. 앞으로 더 높은 인간에 대한 해석이 나와야 통일이 될 수 있다. 이북에서는 권력을 가진 자만이 사람이고, 이남에서는 돈을 가진 자만이 사람이다. 진리의 입장에서는 돈이나 권력이 아니라 그리스도를 가진 자가 사람이다. 인간이란 무엇인가에 대한 해석이 남북 모두에게 받아들여 질 때 통일이 될 것이다. 우리가 지금 공부하는 것도 더 높은 인간관을 찾는 것이다. 결혼보다 인간이 더 중요하다.

중국인은 수신修身, 제가齊家이므로 결혼을 중요시한다. 우리도 마찬가지이다. 이 세계를 어떻게 하면 복지사회로 만들 수 있을까. 플라톤은 복지사회를 위해서는 결혼이 필요없다고 하였다. 우리는 수신修身, 제가齊家, 치국治國, 평천하平天下인 반면에 서양은 평천하, 치국, 제가, 수신이다. 동서양은 생각의 방향이 반대이다. 이사야나 바울도 세계평화가 있어야 나라가 있고, 나라가 있어야 가정이 있고 내가 있는 것이라고 하였다.

  8장은 우상 앞에 놓았던 고기를 먹을 것인가 먹지 않을 것인가에 대한 얘기이다. 고린도에는 로마인들의 희랍신전들이 12개나 있었다. 그 제물을 바울은 먹어도 되고 안 먹어도 괜찮다고 하였다. 믿는 사람 중에는 고지식하게 우상숭배 하지 말라는 것을 강조하는 사람들이 많다. 그런 사람들은 제물로 바쳤던 고기는 먹으면 안 된다고 하였다. 이는 우리나라의 술 문제에 해당한다고 볼 수 있다. 술은 적당히 마시면 스트레스 해소에 도움이 되고 최근에는 심장질환을 예방하는 데에도 기여하는 바가 있다는 발표가 나오기도 했지만 절제하기가 어려워서 술 때문에 패가망신하는 사람들이 많아서 술은 안 마시는 것이 좋겠다는 것이 기독교의 입장이다. 술 마셔서 안 될 것은 없지만 만일 술 때문에 피해를 입는 사람들이 생겨나면 안 되니까 술은 안 마시는 것이 바람직하다는 것이다. 다만 여러분의 자유로운 행동이 믿음이 약한 사람을 넘어지게 하는 일이 없도록 조심하라는 것은 믿음이 약한 사람들이 넘어지지 않도록 조심해야지 술마시고 안 마시는 것은 문제가 아니라는 것이다(고전 8:9). 너희가 술을 마시면 젊은이들이 보고 그대로 따라하지 않겠는가. 만일 음식이 내 형제를 넘어뜨린다면 나는 그를 넘어뜨리지 않게 하기 위하여 절대로 고기, 술, 담배를 입에 대지 않겠다는 것이 기독교인의 태도이다(고전 8:13).

오늘의 핵심은 「고린도 전서」 7장 21절이다. 부르심을 받았을 때에 노예였다 하더라도 조금도 마음 쓸 것은 없다. 그러나 자유로운 몸이 될 기회가 생기면 그 기회를 이용하라(고전 7:21). 그 아래를 계속 읽어보면, 그리고 좀더 깊이 생각해보면, 자유로운 몸이 될 기회가 있다 하더라도 노예상태 그대로 있는 것이 더 좋다는 것이 이 말씀 본래의 뜻이다. 노예의 신분이라도 그리스도를 주님으로 모시면 그 사람은 자유인이다. 또한 자유인이라도 부르심을 받은 사람은 모두 그리스도의 노예이다. 하나님께서는 값을 치르고 우리를 사셨다. 그러니 인간의 노예가 되지 말라는 것이다. 여러분은 각각 부르심을 받았을 때의 상태를 유지하면서 하나님과 함께 살아가라. 이것이 오늘의 핵심이다. 그리스도를 붙잡으면 노예로 사는 편이 더 좋다. 그리스도를 붙잡으면 가난하게 사는 편이 더 낫다. 부자가 될 기회가 있어도 부자가 되지 말라. 그냥 가난하게 사는 것이 좋다. 안빈락도安貧樂道, 마음이 가난한 자가 복이 있다. 부자보다는 가난한 사람들이 예수 믿기가 더 쉽다.

진리, 보물, 금강석은 질그릇 또는 걸레에 싸두는 것이 가장 좋고 제일 안전하다. 소크라테스는 시라노스라 하여 제일 바보처럼 생겼는데 그 속에 황금의 신상이 들어있었다. 그러므로 진리를 보전하는 데는 훨씬 더 좋다. 소크라테스가 미남이라면 진리를 지키기가 어려웠을 것이다. 그런데 소크라테스는 아주 바보처럼 생겨서 어떤 여자도 소크라테스를 좋아하는 사람은 하나도 없었다. 그래서 진리를 보전하는데는 훨씬 유리하였다. 금덩어리는 언제나 걸레에 싸두어야지 금박종이에 싸두면 도둑맞기 십상이다. 가장 값진 것은 제일 값싼 것 속에 있는 것이 가장 좋고 안전하다. 이것이 기독교의 진리이다. 예수는 노예 같은 사람이다. 그저 얻어맞고 빼앗기는 사람이지 무슨 권세가나 부자는 아니었다. 그 당시에 십자가를 지는 사람은 다 노예이지 보통 사람은 십자가를 지지 않았다. 예수가 십자가를 졌다는 말은 노예로서 십자가를 졌던 것이다. 예수는 인류의 노예이며, 그 노예를 도구로 하여 우리가 구원을 받은 것이다.

노예라는 말보다 어머니라는 말이 우리 동양인에게는 더 잘 이해가 된다. 주는 것만 알고 받을 줄 모르는 사람이 어머니이다. 서양의 노예도 줄 줄만 알지 받을 줄은 모르는 사람이다. 바울도 사랑을 표시하고자 노예라는 심볼을 쓴다. 이는 우리 동양인의 비위에는 잘 안 맞는다. 노자老子의 "귀식모貴食母"라는 말이 우리에게 더 와 닿는다. 어머니는 주는 것뿐이지 받는 것은 없다. 노예는 주면서 기뻐하지 않으나 어머니는 주면서 기뻐한다. 자기 일체를 다 주면서 그 가운데 한없는 기쁨을 간직하는 사람이 그리스도요 어머니이다. 선물도 받는 사람보다 주는 사람이 더 기쁘다. 주는 것 속에서 기쁨을 느끼는 것이 기독교의 복음이다. 사랑 속에서 기쁨을 느낀다는 말이나 같다. 노예 속에서 기쁨이 더 있으니 자유인이 되지 말고 노예상태로 있는 것이 더 좋다. 행복은 행복 속에 있는 것이 아니라 불행 속에 있다. 하늘은 하늘 속에 있는 것이 아니라 땅 속에 있다. 부활은 부활 속에 있는 것이 아니라 십자가 속에 있다. 이런 역설을 우리에게 알려주는 것이 「고린도 전서」 7장 21절이다. 자유인이 될 기회가 있더라도 자유인이 되기보다는 노예로 있는 것이 더 낫다. 왜냐하면 노예 속에는 더 높은 가치가 감춰져 있기 때문이다. 제일 큰 노예는 그리스도이다. 그리스도가 노예가 된 이유도 노예 속에 더 높은 가치가 감춰져 있기 때문이다. 진리는 특별한 데에 있는 것이 아니라 언제나 평범한 데 있다(平常心是道).    1999. 9. 19.

## 4. 십자가와 부활 : 인지법행

### 고린도 전서 9장

오늘은 바울이 사도의 권리와 의무에 관하여 말하고 있다.「고린도 전서」9장 1절에서 바울은 나는 자유인이라고 이야기한다. 바울은 물에 떠서 자유로이 어디나 갈 수 있는 사람이다. 불교에서는 어떻게 자유인, 부처가 되나? 인지법행因地法行, 물이 한 번 땅 속에 깊이 들어갔다가 나와야 샘물이 된다(淸淨). 물 속에 머리를 집어넣어야 몸이 '붕―'뜨게 되는 것이나 마찬가지이다. 불교에서는 물의 비유가 많은데 중국인에게는 물을 가지고 설명하는 것이 제일 쉽기 때문이다. 맹자의 성선설性善說에 의하면 사람은 본래 깨끗한 것인데 오염되어서 더러워 졌다는 것이다. 사람은 원래 뜨게 되어 있는 것인데 잘못되어서 물에 빠지는 것이다. 본래 나무인데 쇳덩어리처럼 자꾸 물 속에 빠지는 것은 뭔가 잘못되어서 그렇다. 자성청정自性淸淨, 본래 깨끗한 샘물이다. 샘물은 물이 땅 속 깊이 들어갔다가 (십자가) 나오는 것(부활)이다. "대사일번大死一番 절후재소絶後再蘇", 한 번 죽어서 숨이 넘어갔다가 다시 사는 것이다. 상신실명喪身失命, 몸을 잃고 생명을 잃은 후에야 진리를 깨닫는 것이다. 한마디로 말하면 인지법행이다. 기독교로는 거듭나는 것이다.

참선參禪이란 일좌불기一坐不起, 하나를 선택하여 몰두함으로써 일선견성一禪見性, '붕―'뜨는 것이다. 암흑이 있은 후에 광명이 있는 것이지, 밤이 지나가야 아침이 있는 것이지 밤이 지나가지 않고서는 아침이 올 수가 없다. 한 번 완전히 죽었다가 새롭게 되살아나는 것이 좌선坐禪이다. 과학자가 연구실에서 연구에 몰입하는 것과 철학자가 사색에 몰두하는 것, 그리고 종교인들이 전심전력을 다하여 기도하는 것이 좌선이다. 마조가 삼 년째 참선을 하고있는데 스승 남악이 옆에서 기와를 갈고있으니까 마조가 "왜 기와를 갈고 있습니까?"하고 물었더니 "이 기와를 갈아서 거울을 만들려고 한다"라고 하였다. 그 때 마조가 "스님, 기와를 갈아서 언제 거울을 만들겠습니까?"라고 하자 남악이 "네가 이렇게 앉아있는다고 언제 부처가 될 수 있겠나!" 하였다. 즉, 마조는 이렇게 몇 해 동안 앉아있으면 부처가 되겠지 하는 망집妄執에 빠져있는 것이다.

  무엇을 하든지 자기가 하는 일에 대해서 인지법행, 즉 몰두, 황중삼매黃中三昧가 되어서 통달通達 실상지리實相之理가 되면 자유인인 부처가 되는 것이다. 바울이 그런 사람이다. 불교에서는 인지법행, 땅 속에 깊이 들어갔다가 나와야 된다고 한다. 기독교에서는 3층천인 하늘에 올라갔다가 내려와야 자유인이 된다고 한다. 불교는 땅에서 나온다고 하는 반면에, 기독교는 하늘에서 내려온다고 한다.

  나는 사도 바울을 생각할 때마다 중국의 여정如淨이 지은 풍령風鈴이라는 시詩가 떠오른다.

    혼신사구괘허공渾身似口掛虛空
    일등위타담반야一等爲他談般若
    불문동서남북풍不問東西南北風
    적료동료적동료適了東了適東了

종이 지붕 처마 끝에 달려있다. 종 전체가 복음을 전하는 입이다.
언제나 한결같이 온 인류를 위하여 진리를 말하고 있다.
온갖 박해와 비난이 있을 때마다,
종소리는 더욱 요란하다.

바울은 몸 전체가 하늘에 속해 있다. 그는 하나님의 사람으로 바울의 몸 전체가 복음을 전하는 하나의 입이다. 바울은 한없는 박해와 핍박 속에서 살아간다. 십자가를 지고 가는 고난 끝에 가서야 비로소 바울은 하늘에 속해 있는 하늘의 종이 되는 것이다. 이는 『주역周易』으로는 천풍天風으로서 하늘에 속해서 바람이 불 때마다 가르치는 진리의 법왕이다.

바울은 이렇게 애쓰지만 일체 신도들로부터 돈을 받은 일이 없다는 것이 그 특징이다. 바울은 항상 천막을 만들어서 깁고 수리함으로써 생활을 꾸려나갔지 신도들의 신세를 지지 않았다. 그런 의미에서 바울은 소크라테스와 같다. 소크라테스도 자기가 벌어서 생활을 하였지 돈은 받은 일이 없었다. 그래서 플라톤은 "소크라테스는 성인(Philosopher)이고 소크라테스 이외의 선생들은 궤변론자(Sophist)"라고 하였다. 물론 신도들로부터 돈을 받아도 된다는 말씀이 『성경』에도 있지만(고전 9:14) 바울은 보수를 받지 않았다(고전 9:15). 자기가 하는 일은 하나님께서 자기에게 맡기신 일이지 사람의 부탁을 받고 하는 일이 아니라고 하였다. 그리고 자기는 하나님에게 속해 있다고 하였다(고전 9:17). 그래서 하나님의 일을 하면서 기쁘게 노동을 하여 밥벌이를 하고 복음을 거저 전하는 것이 자기가 하는 일이라고 하였다. 자기는 자유인이지만 권리를 절대로 남용하지 않는다고 하였다. 바울은 자유인이지만 사람들을 구원하기 위해서 사람의 종이 되었다. 그는 자유인이지만 노예가 되었다. 바울은 권리가 있지만 권리는 하나도 안 쓰고 의무만 행하였다. 이는 「히브리서」의 내용과도 같다. 이런 말들 때문에 「히브리서」도 바울이 쓴 것으로 추정하는 사람들이 있다. 「히브리서」에 의하면 자기는 진리이면서 실존實存이라고 하였다.

다시 말하면 바울은 하나님의 아들이면서 사람들의 노예이다(고전

9:19). 우리말에는 진리라는 말 대신에 진지眞知, 실존 대신에 밥이라는 말이 있다. 니이체Friedrich Nietzsche에 의하면 진리 즉 실존이다. 이 말 때문에 나중에는 주체적인 진리라는 말이 나온다.「히브리서」의 진리와 실존이 여기서는 자유와 노예로 표현되고 있다. "진리가 너희를 자유케 하리라"이므로 진리는 자유이다. 노예란 자기의 권리는 아무것도 없고 남을 위해서 일체를 다 주는 자이다. 온 세상을 다 가지고 있으면서도 자기는 하나도 없는 것이다. 서양에서 말하는 노예의 심볼은 동양에서는 어머니의 심볼에 해당한다. 어머니는 자식을 위해서 자기를 다 주는 하나의 실존이다. 어머니는 진리요 실존이다. 바울은 무슨 일이 있어도 사람들을 구원하기 위해서 땅 끝까지 그리고 가장 낮은 경지에까지 도달한다. 노자老子로 말하면 "겸하부쟁謙下不爭"이다. 이것도 물의 심볼로, 물이란 만물을 살리고자 가장 낮은 데까지 내려간다. 어떻게 해서든지 그들 중에서 다만 몇 사람이라도 구원하려고 바울은 가장 천한 밑바닥까지 내려간다(고전 9:22).

자기는 하늘이지만 하늘을 버리고 땅에까지 내려와서 모든 사람을 구원하려는 것이 자기의 뜻이라는 것이다. 즉, 자유와 노예이다. 인지법행이다. 풍지관風地觀이다. 하늘에서부터 내려와서 사람들을 구원한다는 바울이 자기에 대한 이야기로 9장을 가득 채웠다. 바울도 인지법행이 되어서 자유가 된 것이다. 자유가 된 후에 다시 노예가 되는 것이다. 자유와 노예는 둘이지만 사실은 하나이다. 진리 즉 실존이다. 실존을 말할 때 나는, 예수께서 "너희는 내 살을 먹고 내 피를 마실 것이다"(요한 6:54)라고 하신 말씀을 생각한다. 우리가 추석에 과일을 먹을 때 과일의 살과 피를 먹고 사는 것처럼, 모든 성현들의 살과 피를 먹고 이제껏 살아온 것이다. 만일 그런 성현들의 사랑이 없으면 우리는 살 수가 없는 것이다.

내가 만일 자신을 알면 나는 지혜가 되어서 구원을 받는 것이다. 모든 자유인들이 자기 자신을 버리고 노예가 되어서 우리를 먹이고 살려주신 덕으로 우리가 살고 있는 것이며, 『원각경』에서는 그들을 "일체여래一切如來"라고 하였다. 우리 어머니만 어머니가 아니라 태양, 바람, 일체가 어머니이다. 우주식宇宙食, 우주 전체가 밥이다. 그리스도, 공자도 다 밥이다. 그 밥을 먹고서 우리가 건강한 육체와 건강한 정신을 가지는 것이다. 그 밥이 없으면 건강한 육체와 건강한 정신이 있을 수가 없다. 일체가 다 나를 위해서 있다. 나를 위하지 않는 것은 하나도 없다. 일체가 다 사랑이다. 이런 사상이 실존이고, 그렇게 사랑을 받으면서 자라서 내가 철이 드는 것이 지혜, 각覺, '붕—' 뜨기이다. 모든 성현들의 '인지因地'의 덕으로 나 자신이 '법행法行'이 되는 것이다. 모든 성현들의 십자가의 덕으로 나 자신이 부활이 되는 것이다. 어머니의 십자가의 고행으로 나 자신이 부활이 되는 것이다. 땅 속에 깊이 들어갔기 때문에 샘물이 터져 나오는 것이다. 십자가의 공로로 부활한 것이 불교로는 인지법행이다. 십자가의 공로로 부활한 사람이 바로 자유인 바울이다.     1999. 9. 26.

# 5. 성만찬과 세례 : 일식 일좌

## 고린도 전서 10장~11장

오늘은「고린도 전서」10장, 11장에 대해서 설명하기로 한다. 내가 보고 있는『성경』이 공동 번역판으로 된 것인데, 10장에 나온 제목이 "우상숭배에 대한 경고"라고 되어 있다.

그런데 10장, 11장의 내용은 세례와 성만찬에 대한 것이다. 세례의 기원은 어디에 있는가를『성경』에서 찾아보면「출애굽기」14장 22절에 유태 백성들이 홍해 바다를 건너면서 물 속에 들어갔다 나왔다는 내용에 있다. 내가 요전에 말한 인지법행因地法行이다. 머리를 물 속에 집어넣으면 '붕—' 뜬다는 말이다. 죽어야 살아난다. 그러니까 세례라고 하는 것이 언제나 기독교에서는 부활하고 연결이 된다. 물 속에 들어갔다 나오는 것이 세례를 통해 부활하는 것을 의미하는 것이다. 죽음 속에 들어갔다가 나오는 것이다. 그것이 인지법행과 같은 말이다. 성만찬의 기원은「출애굽기」16장 4절에 하늘에서 만나가 비같이 내리고, 16장 13절에는 메추라기를 주셔서 밥과 고기를 먹을 수 있게 하신 것이다. 또 17장 6절에는 바위를 쳐서 물이 터져 나오게 했다는 말이 나오는데 바울은 그 바위가 곧 그리스도였다고 말한다. 이러한 내용을 근거로 해서 바울은 세례와 성만찬을 설명하고 있다.

그런데 사실 성만찬에 대한 근거는「출애굽기」12장 27절에 나오는 유월절逾越節이다. 이 유월절은 유태민족이 이집트와 싸울 때 하나님께서 이집트 사람에게 내린 열 가지 재앙을 통해 모세가 이집트로부터 유태 민족을 이끌어 내게 되는데, 그 마지막 재앙이 이집트 사람들의 모든 맏아들이 다 죽게 되는 것으로, 하나님께서 모세에게 명하여 양을 잡아 그 피를 이스라엘 백성이 사는 집의 문설주에 바르면 그것을 표적으로 이스라엘 백성의 맏아들에게는 아무런 재앙이 없게 된다는 이야기가 나온다. 그래서 양이 죽고 유태 사람은 살린다는 것이 유월절의 내용이다.

더 거슬러 올라가서 「창세기」22장에 보면 아브라함이 아들 이삭을 잡아 하나님께 바치려할 때 하나님의 사자가 나타나 수풀 속에 있는 숫양을 대신 잡아 바치게 하는데 이것이 소위 속죄사상이다. 이삭대신 양을 잡아 바침으로써 아브라함의 자손인 이스라엘 민족의 죄를 대속시킨다는 것이 유월절의 내용이 되는 것이다. 그 다음에 「출애굽기」24장 8절에 보면, "내가 너희에게 새 언약을 주는데 너희는 소를 잡아서 그 피를 취하여 반은 제단에 뿌리고 반은 백성들에게 뿌리면 너희 백성들이 다 살게 되리라"하는 하나님이 세우시는 언약이 나온다. 그러니까 소의 피나 양의 피는 대속을 의미하는 것으로 십자가라는 사상이 되는 것이다.

결국, 성만찬은 십자가라는 사상과 연관이 되는 것이다. 그래서 홍해 바다는 세례를 의미하는 것이 되고 밥을 먹는다든지 메추라기를 먹는다든지 양을 잡고 소를 잡는 것은 십자가의 사상이 되는 것이다. 기독교에서는 십자가와 부활이 가장 중요한 사상이 되는데 아까 말한 일좌식―坐食에서 일좌―坐는 세례가 되고 일식―食은 십자가를 뜻하는 성만찬이 되는 것이다. 그렇게 보면 여기서 말하는 우상을 섬기지 말라는 이야기의 근원은 모세가 광야에 나가 이스라엘 백성을 위해 하나님께 가서 40일 동안 기도할 때, 이스라엘 사람들은 이집트 사람들이 섬기던 신神인 금송아지를 만들었다는 것에서 나온다. 금송아지를 만든 근원은 우주의 모양이 젖소의 배처럼 생겼으며 소의 젖이 흘러나온 모양이 은하수라고 생각하는 것이다. 그러니까 이집트인들의 신앙은 우주를 신으로 섬기는 것이다. 이것이 소위 범신론汎神論 사상으로 범신론이란 우주가 곧 신이라는 사상이다. 우주가 곧 신이라고 믿는 것이 바로 우상숭배이다. 그런데 기독교에서는 우주를 창조하신 하나님을 믿는 것으로 그것이 소위 유일신唯一神 사상이다.

「출애굽기」 32장 6절에 보면 우상숭배의 내용이 나오는데 "먹고 마시며 일어나서 뛰놀더라"는 것이다. 다시 말해서 먹는 것이 문제가 된다. 일식一食이라면 먹지 않는 것을 말하고, 성만찬의 핵심도 먹지 않는다는 데에 있다. 성만찬의 의식을 행할 때 보면 교회에서 조금만 먹는 것이다. 다시 말해서 먹는 것을 절제하는 것이다. 여러 번 말한 바 있는 '성 젬마(Galgani Gemma 1878~1903)'는 성찬식에서 주는 음식만을 먹고 살았다고 한다. 성만찬이라는 것이 조금 먹는 것을 말하는 일식과 같은 것인데 우리는 그와 반대로 너무 먹어서 문제가 되는 것이다.

「고린도 전서」 11장에 보면 너무 먹어서 병들어 죽은 자(30절)도 있다는 말이 나오는데, 그 당시에는 성만찬을 어떻게 했는지 잘 모르지만 11장을 보면 다들 음식을 집에서 만들어 와서 서로 같이 나누어 먹는 것으로 되어있다. 그런데 그 당시 교회에 당파가 생겨 이쪽과 저쪽으로 갈려서 서로 같은 편이 아니면 같이 먹지도 않았다는 말이 나오고 부자들은 너무 먹어서 술에 만취한 사람도 생기고 가난한 사람은 굶주리는 사람도 생긴다는 말도 나온다.

그러니까 성찬식의 본뜻인 예수님의 살과 피를 먹고 마신다는 의미를 깨닫지 못하고 너무 먹고 마심으로써 병들고 죽는 자도 생긴다는 말이다. 먹지 말고 마시지 말라는 본래의 뜻을 역행하는 것이다.

불교에서도 석가가 죽을 때 말하기를 "내가 죽고 나면 화장하여 남은 뼈마저도 전부 가루로 만들어 바다에 뿌려 없애라"고 하고,

"나를 위해서는 무덤이나 탑이나 형상을 절대로 남기지 말라"고 유언을 했다. 그래서 석가 사후 500년 동안은 모임이 있을 때마다 석가의 의자만 그려놓고 강의를 했다고 한다. 그 당시에는 부처님 상이니 하는 것이 일체 없이 지난 것이다. 그리고 제자들에게는 "네 속에 있는 등불을 의지하여 너희 길을 밝혀가라"고 하였다. 도道를 밝히라는 말이다. 도를 밝히기 위해서는 빛이 있어야 한다. 아까 말한 문수의 빛을 가지고 보현의 행을 가는 것이다. 그런데 500년이 지나서부터 불교가 그만 힌두이즘Hinduism에 먹혀서 다시 부처의 상과 탑들이 생기기 시작한 것이다.

무엇을 숭배하지 말라는 불교가 요즈음 와서는 삼천 배 하라는 절하는 절간으로 바뀌게 되고, 절하지 말라는 불교가 절하는 절간으로 변질되었다. 예수께서 성전을 헐라는 기독교가 지금에 와서는 성전을 자꾸 짓는 기독교가 된 것과 마찬가지이다. 정반대로 역행하는 것이 되고만 것이다. 먹지 말라는 것의 성만찬이 너무 먹고 노는 것이 되고 말았다. 아까 말한 대로 우상숭배의 내용이 "먹고 마시며 노는 것이다."

그 다음의 큰 문제는 음행淫行이다. 음행이란 죽음의 본능이다. 사너타스Thanatos라고 심리학에서 말하는데 죽음 속에 빠져드는 것이다. 구약에 보면 이 음행 때문에 이만 사천 명이 죽었고(민 25:9) 우상숭배로 인해 죽은 자가 삼천 명(출 32:28)이나 되었다고 나와 있다. 얼마나 죄가 극심하였는지, 등록된 유태민족 육십만 명(민 26:50) 중 가나안 땅으로 살아 들어간 사람은 겨우 여호수아와 갈렙뿐이었다. 맨 처음에는 유태민족 전부를 가나안 땅에 이끌고 들어가려고 했으나 결국은 다 죽고 마는 그런 역사를 유태인들은 밤낮 『성경』을 통해 읽게 되는 것이다.

그러면 「고린도 전서」 10장을 읽어 보기로 한다.

"형제 여러분, 여러분은 다음과 같은 사실을 꼭 기억해 두셔야 하겠습니다. 모세 때에 우리 조상들은 구름의 인도를 받았고 모두가 홍해를 무사히 건넜습니다. 말하자면 그들은 모두 구름과 바다 속에서 세례를 받아 모세의 사람들이 되었던 것입니다." 홍해 바다에서의 사건이 세례의 근원이라는 말이다.

"그들은 모두 똑같은 영적 양식을 먹었고 또 똑같은 영적 음료를 마셨습니다." 유태인들은 똑같은 만나를 먹고 바위에서 나오는 물을 마셨다.

"그들의 동반자인 영적 바위에서 나오는 물을 마셨다는 말입니다. 그 바위는 곧 그리스도였습니다." 여기서 바울은 성만찬을 양을 잡는 데에서 그 의미를 생각하는 것이 아니라 만나와 메추라기를 먹는 것에서 끄집어내어 생각해 보는 것이다.

7절에 보면, "그들의 일부는 우상을 숭배하였는데 여러분은 그들처럼 우상 숭배자가 되지 마십시오. 그들에 대해서 성서에는 '백성들이 앉아서는 먹고 마셨고 일어서서는 춤을 추었다'고 기록되어 있습니다."라고 되어 있는데 우상숭배의 뜻을 말하고 있다. 우상이라는 것이 무엇인가 하면 요새말로 하면 '돈'이 우상이란 말이다. 돈에 그만 휩쓸리고 만다는 말이다. 다시 말하면 먹을 것에 휩쓸린다는 말이다. 그것이 우상의 뜻이다. 그래서 전체가 다 병든 사람들이 되고 마는 것이다.

8절에 보면, "어떤 사람들은 음행을 일삼다가 하루에 다 죽어 넘어졌는데 그 수가 이만 삼천 명이나 됩니다"라고 했는데, 성만찬과 부활의 문제는 결국은 먹는 문제와 남녀 문제가 되는 것이다. 그러니까 먹는 문제를 해결하는 것이 성만찬이고 남녀 문제를 해결하는 것이 세례라는 말이다. 11장에 보면 17절부터 "주님의 성찬"이란 제목의 글이 나온다.

18절부터 읽어 가면, "무엇보다도 여러분이 모이는 교회 안에 당파가 생겼다는 말을 들었는데 나는 그것이 전연 헛소문만은 아니라고 생각합니다. 하기야 여러분 가운데서 진실한 사람들이 드러나려면 분파도 있어야 할 것입니다. 하지만 여러분이 한 자리에 모여서 나누는 식사는 주님의 성찬을 나누는 것이라 할 수가 없습니다." 그러니까 성만찬이라고 하는 것은 "다 똑같이 먹어서 교회가 한 몸이다"라는 것을 증거해야 하는데 따로따로 갈라져서 먹게 되면 성만찬이라고 할 수가 없게 되는 것이다.

21절에, "여러분은 모여서 음식을 먹을 때에 각각 자기가 가져온 것을 먼저 먹어치우고 따라서 굶주리는 사람이 생기는가 하면 술에 만취하는 사람도 생기니 말입니다."

그 당시 성만찬을 어떻게 했는지 잘 모르지만, 처음에는 음식을 다 준비해 와서 똑같이 나누어 먹는 것이었는데 나중에는 자기가 가져온 음식을 자기가 먹는 것으로 되고 만 것이다. 그래서 굶는 사람이 생기는가 하면 너무 먹고 만취하는 사람까지 생기게 되었다는 말이다. 성만찬이 결국은 무의미한 것이 되고 만 것이다.

28절에 보면, "각 사람은 자신을 살피고 나서 그 빵을 먹고 그 잔을 마셔야 합니다. 주님의 몸이 의미하는 바를 깨닫지 못하고 먹고 마시는 사람은 그렇게 먹고 마심으로써 자기 자신을 단죄하는 것입니다."

30절에는 "여러분 중에 몸이 약한 자와 병든 자가 많고 죽은 자도 적지 않은 것은 이 때문입니다." 너무 많이 먹고 마셔서 취하기도 하고 병이 들어 죽는 자도 있다는 말이다.

결국 11장, 12장의 내용은 성만찬과 세례의 본뜻이 다 없어지고 말았다는 것이다. 아까 말한대로 성만찬은 일식一食에 해당하는 것이고, 세례라고 하는 것은 일좌一坐에 해당하는 것이다. 세례는 하나님의 말씀으로 살자는 말이고 성만찬은 떡으로만 사는 것이 아니라는 말이다. 그래서 떡은 줄이고 말씀은 늘리자는 것이다. 우리의 육체는 줄이고 우리의 정신은 늘려서 건강한 정신과 건강한 육체로 사는 것이 성만찬과 세례의 참뜻이다. 그러한 참뜻은 모르고 그냥 일년에 한두 번씩 성찬식을 한다고 모여서 조그마한 빵 한 조각과 와인 한 모금을 마시고 한다는 것은 아무런 의미가 없는 것이다. 또 세례식이라고 하여 교회에서 세례를 베푸는데 성만찬과 세례의 의미가 달리 말하면 십자가와 부활인데 그것의 본뜻을 상실한 교회는 아무런 의미가 없는 것이다. 부활이란 말씀으로 사는 것이고 십자가라고 하는 것은 떡으로만 사는 것이 아니라는 것이다. 그래서 떡은 자꾸 줄이고 말씀은 자꾸 늘려서 결국 진리를 깨닫게 되고 생명을 얻게 되어야 하는 것이다.

몸은 생명이 되어야 하고 마음은 진리가 되어야 한다. 그래서 심心과 신身이 하나가 되어야 한다. 그렇게 될 때 그것이 참 기독교의 신앙 생활이요, 기도가 된다. 그렇지 않으면 그러한 기도의 뜻도 없어지고 무엇을 자꾸만 달라고 해서 자기 욕심을 채우려고 하는 기복신앙이 되고 만다. 그래서 입학시험 때가 되면 시험 점수 일점 올리기 새벽기도가 생겨나서, 기도를 통한 하나님의 도움이 일점 올리기로 변질이 되고 마는 것이다. 이렇게 되면 과거에 불교가 떨어졌던 기복신앙으로 기독교도 똑같이 떨어지고 마는 것이다. 그래서 기독교와 불교가 다 정신차려야 한다는 말이다. 종교가 일점 올리기 기복신앙이 되어서야 되겠는가. 근본이라는 것은 다 없어지고 지엽말단으로만 자꾸자꾸 빠져들고 마는 것이다. 그래서 교회를 수십 년 다니고 일생을 다녀도 성만찬과 세례의 뜻이 무엇인지도 모르고 다니게 되고, 성찬식을 갖고 세례를 받으면서도 그것을 무엇 때문에 하는지도 모르고 교회를 다니게 되는 것이다. 막연히 그런 것을 통해 복 받는다고 하는데 복은 받아 무엇 하자는 것인가.

우리는 근본 문제를 알아야 한다. 기독교의 핵심이 십자가와 부활인데, 십자가의 뜻은 내 살을 먹고 내 피를 마시라는 것인데 그것이 곧 금식과 일식이라는 말이다. 쉽게 말하면 욕심을 줄이라는 것이다. 부활의 뜻은 말씀을 늘리라는 말이다. 말씀을 깊이깊이 생각하여 눈을 뜨는 세계, 진리를 깨닫는 세계에까지 도달하여야 한다. 진리를 깨닫는다는 것은 하루에도 할 수 있고 일년에도 할 수 있다. 요는 우리가 정신을 바짝 차리면 언젠가는 도달할 수 있다.

우리는 기독교의 핵심을 깨달아서 십자가의 상징이 성만찬으로, 「요한복음」 6장 53절에 보면 "너희들이 내 살과 피를 먹고 마시지 않으면 너희 안에 생명을 간직하지 못 할 것이다."라고 되어 있는데, 이것이 일식이고 성만찬이며 그것을 통해 다른 사람을 위해서 살고 다른 사람을 섬기라는 뜻이 되고, 세례의 본뜻은 하나님을 섬기고 하나님을 위해 사는 것이 세례인 것을 알아야 한다.

성만찬은 이웃을 사랑하는 것이고 세례는 하나님을 사랑하는 것이다. 기독교의 핵심이 이 두 가지이다. 우리가 하나님을 어떻게 사랑하는가, 하나님의 말씀을 통해서이다. 말씀이 곧 하나님이다. 말씀을 통해서 하나님을 사랑하는 것이지 다른 방법이 있을 수 없다. 말씀을 통해서 하나님을 사랑하는 것, 그것이 기도요 일좌이다. 일좌는 곧 입장이다. 자기의 입장을 갖게 되면, 그것이 믿음이다. 입장이란 자기가 서있는 터이다. 일좌는 그냥 앉아만 있는다고 해서 되는 것이 아니다.

요전에 얘기했던 마조가 참선을 하고 있는데 스승인 남악이 기왓장을 소리내어 갈고 있었다. 마조가 남악에게 "무엇 하려고 기왓장은 가느냐?"하고 물으니 남악이 대답하기를 "거울을 만들려고 한다."라고 하였다. 마조가 "어떻게 기왓장을 갈아 거울이 되겠습니까?"하고 물으니, 남악이 말하기를 "너는 그렇게 우두커니 앉아만 있으면 부처가 되는가."라고 대답했다. 그제서야 마조가 "그러면 선생님, 어떻게 해야 부처가 됩니까?"하고 물으니, 남악이 대답하기를 "달구지가 멈추었을 때 소를 때려야 하느냐, 달구지를 때려야 하느냐?"라고 대답했다. 그 말에 마조가 정신이 번쩍 들었다는 이야기가 『벽암록碧巖錄』에 나온다.

결국은 달구지를 때려야 하는 것이 아니라 소를 때려야 하는 것이다. 몸의 문제가 아니라 마음의 문제이다. 마음이 깨야 우두커니 앉아만 있다고 되는 것이 아니다. 그래서 마조는 일어서서 다시 길을 찾아 나선 것이다. 그러니까 언제나 우리의 정신이 깨야지 참선만 한다고 되는 것이 아니다. 그것도 모르고 참선만 하고 앉아 있으면 시간 낭비일 뿐이다.

자기의 전공 분야에서 눈을 떠야 한다. 꼭 절간에만 앉아서 눈을 뜨겠다고 하면 안 된다. 자기가 하는 일에 있어서 눈을 뜨는 것이다. 의사는 의술에 눈을 뜨고, 학교 선생은 선생 하는 일에 눈을 뜨고, 다 자기 일에 있어서 눈을 뜨는 것이지 절간에 앉아 있다고 해서 눈을 뜨는 것은 아니다. 그것을 모르면 시간 낭비요 아무런 소득이 없게 된다. 일좌란 자기의 일에 있어서 눈을 뜨는 것이다. 자기의 자리가 선생이라면 선생에 대해서는 자신 있다, 자기 분야에 있어서는 무엇이든지 다 알고 대답할 수 있다, 그렇게 되면 일좌가 된 것이다.

자기의 정신적인 입장을 튼튼하게 갖는 것이 일좌고 믿음이라 할 수 있다. 그렇게 되기 위해서는 세상적인 일은 좀 줄여야 한다. 아무래도 자기 일에 몰두하려면 세상적인 일은 줄게 마련이다. 그래서 줄일 것을 줄이는 것이 일식이고 늘릴 것을 늘리는 것이 일좌라고 생각해도 좋다. 그래서 중용中庸이 되도록 똑바로 맞추는 것이 '알맞

이'이다. 그래서 튼튼한 몸과 기쁜 마음을 갖고 살아가는 것이 세례
요 성만찬이다. 1999. 10. 3.

# 6. 한 몸 : 법계

### 고린도 전서 12장

고린도 교회의 한 가지 큰 문제는, 고린도는 로마의 직할시이므로 지금까지 로마종교, 희랍종교에 있었던 사람들이 기독교로 들어와서 방언方言을 하는 사람들이 늘어난 것이었다. 요즈음도 일부 교회에서는 믿음이 좋은 사람들만이 방언을 할 수 있다고 간주하기도 한다. 그 당시 고린도에서도 그랬나보다. 방언이란 샤마니즘에서 흔히 볼 수 있는 것으로 환각에 걸려 떠 있는 상태(ecstasy)에서 하는 알아들을 수 없는 말이다. 이 방언이 고린도 교회 분열의 한 원인이 되었다. 그러나 바울은 성령이 인도하는 방언 즉, 그리스도를 주님이라고 고백하는 신앙이면 괜찮다고 하였다. 그리고 방언은 좋은 것이 아니므로 방언보다는 예언을 하려고 노력하는 것이 더 낫다고 하였다. 바울은 방언을 탐탁하게 여기지 않았지만 방언이 좋지않은 것이라고 하면 더욱 분열될 것 같으므로 이방인들을 포섭하고자 건전한 쪽으로 유도하였다. 교회가 샤마니즘과 얽히게 되면 그리스도가 필요없게 되므로 참 곤란해진다. 교회가 신비한 면이 좀 있긴 있어야 하나, 신비한 면이 너무 두드러지게 되면 교회는 이상하게 되고 만다. 샤마니즘의 특징은 선생이나 교주가 없고 지적知的인 면이 거의 없다. 한국에도 무당이 약 일만 여명 정도 있다고 한다. 무당이 되는 중요한 조건 중의 하나는 무식해야 된다는 것이다. 영리학靈理學이라고 해서 죽음 저편의 세계가 우리하고 어떻게 연결이 되는가에 대한 학문도 있다. 윌리암 제임스William James는 『종교체험의 여러 모습들(The varieties of religious experience)』이라는 종교심리 분석서를 썼다. 미르세아 엘리아데Mircea Eliade도 마찬가지이다. 이들의 공통점은 영靈이 나타날 수 있는데 영매자靈媒者가 있을 때 나타나고, 지식이나 과학이 발달할수록 영매자를 얻기가 힘들다는 것이다. 이런 무당들이 교회에 들어와서 섞이게 되면 어려운 일들이 많이 일어난다.

「고린도 전서」 12장의 핵심은 그리스도의 몸에 대한 이야기이다. 한 몸(법계)에 여러 지체가 있는 것을 불교에서는 연기緣起라 하고, 철학에서는 유기체有機體라 한다. 왕양명王陽明은 "천지만물일체지인天地萬物一體之仁"이라 하여 만물이 하나의 몸이라고 하였다. 양명이 제자와 함께 남진에 갔을 때 바위 틈 사이에 진달래가 활짝 피어 있었다. 제자가 그것을 보고 묻기를 "선생님은 일체가 마음 안에 있다(心外無物)고 하는데, 저 꽃도 선생님과 상관이 있습니까?"하고 묻자, 양명이 "네 정신이 깰 때는 너만 깨는 것이 아니라 저 꽃도, 아니 우주 전체가 깬다. 네 정신이 어두울 때는 너만 어두워지는 것이 아니라 저 꽃을 포함한 우주 전체가 어두워진다(心性妙)"라고 하였다. 눈이 보면 귀도 보고 몸 전체가 본다. 눈이 밝으면 온 몸이 밝아진다. 나와 우주와 세계는 하나이다. 우주(신), 꽃(자연), 나(인생)는 천지인天地人으로 이것들이 하나가 되려면 시간이 시간성時間性이 되어야 한다. 복숭아꽃이 피면 살구꽃도 피고 모든 꽃이 다 피게 된다. 눈만 뜨는 것이 아니라 온 몸이 다 뜬다. 화이트헤드Alfred North Whitehead의 시절인연時節因緣(시간성)은 하이데거Martin Heidegger의 시숙時熟과 같다. 온 세상이 꽃밭이라면 봄철(시간성)이 무르익은 것이다. 봄이라는 시간성이 문제이다. 시간이 시간성이 되면 지知가 곧 행行이 되고, 행行이 곧 인仁이 된다(心卽道 道卽天). 삼마디Samadhi가 곧 삼마파티Samapatti가 되고, 삼마파티가 곧 디야나Dhyana가 된다. 말씀이 곧 하나님이다. 머리가 곧 가슴이 되고, 가슴이 곧 배가 되므로 다 같이 한 몸에 붙어 있다. 시간, 공간, 인간이 다 붙어 있다. 시간이 곧 공간이고, 공간이 곧 인간이다. 결국 우리는 6차원의 세계를 살고있는 것이다. 『주역周易』의 핵심인 중정中正도 6차원의 세계이다. 6차원의 세계는 법계로서 성부, 성자, 성령이 한꺼번에 있는 세계이다. 하나님과 성령과 그리스도는 삼위일체로 한 몸이다. 이런 것을 이해해야 왕양명의 "꽃이 네 마음밖에 있는 것이 아니고, 네가 깨어날 때(心) 꽃도 깨어나고(道), 꽃이 깨어나면 우주 전체가 깨어남(天)으로써 천지만물일체지인이 된다"는 것을 알 수 있다. 나와 꽃과 우주가 하나이다. 이것이 법계 곧 하늘나라이다. 양명은 나라는 한 사람(一人)이고 온 천하는 한 집(一家)이라고 하였다. 한 사람이 깨면 나라 전체가 깨고, 나라 전체가 깨면 천하가 깨어난다. 즉, 나와 나라와 천하가 다 깨어나는 것이다(유기체). 항상 세 가지를 생각해야 한다. 삼마디, 삼마파티, 디야나는 머리, 배, 가슴으로 삼위일체의 성부, 성자, 성령이다. 12장은 한 몸이라는 얘기인데, 나에게는 왕양명의 얘기가 제일 인상 깊다. 즉, 네가 깰 때 꽃이 깨고, 꽃이 깰 때 우주가 깨어난다는 것이다. 예수가 깰 때 바울이 깨고, 바울이 깰 때 온 교회가 깨어남으로써 한 몸이 되는 것이다. 1999. 10. 10.

# 7. 사랑—중도

### 고린도 전서 13장

오늘「고린도 전서」13장의 내용은 지난주 12장의 내용과 같고 앞으로 14장도 같은 내용이다. 13장에서 말하려는 내용은 오늘『원각경』에서 말한 내용과도 비슷하다. 바울의 문제나 석가의 문제나 다 비슷한 문제들이다. 그것이 또한 바로 우리의 문제다.

아까도 말했지만『원각경』의 문제는 단상斷常의 문제인데, 이 '단斷'은 생사生死에 대한 것으로 몸에 대한 집착이고, '상常'은 마음에 대한 집착이다. 이런 것을 불교에서는 단견斷見, 상견常見이라고 하는데 단견은 무신론無神論이다. 하나님도 내세도 아무것도 없다. 있는 것은 무엇만 있는가 하면, 현세뿐이다 라는 생각을 하는 것으로 이런 것을 소위 단견이라 한다. 현세와 내세가 그만 끊어지고 만 것이다. 기독교에서 노아의 홍수 때, 많은 사람들이 내세관이 없어 먹고 마시고 즐기자 해서 하나님이 물로 심판하셔서 전부 죽였다는 얘기가『성경』에 나온다. 소위 말하는 향락주의다. 교회에 가자고 하면, 젊어서 실컷 먹고 마시자, 늙지도 않았는데 벌써부터 교회 가서 무엇하겠는가 라고 말하는 부류의 사람들이다. 요즘말로 향락주의이고 보통 희도니즘Hedonism이라고 하는데 쾌락주의인 에피큐리안하고는 조금 차이가 난다. 에피큐리안Epicurean은 약간 정신적인 것도 포함되는데, 향락주의는 물질적인 것이 더 강한 것이다. 남은 어찌 되든 상관 안 하고 나만 잘 먹고 잘 살면 된다 하고 하나님과 내세를 전부 부정한다. 이것이 단견이다.

또 하나는 상견常見인데 내세가 있다는 주의로서 몸은 죽어도 영혼은 죽지 않는다, 내세도 있고 하나님도 인정하는 생각을 갖고서 이 세상에서는 고생해도 좋다, 죽어서 하나님 나라에 가면 되지 않느냐 하는 사상으로 보통 금욕주의라 한다. 이 세상에서는 안 먹고 안 써도 좋으니까 천국에만 가면 된다는 생각으로 내세를 바라보는 사상이다. 정신이 중요하지 육체는 중요하지 않다는 생각을 갖는 것으로 '영혼불멸'이라는 사상과 윤회설輪廻說이 여기에 속한다. 보통 금욕주의라고 하는데 바울이 여기서 말할 때는 신비주의다.

요새말로 한다면 향락주의란 말은 물질주의다. 이 고린도 교회에 나오는 문제들이 이것이다. 물질주의가 팽창해서 남은 굶어 죽어도 내 배만 부르면 그만이다. 또 타락해서 아버지가 사랑하는 여인을 아들이 가로채는 부도덕성의 향락주의와 식색食色에 빠지고 물질에 지배받는 것들이 고린도 교회의 문제였고 분열되는 조건이었다.

또 하나는 신비주의와 금욕주의다. 방언을 한다, 예언을 한다, 병을 고친다, 이상한 것을 본다, 꿈에 보았다 등등 이상한 것들이 나온다. 아마도 우리나라 교회도 이런 현상들이 많은 것으로 안다. 처음 박태선이 나왔을 때 자꾸 신비주의를 강조했고 근래에 문성명도 마찬가지다. 이런 곳에 일반적으로 신도들이 많이 모이게 되는데 신비주의는 신기하고 이상하니까 사람들이 이런데 자꾸 모일 수밖에 없다.

그런데 바울이 걱정하는 내용이 고린도 교회의 극단적인 물질주의와 신비주의다. 이 두 가지가 고린도 교회에 암이다. 한국의 현실도 마찬가지다. 교회에 가면 맨 날 돈 내라는 것을 강조한다. 밤낮 교회 짓자, 뭐하자 하며 돈 내라고 하고, 또 한쪽에서는 신비주의를 강조해서 입학시험 때가 되면 일점 부흥회, 일점 올리기 새벽기도회를 한다. 이러한 샤머니즘이 한국 종교계의 문제다. 하나는 물질주의고 하나는 신비주의다. 이것이 소위 양극화 현상이다.

불교에서도 마찬가지다. 몸은 죽고 정신만 사는 것도 안 되고 정신이 죽고 몸만 사는 것도 안 된다. 심신일여心身一如이며 성상불이性相不二다. 이것이 중도中道다. 우리는 중도를 가야지 치우치면 안 된다. 물질주의도 안 좋고 신비주의도 좋지 않다. 어느 한쪽에 치우치면 안 된다. 12장에도 방언이다, 예언이다, 병 고치는 능력이다, 이상한 것을 보는 것 등등을 말했는데 한마디로 하면 신비주의다. 일제 때 평양에 "죽어서 천당", "예수 믿고 천당"하고 외치는 사람이 있었다. 왜 기독교가 이렇게 되었나? 말만 하고 실천이 없는 기독교가 되어서 그렇다.

13장도 같은 말인데 물질주의에 대해서는 별로 안 나오고 신비주의가 안 좋다는 것이다. 그런데 종교에서는 신비한 것이 전혀 없을 수 없다. 조금은 인정하지만 그것을 조장하면 안 되고 그렇게 되면 많은 교인들이 이상한데로 흐른다. 신비주의에 맹종하게 되면 큰일이다. 교회는 가르치는 곳이지 방언 하는 곳도 절하는 곳도 아니며 교회는 교육시키는 곳이라야 된다. 가르쳐서 깨달음을 얻게 해야 된다.

13장을 읽어보자. 1절에는, "내가 인간의 여러 언어를 말하고 천사의 말까지 한다 하더라도 사랑이 없으면 나는 울리는 징과 요란한 꽹과리와 다를 것이 없습니다."

여기서 "인간의 여러 언어를 말하고"는 『성경』번역이 잘못되었다. 내가 여러 외국어를 말하는 것이 아니고 방언을 한다는 뜻이다. 독일어나 불어를 한다는 말이 아니라 방언을 한다는 뜻이다. "천사의 말까지 한다고 하더라도 사랑이 없으면"하는 말은 "인간성에서 어긋나면"하는 것으로 생각할 수 있겠다. "울리는 징과 요란한 꽹과리"는 온 교인들이 방언을 한답시고 이상한 소리만 질러대면 정신나간 병자들의 소리와 징이나 꽹과리 소리와 무엇이 다른가, 아무런 의미도 없이 '찍찍', '짹짹'하는 소리를 믿음이라고 하면 되겠는가 라는 말이다. 그 당시는 동양의 신비주의가 고린도 지역의 기독교에 많이 유입되는 시기로서 이상한 신비주의가 많았으리라 생각된다. 우리 한국에도 본래 무당이 많이 번성하던 나라이니까, 기독교에도 무당들이 많이 모여들었다. 이런 무속들이 교회 안에서도 병을 고친다, 예언을 한다 별의별 짓들을 많이 한다. 이것을 교회라고 할 수 있느냐? 이런 것들이 바울의 안타까운 문제다. 그러니까 "사랑이 없으면"하는 것은 인간성이 없으면, 불교용어로 "중도"가 되지 않으면, 몸과 마음이 다 건강하지 않으면, 하여튼 어떤 표현을 해도 좋지만 사랑이 없으면 아무것도 아니다.

13장 2절에 "내가 하나님의 말씀을 받아 전할 수 있다 하더라도 온갖 신비를 환히 꿰뚫어 보고, 모든 지식을 가졌다 하더라도 산을 옮길 만한 완전한 믿음을 가졌다 하더라도 사랑이 없으면 나는 아무것도 아닙니다."

그 당시에 아마도 예언하는 사람들이 많았나보다. "하나님의 말씀을 받아 전한다.", 그것이 일종의 신비주의다. 마치 무당들이 죽은 사람과 말하고 사자死者들의 말을 전하는 것과 같은 것을 말한다. "온갖 신비를 환히 꿰뚫어 보고"란 무당들이 죽은 자가 있는 곳에 다녀왔다고 하고, 죽은 자가 붕떠서 한참 가다가 못 가게 해서 되돌아왔다는 것 등을 말한다.

"모든 지식을 가졌다 하더라도"에서 모든 지식이란, 영지주의靈知主義, 나스터시즘Gnosticism이라는 것이다. 소위 영적 지식으로 예를 들면 천국은 어떻고 지옥은 어떻고 하는 신비주의로 이런 것은 예수나 바울도 전혀 한 적이 없다. 예수가 방언 했다거나 바울이 방언 했다는 말은 한 군데도 없다. 그리고 예수가 천국에 가보니까 어떠하더라 하는 말을 한 번도 한 적이 없다. 그런 것들은 전부 미신에 지나지 않는다. 산을 옮길만한 신앙을 가졌다고 큰소리치고 자기 혼자만 신앙심이 깊다고 아무리 야단법석해도, 사람이 미숙하여 사랑이 없으면 아무것도 아니다.

  13장 3절에서 "내가 비록 모든 재산을 남에게 나누어 준다 하더라도 또 내가 남을 위하여 불 속에 뛰어든다 하더라도 사랑이 없으면 아무 소용이 없다."

  어떤 교회의 장로는 일년에 30억을 교회에 헌금했는데 지금은 교도소에 가 있다고 한다. 30억을 내어 큰 교회를 지을 수는 있었겠지만 그렇게 해보았자 형무소에 들어가 있으니 그것이 무슨 소용이 있겠는가? 무당들이나 잘못된 신앙관을 가진 사람들이 남을 위해 불 속에 뛰어든다고 해도 아무 의미가 없다. 무당들이 시퍼렇게 날이 선 작두 위에서 춤을 추고 불 속에 들락날락 하고 하는 것들이 신비주의다. 교회가 이런 허망한 신비주의 쪽으로 교인들을 잘못 인도하면 큰 문제다. 교회는 진실로 정신이 똑똑해 져야 된다. 신비만 강조하는 이상한 사람들이 점점 많아지면 안 된다. 방언을 하고 병을 고친다고 안수기도를 하는 등 신비한 일을 자꾸 찾는 정신 나간 것을 믿음이라고 우겨댄다. 그것은 믿음이 아니고 미친 것이다. 신비주의에 빠지면 아주 미치기 쉽다.

  한 번은 어느 교회에 다니던 우리 학교 졸업생이 성령을 받겠다고 일 주일 동안 잠을 안 자고 기도원에 가서 철야 기도를 하고 나서 성령을 받고 기뻐서 이 기쁨을 누구에게 제일 먼저 전할까 생각하다가 내가 생각이 나서 나에게 제일 먼저 이 기쁜 소식을 전한다고 달려왔다. 그래서 내가 묻기를 성령을 받아보니 어떠하더냐 하고 물었더니 대답이 횡설수설하는데 자세히 보니 정신이 나간 것 같았다. 일 주일 동안 성령 받는다고 안수 받는다고 밤잠을 안 잤으니 미치지 않을 수 없다. 교회에서 밤을 새운다는 것, 그것이 제일 나쁜 것

같다. 세상에 제일 나쁜 것이 잠 안 자는 것이다. 잠 안 자면 당연히 정신이 몸 밖으로 나가지 별 수가 없다. 한 주일을 잠을 안 잤으니 정신이 몸에서 다 나간 것이다. 그런데 마침 그 여자의 남편이 의사인데 곧 전화해서 그 남편에게 정신병원에 입원시켜 치료받도록 하라고 했다. 그래서 정신 병원에서 일년이 넘도록 치료를 받았는데도 온전치가 않아 아직도 회복이 덜되었다고 한다. 종교 속에서 정신병자가 되면 낫기가 더 힘들다고 한다. 종교 속에 빠져서 정신병을 얻으면 치료하기가 아주 어렵다. 한국교회가 미치광이를 만든다는 것은 말도 안 된다. 이런 신비주의에 빠져서 미치지 않도록 조심해야 된다.

　13장 4절에서 7절을 보면, "사랑은 오래 참고 친절하고 시기하지 않고 자랑하지 않고 교만하지 않고 무례하지 않고 사욕을 품지 않고 성내지 않고, 앙심을 품지 않고, 불의를 보고 기뻐하지 않고, 진리를 보고 기뻐하며 사랑은 모든 것을 덮어주고 믿고 바라고 견디어 냅니다."

　위에 5절과 6절은 아주 높은 도덕적 경지를 말하고 있다. 진리와 함께 기뻐하며 불의를 보고 기뻐하지 않고 무례하지 않는다는 등 인의예지仁義禮智가 다 나온다.

　8절부터 또 다시 같은 말이다. 방언, 예언 등 신비주의 사상에 대한 말이 반복된다. 신비주의에 빠진 것은 아직도 믿음이 유치해서 그렇다는 설명이 나온다. 또 거울 이야기가 나온다. "우리가 거울에 비쳐 보듯 희미하게 보이지만", 이것은 아직도 고린도 교회가 기독교에 대한 확실한 믿음이 없었던 것으로 생각된다. 기독교는 미치거나 초능력을 가지는 것이 아니다. 그러면 기독교는 무엇인가? 기독교는 사람이 되자는 것이 기독교다. 그렇다면 사람다운 사람은 어떻게 되나? 그 대답이 13장 4절부터 7절까지 다 나온다. '사랑은'하는 대신에 '사람은' 혹은 '선생님은'이라고 해도 좋다. 혹은 '사랑은'하는 대신에 '엄마는'하고 바꾸어 읽어도 좋다. 인생의 3단계라 할 수 있는, 처녀가 아내가 되어서 다시 어머니가 될 때 완전한 사람이 된다. 처녀가 시집가서 엄마가 되면 그것이 성숙해 지는 것이다. 인생에 대한 확실한 깨달음을 가지게 되는 것이다. 4절부터 7절까지 사랑이라는 말 대신에 엄마는, 선생님은, 그리스도는, 사람은, 혹은 인격은, 이런 말로 바꾸어도 된다. 기독교에 대한 완전한 지식과 이해를 통해서 성숙한 인격을 갖자는 것이다. 다시 말해서 4차원의 세계를 가지라는 것이지, 3차원 세계에서 살자는 것이 아니다.

13장 9절에는 우리가 아는 것도 불완전하고 말씀을 받아 전하는 것도 불완전하지만 완전한 것이 오면 불완전한 것은 사라질 것이라는 말이 나온다. 미숙에서 성숙해지면 불완전이 사라지고 완전해지면 마지막 13절에서 말하는 "믿음과 소망과 사랑 이 세 가지는 언제까지나 남아 있을 것이다. 이 세 가지 중에서 가장 위대한 것은 사랑입니다."가 된다. 사랑이 인간의 본질이 된다는 말이고, 사람의 본질일 뿐더러 하나님의 본질이 바로 사랑이라는 사실이다. 하나님이 사랑의 본질이라는 것이 요한1서 3장, 4장에 다 나온다. 이때 말하는 사랑은 아가페지 에로스나 필로스는 아니다. 언제나 아가페다. 하나님이 인류를 사랑하는 그 사랑이다. 『성경』에 보면 아가페란 용어가 약 270회 나온다. 필로스란 말은 약 30번밖에 안 나온다.

기독교에서 말하는 사랑은 보통 세상에서 말하는 사랑하고는 다른 것이다. 예수님께서 원수를 사랑하라고 했는데, 이건 성숙한 사랑이고 보통 세상에서 말하는 사랑하고는 다른 사랑이다. 다시 말하자면 거룩한 사랑이다. 한문으로 말할 때는 인仁이라는 것이다. 삼마디는 지知이고, 삼마파티는 행行이고, 디야나는 인仁이다. 기독교의 믿음, 소망, 사랑과 같은 말이고 이 세 가지 중에 제일 중요한 것이 사랑이다. 이것이 하나님의 본질이다. 하나님의 본질이 곧 사람의 본질이다. 태양 빛의 본질이나, 아까 말한 금강석 빛의 본질이나 같은 것이다. 하나님의 본질이나 사람의 본질을 「요한복음」에서는 사랑이라고 말하고, 보통 자유라고도 한다. 하여튼 무엇이라 하든 간에 신적神的인 것과 인적人的인 것이 만나는 세계이다. 그것이 만났을 때 시간이 공간으로 잘리고 곱해지는 것으로 그것이 카이로스kairos다. 그것을 무엇이라 해도 좋은데 여기서는 사랑이라는 말로 쓰고 보통 인격人格이라는 말을 쓴다. 하나님의 본질도 사람의 본질도 물론 인격이다. 인간의 존엄성이다.

『원각경』에서 맨 처음 "바가받Bhagavad"하고 시작하는데, 바가받이란 神性이며, 인간의 존엄성이며, 신의 노래가 "바가받 기타Bhagavad-gita"이다. 바가받이 무엇인가? 세존世尊, "천상천하天上天下 유아독존唯我獨尊"이다. 인간의 본질이 무엇인가? 존엄이다. 기독교에서는 그것을 사랑이라고 한다. 사랑이 무엇인가? 인격이다. 인격이 곧 존엄이다. 인간 속에는 존엄이 있어서 무엇과도 비교할 수 없다. 그래서 왕양명은 "일점영명一點靈明"이라 하였다. 이 일점영명은 세상에 어떠한 존재에도 없고 오직 인간에게만 있는 것이다. 이것이 소위 하나님의 형상이라는 것이고 기독교에서는 그리스도다. 이 형상과 그리스도를 회복하는 것이 왕양명이 말하는 치양지致良知이고, 기독교에서는 이것을 믿음, 소망, 사랑이라 한다. 동양식으로 말할 때는 무사無思, 무위無爲라 하고 앞에 말한 삼마디(知)보다 삼마파티(行)가 더 높고, 삼마파티보다 디야나(仁)가 더 높다는 말과 같다. 『주역』에 나오는 "무사무위無思無爲, 적연부동寂然不動, 감이수통感而遂通"이며, 그 자리가 사랑인 디야나의 세계다. 「고린도 전서」 13장도 결국 『원각경』에 나오는 내용과 별로 차이가 없다고 생각한다.

1999. 10. 17.

## 8. 철학과 도덕

### 고린도 전서 14장

「고린도 전서」12장부터 방언과 예언에 대하여 말하고 있다. 13장에서는 방언이나 예언보다 더 높은 인격의 완성인 사랑, 즉 사람이 되어야 한다고 말한다. 15장에서는 부활에 대한 얘기를 하고 있다. 바울은 현실을 기피하고 이상만 추구하는 샤마니즘, 금욕주의, 신비주의의 사람들에 대해서 걱정하고 있다. 세상 사람들이 향락주의나 물질주의에 빠질수록 거기서 벗어나고 싶어하고, 그리고 현실에서 마음대로 되는 것이 하나도 없으니까 마음대로 할 수 있는 곳을 찾아 온 곳이 바로 교회이다. 교회에 오는 사람들은 세상 사람들이 물질주의에 빠져들수록 그 반대인 신비주의로 깊이 들어가기도 한다. 현실에서 문제가 해결되지 않으면 비현실 세계인 신비주의에서 해결하려고 하는 것이다. 13장에서 사랑이 제일이라고 말했는데, 14장에도 또 같은 말이 나온다.

14장에서는 방언보다는 예언이 낫다고 한다(고전 14:1~5). 방언은 저 혼자 떠들어대므로 교회의 질서를 유지할 수가 없고 다른 사람에게 아무런 도움이 되지 못하지만, 예언은 하나님의 말씀을 전하는 것이니까 다른 사람에게 도움이 될 수도 있다. 예언이란 인간의 생각에서 나온 것이 아니라 사람들이 성령에 이끌려서 하나님께로부터 말씀을 받아서 전한 것이다(벧후 1:21). 이성이 결여된 정신나간 소리인 방언보다는 이성적인 깬 소리가 더 낫다는 것이다(고전 14: 19). 바울이 주장하는 것은 종교 이전에 철학이 있어야겠다는 것과 철학과 아울러 도덕도 있어야겠다는 것이다. 향락주의로 치우치면 도덕이 없어지고 신비주의로 치우치면 철학이 없어지는데 중도中道를 지키면 철학과 도덕이 다 필요하게 된다. 내가 전에 미국에 있을 때 시카고에 있는 퀘이커 모임에 가 보았더니, 그들은 1시간 동안 불교의 참선처럼 가만히 앉아 있다가 어느 한 사람이 하나님의 계시를 받았다고 하면서 일어서서 계시 받은 내용을 말했다. 그 후 다른 사람이 또 일어서서 말했다. 이처럼 계속해서 몇 사람이 말하는데, 그 내용이 거의 비슷하였다. 그들에 의하면 동일한 성령이 몇 사람에게 다 같은 계시 내용을 주었기 때문이라고 한다(고전 14:30).

현실을 부정하고 신비한 것만 찾는 것을 신비주의라 한다. 아씨시의 성 프란시스St. Francis of Assisi나 테레사Teresa 같은 이들이 신비주의자들이다. 이들의 특징은 황홀한 세계를 그리워하면서 현실세계를 무시하여 이 세계를 떠나려고 하는 생각이 강해지는 것이다. 철학자 플로티누스Plotinus는 신플라톤주의Neoplatonism의 대가로서, 유출설流出說을 말한『엔네아데스Enneads』라는 책을 썼다. 그 내용은 하나님(The one)으로부터 이성理性, 우주령宇宙靈, 인간령人間靈, 자연自然, 질료質料 등이 차례로 흘러나온다는 것이다. 그는 또한 하나님으로부터 질료쪽으로 갈수록 악惡이되고, 그 반대로 갈수록 선善이 된다고 하였다. 이는 불교의 육도윤회六道輪廻와 유사하다. 우리는 질료로부터 위로 자꾸 올라가서 결국 The one과 합일해야 한다(神人合一說)는 것이다. 인간 속에는 신적神的인 요소(神의 종자 -「골로새서」)가 숨어있다는 것이다. 이 신적인 요소가 자라나서 신의 세계와 하나가 된다는 것이다(精氣神). 혼魂이 올라가서 몸만 남고 만다(탈혼현상). 몸과 영혼이 갈라지는 이원론二元論(斷見, 常見)이 되는 것이다. 신플라톤주의는 희랍시대에 널리 퍼져있던 사상이었다. 어거스틴Augustine도 신플라톤주의의 대가이다. 그 당시 신비주의는 우리가 상상할 수 있는 이상으로 강한 무엇인가가 있었던 것

같다. 그래서 그런 신비주의로 사람들이 빠져드는 것을 막으려고 바울이 애쓰는 것을 여기서 느낄 수 있다. 될 수 있는 대로 우리는 신비주의에 빠지지 말고 정신을 차려서 도덕을 지키고 살아야 한다는 것이 그 당시 바울의 생각이었다.

테레사나 젬마 갈가니는 탈혼현상脫魂現象에 대해서 자세히 말하였다. 젬마는 가만히 앉아있으면 혼이 그대로 빠져나간다고 한다. 혼이 빠져나가고 나면 얼굴만 빨갛게 된다고 한다. 흔들어도 모르다가 다시 혼이 돌아오면 원래의 자기로 돌아오는 것이다. 젬마는 금요일만 되면 손바닥에 구멍이 생긴다. 예수의 못 자국이 손바닥에 생겨나서 피가 자꾸 흐른다. 그 구멍을 막고 있는데 그때 아픈 고통이 예수의 고통과 같다는 것이다. 신비주의란 참 알 수 없는 것이다. 그러다가 한 시간쯤 지나면 다시 정신이 돌아와서 "어디 갔다 왔느냐?" 하고 물으면 성모 마리아, 베드로 등 자기가 만나고 싶은 사람들을 만나보고 왔다고 한다. 한 번은 나폴리에 있는 자기가 잘 아는 신부님을 만나고 왔다고 해서 "그 신부님이 무엇을 하더냐?" 하고 물었더니, 나한테 편지를 쓰더라고 하여 "그 편지를 보았느냐"라고 하자, 이러 이러하게 썼다고 했다. 그후 며칠 있다가 편지가 와서 보았더니 얘기한 내용과 같았다는 것이다. 이런 현상이 탈혼현상이다. 젬마는 이 괴롭고 더러운 세상에서 더 이상 살기 싫다고 밥을 먹지 않고 성만찬 때만 조금 먹었다. 숟가락도 구멍이 뚫려서 국을 뜨면 거의 다 빠져버렸다. 그러다가 결국 26세에 죽었다. 세상에서 떠나는 것이 이들의 이상이다.

희랍인들은 본래가 비관적이었다. 그들은 원래 이데아Idea의 세계에서 살다가 뭔가를 잘못하여 이 세상에 왔으므로 이 세상은 감옥이라는 것이다. 그러므로 감옥에서 빨리 빠져나갈수록 좋다고 생각하였다. 그래서 희랍에서는 일찍부터 비극이 발달하였다. 세상에 나오지 않는 것이 제일 행복한 것이고, 태어났다면 어렸을 때 죽는 것이 그 다음 행복한 것이고, 오래 살수록 불행하다는 생각이 희랍에 널리 퍼져있었는데 거기에 신비주의가 겹쳐져서 세상을 버리고 신의 세계로 가서 살기를 원하는 경향이 강해졌다. 이런 편향된 정신을 바로 잡아주기 위하여 다음 15장에서 부활에 대한 말씀이 나온다. 부활이란 육체를 떠나는 것이 아니라 육체가 소중하다는 것을 가르치는 것이다. 정신만 소중한 것(常見)이 아니라 육체도 소중하다는 것(斷見)이다. 육체 쪽으로 치우치면 도덕이 사라지고 정신 쪽으로 치우치면 이성이 사라져서 철학이 없어진다.

결국 종교란 도덕과 이성을 가진 사회를 만들자는 것이다. 철학과 이성이 없는 종교는 샤마니즘이 되고 만다. 도덕이 없는 종교는 물신주의物神主義나 다름없다. 바울은 철학과 도덕을 기독교에 집어넣고자 하였다. 바울은 본래 다소 출신이다. 다소는 희랍의 스토아 철학의 중심지였다. 그리고 그는 철저한 율법주의자인 가마리엘에게서 배우기도 했다. 바울은 철학과 도덕을 배운 뒤에 기독교에 들어온 것이다. 바울이 없었으면 기독교에 오늘날처럼 도덕성과 철학성을 집어넣지는 못했을 것이다. 바울은 철저한 도덕성과 뚜렷한 철학성을 지닌 사람이라서 기독교를 반석 위에 세울 수 있었고, 신비주의나 물질주의에 치우치지 않고 그 가운데인 중도中道로 담대하게 나갈 수가 있었다. 중요한 것은 방언이나 예언이 아니라 도덕과 철학이라는 것이 14장의 전체적인 내용이다.     1999. 10. 24.

## 9. 새로운 피조물―성불

### 고린도 전서 15장

오늘 「고린도 전서」 15장은 부활장인데 부활에 대해서 「마태복음」에서는 어떻게 썼는지 「누가복음」은 어떻게 썼는지 「고린도 전서」를 대충 끝내고 전체적으로 우리가 한 번 복습하는 것이 좋겠다. 오늘은 「고린도 전서」에 있는 말만 생각한다. 15장을 크게 11가지로 나누어 생각하면 다음과 같다.

1. 그리스도교의 본질 (1∼2절)
2. 그리스도교의 부활 (3∼4절)
3. 부활의 증인 (5∼11절)
4. 무신無信 (12∼19절)
5. 신神의 경륜經綸 (20∼28절)
6. 신자信者 (29∼34절)
7. 부활체復活體 (35∼41절)
8. 아담과 그리스도 (42∼49절)
9. '화化'의 비의秘義 (50∼53절)
10. 사죄율법死罪律法 (54∼57절)
11. 도심견고道心堅固, 열성전도熱誠傳道 (58절)

그리스도교의 본질이 부활이라는 것은 불교의 본질이 성불成佛에 있는 것이나 같다. 어떻게 해서든지 부처가 되겠다는 것이고 그것은 또한 윤회의 바퀴에서 벗어나겠다는 것이다. 다른 말로 하면 "일도

출생사一道出生死"인데 생사生死라는 것은 윤회이고 "념념생멸念念 生滅"이라는 말도 전 시간에 나왔다. 믿음을 가지고 이 윤회의 바퀴에서 벗어나겠다. 그래서 "일체무애인一切無碍人", 아무것에도 걸리지 않는 자유인自由人이 한 번 되어 보겠다는 것이 불교의 핵심이다. 기독교도 마찬가지다. 다만 성불이라는 말 대신에 부활이라고 한다.

우리도 부활을 해서 아무것에도 매이지 않는 새로운 세계의 존재가 되어야 한다. 걸리는 세계가 아닌 걸리지 않는 무애無碍의 세계에서 우리도 살아보겠다는 것이다. 부활이라는 사상은 걸리는 세계에서 벗어나, 걸리지 않는 세계에서 살기를 바라는 것이다. 또한 단순히 바라는 것만이 아니고 그렇게 될 것을 믿는 것이다. 왜 이루어질 것이라고 믿는가 하면 내 속에서 그런 증거를 잡았기 때문이다. 내가 조금은 걸리지 않게 되었다는 이 경험 때문에 앞으로도 걸리지 않는 완전한 자유로운 세계에 살 수 있다는 것을 우리가 믿고 가는 것이다.

믿음에는 반드시 두 가지가 있어야 되다. 하나는 내 속에 있는 증거가 하나 있어야 하고, 또 하나는 밖으로 하나님의 사랑을 확신하는 것이다. 알을 품은 어미닭의 사랑과 알속에 자라가는 병아리의 지혜라는 두가지인 사랑과 지혜가 있어야 한다고 했는데, 내 속에 지혜가 있어야 하고 밖으로는 하나님의 사랑이 나타나야 된다. 그래서 사랑과 지혜가 마주칠 때 이것을 우리가 믿음이라 한다.

이와 같이 내 속과 밖의 만남이 없으면 믿음이라는 것이 될 수 없다. 다시 말해 예수가 부활했을 때 단순히 예수 한 사람만 부활한 것이 아니고 이 부활을 통해서 온 우주가 다 부활하는 것이다. 단순히 한 개인이 부활한 것이 아닌, 온 우주가 부활하려는 그 도중에 우리가 동참하고 있는 것이다. 우리가 『성경』을 보면 단순히 그리스도만 부활하는 것이 아니라 나를 비롯한 자연뿐 아니라 온 우주가 다 부활한 것이 나온다. 단순히 나라는 개인 하나의 부활로 끝나는 것이 아니고, 사회가 부활하고 국가가 부활하고, 차츰차츰 전 우주가 부활하여 전체가 부활체復活體가 되는 것이다. 그 부활체 속에서 나도 한 몫을 하는 것이다.

  우리는 언제나 하나의 개체와 전체의 그 중간에서 같이 협력해 가는 것이다. 예수 한 사람만이 부활로 끝나는 것이 아니다. 온 우주가 부활한다는 것, 그것이 하나님의 경륜經綸이다. 그 시점始點으로 그리스도가 부활했다는 것이다. 그래서 그 우주를 부활하게 하기 위해서 또 우리도 부활해 가는 것이다. 또 부활이라는 말 대신에「고린도 후서」5장 17절에서처럼 "새로워진 피조물"이라고 해도 좋겠다. "누구든지 그리스도 안에 있으면 새로운 피조물이라 보라 옛것은 지나가고 새것이 되었도다"라고 나와 있다. 또는 "새롭다"라고 해도 좋겠다. 낡아빠진, 헐어빠진 세계를 벗어나서 태초에 우주를 창조한 그 능력을 가지고 새로운 세계를 재창조 해 가는 것이다. 기존에 있던 우주가 그대로 계속된다는 말이 아니다. 옛날 우주의 시작은 아담이 하였지만 새로운 우주의 시작은 그리스도가 한다는 사상이다.

  이러한 사상은 아주 크고 위대한 것이다. 기독교의 사상이라는 것이 한 개인을 어떻게 하자는 그런 사상이 아니다. 이 우주를 어떻게 다시 새롭게 하느냐 하는 것이다. 그리고 이 우주를 새롭게 하기 위해서 세계는 어떻게 새롭게 하여야 되나, 또 세계를 새롭게 하기 위해서 한국은 어떻게 새롭게 되어야 하나, 한국을 새롭게 하기 위해서 나는 또 어떻게 새롭게 되어야 하나. 이와 같이 전부 연결되어 있는 것이지, 나 하나만의 문제가 아니다. 전체의 문제인데 시작을 다만 예수가 먼저 하였을 뿐이다. 물론, 예수가 시작한 것이 아니고 하나님이 먼저 시작한 것이다. 하나님이 먼저 시작했는데 예수라는 한 사람을 택해서 시작을 한 것이다. 그래서 예수가 부활했다는 사실은 예수 혼자의 부활로 끝나는 것이 아니고, 온 우주가 부활하게 되어야 끝이 나는 것이다. 그래서 바울의 부활사상은 장엄하고 위대한 사상인 것이다.

그러니까 밖으로 큰 체계가 있어야 하고, 안으로 하나님이 우주를 개편하려고 하는 그 시작을 그리스도의 생애를 통해서 우리가 보는 것이다. 예수라고 하는 보잘것 없는 시골뜨기가 나와서 3년 동안 한 것이 기독교라는 것이 되어서 수 십억 인구가 따라가는 것이다. 이 역사가 2000년으로 끝나는 것이 아니라 몇 만년까지 이 인류를 새롭게 해보자는 하나의 운동이 시작되어서 진행되고 있는 것을 우리가 보고 있는 것이다. 밖에서 이와 같이 변해 가는 것을 보면서 동시에 중요한 것은, 내 안에도 어떠한 변화가 있다는 것을 내가 깨달아야 한다. 이것이 "보이지 않는 것의 증거"라는 것이다.

믿음은 우리가 "바라는 것의 실상"이다. 우리가 희망하는 것이 점차 이루어져 가는 것이다. 이러한 사실, 즉 예수라는 사람이 한 사람 나와서 이러한 변화를 일으켰다는 사실이 참으로 대단한 것이다. 한 사람이 나와서 수없이 많은 사람이 바로 살아보겠다고 애쓰며 따라가고 있는 것도 또한 사실이다. 물론 예수에 반대하는 사람도 많겠지만 바로 살겠다는 사람도 많다. 또, 예수만 있는 것이 아니라, 석가라는 사람도 나와서 그를 따라서 바로 살아 보겠다는 사람도 대단히 많다. 이와 같이 올바로 살아가려고 하는, 이 의지와 소망의 노력은 인류 전체적인 것이지 나 개인의 것이 아니다. 그런데 나도 그것에 참여를 하려면 내 속에 하나의 증거를 가져야만 된다.

이 증거가 제일 중요하다. "믿음은 바라는 것의 실상이다"하는 것은 밖의 세계가 움직이는 것이고, "보이지 않는 것의 증거"라 하는 것은 내 속에서 돌아가는 것이다. 조금 전에도 말했지만 심心과 성性이라는 것인데 안에 있는 성性이라는 것은 과학, 철학, 종교, 예술이 끊임없이 변하는 것이고, 심心이라는 것은 내 밖에서 태양처럼 빛나는 불변하는 그 무엇이다. 보지 못하는 것의 증거가 있어야 되고, 바라는 것의 실상이 되어야 한다. 이 둘이 다 있어야 되지 그렇지 않으면 안 된다.

내가 어떻게 부활을 믿게 되었는지에 대해서는 내가 자주 말하는 「갈라디아서」 2장 20절이다. "내가 그리스도와 함께 못 박혀 죽었으니", 이것이 십자가라는 것의 믿음이다. 그리고 "이제는 내가 사는 것이 아니라 그리스도가 내 안에서 산다.", 이것이 부활의 증거다. 「갈라디아서」 2장 20절이 내 신앙의 핵심이다.

그러니까 예수가 나와 아무런 연관이 없이 다른 세계에서 부활하였다는 것이 아니라 물론 그것도 찾아가 보면 알 수 있겠지만, 그보다 더 중요한 것은 내 속에 부활(빛)이 살아 있다는 사실, 내 마음 속에서 예수가 부활하였다는 것, 이것이 내 속의 증거이다. 보이지 않는 것의 증거다. 예수가 골고다에서 매달려 죽었다는 것이 아니라, 내가 그리스도와 같이 십자가에 달렸다는 사실이다. 그것이 나의 증거다. 그런 신앙이 "자단기수自斷其首"요, 불이 꺼졌다는 말이고 "여표지월如標指月"이라는 말은 빛이고, 달이다. 내 속에 달이 생겼다. 그 달을 내가 붙잡고 있는 것이다. 부활은 무엇인가? 불이 꺼지고 달이 부활을 했다. 죽기는 누가 죽었나? 나 자신이 죽은 것이다.

그래서 내가 제일 좋아하는 것이 덕산德山의 이야기다. "불은 꺼지고 빛으로!" 불은 바람에도 흔들리지만 빛은 영원불변이다. 부활은 이 빛이 부활하는 것이다. 신학자들은 희랍의 영혼불멸 사상하고 기독교의 부활 사상과 다르다고 하는데, 불교에서도 성불成佛 사상이 나오는 것을 보면 영혼불멸설은 아닌 것 같다. 왜냐하면 불교는 윤회에서 벗어나야 불교의 핵심이 된다. 신학자들은 희랍 사람들이 영혼불멸을 주장하는데 기독교는 절대 영혼불멸설이 아니라고 주장한다.

　희랍 사람의 영혼불멸의 특징은 윤회설은 아니고 천국에 있던 영혼이 세상에 떨어져서 감옥에 갇혀 살다가 여기서 벗어나서 다시 천국으로 간다는 생각인 것 같다.

　그런데 기독교는 단순히 세상에서 살다가 천국에 가면 그것으로 족하다 하는 그런 사상이 아니고, 아까도 말했지만 그리스도의 부활은 우주를 새롭게 하는데 그 바퀴 속에 나도 참여하고 끼어 들어가서 내가 새로워지는 것이다. 부활은 영혼이 부활하는 것이 아니다. 이런 면에서 희랍 사람들의 생각하고는 차이가 있다.

　그러나 요는 내가 내 속에 「갈라디아서」 2장 20절이라는 증거를 가진다는 것이다. 그것은 그리스도가 내 안에 부활 하여서 주인이 된 것이다.

　이런 생각을 나는 35세 때부터 했다. 이것이 나의 근본 경험이다. 오직 내 안에 그리스도만 존재한다. 물론 나는 그리스도란 말만 쓰지는 않는다. 하나님, 그리스도, 성령이란 말을 쓰는데 내가 처음에는 하나님의 빛을 받았다고 생각했고 그리고 육신의 나와 싸워서 나를 죽이고 내가 그리스도를 붙잡게 된 것은 그리스도의 힘이다. 그리고 내가 지금 여러분께 말을 전한다고 할 때는 내 말을 전하는 것이 아니라 성령이 나를 도와 주셔서 그 성령의 도움을 받은 말을 전하는 것이라고 생각하는 것이다. 어떻게 해서든지 이 성령의 도움을 받아 오늘은 이런 말을 여러분에게 해야 되겠다, 나는 어떻게 해서든지 이 하나님의 말씀이 우리 백성의 가슴 속에 스며들도록 열심히 힘써야 되겠다고 생각하는 것이다.

　「고린도 전서」 15장 58절에도 열성전도라는 말이 나온다. 그러기 위해서는 도심견고道心堅固다. 15장 마지막 결론이 이것이다. 58절인데 내 속에 믿음이 견고해야 되겠다, 그래서 성령의 도우심을 받아서 열심히 하나님의 말씀을 전해야 되겠다 라고 나와 있는데, 그것이 또한 나의 소망이다. 그리스도를 빛이요, 힘이요, 말씀이라고 나눌 때도 있지만 전체를 말할 때는 그냥 그리스도라고 한다.

그리스도라는 말 속에 하나님과 성령을 포함해서 그리스도라고 생각한다. 그래서 언제나 내 안에 그리스도가 살아서 움직이는 그런 증거를 가지고 사는 삶, 이것이 부활의 삶이다. 그러니까 설교하고 강의하고 하는 평상의 삶이 하나의 작은 부활의 삶 그 자체다. 내가 전에는 이런 삶을 살 수 없었고 내가 35세 되는 해부터는 부활의 삶이 된 것이다. 그래서 내가 바라게 되는 것은 어떻게 하면 진리를 더 깊이 알 수 있나 하는데 관심이 있을 뿐이다. 지금 우리가 『원각경』을 공부하는 것도 우리가 이 경을 보니까 배울 것이 많다. 종밀宗密이 『원각경』에 대해 참으로 좋다는 말을 한 것에 동감한다. 우리가 시간이 있으면 『원각경』전문을 가지고 한 자도 빠짐없이 전부 공부해 보면 좋겠다. 정말 종밀이라는 사람이 좋아할 만한 내용이다.

우리가 훌륭한 책을 선택해서 공부를 해 가면 우리의 정신이 건강해지고 점점 살이 쪄 가는 것이다. 이러한 삶보다도 더 이상 행복한 삶은 없다. 우리는 하루를 사는 것이 아무 의미 없는 삶이 아닌, 조금씩 나 자신이 새로워지는 삶, 그런 삶을 살아가는 것이다. 이러한 삶을 우리가 부활의 삶이라고 할 수 있겠다. 부활이 따로 있겠는가. 우리가 죽은 다음에는 또 다시 하나님께서 새로운 삶을 주실 것을 믿는다.

바울과 같이 하나님께서 새로운 몸을 또 하나 주실 것이다. 지금 같은 우리 몸은 다 고장이 나서 쓸 수 없게 되었으니까, 또 새로운 몸을 주실 것이라고 믿는 것이다.

「마태복음」 22장을 보면 예수님께서는 천사 같은 몸을 주실 것이라고 말했다. 하여튼 천사 같은 몸이건 새로운 몸이건 지금보다는 좋은 몸을 주실 것이다. 그래서 바울은 그리스도와 비슷한 몸을 주실 것이라고 했다. 「요한복음」 17장 17절, "하나님 말씀은 진리입니다." 「고린도 후서」 3장 17절, "주님은 곧 성령입니다. 주님의 성령이 계신 곳에는 자유가 있습니다. 우리는 모두 얼굴에 너울을 벗어버리고 거울처럼 주님의 영광을 비추어 줍니다." 동시에 "우리는 주님과 같은 모습으로 변화하여"라고 나오는데 이것이 바로 우리가 죽은 후에는 어떻게 될까 하는 것의 답이다.

"주님과 같은 모습으로 변화하여 영광스러운 상태에서 더욱 영광스러운 상태로 옮아가고 옮아갈 것이다." 이것은 바울이 자기가 죽은 후에 어떻게 될까 하는 것에 대해서 이같이 말했고 우리도 따라서 바울처럼 그렇게 될 것이다. 하나님이 바울만 영광스러운 상태로 하여 주시고 우리는 그렇게 안 된다고 하면 말이 안 된다. 그래서 17절에 "주님과 같은 모습으로 변화하여 영광스러운 상태에서 더욱 영광스러운 상태로 옮아가게 될 것을 우리가 믿는다"하고 나오는 것처럼 나는 그것을 확실히 믿는다. 왜 그렇게 될 것을 믿느냐 하면 내가 지금 사는 것이 부활의 상태에서 살고 있고, 내가 죽은 후에도 부활의 상태에서 또 살아 갈 것이라고 생각하기 때문이다.

이것이 소위 생과 사를 초월하는 것이다. 살아서도 부활의 상태요 죽어서도 부활의 상태가 될 것이기 때문이다. 그래서 지금도 "일체무애인一切無礙人"은 아니지만 조금은 무애인이다. 그러나 앞으로 가게 되면 "일체무애인"이 될 것이다. 그래서 『화엄경華嚴經』에 나오는 말이지만, 살아서도 부처로 살고 죽어서도 부처로 산다는, 이러한 생각을 가지고 살아가면 되겠다.

이런 삶을 살게 하여 주시는 이가 그리스도다. 그리스도를 통해서 살아도 부활이요 죽어도 부활이다. 그래서 살아서도 자유인이요 죽어서도 자유인이 되는 것이다. 이렇게 생각하면 사나 죽으나 아무 문제가 없다. 사나 죽으나 전부가 하나님의 품안이니까, 우리가 하나님의 품안을 떠날 수는 없다.

1999. 10. 31.

# 10. 부활, 십자가, 성육신

## 고린도 전서 15장

「고린도 전서」15장 1-2절은 기독교와 부활의 관계를 말하고 있다. 희랍인의 생각은 영혼불멸이지만 유태인이나 기독교인의 생각은 영혼불멸이 아니라 새로운 피조물이 되는 것이다. 그리스도의 부활은 그리스도의 힘으로 부활하는 것이 아니라 하나님께서 새롭게 창조하셨다는 것이다(롬 10:9). 새롭게 창조되어 나올 때 유태인은 육체로 부활한다고 생각했으나, 기독교인은 영체靈體로 부활한다고 생각하였다. 예수께서는 영체란 천사 같은 모습일 것이라고 「누가복음」22장에서 말씀하였다. 즉, 육체보다 더 영광스럽고 자유로운 몸일 것이라고 하였다. 부활의 증인은 오백여명 정도가 된다. 이들이 부활한 그리스도를 보았다는 것이다. 맨 마지막에 바울 자신이 부활한 그리스도를 다메섹에서 만났다고 하였는데 이것이 바로 각覺체험이다. 현상 세계는 다 사라지고 실재 세계가 나타난 것이다. 우리는 부활 체험(삼마디), 십자가 체험(삼마파티), 성육신 체험(디야나)의 순으로 경험하게 된다.

유영모柳永模 선생님은 52세 되던 해 1월 4일 계소리(삼마디), 그 다음에 가온소리(삼마파티), 제소리(디야나)가 순서대로 나온다. 계소리는 존재의 소리를 들었다는 말이다. 가온소리는 그리스도의 십자가를 따라간다는 말이고, 제소리는 성령의 역사를 느낀다는 것이다. 유 선생님이 제소리를 할 때에는 언제나 성령이 역사하셔서 물음, 불음, 풀음이 되는 것이다. 자기는 물음을 갖는 것뿐인데, 그리고 그것을 알고자 불음을 갖는 것인데 풀음이 될 때만은 성령이 역사하셔서 해결이 된다. 시간성時間性으로 보면 물음은 장래將來, 불음은 기재既在, 풀음은 현존現存이다.『주역』으로 보면 장래는 신이지래神以知來, 기재는 지이장왕知以藏往, 현존은 성이연기誠以硏幾이다.

제소리는 예를 들면 열심히 애를 써서 내가 쓰긴 썼지만 내가 쓴 것이 아니라고 할 수 있다. 그 전에 내가『대학大學』일 장을 번역해서 가져갔더니 그 때『주역』을 연구하는 이정호李正浩 선생이 유 선생님과 함께 있었다. 이정호 선생이 그 번역을 읽어보고서 "이것이 언제 쓴 글입니까?"하고 물었더니, 요새 나온 글이라고 유 선생님이 대답하셨다. 이것은 보통 글이 아니라고 이 선생이 말해서 내가 쑥스러워 하니까 유 선생님께서 이것은 김군이 쓰긴 썼지만 김군이 쓴 것이 아니라고 하셨다. 이것은 나의 초의식으로 썼다는 말이다. 유 선생님 자신도 이것은 내가 쓰긴 썼는데 내가 쓴 것이 아니라는 말씀을 자주 하셨다. 우리는 유 선생님 글 가운데 중요한 글들은 유영모의 글이라기 보다는 하나님의 말씀이라고 생각하는 것이다.

그 예를 보면 '맨 꼭대기'는 하나님께 도달하는 것이며, '맨 꽁무니'는 세상과 인연을 끊는 것을 말한다. 이렇게 우리말을 가장 중요한 말들에 딱 붙이는 것은 유영모가 말한 것이라도 유영모 말이 아니다. 유 선생님은 우리 한글은 만들기는 세종대왕이 만들었지만 실제로는 세종대왕이 만든 것이 아니라 하나님께서 만들어 주신 것이라고 하였다. 한글은 보통 글자가 아니라 복음이다. 우리나라는 하나님께서 관계하는 나라이지 평범한 사람들의 나라가 아니다.

유 선생님은 늘 부활, 십자가, 성육신의 순서로 생각하고 있다. 기독교인은 부활의 증인이다. 하나님을 만난 것을 증언하는 사람들이다. 믿음이란 바라는 것의 실상으로 하나님을 만나는 것이다. 보지 못하는 것의 증거는 자기 마음속에 하나님을 모시게 되는 것이다. 그래서 내가 하나님 안에 있고 하나님이 내 안에 있는 것이 바로 믿음이다. 신앙이란 부활의 증인으로 각체험의 증거이다. 기독교에서는 그리스도를 만난 것을 부활이라 하고 이것이 바울의 체험이다. 바울은 팔삭동이이지만 그리스도를 만났다. 베드로는 살아있는 예수도 만나고 부활하신 예수도 만났으나 바울은 부활하신 예수님만 만났다. 그래도 역사적으로 보면 바울이 더 당당한 그리스도의 제자이다. 바울은 그리스도의 영적인 제자이다.

기독교에서는 영체靈體를 말하는데 이것도 하나의 체體이지 영靈은 아니다. 사람들은 바울은 그리스도를 옷 입듯 한다고 말한다. 벌거벗고 나가는 것이 아니라 그리스도의 옷을 입는 것이다. 이런 사상을 소우머soma라고 한다. 희랍사상은 그냥 벌거벗은 영인데 기독교에서는 영체라고 한다. 영과 체가 aufheben(止揚)이 되야 중도中道가 된다. 그냥 영이라고 하면 생사 열반의 윤회를 말하는 것밖에 안 된다. 사람들이 유영모하면 '얼나'만 말하는데, 나는 '얼나'가 아니라 영체를 말한다. '몸나'는 아니고 '얼나'만을 자꾸 말하게 되면 이원론이 되고 만다. 그러나 우리는 항상 이원론을 넘어서서 4차원의 세계로 통일이 되어야 한다.

박영호朴永浩 선생은 유 선생님을 다원주의자多元主義者로 보지만 나는 유 선생님을 기독교인으로 보고 있다. 나는 유 선생님이 기독교인이면서 불교를 이해한 사람이라고 생각한다. 나는 유 선생님이 여러 종교를 알아보니까 기독교와 불교는 별로 다른 것이 없다고 말한 사람으로는 생각하지 않는다. 내가 오늘도 불교를 이야기한다고 해서 불교나 기독교를 같은 것이라고 생각한다면 제설혼합주의諸說混合主義(syncretism)가 되고 만다. 유영모는 혼합주의자가 아니라 계소리, 가온소리, 제소리를 들은 사람으로 자기는 38년 만에 기독교에 들어갔다고 하였다. 기독교인이 되고 나서 다른 종교들을 보니까 이러하더라 하는 것이지, 기독교를 아직 뭔지 몰라서 다른 종교들을 열심히 연구해 보니까 비슷하다는 것은 아니다. 이런 것을 확실히 알아야 한다. 복숭아면 복숭아가 확실히 돼야지 복숭아도 아니고 살구도 아닌, 아무것도 아니면 안 된다. 나는 유영모는 기독교인이라고 못을 박는 사람이다. 그런 후에 유영모는 다른 종교들을 어떻게 보았나 하는 것을 살펴본다.

유영모의 첫째 관심은 부활이었다. 죽음을 해결하는 것이 부활이다. 죄를 해결하는 것이 십자가이다. 율법을 해결하는 것이 성육신이다. 죽음이란 악마이며, 그리스도란 악마를 이기는 승리자이다. 신과 악마의 싸움이 바로 부활과 죽음의 싸움으로 거기서 나는 이긴 것이다. 그래서 승리가 죽음을 삼킨바 되었다. 신은 영원한 생명으로 부활이다. 그리고 악마가 가지고 있던 칼이 죄이다. 이 칼을 힘쓰도록 한 것이 율법이다. 죽음의 원인은 죄이며 죄를 자극한 것은 율법이다. 율법 대신 복음으로 죄를 없애고, 의義를 일으켜 세우고, 죽음을 없애고 영생을 이루는 것이다. 영생의 다른 이름이 부활이고 의義의 다른 이름이 십자가이며 복음의 다른 이름이 성육신이다. 유영모는 부활의 증인이고 가온 소리가 십자가의 증인이며 제소리가 복음의 증인이다. 그래서 나는 유영모야말로 진정한 기독교인이라고 생각한다. 오늘의 결론은 우리나라가 창조적 지성이 되어서 세계를 인도할 만한 새로운 문화가 솟아나오도록 하는 것이 부활이라는 것이다.

1999. 11. 7.

## 11. 마라나타 – 일즉일체

### 고린도 전서 16장

오늘은 「고린도 전서」 마지막 16장 1절을 읽어보도록 한다.

"이제는 성도들을 돕기 위한 헌금에 대해서 말씀드리겠습니다. 내가 갈라디아 여러 교회에 지시한 것을 여러분도 따르십시오. 여러분에게 간 다음에야 비로소 헌금하느라고 서두르지 말고 여러분은 일요일마다 각각 자기 형편에 따라 얼마씩 미리 저축해 두십시오. 내가 여러분께 가서 여러분이 인정하는 사람들에게 내 소개 편지와 여러분의 성금을 예루살렘으로 가져가게 하겠습니다. 만일 나도 예루살렘에 가야 한다면 함께 가도록 하겠습니다."

예루살렘 교회는 베드로, 야곱 그리고 열두 사도들이 모여서 된 교회다. 그런데 바울이라는 사람이 엉뚱하게 나타나서 자기도 사도라고 한다. 우리의 보통 상식으로는 말이 안 되는 이야기다. 그래도 사도 바울이 예루살렘에 올라가서, 예수의 제자들과 만나서 "내가 다메섹 도상에서 그리스도를 만났고 그래서 이제부터 나의 생명을 하나님께 바치기로 결심했다."라고 말했다. 그리고 그 동안의 일들을 전부 말하고 결국 예수님의 제자들인 사도들에게 인정을 받게 되었다. 바울, 당신은 로마인이고 희랍 철학을 알고 또 유태 종교도 아는 사람이니까, 희랍 철학을 가지고 로마 법률에 따라 사는 그 사람들에게 가서 전도해라, 우리는 유태 사람에게 전도하겠다. 이렇게 해서 전도 분야를 구분하게 되었다.

그 당시 유태 사람들은 로마 총독 밑에서 갖은 착취를 당하고 억압을 당한 사람들이다. 마치 한국인이 왜정시대 때 일본인들에게 당한 경험과 같을 것이다. 한없이 가난하고 어렵게 사는 사람들이다. 로마는 지금으로 말하자면 미국과 같은 국가다. 물질이 아주 풍부하고 문화가 높은 강대국으로 바울이 가게 되었으니까, 12제자들이 인정해 준 것에 대해 고마워서 이방인에게 전도를 하면서 돈이 많은 사람으로부터 돈을 거두어서 예루살렘의 가난한 사람들의 생계를 도와주고자 돈을 모아서 보내는 것이다.

갈라디아는 지금의 터키 지방을 갈라디아라고 한다. 바울은 지금 터키의 에게해 연안에 있는 에베소에 머무르고 있었는데 그 후에 마케도니아, 고린도, 아테네, 희랍으로 간다. 그리고 나중에는 로마, 이태리로 다니며 전도했는데 바울의 목적은 스페인까지 가서 전도하는 것이었다. 로마에서 죽었는지 스페인까지 갔는지는 아무 기록이 없지만, 바울은 스페인까지 가는 것이 목적이었다. 하여튼 고린도 교회는 그리스에 있는 교회니까, 고린도 교회에 보내는 편지가 「고린도 전서」의 내용이다.

너희들도 돈을 모아서 예루살렘에 보내라, 당신들이 믿을만한 사람이 있으면 그 사람을 시켜서 보내고 만일 믿지 못하면 내가 직접 갔다 와도 좋다. 돈의 액수는 밝혀지지 않았지만 돈을 보낸다는 내용이 처음에 나온다.

그 다음 5절에서부터는 내가 너희에게 가는데 내가 가기 전에 미리 나의 제자 디모데를 보낸다. 너희는 디모데를 잘 맞이해서, 내가 하고 싶은 말을 디모데가 할 것이니 잘 들으라는 내용이다.

마지막으로 13절부터는 마지막 부탁과 인사인데 여기에 여러 가지 말이 나오고 제일 마지막 21절에 보면 "이 인사는 나 바울이 직접 씁니다."라고 나온다. 그러니까 「고린도 전서」에 적힌 편지는 대부분 바울의 제자 중 한 사람이 쓴 것이다. 바울이 말하는 것을 듣고 문필이 있는 사람이 썼는지, 바울이 말한 대로 또박또박 썼는지는 확실치 않다. 맨 마지막에는 바울이 싸인을 하는데 바울이 직접 쓴다는 말이다. 바울의 어려움은 눈병이었는데 어떤 안질인지는 모르지만 요즘말로 백내장인지 아니면 다른 안질인지 확실치는 않지만 바울은 잘 볼 수 없었다. 그래서 자기가 직접 편지를 쓸 수 없는 사정이었다. 그래서「고린도 후서」에는 바울이 하나님께 눈병을 고쳐 줄 것을 세 번씩이나 기도를 한다는 말이 나온다. 이 눈병 때문에 편지를 직접 못 쓰고 대필하다가 마지막에 가서 큰 글자로 한마디 친필로 쓴 것이다. 22절에 보면 "누구든지 주님을 사랑하지 않는 자는 저주를 받을 것입니다."대단히 강한 어조로 한 말이다. 주님을 사랑하지 않으면 멸망할 것이다 라는 말이다.

'마라나타maranatha'의 원어는 '마란maran', '아타atha'로 복합어다. 유태말의 방언인데 마치 제주도에서는 계란을 '독새끼'라 하듯이 유태인도 잘 모르는 말이다. 소위 아람Aram말이라 하는데 나사렛이라는 아주 시골의 말인 것 같다.『성경』속에 아람말로 쓰여진 곳이 3번 있다. 하나는 '아멘Amen', 또 하나는 '아바 아바'인데, 아바Abba는 아버지란 뜻이고 유태 방언으로 아버지를 아바라고 한다. 아멘은 '진실로'라는 말로서 '아멘 아멘'이라고 하면 진실로, 진정을 가지고 너희에게 말한다는 말이다. 3번째가 이 '마라나타'인데 그 당시 교인들은 다 알고 있었다고 한다. '마란'이란 주님이란 뜻이고 '아타'는 '오시옵소서'란 뜻이다. 이 뜻이 세 가지인데 "주님, 오시옵소서."는 기원이 되고, 다음은 "주님은 꼭 오신다."는 뜻이고, 또 하나는 "주님은 이미 오셨다."이다. 기원이란 바란다는 뜻이니까 큰 문제가 안 되고, "꼭 오신다."는 뜻은「마가복음」13장 29절에 "사람의 아들이 문 앞에 다가온 줄을 알아라.", 33절에는 "그때가 언제 올는지 모르니 조심해서 항상 깨어있어라."하는 말이 나온다.

그런데 이것을 다 읽어보면 예수님께서 앞으로 오래지 않아 사람들에게 핍박을 당해 십자가에 달려 죽는다. 그리고 죽었다가 꼭 다시 살아난다. 또 인자는 섬김을 받으러 온 것이 아니라 남을 섬기려고 왔다 라는 것이 나온다. 여기 인자人子라는 말이 하나 나오고, 제사장 가야바가 "네가 그리스도냐?"라고 묻자, "내가 그리스도다. 내가 이제 하늘나라에 올라갔다가 다시 내려와서 너희들을 심판할 것이다"라는 말과 재림이라는 말을 하고 "이것은 하늘이 무너져도 절대 없어지지 않는다."라는 말이 나온다. 이런 말들이 "꼭 온다"는 말이다. 예수께서 죽은 것도 '꼭'이고, 부활도 '꼭'이고, 승천도 '꼭'이고, 재림도 '꼭'이다. 정확한 문장은 여러분이 『성경』을 찾아보면 알 수 있다. 재림이라는 것은 이 사람들에게 '꼭'이다. 이 '꼭'이라는 것이 신앙의 내용이다.

맨 처음, 예수께서 세상 떠난 후 1세기 동안은 제일 강한 신앙의 내용이 재림이다. 2세기가 되면 신앙의 내용이 부활이다. 3세기가 되면 십자가다. 4세기가 되어서야 비로서, 땅 속에 있는 교회들이 세상 밖으로 나오게 된다. 확실치는 않지만 425년인가 기독교가 콘스탄틴 황제 때 로마에서 승인되어서 공공연히 나오게 된다. 이 교회가 나왔다는 것이 결국은 예수님이 마리아 뱃속에서 탄생한 것과 같이 생각되었다. 이것이 크리스마스의 기원이 된 것이다. 이 크리스마스의 처음 시작이 4세기부터 시작되었다.

교회의 믿음이라는 것이 역사적으로 점점 변해 가는데 초기의 강한 신앙은 재림이다. 꼭 오신다는 것과 또 이미 왔다는 것은 벌써 예수님은 영적으로 와 있다는 것으로 그 내용이 「사도행전」 2장에 나오는 오순절의 내용이다. 언제나 종교라는 것은 "이미 왔다"는 것이 하나 있어야 되고, 또 "나는 앞으로 꼭 온다"고 하는 예수님의 말씀, 이 둘이 들어가야 된다. 믿음은 바라는 것의 실상이요, 보지 못하는 것의 증거다. 바라는 것의 실상이 온다는 것이고 보지 못하는 증거가 이미 왔다는 것이다.

　물 속에 달이 떠 있고 하늘에도 달이 떠 있다. 물 속에 뜬 달, 이것이 보지 못하는 것의 증거다. 물 속에 뜬 달이 있으면 반드시 밖에는 큰 달이 떠 있을 것이다 라는 이 두 가지가 결합이 되어야 믿음이 생기는 것이다. 이같이 두 가지 의미를 붙였기 때문에 이것을 번역할 수가 없다. '오셨다'라고 번역해도 안 되고, '오신다'라고 해도 안 되고, '오시옵소서'라고 해도 안 된다. 그러니까 이런 말은 방언이지만 그대로 원어를 쓸 수밖에 없다.

　'마라나타'라는 말 속에는 뜻이 세 가지 있는데, 그 세 가지 뜻이 다 있어야 신앙의 핵심이 된다. 그 뜻이 없으면 신앙의 의미가 사라진다. 그래서 이 '마라나타'라는 말이 아주 중요한 말이다. 바울의 신앙의 핵심이 바로 '마라나타'이다. 자기 속에 벌써 오셨고 이제 꼭 오신다는 예수님의 약속을 확실히 믿고 가는 것이다.

　재림의 시기에 대해서 「고린도 전서」 7장 29절에 "그때는 아무도 모른다. 그러나 오시기는 꼭 오실 것이다."라고 되어 있고, 11장 26절에 "재림하기까지 성만찬을 계속하여라."는 말이 있고, 15장 23절에 "재림한다", 24절에 "마지막 날에", 15장 51절에 "나팔소리"로 재림을 뜻하는 말이 나온다.

　또 「묵시록」 20장 5절에 "이것이 첫째 부활입니다."라는 말이 핵심 구절인데, 첫째 부활에서부터 마지막 날까지, 그 중간이 천년왕국이다. 요즈음 유행하는 밀레니엄이라는 말이 여기에서 유래된 것이다. 앞으로 예수께서 재림해서 천년 동안 왕으로 통치한다. 그때는 마귀들이 꼼짝달싹 못한다. 그때가 밀레니엄이다.

　「묵시록」 20장의 타이틀이 천년왕국이라 되어 있다. 읽어 보도록 하자.

"나는 또한 천사가 끝없이 깊은 구렁의 열쇠와 큰 사슬을 손에 들고 하늘로부터 내려오는 것을 보았습니다. 그는 늙은 뱀이며, 악마이며 사탄인 그 용을 잡아 천년 동안 결박하여 끝없이 깊은 구렁에 던져 가둔 다음 그 위에다 봉인을 하여 천년이 끝나기까지는 나라들을 현혹시키지 못하게 했습니다."

일제 시대에는 '용'이라는 것을 그 당시 목사님들 가운데에는 공산주의라고 해석하는 사람이 많았다. 붉은 용이라고 해서 공산주의가 오래지 않아 멸망해서 필연코 없어질 때가 온다고 많이들 말했다.

"사탄은 그 뒤에 잠시 동안 풀려나오게 되어 있습니다. 나는 또 많은 높은 좌석과 그 위에 앉아 있는 사람들을 보았습니다. 그들은 심판할 권한을 받은 사람들이었다. 또 예수께서 계시하신 진리와 하나님의 말씀을 전파했다고 해서 목을 잘리운 사람들의 영혼을 보았다. 그들은 그 짐승이나 그 우상에게 절을 하지 않고 이마와 손에 낙인을 받지 않은 사람들입니다. 그들은 살아나서 그리스도와 함께 천년 동안 왕노릇을 하였습니다. 이것이 첫째 부활입니다."

이 첫째 부활사상은 「고린도 전서」 15장 23절에도 똑같이 나오는 말이다. 그러니까 「요한 계시록」을 쓴 사람이 바울의 제자인 것이 확실하다. 우리가 보통 요한 사도라고 하는데 바울의 제자인 요한은 바울이 한 말과 꼭 같이 하고 있다.

"그 나머지 죽은 자들은 천년이 끝나기까지 살아나지 못할 것입니다. 이 첫 번째 부활에 참여하는 사람은 행복하고 거룩합니다. 그들에게는 둘째 죽음이 아무런 세력도 부리지 못합니다. 이 사람들은 하나님과 그리스도를 섬기는 사제가 되고 천년 동안 그리스도와 함께 왕노릇을 할 것입니다."

 이것이 천년왕국을 뜻하는 밀레니엄이라는 말의 근본이다. 요즈음 사람들이 이 『성경』을 보고서 그런 말들을 하는지 잘 모르겠다. 김대중 대통령도 이것을 보고 하는 말인지 잘 모르겠다. 이 천년왕국이라고 하는 것은 우리 세상에서는 천년왕국이라는 것이 있을 수 없다. 이것은 그리스도가 대통령이 되어야 천년왕국이지 사람들이 대통령이 되어서는 있을 수 없는 일이다.

 그러나 '꼭', '이미'라는 말에서 이 '꼭'이라는 구절을 「마가복음」에서 찾아야 되는데 살펴보기로 한다. 「마가복음」 10장 33절을 보면 "우리는 지금 예루살렘으로 올라가는 길이다. 거기에서 사람의 아들은"이라는 구절이 나오는데 여기에서 사람의 아들이라는 말의 뜻이 또 문제이다. 사람의 아들이라는 것은 「다니엘」 7장에 나오는 소위 심판주라는 말이다. 이것은 유태인들이 앞으로 그 심판주가 온다는 사상인데 심판주의 이름이 인자라는 것이다. 이것은 유태민족의 하나의 기원이다.

 그런데 「마가복음」 10장 45절에 보면, 내가 인자라고 하는 사람이 한 사람 생겼는데 그 사람이 바로 예수다. 그리고 「마가복음」 13장 26절에 예수가 말하기를 마지막 날에 하늘에서 내려올 때 예수가 심판주로 온다는 것이 '꼭'이라는 말이다. 이 인자가 물 속에 있는 달이라면 유태인들이 말하는 인자는 하늘에 있는 달이라는 것이다. 물 속에 있는 달, 이것이 있으니까 반드시 하늘에 있는 달, 저것이 있다. 이것이 또한 한 사람이 깨면 전체가 깬다는 사상이다(一卽一切).
 「마가복음」 13장 26절부터 31절은 예수님의 재림에 관한 것이다. 이런 말씀 때문에 바울에게 있어서 재림과 부활이 그의 신앙의 핵심임을 알 수 있다. 시간적으로 보면 부활은 현존現存이며, 재림은 장래將來이다. 현존은 언제나 장래에 연결되어 있다. 부활은 일종의 계약금을 받은 것에 불과하지만 재림은 잔금을 다 받는 것이라고 할 수 있다. 부활과 재림은 단순한 기대나 희망이 아니라 절대이다. 부활이 그대로 재림이다. 주자朱子식의 병진並進이 아니라 왕양명王陽明식의 지행일치知行一致이다. 시간관이 시간이 아니고 시간성時間性이다. 시간과 공간은 항상 곱해져 있지 시간과 공간이 따로 있는 것이 아니다. 신앙은 시간성의 문제이다. 『성경』은 4차원의 세계를 말하는 것이다.

예수가 죄를 벗어났으면 온 인류가 다 죄에서 벗어날 수 있다는 사상이 기독교의 핵심이다. 이 예수라는 한 사람이 부활했다는 사실이 앞으로 온 인류가 천년왕국이 될 하나의 첫 번째 부활이 되는 근거가 된다. 이런 사상은 유태 사람이 기다리는 인자하고, 앞으로 천년왕국을 다스릴 그 인자하고, 예수라는 인자하고 이 셋이 하나가 되는 것이다. 기원의 대상인 인자, 현재 세상에 와 있는 예수라는 인자, 앞으로 천년이나 만년 후에 반드시 온다는 인자, 이 셋이 하나라는 것이다.

그런데 앞으로 올 인자를 어떻게 믿을 수 있는가 하면, 현재 내 속에 있는 인자 때문에 믿게 되는 것이다. 이것이 없으면 도저히 믿을 수 없다. 하나님 나라를 우리가 어떻게 믿을 수 있는가? 현재 내 속에 있는 하늘나라 때문에 하나님 나라가 있다는 것을 확실히 믿을 수 있다.

물론 신학에서는 문제가 많다. 이 세 인자가 같은 인자인가, 아니면 다른 인자인가 하는 문제는 큰 논쟁거리이다. 신학에서는 어떻게 결론을 내리든 우리는 알 바가 아니고, 우리 마음에 예수가 있기 때문에 우리가 죽으면 또 다시 예수를 만날 것이라는 확신을 우리가 가지고 살아가는 것이다. 우리 마음속에서 예수를 만나지 못하였으면 우리가 죽은 후에 다시 예수를 만나겠다는 기대를 할 수가 없다. 그런데 우리 마음속에 예수를 만났기 때문에 우리가 죽은 후에 예수를 만난다는 것이 「고린도 후서」 3장 18절 내용이다.

불교식으로 말하면 유정각有情覺, 무정각無情覺이라는 말이다. 이 세상에 살아 있으면서 깨달음을 얻었기 때문에 죽어서도 깨닫는다는 것을 확신할 수가 있다는 사상과 같다. 언제나 보지 못하는 것의 증거가 있기 때문에 바라는 것의 실상이 있다는 것이다. 물 속에 있는 달하고 하늘에 있는 달하고 이 둘이 일체가 될 때 일즉일체一卽一切가 되는 것이다.

1999. 11. 14.

# 12. 바울은 어떤 사람인가?

### 고린도 후서 11장~12장

오늘부터는「고린도 후서」를 읽어나갈 것이다.「고린도 후서」의 핵심은 바울은 어떤 사람인가 하는 것이다. 바울은 희랍의 스토아 철학의 요람인 다소 출생으로 거기서 대학을 졸업했고 로마 시민권을 가지고 있었다. 나중에는 유태의 종교를 가마리엘로부터 배워서 바리새 교인이 되었다. 그는 어느 날 우연히 다메섹에서 그리스도를 만났다.「사도행전」7장 58절에 나오는 스데반을 죽인 해가 A.D. 36년인데, 그 당시 바울은 25~6세쯤 되었을 때이고 그때 바울이 다메섹에서 환상을 본 것으로 추정된다. 예수가 요한에게서 세례를 받으면서 환상을 본 후 광야에 가서 40일을 지낸 것처럼, 바울도 그 후 아라비아 사막에 가서 3년을 지냈다. 그 다음엔 주로 안디옥에 있다가 14년 후에야 예루살렘에 올라가서 처음으로 베드로를 만났다.

바울의 제일 큰 문제는 베드로와의 문제였다. 베드로는 카톨릭의 시조이고 바울은 개신교의 시조라고 할 수 있다. 카톨릭에서는 베드로를 제일 중요하게 생각하고 개신교에서는 바울을 가장 중요하게 생각한다. 베드로는 예수의 제자이므로 사람들이 지극히 정성을 다해서 베드로를 존경하였다. 바울은 어떻게 자기의 권위를 높일 수 있을까 하고 고민하였다. 베드로가 바울을 어떻게 생각하였는지에 대한 것이「베드로 후서」3장 15절에 나온다. 바울은 똑똑하고 아는 것도 많은데 글을 너무 어렵게 써서 알기가 힘들었다. 그래서 바울 때문에 잘못되는 사람들도 꽤 있을 것 같다고 하였다. 바울의 베드로에 대한 생각은 여러 군데에서 나온다. 바울은 예루살렘에서 베드로를 만나자 "너는 유태인에게 전도하고 나는 로마와 희랍 사람들에게 전도하자."고 하였다. 그렇게 전도 영역을 갈라놓았는데도 불구하고 베드로가 고린도, 에베소 등의 로마, 희랍인들에게 자꾸 와서 갈등이 생기곤 하였다. 베드로는 오면 "바울이 하는 대로 하지 말고 다시 할례를 받으라. 율법을 지켜라."는 등을 말하니까 바울과 베드로 사이에 다툼이 일어났다.

바울의 1차 유럽 전도여행은 A.D. 47~48년, 2차가 A.D. 50~53년, 3차는 A.D. 54~58년이었다. A.D. 60년에 바울은 로마 감옥에 갇혔다가 A.D. 64년 네로 박해 때, 즉 54~60세쯤 사망한 것으로 추정된다. 바울의 얘기는 「고린도 후서」 10장부터 13장에 있는데, 오늘은 「고린도 후서」 11장, 12장을 보자.

바울은 "나는 그 특출하다는 사람들보다 조금도 못한 것이 없다고 자부한다. 나는 베드로보다 절대 못하지 않다."(고후 11:5)고 하였다. 베드로는 철학을 공부한 사람도 아니므로 지적으로는 바울을 따라갈 수 없다. 그저 예수의 수제자라는 것뿐이지 그 이상은 아니다. 물론 부활하신 예수를 베드로와 바울이 모두 보았으나 베드로는 지적인 면에서 바울보다 떨어진다.

바울은 "나는 말재주는 별로 없는 사람이지만 지식이 모자라지는 않는다."(고후 11:6), "나는 여러분에게 조금도 폐를 끼친 적이 없다. 앞으로도 계속 그럴 작정이다."(고후 11:9)라고 하였다. 희랍사상에서 소피스트sophist는 돈을 받는 사람들이었지만 필로소퍼philosopher는 돈을 받지 않는 사람들로 사람들은 필로소퍼를 진짜라고 생각했다. 바울은 베드로를 사탄의 일꾼이라고까지 했다(고후 11:15).

바울은 자기가 예수의 복음을 전하기 위해서 얼마나 고생했는지를 말하고 있다. 바울은 그들보다 수고를 더 많이 했고 감옥에도 더 많이 갔고 매도 수없이 맞았고 죽을 뻔한 일도 여러 번 있었다(고후 11:23). 유태인들에게 태장 39대를 다섯 번이나 맞았고, 몽둥이로 맞은 것이 세 번, 돌에 맞아 죽을 뻔한 것이 한 번, 파선을 당한 것이 세 번, 밤낮 하루 꼬박 바다에서 표류한 일도 있고, 여행을 하면서 강물에 익사할 뻔도 하고, 강도에게 잡히기도 하고, 동족과 이방인의 위험, 도시와 광야 그리고 바다의 위험, 가짜 교회의 위험, 노동, 고역, 굶주림, 뜬 눈으로 밤도 새웠고, 추위, 헐벗음, 걱정, 허약, 죄 등 자기가 그 동안 한없이 고생한 것들을 세밀하게 적고 있다.

「고린도 후서」 12장에서는 바울이 다메섹 도상에서 계시 받은 것을 말하고 있다. 바울은 "나는 하나님의 세계를 보고 말을 들었다. 나는 굉장한 계시를 받았다. 그래서 내가 너무 들뜰까봐 하나님께서 나를 가라앉히고자 내게 병을 하나 주셨다. 이 가시가 있기 때문에 내가 겸손해졌으니 다행이다."(고후 12:7) "내가 진정 베드로보다 훨씬 높은 사도라는 증거를 보여준다."(고후 12:12) "너희들이 다투거나 시기하거나 성을 내거나 자기 속만 채우거나 하는 나라고 하는 것을 없이 하라."(고후 12:20) 내가 있으니까 이처럼 다투고 싸우고 성내고 하니까 무아無我가 되라는 것이다. "남을 욕하거나 험담을 하거나 거만을 떨거나 난동을 부리거나 더럽고 음란하고 방탕한 생활에 빠져있고 많은 사람들이 아직도 그 죄를 회개하지 않고 있다면 나는 그들을 보고 슬피 울게 되지 않겠는가."(고후 12:21)라고 하였다. 즉, 자기를 없애고 탐진치貪瞋痴에서 벗어나야 한다는 말이다.

    요약해 보면 계시를 받았다는 것은 삼마디요, 많은 고생을 겪었다는 것은 삼마파티요, 유태인들에게 가르치는 것은 디야나라고 할 수 있다. 바울은 이 세 가지를 모두 이룩했던 사람이다. 베드로나 요한에 비해서 바울은 엄청나게 컸던 사람이다. 바울이 없었다면 기독교는 영원히 있을 수 없었다고 해도 과언이 아니다. 바울 때문에 기독교가 확립되었다. 여러분께서는 「갈라디아서」와 「골로새서」도 한 번 읽어보시길 바란다. 1999. 11. 21.

## 13. 정직과 진실 — 선서여래

### 고린도 후서 1장~3장

맨 처음 「고린도 후서」 1장 1절에 보면 "하나님의 뜻으로 그리스도 예수의 사도가 된 바울과 교우 디모데오는 고린도에 있는 하나님의 교회와 온 아카이아에 있는 모든 성도들에게 이 편지를 씁니다." 가 나온다.

편지 쓰는 사람은 바울이고 편지 받는 사람은 교회인데 바울 자기는 하나님의 바울이지 사람의 바울이 아니다. 또 고린도 교회도 하나님의 교회지 사람의 교회가 아니다 라는 뜻이다. 이화대학 성경반도 하나님의 교회지 사람의 성경반이 아니다. 이대 성경반에서 가르치는 나도 하나님의 나지 사람의 내가 아니다. 그런 것을 자각해야 한다는 것이다. 여러분도 하나님의 사람이고 나도 하나님의 사람이다. 하나님의 사람과 하나님의 사람이 서로 만나는 모임이 되어야지 조금이라도 여기에 사람이 들어가면 안 된다. 그렇게 되면 거짓이 되고, 부실이 되고 만다. 하나님의 사람이어야 정직해지고 진실해진다. 정직과 진실이 어디에서 오는가? 하나님에게서 온다는 것이 「고린도 후서」 1장 1절의 내용이다.

3절, 4절을 보면, 한없이 어려운 고난과 환난을 당했다고 했는데 그 내용이 무엇인지는 기록되어 있지 않다. 그래서 거의 죽을 뻔 했다, 그리고 자기도 꼭 죽는 줄 알고 있었는데 어떻게 살아났다는 말로 시작된다. 그런 어려운 고난을 당해보니까 그 고난을 당할 때마다 자기 속에는 하나님으로부터 오는 기쁨과 위로가 있더라 하는 것이 그 다음 말이다. 고난으로 끝나는 것이 아니라 반드시 고난과 같이 기쁨과 위로가 온다. 이것이 소위 십자가와 부활사상이다. 고난인 십자가로 끝나는 것이 아니라 반드시 부활이라는 하나의 사실이 연결이 된다. 그리고 바울이 고린도 교회로 가려고 하였는데 여러 가지 사정으로 못 가게 되어서 양해를 바라는 서신이 나온다.

12절에 보면 "우리는 이 세상에서 특히 여러분을 대하면서 인간의 꾀를 부리지 않고 하나님의 은총으로 그분의 뜻을 따라 솔직하고도 진실하게"라고 나오는데, 정직이라는 말을 이렇게 표현했다. 하나님이란 분이 어떤 분인가? 정직하고 진실의 근원이 하나님이시다. 그 다음 19절에 보면 그리스도는 또 어떤 분인가? 솔직하고 진실함이다. 그 다음 22절에 보면 성령의 내용은 무엇인가? 또 역시 솔직하고 진실함이다. 하나님은 정직하고 진실의 근원이고 그리스도는 정직하고 진실함의 표현이고 성령은 우리 사람 마음에 정직과 진실을 집어 넣어주는 은혜스러운 분이다.

기독교의 근본 바탕이 정직과 진실이다. 만일 기독교에서 정직을 빼면 기독교라고 할 수 없다. 요즈음 신문에 많이 발표되는 사건의 내용에서 거짓말한 사람들의 대부분이 기독교인이라고 자처한다. 기독교인이라도 보통 기독교인이 아닌 장로다 뭐다 하는 사람들이다. 이 시대에 사는 기독교인들이 가장 거짓이 많은 사람들이고 우리 사회의 지탄을 받는 사람들이다. 그러니까 아직까지도 진실된 기독교가 한국에 들어왔다고 할 수 없는 것이다. 진정한 기독교가 한국에 들어왔다면 한국 사회를 정직한 사회로 만들어야 할 것이다. 그리고 한국 사회에서 기독교인이라고 하면 그 사람들은 정직한 사람이라고 인정을 받아야 기독교인이라 할 수 있다. 우리 사회에서 기독교인은 가장 거짓말을 잘하는 사람이라고 인정을 받으면 이것은 기독교라고 할 수 없다. 무엇이 기독교인가? 제일 진실한 것이 기독교다 라고 인정을 받아야지 가장 부실한 것으로 인정을 받으면 안 되는 것이다.

정직과 진실이라는 것을 나무에 비유하면 나무가 자라면서 올라가는 것이 정직이고 나무에 열매를 맺는 것이 진실이다. 하나님을 향해 올라가는 것은 정직이고 하늘에서 내려오는 것은 진실이다. 하나님이 인류에게 주시는 사랑의 열매가 진실이다. 이런 은총을 동양철학에서는 수승화강水昇火降이라고 표현한다. 물은 하늘로 올라가고 불은 하늘에서 내려오는 것이다. 요전 시간에 말했듯이 내려오는 것은 태양 빛이고 올라가는 것은 바다다. 바닷물은 올라가고 태양 빛은 내려오는 것이다. 이것은 올라갔다가 내려오는 것의 비유이다. 촛불에서 보면 불이 올라가는 것은 염상炎上이고 촛물이 녹아서 아래로 흐르는 것은 누수淚水다. 걱정이 많아서 머리가 아픈 것을 번뇌라 하는데 번뇌는 머리에 가득 차고 누수는 비통함으로 눈물만 흘러내리는 것이다. 그런 사람을 소아小我라고 한다. 소아는 끊임없이 골치만 계속 아프고 몸은 점점 약해지고, 병든 정신에 병든 육체가 된다.『원각경』에서 말하는 사상四相(証悟了覺)과 사병四病(作止任滅)이라는 것이다.

대아大我라고 하는 것은 불이 올라가는 것이 아니고 불이 아래로 내려온다. 화강火降이다. 그것이 정직과 진실이다. 바다가 하늘로 올라가는 것이 수승水昇이다. 불교식 표현으로는 하늘에서 내려오는 것을 여래如來라 하고 올라가는 것을 선서善逝라 한다. 그래서 염상을 생生이라고 하고 누수를 사死라고 한다. 소아는 생에서 사로 끝나고 대아는 여래에서 선서로 가는 것이므로 생사가 없는 것이다. 그래서 생과 사를 초월할 수 있다는 말이 나온다. 이 말은 내가 대아가 되었다는 말이다. 소아라는 말은 내가 생사에 묶여서 갇혀 있다는 말이다. 대아가 되면 생사가 없고 왔다가 가는 것뿐이다. 내일 내가 십자가를 진다 라고 할 때, 그 뜻은 내일 내가 죽는 것이 아니고 나는 아버지께로부터 왔으니까 내일 나는 아버지께로 돌아간다는 말이다. 그러니까 왔다가 가는 삶이냐 아니면 태어났다가 죽는 삶이냐 하는 내용이 지난 시간에 공부한 사상과 사병의 내용이다.

원각圓覺이라는 것이 무엇인가? 여래선서如來善逝가 원각이다. 염상누수, 이것이 사상이요 사병이다. 병들은 것이다. 그러면 어떻게 우리가 수승화강水昇火降이 되나, 어떻게 대아가 되나, 어떻게 하면 여래如來가 되고 여거如去가 될 수 있는가? 그것이 문제인 것이다. 여거가 되는 것이 정직이라는 것이고 여래라는 것이 진실이라는 것이다. 부활한다는 것은 정직이고 십자가라는 것은 진실이다. 정직과 진실이 십자가요 부활인 것이다. 촛불이 되느냐, 햇빛이 되어 사느냐, 그것이 문제이다.

불은 꺼지고 빛이 되어야 한다. 그것이 열반涅槃이라는 것이다. 열반인 니르바나Nirvana의 본래 뜻이 "불은 꺼지고"라는 뜻이다. 적멸寂滅이라는 뜻도 불이 꺼졌다는 말이다. 그러니까 빛이 되었다는 뜻이다. 그래서 적조寂照가 된다는 뜻이다. 그래서 불이냐 빛이냐 이다. 불은 바람만 불어도 꺼지나 빛은 영원한 것이다. 그래서 상적광토常寂光土요 상락아정常樂我淨이란 말이 영원하다는 말이다. 이 '아我'라고 하는 것은 죽는 것이 아니다. 그러니까 아我는 대아大我라는 말이지 소아小我라는 말이 아니다.

「고린도 후서」1장에서 기독교의 핵심은 정직과 진실이라고 말하고 있다. 「고린도 후서」2장에서 "잘못한 사람을 용서하라"는 말이 5절에 하나 나오고, 12절에 가면 "그리스도의 향기"라는 말이 나온다. 15절에 보면 "하나님께 바치는 그리스도의 향기입니다."라는 말이 나오는데 이것이 수승水昇이다. 하늘로 올라가는 향기다. 올라가는 것이 그리스도의 향기다. 향기, 냄새라는 말이 자꾸 나오는데 이는 옛날 유태인들이 제사지낼 때 소를 장작 위에 놓고 불에 태운 연기가 하늘로 올라가는 것을 나타내는 것으로 결국 수승이다.

올라가지 않으면 화강火降이 없다. 본래 제물은 이렇게 태워서 올라가는 것인데 처음에는 제물을 불에 태워서 없앴는데 나중에는 고기를 나누어 먹고 싶어서 소 대신에 향을 태워서 향을 올리게 되었다. 이것도 하나의 의식이고 상징이다. 요즈음 교회에서는 향도 태우지 않고 그 대신 찬송을 부른다. 다 같은 내용이다. 결국 사람됨은 하늘로 올라가야 사람이지 하늘에 오르지 않으면 사람이 아니다.

그래서 『의상철학(Sartor Resartus)』의 저자 카알라일Thomas Carlyle은, 우주라는 것은 무엇인가, 우주는 예배당이고 세계는 예배당에 있는 제단이고 인간은 무엇인가, 인간은 제단 위에 놓인 제물이다 라고 했다. 그래서 카알라일은 인간은 하나님께 바쳐진 제물이라고 했다. 그 이유는 예수라는 사람이 인간의 대표인데 그 대표가 우리에게 보여준 것이 자기 자신이 하나의 제물이 되어서 하나님께 바쳐졌다는 것이다. 인간의 모든 문화와 문명이 하나님께 바쳐진 향기라는 것이다.

이 향기라는 것, 냄새라는 것은 세계 각 민족마다 나라마다 상이하다. 우리의 냄새는 김치 냄새인데 우리는 김치 냄새를 싫어하지 않지만 서양 사람들은 매우 싫어하는데 이렇게 같은 냄새가 어떤 사람에게는 죽음이 되고 어떤 사람에게는 삶이 된다고 볼 수 있다. 내가 영국 신학교에 갔을 때 나이제리아 학생이 하나 있었는데 그 사람이 영국에 공부하러 와서 영국 음식만 계속 먹고 매일매일 목욕하고 자기 몸을 얼마나 깨끗이 하는지 모른다. 그렇게 해도 그 사람이 옆에만 오면 냄새를 견딜 수가 없다. 영국 사람도 못 견디고 참다 못해서 그 사람을 돌려보냈다. 너는 도저히 냄새 때문에 영국에서 공부 할 수 없다. 너 때문에 다른 학생이 강의실에 앉아 있을 수가 없으니 다른 방법이 없다. 그래서 돌려보내고 말았다. 냄새라는 것이 그만큼 지독하다.

또 미국에 가면 그들의 몸에서 나는 노린내는 아주 역겹고 구역질이 난다. 세계는 각 나라마다 먹는 음식이 달라서 냄새가 다르다. 그 냄새가 처음에는 구역질이 나지만 그 나라 음식에 맛을 들이면 그 냄새도 좋아지게 된다. 미국 음식 중에 치즈가 처음에는 먹기가 힘드는 데 먹는데 익숙해지면 나중에는 치즈처럼 맛있는 게 없다. 또 외국인이 한국에서 김치맛을 들이면 김치처럼 맛있는 게 없다는 것이다. 대만에서 또장이라는 것을 파는데 또장 냄새는 꼭 닭똥 썩은 냄새가 난다. 그 옆으로조차 지나갈 수 없을 만큼 냄새가 아주 고약하다. 그러나 그 또장에 맛을 붙이면 대만에서 제일 맛있는 것이 또장이다. 미국에서도 나중에는 치즈가 제일 맛있는 음식이 되었다.

이와 같이 거부하는 관념이던 것이 반대로 나에게 가장 친밀한 것이 된다. 내가 말하고자 하는 요점이 이것이다. 가장 거부하던 것이 가장 친밀해 진다는 것이 기독교의 십자가와 부활이다. 이 기독교에 십자가와 부활이 없었다면 우리 한국 사람들에게 쉽게 받아 들여졌을 것이다. 그런데 이 십자가와 부활 때문에 우리에게 쉽게 다가오지 못한다. 그렇지만 나중에 우리가 그 본질을 알게 되면 십자가와 부활처럼 매력있는 말이 없다. 정직과 진실의 본질이 십자가와 부활이라는 것을 우리가 깨달으면 이것처럼 또한 매력있는 말은 없게 된다. 나중에는 십자가와 부활이라는 말이 나오지 않으면 재미가 없다. 기독교의 핵심이 십자가와 부활이다. 언제나 나에게 거부반응이 있던 것이 맛이 있게 되면 다른 것은 별로 맛이 없게 된다.

그런데 이렇게 거부반응을 일으키는 음식은 발효된 음식이다. 이 발효라는 것이 무섭다. 예를 들어 포도주를 만드는데 포도를 그냥 일 주일 놓아두면 그대로 썩어버린다. 그러나 포도를 발효시켜서 포도주가 되면 이것이 천년을 간다. 이것이 참으로 묘한 것이다. 그냥 버려두면 한 주일 안에 썩어 버리는데 이것을 발효시키면 천년도 가고 만년도 간다.

　종교의 비밀이란 것도 마찬가지이다. 우리가 포도로 그냥 사느냐 발효되어서 사느냐이다. 포도로 그냥 사는 것은 소아요 발효되어 살면 대아가 되는 것이다. 그러니까 우리가 말하는 믿음이라고 하는 것은 무엇인가 하면 발효를 한 번 경험하는 것이다. 내가 포도인 것이 포도주로 바뀌는 것이다. 아까 이야기한 염상누수가 수승화강으로 바뀌는 것이다. 그 방법은 내가 발효되는데 있다. 『원각경』의 내용도 결국은 같은 말이다.

　3장 3절에 가면 "여러분은 분명히 그리스도께서 우리를 시켜서 써 보내신 소개장입니다."라 되어 있다. 소개장도 괜찮지만 옛날 『성경』에 하나님의 편지라고 했던 것이 나는 제일 좋다. 여기서 말하는 소개장의 뜻은 바울이 진짜라는 것을 누가 추천해 주느냐 하는 것이다. 그것은 고린도 교회에 나오는 여러분들이라는 내용이다. 당신들이 진짜가 되었을 때 바울도 진짜가 된다는 말이다. 왜냐하면 나 바울이 너희를 가르쳤으니까 너희가 정직하고 진실하게 살게 되면 내가 정직하고 진실해서 그렇게 된 것이고, 너희가 결국은 나의 추천장이 되고 소개장이 되는 것이다. 옛날 『성경』에는 이 내용이 하나님의 편지라고 되어 있다. 성서 사전에 바울에 대한 내용이 나오는데, 사람이 바로 하나님의 편지라는 것이 바울의 핵심이라고 기술하고 있다.

　나도 그 말을 듣고 "아! 사람이란 무엇인가?"에 대해 깊이 생각했고 사람이란 하나님의 편지다 라는 말에 동의했다. 「요한복음」1장 14절에 "말씀이 육신이 되어 우리 안에 거하매 우리가 그 영광을 보니 하나님의 독생자의 영광이다."라고 나오는데 이것이 기독교에서는 성육신成肉身이라는 것이다. 말씀이 육신이 된 것이나 사람이 하나님의 편지라는 말이나 다 같은 말이다. 하나님의 편지도 하나님의 말씀이 사람이 된 것이다.

　열매라는 것으로 설명하자면, 열매가 왜 빨간가? 감이 왜 빨간가? 태양이 빨갛니까 그렇다. 왜 감이 둥근가? 태양이 둥그니까 둥글다. 우리가 하나님의 형상대로 지음을 받았으니까, 하나님의 형상대로나, 하나님의 아들이나, 빛이 감이 되었다고 하는 것이나 다 같은 말이다. 감이란 무엇인가 하면 태양 빛을 받아서 감이 된 것이다. 그것을 우리가 먹으면 감은 불이니까, 우리 몸에도 36.5도라는 열이 나오는 것이다. 결국 태양을 잡아먹은 것이다. 태양을 직접은 못 잡아먹고 감 한 알을 즉 태양의 아들을 잡아먹은 것이다. 즉 인생이란 무엇인가 하면 말씀이 육신이 됐다, 빛이 감이 되었다, 혹은 하나님의 편지라는 뜻으로 다 같은 말이 되고 만다. 사람이 나타내는 것이 무엇인가 하면 태양을 나타내고 하나님을 나타낸다. 사람이 나타낼 수 있는 것은 그것밖에 없다. 사람의 사는 목적이 태양을 나타내는 것이다.

　이것이 사람의 사는 목적이다. 성서 사전을 보면 바울의 인생관은 사람을 하나님의 편지로 보았다는 것인데 여기 3절에 나온다. 추천서라는 표현도 문제 될 것은 없으나 이보다는 하나님의 편지라는 표현이 더 좋다.

　크리스마스가 무엇인가? 말씀이 육신이 됐다는 것이 크리스마스다. 태양이 감이 되었다는 말이나 바울의 말대로 사람은 하나님의 편지라고 하나 다 같은 내용이다. 사람처럼 존엄한 것이 세상에 없다. 왜냐하면 하나님의 편지니까. 보통 편지가 아니고 한없이 존엄한 편지이다. 우리가 사람을 대할 때 그 사람 속에서 하나님의 말씀을 읽어 내야 된다. 나의 아내와 평생을 산다고 할 때 내 아내는 나에게 하나님의 말씀을 전하는 사람이 되어야 한다. 또한 나는 내 아내 마음속에 적혀 있는 하나님의 말씀을 읽을 수 있어야 한다. 그렇게 되어야 나의 아내라고 할 수 있다. 그렇지 않고 그저 둘이 같이 살았다 하면 아무런 의미가 없는 것이다. 또 내 아내는 나를 통해서 그 속에 있는 말씀이 무엇인지 알아야 부부가 서로간에 알았다고 할 수 있는 것이다. 그것 없이는 알았다고 할 수 없다.

  옛 사람들의 말에 자기를 알아주는 사람을 위해 목숨을 바친다는 말이 있게 되는 것이다. 바울은 예수께서 자기를 알아준다고 해서 자기의 목숨을 바친 것이다. 자기를 알아준다는 것이 무엇인가 하면 자기 속에 있는 본질을 이해해준다는 말이다. 우리식으로 "천명지위성天命之謂性"이라고 하는데, 하늘이 우리 속에 집어 넣어준 본질을 성性이라고 한다. 원각이라는 것도 사람 속에 집어 넣어준 원圓을 우리가 안다는 뜻이다. 이 원이 어디서 나왔나? 천명天命에서 나온 것을 아는 것이 각覺이다. 이 나라고 하는 것이 무엇인가? 나는 하나님의 형상이다. 그래서 나라고 하는 것이 한없이 소중한 것이다. 그래서 바울은 "인생은 하나님의 편지다."라고 한 것이다. 나는 바울의 이 말이 참으로 좋다고 생각한다. 우리가 누구를 만나든지 간에 그 사람 속에 있는 하나님의 편지를 읽을 수 있어야 한다. 그래야 진정으로 그 사람을 안다고 할 수 있고 그 사람과 사귄다고 할 수 있을 것이다. 그렇지 않으면 남이지 친구가 아닌 것이다.

1999. 11. 28.

## 14. 앎, 일, 얼 — 제행무상

고린도 후서 3:18~4:18

요전에 내가 부활을 설명할 때에 아주 중요하다고 말한 것이 「고린도 후서」 3장 18절이다. 『원각경』에서 말한 삼마디, 삼마파티, 디야나로 변해가는 것을 여기서도 말하고 있다. 대상이 변하는 것이 아니라 자기가 달라지는 것이다. 우리는 현실적인 상태에서 이상을 구한다. 현실과 이상은 정반대이나 우리가 바라는 것은 이상적인 현실이 되는 것이다.

정이천程伊川의 시詩에 이런 것이 있다.

신생천지후 **身生天地後**
심재천지전 **心在天地前**
천지자아출 **天地自我出**
자여하족언 **自余何足言**

"신생천지후身生天地後", 이것은 현실이다. "심재천지전心在天地前", 이것은 이상으로, 이상은 언제나 현실보다 높다. "천지자아출天地自我出", 이것은 이상적인 현실이다. "자여하족언自余何足言", 이 세 가지만 알면 되지 그 밖에 더 알아야 할 것이 무엇이 있겠는가! 이 시에서도 몸(身), 마음(心), 얼(自我)을 말하고 있다. 이 얼이 바로 디야나의 세계이다. 얼(靈)의 근원에 도달하기 위해서는 순서를 밟아가야 한다.

우리가 젊었을 때는 공부하느라고 애를 쓰다가 공부가 끝나면 그 다음에는 또 일하느라고 애를 쓴다. 일이 끝나면 어른(얼) 노릇하느라고 고심을 한다. 젊어서는 아는데 열심인데 이것이 삼마디이다. 그 다음에는 일하느라 열심인데 이것이 삼마파티이다. 일이 끝나면 어른이 애들을 돌보느라 열심인데 이것이 대인大仁, 능인能仁으로 디야나이다. 이처럼 '알', '일', '얼'이 인생의 삼 단계이다. 이 삼 단계는 누구나 겪는 것이다. 이 중에서 제일 어려운 것은 얼의 단계이다. 공부할 때는 집에서 학교에 보내주니까 따라하면 된다. 일도 취직하면 자꾸 일을 시키니까 시키는 대로 하면 되지만 정년퇴임 후에 얼의 단계는 본인 스스로 정해서 해나가야 하니까 제일 어렵다. 하다 못해 길가에 나가서 교통정리를 하는 등 뭔가를 해야 하는데 할 일을 찾지 못하면 파고다 공원에 가서 무료급식을 얻어 먹고 집에 오는 것이 하루일과의 전부가 될 것이다. 이 삼 단계를 다 못 가는 사람들이 참 많다. 심지어 정년퇴직 후에 바로 죽는 사람도 있다.

인생의 삼 단계가 바로 어른 노릇을 하는 것인데 어른 노릇을 어떻게 하는 것인가는 본인 스스로 결정해야 한다. 나 자신이 계속 발전해 나가는 것이 인생의 삼 단계이다. 삼마디란 밖에 있는 것이 아니라 내 속의 그 무엇을 알려고 노력하는 것이고, 내가 일하려고 애쓸 때가 삼마파티이고, 내가 어떻게 해서든지 남을 도와주려고 애쓰는 것이 디야나로서 자기가 변해가는 체험과 경험이다. 지知는 밖에 있는 것을 아는 것이고, 각覺은 내가 스스로 변해가는 것이다.

"통신의단通身疑團", 알고 싶은 마음이 내 속에서 자꾸만 커져서 가만 있을 수가 없다. 알고 싶어서 온 몸이 알덩어리가 되고 만다. 그래서 "탄열철환吞熱鐵丸", 열철환을 먹은 것처럼 그것을 알지 못하면 견딜 수가 없어서 산에도 가보고 선생도 찾아가는 등 야단치는 것은 자기 스스로 알고자 하는 병에 걸린 것이다. 누가 뭐라는 것이 아니라 자기 혼자서 그렇게 야단법석을 떠는 것이다. 그런 것이 바로 젊은이의 특권이다. 그런 것이 없으면 발견이나 발명 같은 것들은 나올 수가 없다. 다 그런 젊은이들의 열정 때문에 희망봉이나 북극에도 가게 되는 것이다. 그리고 일하는 사람들이 있기 때문에 집도 짓고 나라도 세우는 것이다.

우리는 스스로 이렇게 자꾸 변해가는 것이다. 이런 세계는 상당히 알기 어려운 세계이다. 경험을 말하는 것인데 그런 경험을 하게 되면 말을 안 들어도 알 수 있다. 이심전심以心傳心이다. 그런데 경험을 말로 표현하려니까 말이 어려워지고 말을 듣는 사람도 어렵게 된다. 남의 경험을 알기가 그렇게 어려운 것이다. 하지만 왜 그런지는 몰라도 그렇게 해야 나도 그런 경험을 하게 된다.

나도 한동안 유영모 선생님을 계속 쫓아다니면서 들었다. 처음 듣는 사람들은 무슨 말인지도 모르는 채, 유 선생님 혼자서 야단이셨다. 재미도 없고 알 수도 없는 얘기들을 자꾸만 하셨다. 석가도 삼마디, 삼마파티, 디야나 같은 알 수 없는 얘기들을 계속하고 있다. 이천 년 후인 지금도 그것들을 아는 사람들은 거의 없다. 요즘 말해도 또 모른다. 그러나 하여튼 이번에 다시 『원각경』을 읽어보니까 나로서는 훨씬 재미있었다. 이 정도면 아주 잘 정리가 되었다고 생각한다. 중국인들이 『원각경』을 제일 위대한 경經으로 생각하고 공부하는 것은 역시 중국인들의 눈이 높아서 그런 것 같다. 우리는 시간관계상 세밀하게 읽지는 못 했는데, 대충 요령만 읽으니까 어떤 것은 앞뒤가 잘 맞지않는 경우도 있었다.

아뭏든 나는 계속 변해간다는 것으로 이를 "제행무상諸行無常"이라고 한다. 밖에 있는 세상도 변하지만 나 자신이 끊임없이 변해가는 것이다. 이것을 여기서는 "우리가 자꾸 변화하여 영광스러운 상태에서 더욱 영광스러운 상태로"라고 표현하고 있다. 알의 세계에서 일의 세계로, 일의 세계에서 얼의 세계로 쉬임없이 변해가는 것이다.

애벌래에서 고치로, 고치에서 나비로 변해가는 것이다. 이렇게 나 자신이 자꾸 변해가면서 『성경』도 알아지는 것이지 변하지 않으면 『성경』도 새롭게 알아지지 않는다. 예수는 예수 자신이 변해간 체험담을 말하는 것이니까 우리가 변해가지 않으면 그 체험담이 내 것이 될 수가 없다. 들리지도 않고 재미도 없다. 그러나 내가 변해가면 『성경』도 점점 내 것이 되어 간다.

유 선생님에 의하면 숨에는 세 가지가 있다. 목숨의 세계는 기氣가 통하는 세계요, 말숨의 세계는 논리(論)理가 통하는 세계이며, 얼숨의 세계는 신神이 통하는 세계이다. 유 선생님의 세계는 얼숨의 세계이므로 논리가 통하지 않는 직관의 세계이다. 부활이나 십자가 같은 『성경』말씀도 사변할 수 있는 논리의 세계가 아니라 얼숨의 세계이다. 『성경』말씀은 신神이 통하는 세계이므로 말씀 한마디 한마디가 다 살아있지만 논리적으로는 다 끊어져 있다. 『논어論語』도 마찬가지로 아무런 논리가 없다. 『코란Koran』도 논리와는 관계없이 제일 긴 문장은 앞에다 놓고 짧은 문장일수록 뒤에 놓아두었다고 한다. 생명이란 다른 것과 연결이 되지 않아도 그 자체로 완전한 것이다.

「고린도 후서」 4장 6절에 나오는 빛은 아는 문제이고, 「고린도 후서」 4장 7절에 나오는 힘은 행하는 문제를 말하고, 「고린도 후서」 4장 10절에서는 체험, 곧 각覺을 말하고, 여기에 나오는 생명(숨)은 창조적 지성을 뜻한다. 즉, 빛(天, 知)과 힘(地, 行)과 숨(人, 仁)이야말로 바울이 기독교를 이해하는 키워드keyword이다. 이것을 석가는 삼마디, 삼마파티, 디야나라고 한 것이다. 이 셋 중에 가장 중요한 것이 생명(숨)이다.

예를 들면 그림은 사진과 다르지 않은가. 그림은 살아있다면 사진은 죽은 것이라고 할 수 있다. 석굴암 부처도 살아있기 때문에 세계적인 문화재가 된 것이다. 『성경』이나 『원각경』도 살아있는 글이다.

이들은 지식의 축적이 아니라 체험에서 나온 것이기 때문에 살아있는 것이다. 바울이 다메섹 도상에서 빛을 보고 나서 빛에 대한 얘기를 하는 것이 바울 서신이다. 그는 또한 몇 번이나 죽을 뻔하면서 힘에 대한 얘기를 한다. 그 밖에 많은 사람들을 살려내면서 생명에 대한 경험담을 말한다. 경험담이니까 힘이 있고 멋이 있고 또한 살아있다. 살아있는 글은 영원하다.

그리스도는 살아있는 사람으로 본래 죽지않는 사람이며 영원히 죽을 수 없는 사람이다.「요한복음」11장에서 "나는 부활이요 생명이다."하는 것은 나는 죽었다가 부활하는 것이 아니라 본래가 부활이요 생명이라는 말이다. 예수는 산 사람이므로 영원히 죽지않는 사람이다. 생명이란 이렇게 소중한 것이다. 글이나 그림 같은 작품들도 그 속에 생명이 깃들어야 오래도록 남아있게 된다.

우리가 예수를 믿는다는 것도 우리 속에 생명이 들어오도록 하는 것이다. 하나님께서 그리스도를 부활시킨 그 생명이 우리 속에 들어오면 우리도 또 부활해서 영원히 사는 것이다.

우리가 노력할 것은 어떻게 하면 글이 살아있나 그 이유를 따져보는 것이다. 그래야 삼마디, 삼마파티, 디야나가 나온다. 사람은 어떻게 하면 살아있는 사람이 되는가? 이것을 우리는 밤낮 생각해야 한다. 돈버는 것, 결혼하는 것보다 더 중요한 것은 "어떻게 하면 내가 살아있는 참 사람이 될 수 있는가?"하는 것이다. 생명처럼 중요한 낱말은 없다. 산 글, 산 말, 산 사람이 되어야 한다.

"겉 사람은 후패하나 우리의 속은 날로 새롭도다."(고후 4:16)와 "우리의 돌보는 것은 보이는 것이 아니요 보이지 않는 것이니, 보이는 것은 잠깐이요 보이지 않는 것은 영원함이니라."(고후 4:16)에서 말하는 생명이란, 보이지 않으므로 늘 숨어있다는 의미에서 '숨'이라고 할 수 있다. 그리고 숨어계신 하나님이시다. 생명은 드러나면 죽는다. 숨어있는 생명은 영원하므로 영생이라고 한다. 그래서 우리는 그 생명을 믿는 것이다. 우리가 배운「히브리서」에서처럼 십자가나 부활 같은 교리에 걸려들면 안 된다. 교리보다 더 깊은 진리, 도, 생명을 붙잡아야 한다.

〈참고사항〉

적멸寂滅＝열반涅槃＝니르바나Nirvana
원각圓覺＝선나禪那＝디야나Dhyana
각覺＝체험體驗＝경험經驗

| 圓覺 | 연꽃 | 학문 | 대학 | 불교 | | 김흥호 | 수행 |
|---|---|---|---|---|---|---|---|
| 眞淨 | 眞實 | 과학 | 학부 | 聲聞 | 信 | 一坐天地通 | 공부하기 |
| 明妙 | 善葉 | 철학 | 석사 | 緣覺 | 解 | 一言生死通 | 일하기 |
| 虛徹 | 美花 | 예술 | 박사 | 菩薩 | 行 | 一食晝夜通 | 食끊기 |
| 靈通 | 聖幹 | 종교 | 교수 | 佛陀 | 証 | 一仁有無通 | 色끊기 |

| 삼마디 | 삼마파티 | 디야나 |
|---|---|---|
| 靜 | 幻 | 寂 |
| 空 | 假 | 中 |
| 正 | 反 | 合 |
| 天 | 地 | 人 |
| 知 | 行 | 仁 |
| 火 | 水 | 木 |
| 계소리 | 가온소리 | 제소리 |
| 빛 | 힘 | 숨 |
| 眞 | 善 | 美 |

|  | 알 | 일 | 얼 |
|---|---|---|---|
|  | ㄴ | ㄷ | ㅌ |
|  | ㅁ | ㅂ | ㅍ |
|  | ㅅ | ㅈ | ㅊ |
| 여자 | 처녀 | 아내 | 엄마 |
| 유영모 | 얼숨, (우숨) | 목숨 | 말숨 |
|  | 이상 | 현실 | 이상적 현실 |
| 기독 | 진리 | 길 | 생명 |
|  | 철학 | 도덕 | 종교 |
| 단군 | 桓儉 | 桓雄 | 桓因 |
| 공자 | 35세 | 68세 | 72세 |
| 예수 | 12세 | 30세 | 33세 |
|  | 육체 | 정신 | 심령 |

1999. 12. 5.

# 15. 새 시대를 여는 새 인간

### 고린도 후서 5장~7장

　오늘은「고린도 후서」5장, 6장, 7장을 읽겠다.
　5장 1절에 보면 "우리가 들어있는 지상의 장막집이 무너지면 우리는 하늘에 있는 영원한 집에 들게 된다는 것을 알고 있습니다."가 나온다.
　"지상의 장막"은 인간의 육체를 말하고, "무너지면"하는 것은 인간의 죽음을 뜻한다. 우리가 이 세상에 살다가 육신을 벗어버리면 하늘나라에 가서 하나님이 지어주신 새 옷을 갈아입고 살게 된다. 이러한 생각은 불교의 영혼 불멸과는 좀 다르다. 우리가 사는 이 세상이 겨울이고 하늘나라가 봄이면 이 세상에서 입던 두꺼운 옷을 벗어버리고 하늘나라에 가서는 얇고 가벼운 옷으로 갈아입는 것으로 그것을 여기서는 영체靈體라고 했다. 여기서는 육체라는 옷이고 거기에 가서는 영체라는 옷으로 영과 육의 대립이 아니다.
　조금 전에 종밀宗密이 말하는 영도 육과 대립하는 영이 절대 아니다. 아까 말한 심心도 몸과 대립하는 심이 아니다. 말하자면 여기서 말하는 심은 본체적인 심이다. 우리의 본체라는 것은 하나님이니까 이 세상에 살 때도 하나님이 지어주신 육체라는 옷을 입고 살고, 또 저 세상에 가면 영이라는 새로이 하나님이 지어주신 옷으로 갈아입고 살게 된다는 뜻이다. 그러므로 영은 하나의 옷이지 영이 본체가 아니라는 것이다. 이 점이 희랍사상과 기독교 사상이 다른 점이다.
　희랍 사람들은 이 세상은 감옥이고 저 세상은 열반涅槃이란 생각을 한다. 그러나 기독교 사상은 이 세상에서도 하나님의 일을 하는 것이고 저 세상에서도 하나님의 일을 한다는 것으로 하나님을 섬기는 것은 다 꼭 같지 다르지 않다. 생生과 사死가 일여一如다. 언제나 이 그리스도라는 것이 본체이고 옷은 하나의 용用으로 본다. 그래서 살아도 그리스도를 위하여 살고 죽어도 그리스도를 위하여 죽게 된다. 그래서 저 세상에 가면 더 좋은 집을, 더 좋은 옷을 허락해 주실 것이다. 그것이 「고린도 후서」의 영체라는 개념이다.

5장 4절에, "다만 하늘의 집을 덧입음으로써 죽음이 생명에게 삼켜져 없어지게 되기를 갈망하고 있습니다." 이 말은 「고린도 전서」 15장에서 부활을 말할 때 마지막에 또 나온 것인데, "죽음이 생명에게 삼켜진다."라는 사상이 유태인들의 특징이다. 처음에는 이리(狼)한테 사람이 잡혀 먹혔는데 나중에는 사람이 이리를 잡아먹게 되었다. 그리고 개로 만들어서 집에서 키우게 되었다. 그래서 이리가 사람에게 잡아먹히게 되고 사람의 종노릇을 하게 된 것이다. 그와 같이 언제나 생이 사를 극복하게 된다는 것이 유태인들의 강한 사상 중의 하나이다.

5장 7절에, "사실 우리는 보이는 것으로 살아가지를 않고 믿음으로 살아갑니다." 보이는 세계는 현상세계인데 현상세계에서 사는데 급급하지 않고 실제세계, 믿음의 세계에 우리는 눈을 돌리고 산다. 보통 사람들은 실제세계라는 것을 모르고 촛불빛에 매달려 사는데 우리는 그것이 아니고 별빛도 있는 줄을 알고 살아야 하고 더 크게 살아야 한다.

5장 9절에, "그러나 우리가 육체에 머물러 있든지 떠나서 주님 곁에 가 있든지 오직 그분을 기쁘게 해드리는 일만이 우리의 소원입니다." 희랍사상은 이 세상은 감옥이니까 이곳을 빨리 벗어나 해탈해서 저 세상의 극락으로 빨리 간다는 것이다. 그런데 기독교는 그런 것이 아니고 저쪽에도 하늘나라고 이쪽에도 하늘나라고 어디든지 하나님을 모시는 곳은 다 하늘나라다 라고 생각한다. 여기서도 하나님 나라를 이룩하는 것이고 저쪽에서도 하나님의 나라를 이룩하는 것이 기독교 사상이다. 삼천 대천 세계가 전부 하늘나라다.

그러니까 여기서 사는 동안에도 그리스도를 위해 열심히 사는 것이고 또 저쪽에 가면 저쪽에 가서도 열심히 사는 것이다. 우리는 일하는 것만이 우리의 책임이지 다른 것은 아무것도 없다. 파스칼이 "죽으면 안식에 들어갑니까?"라는 제자의 물음에, "죽으면 이 세상에서보다 더 강하게 활동하게 된다."라고 대답했다고 한다. 왜냐하면 그 세상은 우리가 사는 이 세상보다 더욱 자유로워질 것이기 때문이다.

유영모 선생님은 이 세상은 반만의 자유가 있다, 왜냐 하면 밤과 낮이 있기에 반만의 자유고 저 세상은 밤이 없고 낮만 있기 때문에 완전한 자유가 있다고 말씀하셨다. 이 세상은 100년을 산다고 해도 50년은 잠을 자야만 한다. 100년을 살아도 50년밖에 일을 할 수 없다. 그러나 저 세상은 더 자유스러우니까 더 많은 일을 할 수 있다는 말이다. 일에 지친 사람들은 듣기 싫겠지만 사실 일과 노동은 다르다.

일은 콜링calling으로서 하나님의 뜻을 이루는 것이고 노동은 우리가 빵을 구하기 위해서 어쩔 수 없이 노예 생활을 하는 것이 노동이다. 반면에 일은 자유인이 가지고 있는 성품을 완성해 가는 것으로 그러한 일을 통해 한없는 기쁨을 느끼게 되는 것이다. 그래서 노동이라는 것은 슬픔의 상징이고 일이라는 것은 기쁨의 상징이다. 이것을 처음 말한 사람이 헤겔Hegel이다. 이 헤겔의 뜻을 받아서 모든 노동자들을 일꾼으로 한 번 만들어 보자고 생각한 것이 카알 막스 Karl Marx였는데, 레닌Lenin이 그만 혁명을 하면서 프로독재를 만들었기 때문에 또 다시 모든 사람이 노동자가 되고 말았다. 막스의 본뜻은 그것이 아닌데 변질된 것이다.

　세상에 제일 행복한 것이 무엇인가 하면 역시 일 속에 행복이 있는 것이다. 만일 사람에게서 일을 없애면 행복이라는 것은 없다. 유희삼매遊戲三昧이다. 일 속에 몰두(三昧)할 때 그 속에서 나오는 기쁨, 그것을 유희라고 한다. 일하는 것이 아니고 노는 것이다. 옛날 우리 어머니들은 일을 그만 하고 쉬시라고 하면 "일을 안 하면 갑갑해서 어떻게 사는가?"라고 말했다. 일 속에 한없는 재미가 있다. 일 안 하고 노는 것처럼 따분한 것은 없다. 일생을 논다고 하면 참으로 야단이다. 일은 하지 말고 놀고 먹기만 해라, 또 술만 실컷 먹어라, 돈만 실컷 써라 한다면 그런 고통은 더 이상 없을 것이다. 이 세상에서 노는 것보다 더한 고통은 없을 것이다. 반면에 일하는 속에 진정한 행복이 있는 것이다.

　뜻이 하늘에서 이룬 것같이 땅 위에 하늘나라를 세우기 위해 땀 흘려 열심히 일을 할 때 진정한 행복이 있게 된다. 또 이 세상을 떠나 저 세상에 가도 거기서도 하나님의 일을 할 때 거기에 기쁨이 있게 된다. 저 세상에 가서도 아무 하는 일 없이 가만히 앉아서 행복을 추구할 수 있는 것이 아니다.

　유영모 선생님은 언제나 나는 이 땅에 생각하러 왔으니까 나는 벌한테 일 해달라고 해서 꿀을 따오면 그것을 먹고 나는 그 동안에 생각한다 라고 말했다. 그래서 유영모 선생님은 일생을 생각하고 사셨다. 그리고 이다음 내가 하늘나라에 가면 그때 나는 열심히 일을 하겠다고 자주 말씀하셨다.

　'일'이라는 글자는 'ㅇ', 'ㅣ', 'ㄹ'로 되어 있는데 'ㅇ'은 진실, 'ㅣ'은 정직, 'ㄹ'은 생명이다. 다시 말해서 하늘(ㅇ), 땅(ㅣ), 사람(ㄹ)을 말한다고 할 수 있다. 우리가 이 세상에서도 그리스도를 위해 열심히 일하고 저 세상에 가서도 그리스도를 위해 열심히 일할 때 기쁨이 충만하게 된다. 이것이 「고린도 후서」 5장 9절의 내용이다.

또 "우리가 잘 아는 대로 그리스도 한 분이 모든 사람을 대신해서 죽으셨으니 결국 모든 사람이 죽은 것입니다."(고후 5:14) 이것은 아까 말한 여래장如來藏이란 사상과 같은 말이다. 그리고 기독교에서는 대속代贖이라는 사상이다. 걸레가 깨끗해지고 물이 오염되었다는 말이다. 그리스도가 죽을 때 우리도 모두 같이 죽었다. 언제나 일즉일체一卽一切 사상이다. 즉, 해가 동그라니까 감도 동그랗고 해가 빨갛니까 감도 빨갛다. 그리스도가 죽었으니 우리도 다 죽었다. 또 그리스도가 살아나니 우리도 다 살아났다. 이런 관계다.

"누구든지 그리스도를 믿으면 새 사람이 됩니다. 낡은 것은 사라지고 새 것이 나타났습니다."(고후 5:17) 새 것, 새 사람, 새 생명이라는 것이 중요하다. 창조적 지성이 새 것이라는 것으로 사람에게 가장 중요한 것이 창조적 지성이다. 하나님의 특징이 창조주이니까 우리도 새로운 문화를 창조해 나가야 하고, 또한 인간의 가치는 창조에 있다고 할 수 있다. 우리가 하나님의 형상을 닮았다는 것은 우리도 창조주라는 말이다. 하나님은 우주 만물을 창조해 가는 것이고 우리는 문화를 창조해 가는 것이다.

21세기는 새 천년이요 새 시대라고 떠드는데, 그것은 새 시대도 아니고 새 천년도 아니다. 우리가 시간을 따질 때, 예수 탄생을 기준으로 그 전을 B.C.라 하고 그 후를 A.D.라 하고 예수 탄생 이후를 새 시대로 보는데, 왜 새 시대가 열리게 되는가 하면 새 인간이 나타났기 때문이다. 그것이 그리스도이다. 그리스도가 새로운 인간형이다. 그 전까지는 로마의 시저Caesar 같은 사람이 최고의 인간형이었다. 힘으로 정복하고 힘으로 세계를 다스리는 것이 B.C.시대의 인간형이었다. 그런데 예수가 나와서 세계를 힘으로 정복하거나 다스리는 것이 아니라 세상을 위해 자신이 죽게 되는 것이다. B.C.시대의 인간형으로는 생각지 못했던 것이다. 그 당시 로마 사람들이 다른 나라를 정복하고 희랍 사람들을 잡아서 노예로 삼고 정벌해서 파괴하는 것을 당연하게 생각하던 시대에, 예수라는 사람이 나와서 전혀 반대되는 일을 행하였다. 다른 사람의 발을 씻어 주고, 불쌍한 사람을 도와주고, 병든 사람을 살려주며 또 고쳐주는 새로운 사상으로 로마를 이기게 되는 것이다. 간디의 무저항의 저항같이 져주는데, 그보다 강한 것은 없다.

예수의 정신도 로마의 힘에 무저항의 저항을 한 것이다. 간디는 예수를 한마디로 무저항의 저항이라고 말했다. 다 지는데 오직 예수만이 이긴다. 시저가 어디 있는가? 결국 예수가 이기고 말지 않았는가? 나폴레옹도 처음에는 예수를 무시했는데 나중에 알고 보니 예수처럼 위대한 이는 없다고 고백하고 세인트 헬레나에서 죽고 만다.

지는 것이 아니라 져주는데 나중에는 결국 이기고 만다. 십자가인데 결국 부활이 되고 마는 것이다. 그런 새로운 사상을 가진 사람이 하나 나타나니까 그 후에 기독교 시대가 전개되는 것으로, 결국 새 인간이 새 시대를 열어가는 것이다. 밀레니엄millenium이 어디 있는가? 「묵시록」에 예수께서 재림해야 새 천년이 시작된다고 하는데, 새 사람이 없이 어떻게 밀레니엄이 있을 수 있겠는가. 재림하면 밀레니엄이다. 예수가 재림하면 천년왕국이 나타난다는 것이다.

언제나 새 인간이 나타나야 새 시대가 열리는 것이다. 인간이 시간을 낳는 것이지 시간이 인간을 낳는 것이 아니다. 크리스마스란 새 인간이 나왔다는 것이다. 그래서 새 시대가 나올 것이라고 크리스마스 축제를 하는 것이다. 하이데거Martin Heidegger의 말로 말하면 "봄이 와서 꽃이 피는 것이 아니고 꽃이 피어서 봄이 온다." 봄이 와서 꽃이 피는 것, 그것은 자연이고 반대로 꽃이 피어서 봄이 온다는 것, 그것이 인간이다. 자연적 시간의 흐름 속에서는 봄이 와야 꽃이 피지만 인간적인 시간으로 보면 새로운 인간이 나타날 때 비로소 봄이라는 새 시대가 열리게 된다. 몇 백 몇 천년의 시간이 지나간들 새 사람이 나타나지 않으면 달라질 것이 아무것도 없다.

가정에 새 사람이 나오면 가정이 새로워지고, 나라에 새 사람이 나오면 그 나라가 새로워지고, 그 시대에 새 사람이 나오면 세계가 새로워진다. 미국이 오늘의 미국이 될 수 있게 된 것도 링컨이라는 새 인물이 나와서 오늘의 미국이 있게 된 것이다. 만일 링컨이 나오지 않았으면 지금도 흑인과 백인의 싸움은 그칠 수 없고 지금의 미국이 있을 수도 없다. 그래서 언제나 새 인간이 나올 때 새 시대가 나온다. 내가 새로워 질 때 이 시대가 새로워진다.

그래서 「고린도 후서」 5장 17절이 참으로 중요한 말씀이다. "누구든지 그리스도 안에 있으면 새로운 피조물이다." 왜냐하면 그리스도가 새로운 인간이니까 그리스도와 같이 호흡을 하면 누구든지 새로운 인간이 된다는 말이다. 새로운 인간이 있는 곳마다 새 시대가 열리게 된다. 마치 자석에 쇠못을 갖다 대면 쇠못이 또 자석이 되는 것과 마찬가지 이치이다.

광주에 있는 동광원東光園에 가면 이세종李世鍾이라는 사람이 있는데 그 사람의 호가 공空이다. 광주에 이공李空이라는 새 사람이 나타나서 동광원이 생겼는데 이공이 없었더라면 동광원이라는 것이 생겨날 수가 없는 것이다. 이공의 뒤를 이어 이현필李鉉弼이라는 사람이 맡아서 운영하고 있는데 동광원이라는 새 세계를 넓혀 가고 있다.

세상에서 제일 중요한 것이 사람이다. 사람이 있으면 되고 사람이 없으면 아무것도 안 된다. 교육의 목적이 사람을 길러내자는 것이 교육인데 시험치는 교육으로 변질되고 말았다. 얼마 전 고등학생들이 할 일 없이 떼를 지어 놀며 돌아다니는데 그 이유는 대학입학 수

능시험이 끝나서 그렇다는 것이다. 인생의 목적이 그만 시험보는데 있고 고등고시 통과하는데 있게 되었다. 이렇게 되다보니 마음은 항상 닫혀있게 마련이고 마음을 한 번 열어보지 못한다. 교육의 목적을 새 사람을 만드는데 두어야지 그렇지 못한 현실이 안타깝다.

유영모 선생은 새 사람의 '새'가 어디에서 나오는가 하면 '참' 속에서 나온다고 했다. 이 말은 "진리가 너를 자유롭게 한다."는 말과 같은 말이다. 참 사람이 새 사람이지 참 사람이 아닌 새 사람이 어디에 있겠는가? 이것이 유영모 선생님의 참 사람 주장이다.

「고린도 후서」 6장 2절, "지금이 바로 그 자비의 때이며 오늘이 바로 구원의 날입니다." 언제나 '지금'이라는 시간 개념이 상당히 중요한 말인데 '오늘'은 금일今日이라는 말도 되지만 유영모 선생님은 '오 늘'이라고 쓴다. 이 뜻을 '오!'하는 감탄사로 표현하고 '늘'은 언제나, 영원이라고 하였는데 '오늘' 속에 영원이 들어가 있다는 말이다. 아까 말한 원각이라는 뜻도 같은 것으로 오늘 속에 영원을 집어넣은 것이다. 근본 경험이라는 것도 원각과 같다. 우리가 하나님을 붙잡는다는 것도 같은 의미인 것이다. 오늘 속에 영원을, 찰라 속에 영원을 집어넣는 것이다. 그래서 언제나 어제도 문제가 되는 것이 아니고 내일도 문제가 아니고 오직 그 핵심은 '오늘'인 것이다.

「고린도 후서」 6장 9절에 "우리는 속이는 자 같으나 진실하고, 이름 없는 자 같으나 유명하고, 죽은 것 같으나 이렇게 살아 있습니다. 또 아무리 심한 벌을 받아도 죽지 않으며, 슬픔을 당해도 늘 기뻐하고 가난하지만 많은 사람을 부요하게 만들고 아무것도 가진 것이 없지만 사실은 모든 것을 가지고 있습니다." 이 말은 근본을 붙잡았다는 말이다. 껍데기로 보면 아무것도 아닌데 속으로 보면 가장 빛이 난다. 이것도 유명한 말이다.

「고린도 후서」 6장 16절에 "우리는 살아 계신 하나님의 성전입니다." 이 구절은 「고린도 전서」 6장에도 나오는데 우리는 언제나 하나님을 모시고 사는 사람이다 라는 말이다. 16절에 인용된 것을 보면, "나는 그들 가운데서 살며 그들 사이를 거닐 것이다. 나는 그들의 하느님이 되고 그들은 내 백성이 되리라." 이 구절은 또한 「예레미야」 31장 31절에 나오는 말이다. 이것이 새로운 계명이라는 것인데, 언제나 하나님과 같이 있는 사람이 새 사람이고, 참과 진眞이라는 것도 바로 하나님과 같이 하는 삶이 참이라는 것이다.

7장 1절에 "우리는 이런 약속을 받았으니 우리의 몸과 심령을 조금도 더럽히지 말고 깨끗하게 지켜서 하나님을 두려워하는 생활을 하며 완전히 거룩한 사람이 됩시다." 여기서 거룩한 사람이란 깨끗한 사람이 되자는 것이다.

「고린도 후서」의 나머지가 몇 장 남았는데 그 내용은 대개가 사무적인 말이다. 예루살렘에서 돈을 걷어서 보내자는 등의 내용들이어서 다음 시간에 강의가 끝이 날 것이다. 그래서 「고린도 후서」의 핵심은 무엇인가? 12장인데 그 내용은 『원각경』에서 말한 원각圓覺이라는 것이다. 그것이 12장의 핵심이다. 이것이 또한 바울 신앙의 전부라 할 수 있다. 그러니까 근본을 붙잡았다는 것이다. 혹은 뿌리를 붙잡았다는 것이 「고린도 후서」 12장에 나오는 말인데 다음 강의에 종합해서 끝내기로 한다. 1999. 12. 12.

## 16. 빛, 힘, 열

### 고린도 후서 7:1~13:13

오늘은 마지막으로「고린도 후서」를 끝내는 시간이다.「고린도 후서」10장~12장을 눈물의 편지라고 하는 사람들도 있다. 고린도 교회는 바울이 세웠다. 그는 거기서 일년 반 동안 그곳 사람들과 함께 진리가 무엇인지에 대하여 공부하면서「로마서」를 쓰기도 하였다. 바울은 고린도 교회 사람들을 자기의 아들이라고 할 만큼 가깝게 여겼는데, 어찌된 일인지 바울이 고린도를 떠나자 그곳 사람들 중 일부는 베드로나 야고보 쪽으로 쏠리기도 했다. 결국 고린도 사람들은 네 파로 나뉘어 싸움이 벌어졌다. 그래서 바울은 그들에게 눈물의 편지를 쓰게 되었고, 그 결과로 그들은 다시 바울에게로 돌아오게 되었다. 이것이 7장의 내용이다.

8장부터 9장까지는 예루살렘에 있는 마가의 다락방에서부터 성령이 강림하여 교회가 시작된 얘기이다. 또한 그곳에는 가난한 사람들이 많았나보다. 그래서 그곳 교회를 도와주자는 내용도 있다. 그 당시 고린도는 요즘의 뉴욕 같은 도시로서 로마의 직할시이자 번성한 상업도시이므로 여유가 있으니 경제적으로 도움을 주자는 얘기이다.

「고린도 후서」10장~12장은 바울이 겪었던 말할 수 없는 고통과 시련에 대한 얘기이다. 그 내용으로 볼 때 바울이 언변은 그리 좋은 편이 못되었지만, 지식이나 문장력은 뛰어났었나보다.「고린도 후서」12장 2절에는 삼층천에 대한 얘기가 나온다. 삼층천이란 의식, 무의식, 초의식의 세계로까지의 과정을 말한다.「고린도 후서」13장에서는 마지막 인사를 하고 있다. 바울은 고린도에 처음으로 다녀온 후,

두 번째에는 거기서 일년 반을 묵었고, 이제 세 번째로 고린도에 가려는 중이었다.

결론은「고린도 후서」13장 8절, 9절로 "우리는 진리를 거스려 아무것도 할 수 없고 오직 진리를 위할 뿐이니, 우리가 약할 때에 너희의 강한 것을 기뻐하고, 또 이것을 위하여 구하니, 곧 너희의 온전하게 되는 것이라."이다.

「요한복음」17장 3절에서처럼 하나님을 알고 그리스도를 아는 것이 영원한 생명이요, 이것이 인간의 본질이다. 칸트Immanuel Kant가 말한 신과 자유와 영생 또한 온 인류가 바라는 형이상학적인 이념(Idee)이다. 도덕의 존재근거는 자유이고, 자유의 인식근거는 도덕이다. 결국 도덕과 자유는 같은 것이다. 진리나 신도 마찬가지로 같은 것이다. 태양은 빛과 힘과 열이며, 그리스도는 진리와 길과 생명이다. 그리스도를 믿는다는 것은 내 속에서 빛을 보는 것이요, 내 속에서 힘을 얻는 것이요, 내 속에서 열을 내는 것이다. 그러므로 우리는『원각경』을 가지고「고린도 전·후서」를 해석할 수도 있다.

유영모 선생님은 구약만이 신약의 준비 수단이 아니라 동양의 모든 경전들도 신약의 준비 수단이 될 수 있다고 하였다.『노자老子』나『논어論語』를 읽으면『성경』을 이해하기가 그만큼 쉬워진다. 이번에 우리도『원각경』을 읽으면서「고린도서」를 공부해 보니까「고린도서」공부하기가 훨씬 쉬워짐을 알았다. 이상으로「고린도 후서」가 끝나는데 그 내용은 진리와 힘과 인격의 완성을 말하고 있다.

※ 참고사항

| 삼마디 | 天 | 知 | 眞 | 光 | 거울 | 시간 | 진리 | 신 | 빛 | 우숨 | 정신 |
|---|---|---|---|---|---|---|---|---|---|---|---|
| 삼마파티 | 地 | 行 | 善 | 力 | 묘목 | 공간 | 길 | 자유 | 힘 | 목숨 | 육체 |
| 디야나 | 人 | 仁 | 美 | 熱 | 등불 | 인간 | 생명 | 영생 | 숨 | 말숨 | 심령 |

1999. 12. 19.

# 찾아보기

## 책이름

「갈라디아서」 …… 112, 151
「계사전繫辭傳」 ………… 79
「고린도 전서」 ………… 272
「누가복음」 ……… 25, 206
「로마서」 ……………… 45
「묵시록」 ……………… 29
「사도행전」 ……… 23, 297
「야고보서」 ……… 120, 190
「양생주養生主」 ………… 190
「요한복음」 …… 39, 46, 47, 82, 183, 259
「지용보살地湧菩薩」 …… 195
「화엄일승법계도華嚴一乘法界圖」 ……………… 12
『금강경金剛經』 …… 89, 96, 110, 163
『금강삼매경론金剛三昧經論』 ………………… 11
『노자老子』 ………… 27, 211
『논어論語』 …… 25, 183, 376

『대승기신론大乘起信論』 ……………… 93, 300
『대승기신론소大乘起信論疏』 ……………… 11
『대장경大藏經』 ………… 11
『대학大學』 ………… 3, 401
『마하반야바라밀다심경摩訶般若波羅密多心經』 ………… 61
『맹자孟子』 …………… 96
『무문관無門關』 ………… 248
『반야심경般若心經』 …… 44, 61, 75
『법화경法華經』 …… 13, 95, 131, 195
『벽암록碧巖錄』 …… 15, 194, 281, 287, 321
『성경』 ………… 12, 23
『신곡』 ……………… 33
『아함경阿含經』 ……… 183
『악령』 ……………… 207
『열반경涅槃經』 ………… 16
『원각경』 ………… 11, 82, 95, 104, 249
『육조단경六祖壇經』 …… 13
『의상철학(Sartor Resartus)』 ……………… 368
『장자莊子』 …… 150, 159, 190

찾아보기 **391**

『전습록傳習錄』 …… 18, 302
『주역周易』 …… 16, 34, 35, 44, 60, 61, 78, 82, 94, 99, 109, 185, 205, 228, 235, 239, 310
『중용中庸』 …… 31, 36, 175
『춘추春秋』 …………… 300
『푸른 바위에 새긴 글(벽암록 풀이)』(김흥호) ……… 187
『화엄경』 …… 11, 188, 259

(0)

0, 1, 2 ……………… 61

(3)

3차원 …………… 109, 112

(4)

4차원 …………… 88, 105, 112, 165, 166

(6)

64괘 ……………… 185

(8)

8식 ……………… 213

(A)

Arhan ……………… 256

(D)

Deyana …………… 175
Dios pyros ………… 272

(H)

Here and now ……… 108

(P)

Prasannartha「了義」…… 261

(S)

Sama ……………… 28
Summa bonum ……… 28

(Z)

Zero ················ 272

**(ㄱ)**

가람伽藍 ············· 240
가마리엘 ············· 337
가섭迦葉 ············· 24
각覺 ·········· 27, 28, 32,
　35, 45, 60, 62, 80, 88, 111,
　126, 157, 159, 165, 239, 288,
　374, 376
각覺, 행行, 심心 ········ 165
각성覺性 ············ 90, 97
각심覺心 ·········· 72, 80, 97
각심覺心, 각성覺性, 묘각妙覺
　················ 92
각심부동覺心不動 ········ 72
각체험 ········ 160, 167, 349
간시궐乾屎橛 ·········· 262
감 ················ 272
감천感天 ············ 166
개안開眼 ············· 82
거울 ······· 95, 97, 126, 182
건강健剛 ············· 60
건강健康 ············ 228
견산시산見山是山 견수시수見水
是水 ············· 167

견성見性 ······· 33, 132, 143
견성성불見性成佛 ···· 74, 165,
　　　　　　　　　　281
결혼문제 ············ 304
경험 ··············· 112
계빈국罽賓國 ··········· 13
계시 ··············· 335
계시啓示 ············ 112
계율戒律 ············· 14
계정혜戒定慧 ·········· 195
고려자기 ············· 166
고운원수古雲元粹 ····· 86, 95
공空 ············· 80, 91,
　　　　　　　128, 220, 272
공가중空假中 ·········· 161
공간 ··············· 111
공산주의 ·········· 55, 220
공성불괴空性不壞 ········ 72
공자孔子 ········ 183, 219
공즉시색空卽是色 ······· 272
공즉시색空卽是色 색즉시공色卽
是空 ·········· 128, 220
과거심, 현재심, 미래심 ···· 89
과식過食 과색過色 ······· 121
과학적 시간 ··········· 90
관세음觀世音 ·········· 173
광명光明 ············ 264

찾아보기　393

광승廣僧 ················ 15
교종敎宗 ············ 95, 142
구경열반究竟涅槃 ······· 170
구름과 달 ············· 104
구애참회求哀懺悔 ······· 196
구원 ············· 111, 119,
　　　　　　　164, 183, 200
구지지수일지俱胝只竪一指
　············· 281
궁신지화窮神知化 ········· 99
귀식모貴食母 ············ 307
규봉종밀圭峰宗密 ····· 86, 95
그리스도 ················ 272
극기복례克己復禮 ········ 151
근본각根本覺 ············ 160
근본경험 ······· 32, 112, 160
근본문제 ··········· 220, 235
근본체험 ··········· 160, 273
근원어 ·············· 61, 244
근원적 경험 ············· 90
근원적 시간 ············· 90
금강석 ········· 96, 110, 163
금강저법金剛杵法 ········ 277
금강진여金剛眞如 ········· 69
금광金鑛 ··············· 105
금식 ··················· 76
금욕주의 ··········· 120, 200

금체金體 ··············· 105
기氣 ·················· 126
기도 ············· 34, 46, 78
기독교 ······· 62, 71, 103, 164
기복신앙 ················ 319
기성불旣成佛 ····· 42, 56, 130
기신起信 ················ 15
기재旣在 ················ 114
기체氣體 ··············· 232
기해氣海 ··············· 232
기환소진관起幻銷塵觀 ···· 161
기환제환起幻除幻 ········ 161
김교신金敎臣 ········ 12, 296
김시습金時習 ········ 16, 196
김정희金正喜 ············ 302
김홍호金興浩 ············· 18

(ㄴ)

나 ············· 35, 77, 80,
　　109, 111, 203, 205, 244, 265
나가르쥬나Nagarjuna(龍樹)
　·················· 25
나라奈良 ················ 12
나무 ··········· 41, 54, 103,
　　110, 129, 140, 182, 192, 205
나무아미타불南無阿彌陀佛

............ 41, 258
나스터시즘Gnosticism .... 329
남악 ................ 309
내촌감삼內村鑑三 ........ 12, 35, 296
노예 ................ 307
노자老子 ...... 15, 127, 263
노하우know—how .... 61, 133
능동적 이성 .......... 133
능인能仁 ........ 53, 374
능지能持 ............. 61
능차能遮 ............. 61
니르바나nirvana .... 71, 125, 182, 367
니이체 ...... 39, 113, 311

〔ㄷ〕

다라니陀羅尼 ........ 61, 62, 94, 259
단丹 ................ 126
단견斷見 ...... 120, 202, 223
단번뇌斷煩惱 ........ 78, 182
단번뇌斷煩惱 단무명斷無明
................ 264
단상斷常 ...... 106, 326
단종 ................ 239

달마達磨 ........ 13, 88, 132
대당계빈삼장불타다라역大唐罽賓三藏佛陀多羅譯 ........ 13
대방광大方廣 ...... 14, 15, 259
대방광다라니여래장大方廣陀羅尼如來藏 ............. 259
대방광원각수다라요의경大方廣圓覺修多羅了義經 ...... 11
대불大佛 ............. 15
대사일번大死一番 절후재소絶後再蘇 ........ 35, 79, 111
대속代贖 ........ 262, 384
대승大乘 ........ 14, 249
대승기신大乘起信 .... 45, 46
대아大我 ...... 205, 211, 366
대원각大圓覺 .......... 128
대인大仁 ............. 374
대학大學 ............. 27
덕산德山 ... 89, 150, 162, 342
도道 ........ 82, 122, 162
도덕道德 ........ 27, 182
도력道力 ............. 82
도산島山 안창호安昌浩 ... 233
도스토에프스키 ........ 207
도심견고道心堅固 ...... 343
도안道眼 ........ 123, 133
도원道圓 ............. 13

독생자의 빛 ............ 110
돈오頓悟 ............... 270
돈점수頓漸修 ........... 176
동광원東光園 ........... 386
동대사東大寺 ........... 13
동안거冬安居 ........... 245
동학운동 ............... 195
두순杜順 ............... 12
득원증성원각得圓証成圓覺
...................... 169
득의망어得意忘語 ....... 150
등燈 ................... 95
등等 .............. 71, 162
등지等持 ............... 162
디Dh .................. 163
디모데 ................. 296
디야나Dhyana ...... 44, 162, 167, 175, 181, 191
뗏목 ......... 29, 43, 45, 162

(ㄹ)

람마rama .............. 240
레테lethe .............. 33

(ㅁ)

마니주摩尼珠 ........... 95
마라나타maranatha · 353, 355
마사오 아베Masao Abe .... 18
마이트리아Maitria ...... 119
마조 .............. 309, 320
마틴 부버Martin Buber .... 55
마하바라타 ............. 73
마하야나Mahayana ...... 29
막莫 ................... 186
만나 ................... 317
만유자성萬有自性 ....... 263
말씀 ............. 91, 249
멸병滅病 ............... 224
명경지수明鏡止水 ....... 70
모순矛盾의 통일統一 .... 109
목숨 ................... 250
목적론 ................. 142
묘妙 ................... 161
묘각妙覺 ........... 97, 163
묘길상妙吉祥 ........... 53
묘행妙行 ............... 162
무無 ............. 18, 28, 61, 62, 110, 186, 206, 272
무無, 비非, 불不 ....... 187
무거무래無去無來 ....... 114
무공화無空花 ........... 64
무교회無敎會 ........... 35

무극이태극無極而太極 ····· 61,
　　　89, 109, 185, 239
무념무상無念無想 ········ 46
무명無明 ········· 41, 45,
　　　54, 56, 92, 97, 202, 243
무명자무실체無明者無實體
　　　···················· 65
무병無病 ················ 77
무사무위無思無爲 ······· 333
무상정편지無上正遍知 ··· 159
무시無始 ··············· 146
무신론無神論 ······ 230, 326
무실체無實體 ······· 58, 65
무아無我 ········ 71, 107,
　　　150, 204, 205, 297
무아無我, 무고無固, 무필無必,
　　무의無意 ············ 219
무애無㝵 청정淸淨 혜慧 ···· 174
무자성無自性 ··········· 208
무정각無情覺 ··········· 359
무지각명無知覺明 ······· 163
무진등 ················· 96
문교聞敎 ·············· 186
문화 ········ 91, 132, 244
물, 불, 풀 ············· 250
물질주의 ········ 120, 143
미각未覺 ·············· 177

미래불 ················ 119
미묘법문微妙法門 ··· 132, 281
미성불未成佛 ········ 42, 56
민상징신관泯相澄神觀 ···· 160
민주사회民主社會 ······· 239
믿음 ············ 41, 45, 47,
　　　151, 164, 258, 341, 349
밀레니엄millenium ······ 355,
　　　357, 385
밀알 ················· 111

(ㅂ)

바가받婆伽婆 ········ 26, 69
바가받기타Bhagavad-gita
　　　···················· 26
바울 ········· 36, 82, 112,
　　　160, 337, 360, 361, 362, 389
박종홍 ················ 233
반석磐石 ·············· 125
반야般若 ·············· 205
방법론 ················ 142
방언 ············ 327, 329
배와 육지 ············· 104
백열白熱 ·············· 244
백해조적百骸調適 홀망아신忽忘
我身 ················· 205

번뇌단煩惱斷 ······ 123, 175
번뇌무진서원단煩惱無盡誓願斷
　·························· 184
범부각성凡夫覺性 ······· 148
범신론汎神論 ············ 315
범아일여梵我一如 ········ 44
범음梵音 ············· 23, 29
범음한의梵音漢義 ········ 29
법法 ················ 23, 77
법각法覺 ················ 80
법계法界 ·· 205, 211, 266, 323
법륜法輪 ················ 61
법문 ··················· 165
법문무량서원학法門無量誓願學
　·························· 184
법신法身 ········· 80, 205,
　　　　　　　 211, 266, 280
법신法身, 보신報身, 응신應身
　·························· 188
법애法愛 ··············· 202
법열法悅 ············ 53, 77
법장法藏 ················ 13
법화전법화法華轉法華 ···· 211
법화종 ·················· 13
베다Veda ················ 77
변선환邊鮮煥 ············ 17
변음辯音 ··············· 191

병病 ·············· 78, 218
보리菩提 ··············· 157
보리본무수菩提本無樹 ···· 131
보리살타菩提薩陀 ········ 59
보살菩薩 ······· 59, 69, 151
보살이십오륜菩薩二十五輪
　·························· 195
보신報身 ··············· 280
보조普照 ··············· 110
본각本覺 ··········· 48, 158
본성청정本性淸淨 ······· 212
본제本際 ··············· 157
본제무이상本際無二相 ··· 157
본체本體 ··············· 272
봄 ···················· 151
부력浮力 ··········· 54, 137
부목맹구浮木盲龜 ········ 280
부정不正 ··············· 234
부채질 ················· 289
부처 ··········· 26, 42, 60
부활 ········· 27, 79, 111,
　248, 263, 307, 338, 340, 342,
　343, 345, 347, 354, 355, 365,
　373, 385
부활사상 ··············· 106
부활체復活體 ··········· 340
부활한 몸 ··············· 80

부흥회 ················· 327
분별지分別智 ········ 55, 114
불 ············· 125, 150, 163
불, 물, 나무 ············ 250
불佛 ········ 14, 23, 157,
　　　　　　　239, 245, 265
불교의 핵심 ········· 14, 16,
　23, 39, 94, 107, 110, 185,
　228, 234, 258, 285
불국佛國 ················ 239
불도佛道 ·········· 152, 189
불도무상서원성佛道無上誓願成
　·························· 184
불립문자不立文字 ········ 28,
　　　　　　　　　　74, 150
불립문자不立文字 교외별전敎外
別傳 ··················· 132
불법승佛法僧 삼보三寶 ···· 14
불성佛性 ··········· 97, 140
불실不實 ················ 234
불연속 ·················· 111
불연속의 연속 ·········· 105
불은 꺼지고, 빛으로! ···· 150
불이수순不二隨順 ········ 36
불타佛陀 ······· 69, 153, 157
불타다라佛陀多羅 ········· 14
비원悲願 ················ 125

빛 ···· 82, 109, 150, 163, 250
빛, 힘, 생명 ············ 250
빛, 힘, 숨 ·············· 244

(ㅅ)

사건 ···················· 90
사너타스Thanatos ········ 316
사대四大 ············ 63, 88,
　　　　　　　　91, 97, 202
사대원무주四大元無主 · 63, 91
사랑 ·········· 54, 71, 96,
　119, 233, 243, 328, 329, 332,
　333
사리 ···················· 126
사마타奢摩他 삼마제三摩提 선
나禪那 ················· 175
사변思辨 ················· 73
사병四病 ······ 217, 222, 232,
　　　　　　　　235, 239, 366
사상四相 ······ 208, 213, 219,
　　　　　222, 235, 239, 243, 366
사상四象 ················ 185
사생지설死生之說 ········· 79
사유思惟 ··········· 106, 111
사유형 화소수미 산思惟螢火燒須
彌山 ··················· 105

사장事障 ······· 124, 203, 218
사종상四種相 ············ 200
사탄 ················· 111
사홍서원四弘誓願 ··· 130, 184
산상수훈 ··············· 46
살도음殺盜淫 ··········· 122
살인도殺人刀 ··········· 208
살적殺賊 ·············· 256
삶 ··················· 83
삼독三毒 ·············· 202
삼마Sama ············· 241
삼마디 ·········· 34, 35, 44,
　　　　70, 81, 158, 162, 180
삼마디, 삼마파티, 디야나
　　　··········· 28, 31, 35, 43,
　　45, 62, 83, 99, 164, 174,
　　175, 182, 184, 192, 243, 244,
　　249, 288
삼마발저三摩鉢底 ········· 70
삼마발제三摩鉢提 ········· 70
삼마정三摩正 ············ 70
삼마파티Samapatti ······· 34,
　　44, 70, 71, 81, 160, 162, 181,
　　191
삼매三昧 ·············· 34
삼매정수三昧正受 ···· 30, 42
삼법인三法印 ············ 71

삼보三寶 ··············· 23
삼사라samsara ·········· 106
삼세평등三世平等 ········ 114
삼위일체 ········ 61, 110, 164
삼일신고三一神誥 ········ 244
삼장三藏 ··············· 13
삼정관三淨觀 ···· 31, 243, 244
삼층천 ··············· 389
삼학三學 ·············· 94
상想 ················· 147
상相 ················· 218
상견常見 ······ 120, 200, 202,
　　　　　　　　223, 230, 326
상극상생相剋相生 ········ 109
상락아정常樂我淨 ···· 16, 77,
　　　　　　　　　228, 367
상선약수上善若水 ········ 263
상적광토常寂光土 ··· 205, 211,
　　　　　　　　212, 228, 367
상적아정常寂我淨 ········ 228
색色 ·· 91, 124, 126, 128, 220
색즉시공色卽是空 ········· 91
생멸生滅 ·············· 147
생명 ·············· 109, 377
생사 ·············· 106, 122
생사여열반生死與涅槃
　　　　············ 105, 108

생사일여生死一如 ········ 79
생사즉열반生死卽涅槃 ··· 105,
　　　　　　　　　 108, 327
생육신生六臣 ············ 16
생이지지生而知之 ········ 57
샤머니즘 ············· 327
서산대사 ············· 211
석가 ········· 39, 53, 60,
　　　　　 69, 76, 143, 189
석굴암 ·············· 376
선善 ················ 70
선禪 ··· 29, 76, 132, 167, 175
선나禪那 ············· 71
선덕여왕 ·············· 12
선불교禪佛敎 ······· 33, 74,
　　　　　　　　　　 95, 142
선생님 ············ 46, 132
선서善逝 ············· 39
선재동자善財童子 ········ 12
선정禪定 ······· 74, 76, 174
선종禪宗 ··········· 13, 95
선취공산先取共産 ······· 225
설교說敎 ············· 69
성性 ··········· 17, 91, 97,
　　　　　 132, 140, 147, 209
성도역무득成道亦無得 ····· 58
성령 ················ 61

성리학性理學 ··········· 17
성만찬 ········ 313, 314, 318
성문聲聞 ······· 69, 123, 146
성부, 성자, 성령 ····· 62, 189
성불成佛 ······ 42, 93, 107,
　　　　　 143, 200, 245, 246, 338
성상性相 ··········· 108, 209
성상불이性相不二 ··· 107, 328
성상상멸性常相滅 ········ 107
성육신成肉身 ··········· 370
성인聖人 ········· 60, 97, 256
세례 ···················· 313
세조 ·········· 15, 196, 239
세존世尊 ············· 26, 69
세종대왕 ················· 250
소아小我 ················ 211
소크라테스 ·· 39, 46, 218, 306
속제俗諦 ················· 96
수냐타sunyata ············ 194
수다라修多羅 ············· 11
수도修道 ········· 75, 79, 183
수동적 지성 ············· 133
수명상壽命相 ············ 212
수사修辭 ················ 244
수순각隨順覺 ············ 139
수순보살원隨順菩薩願 ···· 124
수순지隨順智 ············ 139

찾아보기　401

| | |
|---|---|
| 수승화강水昇火降 ········ 366 | 식색食色 ··········· 124, 295 |
| 수출고고首出高高 영현외領玄外 286 | 신信 해解 행行 증証 ····· 141 |
| 수행修行 ········ 71, 75, 98, 126, 128, 186 | 신神 ······ 26, 126, 168, 202 |
| 순수純粹 ················ 60 | 신身 ············ 75, 107, 202 |
| 순수경험 ··········· 32, 90 | 신관神觀 ················ 160 |
| 순수이성 ············· 106 | 신멸심상身滅心常 ········ 106 |
| 스승 ················· 124 | 신비주의 ····· 120, 143, 200, 203, 223, 330, 334, 336 |
| 스탈린 ··············· 207 | 신상속사대身相屬四大 ···· 87 |
| 스티브 오딘Steve Odin ···· 12 | 신생천지후身生天地後 ··· 373 |
| 승僧 ················· 240 | 신수神秀 ················ 130 |
| 승가僧伽 ··············· 14 | 신수법신信修法身 ········ 263 |
| 승조僧肇 ·········· 63, 112 | 신시보리수身是菩提樹 ···· 130 |
| 승조僧肇 보장론寶藏論 ··· 287 | 신심개여환身心皆如幻 ···· 87 |
| 시각始覺 ·········· 48, 158 | 신심적멸身心寂滅 ····· 30, 43 |
| 시간 ··········· 107, 111 | 신의 열매 ·············· 272 |
| 시간성時間性 ········ 88, 90, 111, 107, 114 | 신통대광명장神通大光明藏 ············· 49, 286 |
| 시간은 공간의 마음 ······ 111 | 신통력 ··········· 181, 191 |
| 시간제 단時間際斷 ··· 109, 113 | 신플라톤주의Neoplatonism ················ 335 |
| 시간즉공간時間卽空間 ···· 108 | 신해행증信解行證 ···· 69, 241 |
| 시절인연時節因緣 ········ 324 | 신회神會 ················ 13 |
| 시제불교법문학是諸佛敎法門學 ················ 183 | 실상무상實相無相 ········ 132 |
| 식食 ·········· 124, 126, 220 | 실상지리實相之理 ·· 34, 44, 48 |
| 식물인간 ············· 115 | 실제세계 ··············· 381 |
| | 실존實存 ················ 113 |

실천 ･･････････････ 111
실천신학 ･･････････ 140
실천이성 ･･･････ 62, 106
심心 ･･･････ 17, 96, 97,
　　　　　　107, 140, 202
심心, 신身, 인仁 ･･････ 203
심령 ･････ 243, 244, 249
심미법화전心迷法華轉 ･･･ 211
심성心性 ･････････ 91, 97
심성心性 신상身相 ･･････ 107
심성귀육진心性歸六塵 ････ 90
심신일여心身一如 ･･ 76, 107,
　　　　　　　　145, 328
심오전법화心悟轉法華 ･･･ 211
심즉리心卽理 ･･･ 17, 160, 289
심즉리心卽理, 지행합일知行合一, 치양지致良知 ･･････ 165
십자가 ･･････ 26, 39, 61,
　79, 111, 150, 259, 262, 282,
　314, 342
싹 ･･････････ 34, 60, 111,
　　　　　　　160, 162, 182

(ㅇ)

아我 ･･･････････ 206, 228
아가페 ･･･････････ 332

아난阿難 ･･･････････ 24
아누다라삼막삼보리阿耨多羅三藐三菩提 ･･････ 159, 259
아라야식阿賴耶識 ･･････ 213
아라한阿羅漢 ･･･････ 256
아레테이아Aletheia ･･････ 33
아리스토텔레스 ･･････ 133
아리안Aryan ･･･････ 39
아병我病 ･･･････････ 223
아상我相 ････ 205, 212, 213,
　　　　　　　219, 220, 223
아우프헤벤Aufheben
　･･････････････ 152, 161
아인슈타인 ･･･････ 109
아카이아 ･･････････ 364
아폴로 ･･････････ 297
아함阿含 ･･･････････ 183
안거安居 ･･･････････ 245
안병무安炳茂 ･･･････ 113
안빈락도安貧樂道 ･･････ 306
안심입명安心立命 ･･････ 34
애냄니시스Anamnesis ･･･ 32
애증愛憎 ･･････････ 200
야나yana ･･････････ 163
약능살인藥能殺人 ･･････ 161
약병상치藥病相治 ･･････ 161
양지良知 ･･････････ 287

찾아보기　403

어거스틴Augustine ··· 65, 335
어른 ·················· 243
얼 ···················· 243
업業 ············· 199, 204
업장業障 ·········· 204, 208
에피큐리안Epicurean ····· 326
여래如來 ········· 32, 39, 59,
          158, 183, 269, 301, 367
여래각성如來覺性 ········ 153
여래장如來藏 ······ 259, 266,
                      272, 384
여래장如來藏자성차별自性差別
    ······················ 261
여래적멸성如來寂滅性 ···· 110
여묘점증장如苗漸增長 ···· 160
여시아문如是我聞 ········ 24
여의주如意珠 ············· 95
연각緣覺 ·········· 69, 141,
               149, 241, 283
연기緣起 ················ 324
연꽃 ············· 131, 242
연속 ··················· 111
연속의 불연속 ··········· 105
열매 ············ 34, 60, 131,
     143, 162, 188, 192, 242, 272
열반涅槃 ·········· 71, 125,
                162, 367, 380

열반묘심涅槃妙心 ········ 131
열반적멸涅槃寂滅 ········ 33
열반적정涅槃寂靜 ········ 71
염법念法 ················ 14
염불念佛 ················ 14
염상누수欲上漏水 ········ 205
염승念僧 ················ 14
염화시중拈華示衆 ········ 131
영감 ··················· 166
영단무명永斷無明 ········ 62
영리학靈理學 ············ 323
영생 ········· 45, 62, 90, 286
영성 ··········· 91, 97, 132,
            141, 166, 209, 214
영심靈心 ················ 164
영원회귀永遠回歸 ········ 113
영지주의靈知主義 ········ 329
영체靈體 ······· 347, 349, 380
영혼불멸 ····· 106, 120, 199,
              202, 203, 342, 347
예수 그리스도 ······· 32, 47,
                       61, 189
예정설豫定說 ············ 301
오! 늘 ················· 114
오온五蘊 ········ 64, 91, 202
오온본시공五蘊本是空
    ··················· 64, 91

오장五臟 ················· 127
오행五行 ················· 127
왕양명王陽明 ········· 17, 34,
　　92, 96, 108, 160, 162, 165,
　　244, 302
요의了義 ············ 11, 261
용담 ······················· 89
용장대오龍場大悟 ········ 160
우생학優生學 ············ 121
우숨 ······················ 249
우숨, 목숨, 말씀 ········· 243
우주관, 세계관, 인생관
　　··················· 82, 95
우주식宇宙食 ············ 312
우파니샤드Upanishad ······ 77
운문비재형산雲門秘在形山
　　························ 287
운사월운雲駛月運 주행안이舟行
岸移 ···················· 104
원圓 ·············· 27, 28, 62,
　　239, 264, 272, 288
원각圓覺 ······· 27, 62, 170,
　　185, 239, 264, 266, 272, 297,
　　388
원각무성圓覺無性 ········ 140
원각사 ············· 15, 196
원조청정각상圓照淸淨覺相
　　················· 61, 62
원증圓證 ················· 170
원형이정元亨利貞 ········· 16
원효元曉 ················· 11
유有 ······················ 206
유교 ············ 62, 75, 132
유기체有機體 ············ 324
유마維摩 ················· 263
유물변증법唯物辨證法 ····· 55
유물사관唯物史觀 ········ 225
유아有我 ················· 205
유영모柳永模 ···· 35, 47, 81,
　　229, 243, 286, 295, 347, 387
유월절逾越節 ············ 313
유일신唯一神 ············ 315
유정각有情覺 ············ 359
유정유일惟精惟一 ········· 34
육근六根 ················· 91
육도 윤회六道輪廻 ······ 106,
　　122, 200
육식六識 ················· 91
육조六祖 혜능慧能 ······· 131
육진六塵 ············ 63, 91
윤회 ··········· 106, 121, 143
윤회사상 ················· 107
윤회설 ········· 111, 199, 327
율의律義, 선법善法, 중생衆生

찾아보기　405

················· 188
은진미륵 ················ 119
음양陰陽 ················ 185
응무소주이생기심應無所住而生
其心 ··············· 110, 163
의상대사義湘大師 ···· 11, 273
의진依眞 칭진稱眞 귀진歸眞
················· 39
이理 ················· 96
이二 ················· 61
이기상 ················ 166
이기설理氣說 ············· 17
이기영李箕永 ············· 12
이기주의 ················ 218
이데아Idea ········· 32, 62,
72, 91, 336
이명섭 ················ 272
이사무애理事無碍 ········ 92
이사설理事說 ············· 17
이상세계 ········· 239, 249
이세종李世鍾 ············ 386
이승二乘 ················ 217
이심전심以心傳心 ···· 36, 166,
281, 375
이약치병以藥治病 ········ 161
이열치열以熱治熱 ········ 161
이장理障 ······ 124, 203, 218

이장二障 ················ 124
이현필李鉉弼 ············ 386
인仁 ············ 71, 96, 203,
232, 243, 332
인다라등 ················ 96
인도불교 ················ 142
인상人相 ················ 212
인심유위人心惟危 도심유미道心
惟微 ················· 75
인의仁義 ················ 235
인의예지仁義禮智 ··· 132, 141
인지법행因地法行 ···· 56, 60,
81, 308, 313
일 ···················· 383
일一 ···················· 61
일념삼천一念三千 ········ 147
일도출생사一道出生死 ···· 345
일도출생사一道出生死 일체무애
인一切無碍人 ··········· 122
일시一時 ················ 25
일식一食 ···· 76, 89, 94, 318
일식一食 일좌一坐 ·· 126, 152
일식주야통一食晝夜通 ···· 229
일심一心 ················ 266
일연日蓮 ················ 13
일일호일日日好日 ········ 114
일점영명一點靈明 ········ 333

일좌일좌一坐一坐 ············ 76, 78, 90, 94, 318
일좌식一坐食 ············ 229
일즉일체一卽一切 ······ 28
일체一體 ················ 98
일체개고一切皆苦 ······ 75
일체제여래一切諸如來 ···· 56
임병任病 ················ 223
입어신통대광명장入於神通大光明藏 ········· 26, 30, 42
입자 ···················· 109

## (ㅈ)

자단기수自斷其首 ········ 342
자단기수自斷其首 여표지월如標指月 ············· 149
자본주의資本主義 ········ 220
자성自性 ················ 272
자성청정自性淸淨 ········ 308
자연 ··············· 107, 121
자유 ···················· 311
자유자재自由自在 ········ 78
자재自在 ················ 26
작병作病 ················ 222
작지임멸作止任滅 ········ 219
장래將來 ················ 114

장래將來 기재旣在 현존現存 ·················· 90
장막집 ·················· 380
장식藏識 ················ 213
재림 ··············· 354, 357
적寂 ··············· 181, 243
적멸寂滅 ············ 71, 78, 110, 162, 182
적연부동寂然不動 ········ 333
적정寂靜 ··········· 71, 158
전도인생顚倒人生 ········ 205
절대영심관絶對靈心觀 ···· 164
점漸 돈頓 수修 오悟 ····· 141
점수漸修 ················ 270
점신漸信 ················ 148
점심點心 ········· 89, 90, 114
정정定靜 ················ 175
정정淨 ············· 78, 244
정정精 ·················· 126
정정靜 ············· 181, 243
정각正覺 ··· 48, 104, 107, 303
정도正道 ················ 223
정려靜慮 ················ 162
정반합正反合 ············ 161
정방법正方法 ············ 15
정법안장正法眼藏 ········ 131
정신앙淨信仰 ············ 261

| | |
|---|---|
| 정일精一 ················ 60 | 주자朱子 ···· 17, 90, 108, 273 |
| 정지靜止 ················ 162 | 주체성 ················· 287 |
| 정토淨土 ················ 44 | 주체의식 ··············· 239 |
| 정행正行 ················ 70 | 주편함용周遍含用 ······· 92 |
| 정혜靜慧 ················ 159 | 죽지 않는 나 ··········· 80 |
| 제거사종상除去四種相 ···· 208 | 줄탁啐啄 ················ 26 |
| 제단際斷 ················ 111 | 줄탁일시啐啄一時 ········ 26 |
| 제법무아諸法無我 ···· 35, 107, 204, 244 | 중中 ············· 27, 75, 78, 152, 161, 206 |
| 제불소득諸佛所得 보리菩提 ················ 265 | 중덕성취衆德成就 ········ 26 |
| 제악막작諸惡莫作, 중선봉행衆善奉行, 자정기의自淨其意 ·· 183 | 중도中道 ······· 75, 120, 128, 152, 203, 335, 337 |
| 젠Zen ·················· 29 | 중생도衆生度 ············ 189 |
| 조직신학 ················ 140 | 중생무변서원도衆生無邊誓願度 ················ 184 |
| 조화적정령造化的精靈 ····· 90 | 중생상衆生相 ············ 212 |
| 존심양성存心養性 ········· 46 | 중용中庸 ········ 27, 206, 321 |
| 존재存在 ············ 62, 110 | 중정中正 ············ 60, 325 |
| 종鐘 ···················· 163 | 중제中諦 ················ 96 |
| 종교 ···················· 182 | 즉卽 ··················· 108 |
| 종밀 ············ 13, 39, 160, 165, 182, 233, 264, 273, 344 | 즉심시불卽心是佛 ······· 166 |
| 종소리 ················· 182 | 증證 ··················· 187 |
| 죄악罪惡 ················ 41 | 증証, 오悟, 료了, 각覺 ··· 208 |
| 주기도문 ················ 184 | 증과證果 ················ 186 |
| 주문呪文 ············ 61, 259 | 증애憎愛 ··········· 120, 122 |
| 주야통晝夜通 ············ 152 | 증애오욕憎愛五欲 ········ 147 |
| | 지止 ············ 29, 70, 175 |

408 찾아보기

지知 ····· 70, 71, 96, 97, 207
지知 행行 인仁 ············ 74
지祇 ··················· 168
지계持戒 연좌宴坐 작념作念
 ····················· 93
지능知能 ··············· 149
지도무난至道無難 ········ 75
지동설 ·················· 104
지병止病 ················ 224
지성至誠 ················ 166
지양止揚 ················ 151
지어지선止於至善 ········ 29
지엄智儼 ················· 12
지유아知有我 ··········· 206
지행병진知行並進 ······· 109
지행인知行仁 ···· 96, 98, 244
지행합일知行合一 ······· 108,
        162, 289
지혜 ·········· 54, 61, 157
직지인심直指人心 ···· 36, 97,
        142, 165, 281
직지인심直指人心 견성성불見性
成佛 ·················· 132
진공절상眞空絶相 ········ 92
진나jina, 칼마karma, 바크티
bhakti ················ 164
진리 ············· 46, 72

진선미眞善美 ······· 46, 188
진선미성眞善美聖 ······· 132,
        141, 242
진심盡心, 지성知性, 지천知天
 ····················· 97
진언眞言 ················· 61
진여眞如 ················· 32
진제眞諦 ················· 96
질적質的 변증법 ········· 152
집執 ···················· 209
징관澄觀 ················· 13

(ㅊ)

차별差別 ················ 272
차별방편差別方便 ········ 129
착각錯覺 ················ 104
참선參禪 ··········· 76, 308
참회懺悔 ······· 29, 239, 241
창조적 지성 ···· 96, 133, 153,
        163, 182, 288
천국 ···················· 182
천년왕국 ················ 355
천동설 ·················· 104
천명지위성天命之謂性 ···· 27
천재일우千載一遇 ········ 281
천지天地 ················· 80

찾아보기 409

천지인天地人 ……… 82, 244
천지통天地通 …………… 152
천태종天台宗 …………… 95
철인정치 ……………… 239
철학 …………………… 182
첨곡諂曲 ……………… 201
청심견성淸心見性 ………… 33
청원유신靑原惟信 ……… 167
청정淸淨 ……………… 265
청정각淸淨覺 …………… 60
청정혜淸淨慧 …… 137, 141
체득體得 ……………… 32
체험 …………………… 165
초발심初發心 …………… 59
초발심성불初發心成佛 …… 93
초월 …………………… 165
총본塚本 …………… 12, 35
총지摠持 …………… 61, 259
최고선最高善 …………… 28
추사秋史 김정희金正喜 … 277
측천무후則天武后 ………… 14
치양지致良知 ……… 96, 289
칠불七佛 ……………… 184
침공沈空 ……………… 120

(ㅋ)

카이로스Kairos …… 109, 333
칸트 ……… 55, 62, 301, 390
캘빈 …………………… 301
콜링calling …………… 382
쾌락주의 ……………… 326
쿼바디스 ……………… 297

(ㅌ)

타연나馱演那 …………… 29
탄수화물 ……………… 110
탈혼현상脫魂現象 ……… 336
탐진치貪瞋痴 … 121, 201, 256
태극太極 ……………… 61
태극이무극太極而無極 … 109
태양太陽 ……………… 141
태양과 지구 …………… 105
테제These, 안티테제Antithese,
씬테제Synthese ………… 161
통달通達 ……………… 48
통신의단通身疑團 ……… 248
통일지統一智 …………… 114

(ㅍ)

파동 …………………… 109
파스칼 ………………… 382

팔괘八卦 ················ 185
팔만대장경 ·············· 13
평등본제平等本際 ········ 47
포정鮑丁 ················ 191
풀 ····················· 109
풍성상주風性常住 ········ 289
풍지관風地觀 ············ 311
플라톤 ················· 218

(ㅎ)

하나님 ······ 61, 69, 107, 266
하나님 나라 ·········· 29, 44
하나님의 빛 ············· 111
하나님의 편지 ··········· 371
하나님의 형상 ······ 103, 272
하늘나라 ················ 382
하루살이 ················ 114
하안거夏安居 ············ 245
하이데거Martin Heidegger
  ················ 55, 209, 385
한단지몽邯鄲之夢 ········· 65
함석헌咸錫憲 ········ 12, 35
해탈解脫 ············ 39, 122
행行 ············ 46, 71, 75,
    79, 96, 97, 152, 164, 167
향락주의 ················ 120

향상일로向上一路 ········ 188
허령지각虛靈知覺 ········· 90
허무虛無 ················ 113
허무주의 ················ 120
허실생백虛室生白 ········ 159
허주虛舟 ················ 298
현상現象 ················ 272
현세즉보살現世卽菩薩 ···· 139
현장법사玄奘法師 ········· 14
현존現存 ················ 114
형이상 ··················· 28
혜가慧可 ············ 88, 132
혜능慧能 ············ 13, 31
혜력慧力 ················ 174
혼신사구괘허공渾身似口掛虛空
  ······················· 309
화신化身 ··········· 188, 280
화엄종華嚴宗 ········ 11, 95
화이트헤드Alfred North Whitehead
  ························ 90
환幻 ············ 71, 181, 243
환患 ···················· 78
환력幻力 ··········· 181, 191
환력수습幻力修習 이십오종二十五種 ················ 177
환상영리幻相永離 ········ 161
환인桓因, 환웅桓雄, 환검桓儉

························· 244
환희지歡喜地 ············ 188
활인검活人劍 ············ 208
황중삼매黃中三昧 ········ 46,
                     48, 309
황중삼매黃中三昧 통달通達 실
상지리實相之理 ······· 34, 40

회개 ············· 211, 241
회광반조廻光返照 ········ 285
히나야나Hinayana ········ 29
히도니즘Hedonism ······· 326
힌두교 ············ 107, 164
힌두이즘Hinduism ········ 316
힘 ············ 82, 157, 232

※             ※             ※